Matemática
Facilitada

O GEN | Grupo Editorial Nacional, a maior plataforma editorial no segmento CTP (científico, técnico e profissional), publica nas áreas de saúde, ciências exatas, jurídicas, sociais aplicadas, humanas e de concursos, além de prover serviços direcionados a educação, capacitação médica continuada e preparação para concursos. Conheça nosso catálogo, composto por mais de cinco mil obras e três mil e-books, em www.grupogen.com.br.

As editoras que integram o GEN, respeitadas no mercado editorial, construíram catálogos inigualáveis, com obras decisivas na formação acadêmica e no aperfeiçoamento de várias gerações de profissionais e de estudantes de Administração, Direito, Engenharia, Enfermagem, Fisioterapia, Medicina, Odontologia, Educação Física e muitas outras ciências, tendo se tornado sinônimo de seriedade e respeito.

Nossa missão é prover o melhor conteúdo científico e distribuí-lo de maneira flexível e conveniente, a preços justos, gerando benefícios e servindo a autores, docentes, livreiros, funcionários, colaboradores e acionistas.

Nosso comportamento ético incondicional e nossa responsabilidade social e ambiental são reforçados pela natureza educacional de nossa atividade, sem comprometer o crescimento contínuo e a rentabilidade do grupo.

Bruno Villar

Matemática
Facilitada

- Básica • Financeira
- Noções de Estatística

■ A EDITORA FORENSE se responsabiliza pelos vícios do produto no que concerne à sua edição (impressão e apresentação a fim de possibilitar ao consumidor bem manuseá-lo e lê-lo). Nem a editora nem o autor assumem qualquer responsabilidade por eventuais danos ou perdas a pessoa ou bens, decorrentes do uso da presente obra.

Todos os direitos reservados. Nos termos da Lei que resguarda os direitos autorais, é proibida a reprodução total ou parcial de qualquer forma ou por qualquer meio, eletrônico ou mecânico, inclusive através de processos xerográficos, fotocópia e gravação, sem permissão por escrito do autor e do editor.

Impresso no Brasil – *Printed in Brazil*

■ Direitos exclusivos para o Brasil na língua portuguesa
Copyright © 2017 by
EDITORA FORENSE LTDA.
Uma editora integrante do GEN | Grupo Editorial Nacional
Rua Conselheiro Nébias, 1384 – Campos Elíseos – 01203-904 – São Paulo – SP
Tel.: (11) 5080-0770 / (21) 3543-0770
faleconosco@grupogen.com.br / www.grupogen.com.br

■ O titular cuja obra seja fraudulentamente reproduzida, divulgada ou de qualquer forma utilizada poderá requerer a apreensão dos exemplares reproduzidos ou a suspensão da divulgação, sem prejuízo da indenização cabível (art. 102 da Lei n. 9.610, de 19.02.1998).
Quem vender, expuser à venda, ocultar, adquirir, distribuir, tiver em depósito ou utilizar obra ou fonograma reproduzidos com fraude, com a finalidade de vender, obter ganho, vantagem, proveito, lucro direto ou indireto, para si ou para outrem, será solidariamente responsável com o contrafator, nos termos dos artigos precedentes, respondendo como contrafatores o importador e o distribuidor em caso de reprodução no exterior (art. 104 da Lei n. 9.610/98).

■ Esta obra é uma reformulação do livro *Matemática Básica* (3ª edição, 2013), da Série Concursos Públicos, do mesmo autor, também publicada pela Editora Método.

■ Capa: Danilo Oliveira

■ Fechamento desta edição: 18.10.2016

■ CIP – Brasil. Catalogação na fonte.
Sindicato Nacional dos Editores de Livros, RJ.

V771m

Villar, Bruno

Matemática facilitada / Bruno Villar. – 1. ed. – Rio de Janeiro : Forense; São Paulo : MÉTODO, 2017.

Inclui bibliografia
ISBN: 978-85-309-7278-3

1. Matemática – Problemas, questões, exercícios. 2. Serviço público – Brasil – Concursos. I. Título. II. Série.

16-35629

CDD: 510 CDU: 51

Lembre-se:

"Leva tempo para alguém ser bem-sucedido porque o êxito não é mais do que a recompensa natural pelo tempo gasto em fazer algo direito."

Joseph Ross

Queria agradecer a Deus, e, como bom baiano,
aos guias desta boa terra e ao Senhor do Bonfim.

Dedico esta obra à Margarida Villar, minha mãe,
a Gilvan Ferreira (*in memoriam*),
meu pai, e, especialmente, à Angelita, minha bisavó.

Dedico a todos que me ajudaram nesta caminhada,
especialmente alguns amigos: Antônio Luiz (Ligeirinho),
Jaime Montenegro, Reinaldo Cruz,
Alan Santana (Frei Alan), Aldalice Pinto, Rita Sena,
por ajudarem no meu crescimento pessoal e profissional.

Agradeço aos meus queridos alunos e à Editora Método,
pois sem vocês este projeto não passaria de um sonho.

Meu sincero agradecimento à Camila Amadi e equipe, pela dedicação e
carinho no acompanhamento e na produção da nossa obra.

PREFÁCIO

Com muita alegria recebi o convite para escrever o prefácio da nova obra do Professor Bruno Villar: um livro que traz, com a melhor didática, temas tão complexos para quem, como eu, tem pouca familiaridade com as disciplinas de exatas.

Escrever *Matemática Facilitada* é um desafio! Aqui, a didática, a linguagem e a disposição do conteúdo são fundamentais para a fluidez do estudo. E Bruno fez isso da melhor maneira.

Acredito que nem todos os leitores tenham ideia do processo de produção de um livro, porque, há algum tempo, eu também não tinha.

Quando vemos um livro pronto, já com todos os recursos didáticos, as questões e os elementos gráficos, naquela linguagem amigável que nos faz entender *até matemática*, o desafio assumido pelo autor quase passa despercebido. Como traduzir todo o conteúdo dessa disciplina para a linguagem menos técnica possível? Como transportar as aulas para o livro, mantendo aqui o conteúdo sólido, mas objetivo, e garantindo sua utilidade para o leitor? Como se comunicar com o aluno a ponto de transmitir a ênfase dos principais assuntos abordados em sala de aula? Isso só os anos de experiência, aliados a muita discussão e dedicação, conseguem conferir.

Para a elaboração deste livro, foram considerados os principais temas das disciplinas de Matemática, Matemática Financeira e Estatística, após análise dos principais editais e grades de cursos diversos, constituindo uma verdadeira obra de "cálculos matemáticos", como o próprio autor diz. O objetivo é garantir ao leitor um conteúdo de qualidade e suficiente para a aprovação nas provas e nos concursos em geral.

Partindo desse conteúdo cuidadosamente elaborado, a obra está repleta de recursos que vão facilitar a assimilação da matéria aqui disposta. O leitor vai encontrar dicas e intervenções, como "Se ligue!", que aproximam e dão o devido valor àqueles "macetes" que devem ser considerados para um estudo de qualidade.

Para trazer um conteúdo ainda mais *facilitado*, no decorrer das três grandes partes da obra, o leitor vai encontrar *Treinamentos comentados*, que são questões detalhadamente resolvidas e explicadas conforme os temas abordados. Em seguida, para fixar o conteúdo, vem o *Treinamento do concursando*, composto por questões propostas de cada item, que vão ajudar na assimilação dos temas. Além disso, o leitor conta com o *Treinamento do final do capítulo*, composto por exercícios sobre todos os temas tratados naquele ponto.

Finalizando os capítulos, Bruno teve o cuidado de trazer *resumos* sobre os temas tratados, o que permite que o leitor utilize este livro em diversos momentos da sua preparação: quando precisar de maiores explicações ou quando precisar treinar questões e relembrar algumas regras das ciências exatas.

O leitor tem nas mãos um livro completo, didático e fundamental, que vai levá-lo à mágica da compreensão e ao domínio das disciplinas exatas, por meio do estudo *facilitado*!

Gostaria de parabenizar o autor, Bruno, grande amigo e grande professor, que aceitou o desafio de ser autor e desenvolveu mais este excelente trabalho. Participar deste projeto é muito gratificante e contribuir, de alguma maneira, com a preparação dos estudantes é incrível!

Boa leitura!

Camila Amadi

Editora de concursos

APRESENTAÇÃO

Esta obra tem como função ser um manual para você, concursando, compreender a Matemática e se sentir seguro na hora da prova. O material é resultado de minha vivência em sala de aula e de minha interação com meus queridos alunos, por isso, trará expressões como "Se ligue!" e "cuidado!". Esses termos são explicações das principais dúvidas e, também, de como o assunto é cobrado em prova, daí por que tive a preocupação de abordar os casos mais solicitados pelas bancas de concurso.

Na verdade, este trabalho é, em grande parte, uma reprodução das minhas falas em sala de aula, por isso você vai perceber uma linguagem coloquial e uma abordagem totalmente objetiva. Esse formato permitirá o entendimento da Matemática a partir de abordagem direta e muitas questões comentadas.

Tive a preocupação de comentar mais questões e aumentar o conteúdo abordado, por isso, teremos novos capítulos, nos quais irei abordar a parte de Matemática Financeira e Estatística, e, com isso, podemos dizer que temos um manual de cálculos matemáticos.

Bruno Villar
professorbrunovillar@gmail.com

Confira dicas de estudos do autor, disponíveis em:
https://goo.gl/hsugqS

Nota da Editora: o Acordo Ortográfico foi aplicado integralmente nesta obra.

SUMÁRIO

PARTE I
MATEMÁTICA BÁSICA

CAPÍTULO 1 – Revisão básica 3

Introdução 3

1.1 Critérios de divisibilidade... 3

1.2 Números primos.. 6

1.3 Decomposição em fatores primos 7

1.4 Potência... 8

    1.4.1 Propriedades da potência... 9

    1.4.2 Propriedades operatórias 9

1.5 Expressão numérica 10

1.6 Resumo 12

CAPÍTULO 2 – Conjuntos 13

2.1 Introdução 13

2.2 Representação de um conjunto.. 13

    2.2.1 Enumeração dos elementos 13

    2.2.2 Diagrama de Venn 13

    2.2.3 Uso de uma propriedade 14

2.3 Conjunto vazio.. 14

2.4 Conjunto unitário.. 14

2.5 Relação de pertinência 14

2.6 Relação de inclusão 15

2.7 Subconjunto.. 15

2.8 Operações entre conjuntos.. 16

    2.8.1 Operação da união ($\cup$) 16

    2.8.2 Operador da diferença (-).. 17

        2.8.2.1 Caso especial da diferença: Complementar.................... 18

2.9 Reunião de elementos 18

2.10 Treinamento comentado.. 21

2.11 Treinamento do concursando 32

2.12 Conjuntos numéricos.. 34

	2.12.1	Conjuntos dos números naturais (N)	34
		2.12.1.1 Treinamento comentado	35
		2.12.1.2 Treinamento do concursando	43
	2.12.2	Conjunto dos números inteiros (Z)	45
	2.12.3	Conjuntos dos números racionais (Q)	46
	2.12.4	Conjunto dos números irracionais (I ou Q')	48
	2.12.5	Conjunto dos números reais (R)	49
	2.12.6	Treinamento comentado	49
2.13		Treinamento final do capítulo	52
Gabarito			56

CAPÍTULO 3 – Múltiplos e divisores 57

Introdução			57
3.1		Múltiplo de número natural a	57
3.2		Mínimo (menor) múltiplo comum (M.M.C.)	57
	3.2.1	Cálculo do M.M.C. – Método simplificado	58
	3.2.2	Problemas envolvendo M.M.C.	60
	3.2.3	Treinamento comentado	61
	3.2.4	Treinamento do concursando	68
3.3		Máximo Divisor Comum (M.D.C.)	71
	3.3.1	Divisor de um número natural não nulo	71
	3.3.2	M.D.C.	71
	3.3.3	Cálculo do M.D.C.	72
	3.3.4	Problemas envolvendo o M.D.C.	73
	3.3.5	Treinamento comentado	74
	3.3.6	Treinamento do concursando	78
3.4		Resumo	80
3.5		Treinamento final do capítulo	81
Gabarito			83

CAPÍTULO 4 – Fração 85

Introdução			85
4.1		Noção de fração	85
4.2		Operações de frações	86
	4.2.1	Treinamento comentado	88
	4.2.2	Treinamento do concursando	91
4.3		Fração do tempo	92
	4.3.1	Treinamento comentado	93
	4.3.2	Treinamento do concursando	94
4.4		Fração da produção (questões que envolvem torneiras ou pessoas realizando uma mesma atividade)	95
	4.4.1	Treinamento comentado	95
	4.4.2	Treinamento do concursando	100
	4.4.3	Treinamento comentado	102

4.5	Resumo	105
4.6	Treinamento final do capítulo	106
Gabarito		108

CAPÍTULO 5 – Equação do 1º grau 109

5.1	Introdução	109
5.2	Cálculo de uma equação do 1º grau	109
5.3	Problemas envolvendo equação do 1º grau	111
5.4	Treinamento comentado	112
5.5	Resumo	123
5.6	Treinamento final do capítulo	123
Gabarito		128

CAPÍTULO 6 – Sistema de equações do 1º grau 129

6.1	Introdução	129
6.2	Cálculo de um sistema de equação com duas variáveis	129
6.3	Treinamento comentado	131
6.4	Resumo	138
6.5	Treinamento final do capítulo	138
Gabarito		142

CAPÍTULO 7 – Equação do 2º grau 143

7.1	Introdução	143
7.2	Definição	143
7.3	Classificação de uma equação do 2º grau	143
7.4	Resolução de uma equação do 2º grau	144
	7.4.1 Equação incompleta	144
	7.4.2 Equação completa	145
7.5	Treinamento comentado	152
7.6	Resumo	157
7.7	Treinamento final do capítulo	157
Gabarito		161

CAPÍTULO 8 – Razão e proporção 163

8.1	Introdução	163
8.2	Definição	163
8.3	Razões especiais	164
8.4	Treinamento básico	164
8.5	Proporção	164
8.6	Propriedade fundamental da proporção	165
8.7	Treinamento comentado	165
8.8	Resumo	176
8.9	Treinamento final do capítulo	176
Gabarito		180

CAPÍTULO 9 – Divisão proporcional 181
9.1   Números diretamente proporcionais 181
9.2   Números inversamente proporcionais 181
9.3   Divisão em partes proporcionais 182
     9.3.1   Visão em partes diretamente proporcionais 182
          9.3.1.1   Treinamento comentado 182
     9.3.2   Divisão em partes inversamente proporcionais 186
          9.3.2.1   Treinamento comentado 187
     9.3.3   Treinamento do concursando 190
9.4   Divisão composta 193
     9.4.1   Treinamento comentado 193
     9.4.2   Treinamento do concursando 196
Gabarito 198

CAPÍTULO 10 – Regra de três 199
10.1   Introdução 199
10.2   Grandezas diretamente proporcionais 199
10.3   Grandezas inversamente proporcionais 200
10.4   Regra de três simples 201
     10.4.1   Treinamento comentado 201
     10.4.2   Treinamento do concursando 207
10.5   Regra de três composta 210
     10.5.1   Treinamento comentado 210
     10.5.2   Treinamento do concursando 214
10.6   Resumo 215
10.7   Treinamento final do capítulo 216
Gabarito 218

CAPÍTULO 11 – Porcentagem 219
11.1   Introdução 219
11.2   A noção de porcentagem 219
     11.2.1   Treinamento básico 222
Gabarito 222
     11.2.2   Treinamento comentado 222
     11.2.3   Treinamento do concursando 231
11.3   Transformação de fração para porcentagem 234
     11.3.1   Treinamento comentado 235
11.4   Operações comerciais 236
     11.4.1   Treinamento comentado 237
     11.4.2   Treinamento do concursando 241
11.5   Questões especiais 242
11.6   Resumo 246

11.7	Treinamento final do capítulo	247
Gabarito		251

CAPÍTULO 12 – Juros 253

12.1	Introdução	253
12.2	Capitalização simples (juros simples)	253
12.3	Taxa proporcional	255
	12.3.1 Treinamento básico	256
	12.3.2 Treinamento comentado	257
	12.3.3 Treinamento do concursando	265
12.4	Juros compostos	268
	12.4.1 Introdução	268
	12.4.2 Treinamento comentado	270
	12.4.3 Treinamento do concursando	278
Gabarito		281

CAPÍTULO 13 – Função 283

13.1	Noção	283
13.2	Valor numérico de uma função	285
13.3	Função polinomial do 1º grau	285
	13.3.1 Treinamento comentado	286
13.4	Construção do gráfico	287
	13.4.1 Treinamento comentado	291
	13.4.2 Treinamento do concursando	295
13.5	Função polinomial do 2º grau ou quadrática	297
	13.5.1 Zero e equação do 2º grau	298
	13.5.2 Coordenadas do vértice da parábola	299
	13.5.3 Treinamento comentado	300
	13.5.4 Treinamento do concursando	304
13.6	Resumo	305
13.7	Treinamento final do capítulo	307
Gabarito		313

CAPÍTULO 14 – Sequências numéricas 315

14.1	Sequências numéricas	315
	14.1.1 Treinamento comentado	316
	14.1.2 Treinamento do concursando	319
14.2	Progressões aritméticas	320
	14.2.1 Definição	320
	14.2.2 Cálculo da razão	320
	14.2.3 Fórmula do termo geral de uma P.A.	321
	14.2.4 Treinamento comentado	321
14.3	Soma dos "n" primeiros termos de uma P.A.	323

14.3.1	Treinamento comentado	323
	14.3.2	Treinamento do concursando	326
14.4	Progressões geométricas	328
	14.4.1	Definição	328
	14.4.2	Cálculo da constante da P.G.	329
	14.4.3	Fórmula do termo geral	329
	14.4.4	Treinamento comentado	329
14.5	Soma dos "n" primeiros termos de uma P.G.	331
14.6	Soma dos infinitos termos de uma P.G.	331
	14.6.1	Treinamento comentado	331
	14.6.2	Treinamento do concursando	332
14.7	Resumo	333
14.8	Treinamento final do capítulo	333
Gabarito		338

CAPÍTULO 15 – Análise combinatória 339

15.1	Introdução	339
15.2	Princípio fundamental de contagem (PFC)	339
	15.2.1	Definição	339
	15.2.2	Treinamento comentado	340
	15.2.3	Treinamento do concursando	357
15.3	Fatorial	361
	15.3.1	Definição	361
	15.3.2	Treinamento básico	362
	15.3.3	Treinamento comentado	362
15.4	Combinação sem repetição	365
	15.4.1	Definição	365
	15.4.2	Combinação – Problemas envolvendo combinação	366
	15.4.3	Treinamento comentado	367
	15.4.5	Treinamento do concursando	373
15.5	Combinação com repetição	375
	15.5.1	Treinamento comentado	376
	15.5.2	Treinamento do concursando	379
15.6	Permutação	380
	15.6.1	Permutação sem repetição de elementos	380
	15.6.2	Permutação com elementos repetidos	381
	15.6.3	Permutação circular	383
	13.6.4	Treinamento comentado	383
	13.6.5	Treinamento comentado – Seção desafio	383
15.7	Treinamento final do capítulo	391
Gabarito		398

CAPÍTULO 16 – Probabilidade 399

16.1   Introdução 399

16.2   Conceitos iniciais 399

     16.2.1   Experimento aleatório 399

     16.2.2   Espaço amostral (E) 399

     16.2.3   Evento 400

          16.2.3.1 Probabilidade de ocorrer um evento P (A) 400

     16.2.4   Treinamento comentado 401

16.3   Probabilidade da união de dois eventos: regra da adição ou regra do "ou" 405

     16.3.1   Treinamento comentado 406

16.4   Probabilidade de dois eventos sucessivos P $(A \cap B)$ 409

     16.4.1   Regra da multiplicação ou regra do "e" 409

     16.4.2. Treinamento comentado 409

16.5   Probabilidade condicional 416

     16.5.1   Treinamento comentado 416

     16.5.2   Treinamento do concursando 420

16.6   Distribuição binomial das probabilidades 421

     16.6.1   Treinamento comentado 422

     16.6.2   Treinamento do concursando 423

     16.6.3   Treinamento comentado – Seção desafio 423

16.7   Treinamento final do capítulo 430

Gabarito 437

CAPÍTULO 17 – Geometria 439

17.1   Introdução 439

     17.1.1   Sistema métrico decimal 439

     17.1.2   Treinamento comentado 442

     17.1.3   Treinamento do concursando 443

17.2   Problemas geométricos 445

     17.2.1   Conceitos primitivos 445

     17.2.2   Representação (notação) 445

     17.2.3   Representação gráfica 445

17.3   Postulados ou Axioma 445

17.4   Ângulos 446

     17.4.1   Definição 446

     17.4.2   Ângulo agudo 446

     17.4.3   Ângulo obtuso 446

     17.4.4   Ângulos formados por duas retas paralelas interceptadas por uma transversal 447

     17.4.5   Teorema de Tales 447

          17.4.5.1 Treinamento básico 448

17.5	Triângulos	449
	17.5.1 Relações dos lados de um triângulo	449
	17.5.2 Classificação de acordo com os lados	449
	17.5.3 Classificação de acordo com ângulos	450
	17.5.4 Cálculo da área de um triângulo	450
17.6	Quadrado	452
17.7	Retângulo	452
17.8	Trapézio	452
17.9	Losango	453
17.10	Circunferência	453
	17.10.1 Relação	453
17.11	Polígonos regulares	454
	17.11.1 Cálculo da área de um polígono regular	455
17.12	Principais polígonos inscritos	455
	17.12.1 Triângulo equilátero inscrito numa circunferência	456
	17.12.2 Quadrado inscrito numa circunferência	456
	17.12.3 Hexágono inscrito na circunferência	456
17.13	Principais polígonos circunscritos	457
17.14	Área e volume das principais figuras espaciais	457
	17.14.1 Cubo	457
	17.14.2 Paralelepípedo retângulo	457
	17.14.3 Cilindro	458
	17.14.4 Tetraedro	458
	17.14.5 Cone	459
	17.14.6 Esfera	459
17.15	Razões trigonométricas	460
	17.15.1 Catetos e hipotenusa	460
	17.15.2 Seno, cosseno e tangente	460
17.16	Treinamento comentado	462
17.17	Treinamento final do concursando	478
Gabarito		484

PARTE II
MATEMÁTICA FINANCEIRA

CAPÍTULO 1 – Taxas		487
1.1	Taxa equivalente	487
1.2	Treinamento comentado	488
1.3	Taxa efetiva	489
1.4	Taxa nominal	489
1.5	Treinamento comentado	490

1.6	Relação entre taxas	492
1.7	Treinamento comentado especial	492
1.8	Resumo	496
1.9	Treinamento final do capítulo	497
Gabarito		498

CAPÍTULO 2 – Desconto 499

2.1	Noção	499
2.2	Desconto simples	499
2.3	Desconto comercial ou *"por fora"* simples	499
	2.3.1 Treinamento comentado	500
	2.3.2 Treinamento do concursando	505
2.4	Desconto Racional ou *"por dentro"* simples	505
	2.4.1 Treinamento comentado	506
	2.4.2 Treinamento do concursando	510
2.5	Relação entre o desconto comercial e desconto racional	511
	2.5.1 Treinamento comentado	511
2.6	Taxa efetiva de desconto simples	512
	2.6.1 Treinamento comentado	513
	2.6.2 Treinamento do concursando	514
2.7	Desconto composto	514
	2.7.1 Desconto racional ou *"por dentro"* composto	514
	2.7.1.1 Treinamento comentado	515
	2.7.1.2 Treinamento do concursando	517
	2.7.2 Desconto comercial ou *"por fora"* composto	518
	2.7.2.1 Treinamento especial	518
	2.7.2.2 Treinamento do concursando	522
2.8	Treinamento final do capítulo	522
Gabarito		524

CAPÍTULO 3 – Equivalência de capitais 525

3.1	Noção	525
3.2	Equivalência de capitais (regime simples)	525
	3.2.1 Treinamento comentado	526
	3.2.2 Treinamento do concursando	528
3.3	Equivalência de capitais (regime composto)	529
3.4	Treinamento comentado	529
3.5	Treinamento do concursando	531
Gabarito		532

CAPÍTULO 4 – Taxa interna de retorno (TIR) de um fluxo de caixa 533

4.1	Fluxo de caixa	533
4.2	Taxa interna de retorno (TIR) de um fluxo de caixa	533

4.3   Treinamento comentado... 533
4.4   Treinamento final do capítulo.. 540
Gabarito 541

CAPÍTULO 5 – Rendas.. 543
5.1   Introdução 543
5.2   Cálculo do valor atual de uma série de pagamentos............................... 543
    5.2.1   Caso 1: Renda postecipada 543
        5.2.1.1   Treinamento comentado 544
    5.2.2   Caso 2: Renda antecipada... 550
        5.2.2.1   Treinamento do concursando.. 551
5.3   Cálculo do montante (capitalização) 552
5.4   Treinamento comentado... 552
5.5   Resumo 559
    5.5.1   Renda postecipada 559
    5.5.2   Renda antecipada... 559
    5.5.3   Capitalização (valor futuro).. 559
5.6   Treinamento final do capítulo.. 560
Gabarito 562

CAPÍTULO 6 – Empréstimos e amortização... 563
6.1   Introdução 563
6.2   Sistema de amortização constante (SAC)... 563
    6.2.1   Treinamento comentado... 564
6.3   Sistema francês (sf) ou tabela price.. 569
    6.3.1   Treinamento comentado... 570
6.4   Resumo 574
6.5   Treinamento final do capítulo.. 574
Gabarito 578

PARTE III
NOÇÕES DE ESTATÍSTICA

CAPÍTULO 1 – Noções de estatística 581
1.1   Introdução 581
1.2   Noção da função estatística... 581
1.3   Conceitos Básicos 581
    1.3.1   População.. 581
    1.3.2   Amostra... 582
1.4   Dados Estatísticos.. 582
    1.4.1   Quanto à sua organização, podem ser classificados em 582
    1.4.2   Quanto à sua espécie ou tipo característico, podem ser
        classificados em 582

1.5	Variáveis e atributos	583
	1.5.1 Variáveis	583
	1.5.2 Atributos	583

CAPÍTULO 2 – Organização dos dados estatísticos 585

2.1	Introdução	585
2.2	Tipos de gráficos estatísticos	585
	2.2.1 Gráfico de colunas	585
	2.2.2 Gráfico em barras	586
	2.2.3 Gráfico em setores	586
	2.2.4 Gráfico de linhas	587
	2.2.5 Gráfico de hastes ou bastões	587
2.3	Distribuição de frequências	587
2.4	Frequência	588
	2.4.1 Tipos de frequência	588

CAPÍTULO 3 – Medidas de tendência central 591

3.1	Média aritmética	591
	3.1.1 Noção	591
	3.1.2 Média para rol	591
	3.1.3 Média para dados tabulados	591
	3.1.4 Treinamento comentado	592
	3.1.5 Treinamento do concursando	595
3.2	Moda	596
	3.2.1 Moda para rol	596
3.3	Mediana	597
	3.3.1 Introdução	597
	3.3.2 Cálculo para rol	597
3.4	Quadro comparativo (*média, mediana e moda*)	598
3.5	Treinamento comentado	598
3.6	Treinamento final do capítulo	601
Gabarito		602

CAPÍTULO 4 – Medidas de dispersão 603

4.1	Desvio médio absoluto (DM)	603
	4.1.1 Rol	603
	4.1.2 Dados tabulados	603
4.2	Desvio padrão	604
4.3	Variância (VA ou S^2)	605
4.4	Coeficiente de variação ou dispersão relativa	605
4.5	Treinamento final	606
Gabarito		607

BIBLIOGRAFIA... 609

ANEXOS 611
Resumo de fórmulas financeiras 611
Juros compostos.. 611
Estudos das taxas.. 611
Desconto simples... 612
    Desconto comercial ou "por fora" simples 612
    Desconto racional ou "por dentro".. 612
    Relação entre o desconto comercial e desconto racional 613
    Taxa efetiva de desconto 613
Desconto composto.. 613
    Desconto racional composto ou " por dentro" 613
    Desconto comercial composto ou "por fora" 613
Rendas ou anuidades 613
    Renda postecipada: 613
    Renda antecipada: 614
    Capitalização (valor futuro) 614
    A taxa interna de retorno (TIR) de um fluxo de caixa 614
Amortização de empréstimo e financiamento 614
    Sistema de amortização constante (SAC)... 615

PARTE I

MATEMÁTICA BÁSICA

1

REVISÃO BÁSICA

INTRODUÇÃO

O presente capítulo tem como objetivo apresentar um breve resumo sobre videoaula de nivelamento para o acompanhamento da obra. Por isso, foram selecionados os temas essencias para a resolução de cálculos matemáticos.

1.1 CRITÉRIOS DE DIVISIBILIDADE

É possível estabelecer algumas regras que permitem verificar se um número natural qualquer é divisível por outro. Estas regras são chamadas de critérios de divisibilidade.

Esse critérios serve de auxílio na parte de simplicação de fração.

Simplificar é dividir os termos de uma fração por um mesmo número.

 Exemplos:

$$\frac{10^{:2}}{8^{:2}} = \frac{5}{4}$$

Somente é permitido simplificar em dupla, sendo um número de cima com um número de baixo. Exemplo:

$$\frac{14 \cdot 10}{6} = \frac{14^{:2} 10}{6^{:2}} = \frac{7 \cdot 10}{3}$$

como escolhemos o 14 e o 6 para simplificar, o número 10 deve ser mantindo, pois ele não tem um outro número para simplificar.

• **Divisibilidade por 2**

Um número é divisível por 2 quando o algarismo das unidades for 0; 2; 4; 6 ou 8. Os números que são divisíveis por 2 são denominados números pares.

Exemplo: 22, 1540, 1908764...

• **Divisibilidade por 3**

Um número é divisível por 3 quando a soma dos valores absolutos de seus algarismos for divisível por 3.

Exemplo: 123 é divisível por 3, pois 1 + 2 + 3 = 6 é divisível por 3.

• **Divisibilidade por 4**

Um número é divisível por 4 se o número formado pelos dois algarismos da direita for divisível por 4 ou terminar em 00.

Exemplo: 124 termina em 24 e 24 é divisível por 4.

• **Divisibilidade por 5**

Um número é divisível por 5 se o algarismo da unidade (o último algarismo) for 0 ou 5.

Exemplo: 15, 125, 1050...

• **Divisibilidade por 6**

Um número é divisível por 6 quando for divisível por 2 e 3 ao mesmo tempo.

Exemplo: 180 é divisível por 2 e por 3, logo, também por 6.

• **Divisibilidade por 7**

Para descobrir se um número é divisível por 7 devemos realizar o seguinte processo:

Retirar o algarismo da direita e subtrair o dobro do algarismo da direita pelo número restante, se o resultado obtido for divisível por 7, então o número é divisível por 7.

 Exemplo:

245

O último algarismo da direita é o cinco.

24 - 2.5 = 24 - 10 = 14, 14 é divisível por 7.

Não se esqueça: dobrar é multiplicar por 2.

• **Divisibilidade por 9**

Um número é divisível por 9 quando a soma dos valores absolutos de seus algarismos for divisível por 9.

Exemplo: 135 é divisível por 9, pois 1 + 3 + 5 = 9 é divisível por 3.

• **Divisibilidade por 10**

Um número é divisível por 10 se o algarismo da unidade (o último algarismo) for 0.

Exemplo: 120, 1450.

• **Divisibilidade por 11**

Para descobrir se um número é divisível por 11 devemos realizar o seguinte processo: Retirar o algarismo da direita e subtrair o algarismo da direita pelo número restante, se o resultado obtido for divisível por 11, então o número é divisível por 11.

 Exemplos:

a) 121
12 - 1 = 11.

b) 1331
133 - 1 = 132
Se você não conseguir ter certeza, pode repetir o processo com o resultado obtido.
132
13 - 2 = 11.

• **Divisibilidade por 13**

Um número é divisível por 13 se o quádruplo (4 vezes) do último algarismo, somado ao número sem o último algarismo, resultar em um número divisível por 13. Se o número obtido ainda for grande, repete-se o processo até que se possa verificar a divisão por 13. Este critério é semelhante àquele dado antes para a divisibilidade por 7, apenas que no presente caso utilizamos a soma ao invés de subtração.

 Exemplo:

117
11 + 4 . 7 = 11 + 28 = 39.
39 é divisível por 13, logo, 117 é divisível por 13.

• **Divisibilidade por 15**

Um número é divisível por 15 quando for divisível por 3 e 5 ao mesmo tempo.

Exemplo: 180 é divisível por 3 e por 5, logo, também por 15.

1.2 NÚMEROS PRIMOS

Definição: são números que possuem apenas dois divisores, sendo esses divisores a unidade 1 e o próprio número.

 Se ligue!

O número 2 é único número primo par.
O número 1 não é primo.

 Exemplo:

Números primos:
2, 3, 5, 7, 11, 13, 17, 19, 23, 29, 31, 37...

 Dica:

Reconhecimento de número primo.
Esse método permite uma garantia se o número é primo ou não.
Exemplo:
O número 103 é primo?
Vamos aprender o processo de reconhecer se um número é primo.
1º passo: calcular a raiz quadrada do número.
$\sqrt{103} \cong 10$
O número 103 não possui raiz quadrada exata, logo, passou pela primeira etapa.
2º passo: dividir o número 103 pelos números primos menores que 10 (resultado da raiz).
2, 3, 5 e 7 = são os números primos menores que 10.
103 : 2 = Não.
O número 103 termina em 3, logo, não é divisível por 2.
103 : 3 = Não.
A soma dos algarismos de 103 é 1 + 0 + 3 = 4 e 4 não é divisível por 3.
103 : 5 = Não.
O número 103 termina em 3, logo, não é divisível por 5.
103 : 7 = Não.
10 - 2 . 3
10 - 6 = 4 e 4 não divisível por 7.
Como o número 103 não foi divisível por nenhum dos números, então podemos garantir que o número 103 é primo.

1.3 DECOMPOSIÇÃO EM FATORES PRIMOS

Todo número natural, maior que 1, pode ser decomposto num produto de dois ou mais fatores.

Exemplos:

Decomposição em fatores primos:

A) 15

$$\begin{array}{r|l} 15 & 3 \\ 5 & 5 \\ 1 & \end{array}$$

15 = 3 . 5

B) 36

$$\begin{array}{r|l} 36 & 2 \\ 18 & 2 \\ 9 & 3 \\ 3 & 3 \\ 1 & \end{array}$$

$36 = 2^2 . 3^2$

C) 143

$$\begin{array}{r|l} 143 & 11 \\ 13 & 13 \\ 1 & \end{array}$$

143 = 11 . 13

Se ligue!

A decomposição em fatores primos tem grande aplicabilidade na matemática.

Vamos a um exemplo básico.

A quantidade de divisores de um número natural.

Considere o número natural $N = a^x . b^y . c^z$

A quantidade de divisores é obtida pela fórmula $(x + 1)(y + 1)(z + 1)$

Exemplos:

Determine a quantidade de divisores do número 120.

1º passo: decomposição do número 120 em fatores primos

120	2
60	2
30	2
15	3
5	5
1	

$120 = 2^3 \cdot 3^1 \cdot 5^1$

2ª passo: aplicar a fórmula $(x + 1)(y + 1)(z + 1)$

$(3 + 1)(1 + 1)(1 + 1) = 4 \cdot 2 \cdot 2 = 16$ divisores.

Resposta: o número 120 possui 16 divisores.

 Se ligue!

A fórmula consiste em somar mais um aos expoentes das bases e depois multiplicar.

1.4 POTÊNCIA

A potência é utilizada na multiplicação de números iguais. Exemplo:
$2 \cdot 2 \cdot 2 = 8 \rightarrow$ multiplicação de fatores iguais.

Podemos representar a mesma multiplicação da seguinte forma:
$2 \cdot 2 \cdot 2 = 2^3 = 8$
↓
Fatores iguais.

Essa representação é conhecida como potenciação, portanto, sempre que tivermos fatores iguais, podemos montar uma potência.

Representamos uma potência da seguinte forma:

$3^3 = 27$

Base — Expoente — Potência

A base sempre será o valor do fator.
O expoente é a quantidade de vezes que o fator repete.
A potência é o resultado do produto.

1.4.1 Propriedades da potência

Caso 1: $a^1 = a$
Exemplo: $5^1 = 5$

Caso 2: $a^0 = 1$
Exemplo: $7^0 = 1$

Caso 3: $(a/b)^m = a^m/b^m$

Exemplo: $\left(\dfrac{3}{4}\right)^3 = \dfrac{3^3}{4^3}$

Caso 4: $a^{-1} = (1/a)$

Exemplo 1: $5^{-1} = \dfrac{1}{5}$

Exemplo 2: $\left(\dfrac{3}{4}\right)^{-3} = \left(\dfrac{4}{3}\right)^3$

Caso 5: $\left(a\right)^{\frac{m}{n}} = \sqrt[n]{a^m}$

Exemplo: $\left(5\right)^{\frac{1}{2}} = \sqrt{5}$

Obs.: $5^1 = 5 \quad e \quad \sqrt[2]{a} = \sqrt{a}$

1.4.2 Propriedades operatórias

Produto de potência de mesma base

Nesse caso, conserva a base e soma os expoentes.

$a^X \cdot a^Y = a^{X+Y}$

$5^2 \cdot 5^3 = 5^{2+3} = 5^5$

⚠️ *Cuidado!*

$4^2 + 4^3 \neq 4^5$

$4^2 = 4 \cdot 4 = 16$

$4^3 = 4 \cdot 4 \cdot 4 = 64$

$16 + 64 = 80$

A regra só pode ser aplicada quando multiplicamos bases iguais.

Quocientes de potências de mesma base

Nesse caso, conserva a base e subtrai os expoentes.

$a^X : a^Y = a^{X-Y}$

$12^9 : 12^3 = 12^{9-3} = 12^6$

$8^5 : 8^{-2} = 8^{5-(-2)} = 8^{5+2} = 8^7$

Potência de potência

Nesse caso, devemos conservar a base e multiplicar os expoentes.

$\left(a^{m^n}\right) = a^{m.n}$

 Se ligue!

Quadrado perfeito é um número que possui raiz quadrada exata. Exemplo:
$\sqrt{25} = 5$

A raiz quadrada do número 25 é 5, logo, o número 25 é um quadrado perfeito.

1.5 EXPRESSÃO NUMÉRICA

As operações de multiplicação ou divisão têm prioridade nas expressões numéricas.

 Exemplo:

2 + 3 . 5

Primeiro devemos realizar a multiplicação 3 . 5 = 15.

2 + 15 = 17.

 Exemplos:

Caso dos parênteses.

5 + 3 (23 - 4)

Primeiro resolvemos dentro do parêntese.

5 + 3 (19)

Agora, temos uma soma e uma multiplicação, ou seja, a multiplicação tem prioridade.

5 + 57 = 62.

PARTE **I** – **Cap. 1** – REVISÃO BÁSICA

Fique esperto!

Exemplo: **36 + {14 - [25 x 4 + 40 - (20 ÷ 2 + 10)]}**

1º passo: resolver a divisão interna aos parênteses.

36 + {14 - [25 x 4 + 40 - (**20 ÷ 2** + 10)]}
36 + {14 - [25 x 4 + 40 - (**10** + 10)]}

2º passo: resolver a adição interna aos parênteses.

36 + {14 - [25 x 4 + 40 - (**10 + 10**)]}
36 + {14 - [25 x 4 + 40 - (**20**)]}

3º passo: eliminar os parênteses. Como o sinal que os antecede é negativo, inverteremos o sinal interno.

36 + {14 - [25 x 4 + 40 - (**20**)]}

4º passo: resolver a multiplicação interna aos colchetes.

36 + {14 - [**25 x 4** + 40 - 20]}
36 + {14 - [**100** + **40** - **20**]}

5º passo: resolver a adição e a subtração, em qualquer ordem, internas aos colchetes.

36 + {14 - [**100 + 40 - 20**]}
36 + {14 - [**120**]}

6º passo: eliminar os colchetes, como o sinal que os antecede é negativo, inverteremos o sinal interno.

36 + {14 - [**120**]}
36 + {**14 - 120**}

7º passo: resolver a subtração interna aos colchetes.

36 + {**14 - 120**}
36 + {**- 106**}

8º passo: eliminar as chaves, como o sinal que as antecede é positivo, manteremos o sinal interno original.

36 + {**- 106**}
36 **- 106**

9º passo: resolver a subtração.

36 - 106

Resultado final = - 70

1.6 RESUMO

Os critérios de divisibilidade são importantes para simplificar a nossa jornada no mundo dos cálculos, por isso é essencial memorizar as regras vistas.

Números primos: são números que possuem apenas dois divisores.

O número 1 não é primo.

A afirmação "todo número ímpar é primo" é falsa. Exemplo: o número 9 é ímpar, mas não é primo.

2

CONJUNTOS

2.1 INTRODUÇÃO

Uma pergunta complicada para se responder é "Qual é a definição de conjunto"? Não há uma definição formal sobre esse tema matemático, o que existe é uma noção. A melhor representação da ideia de um conjunto é um agrupamento de elementos que possuem uma característica comum. Você deve estar se perguntando como há definição. Em Matemática, alguns elementos são definidos por conceitos primitivos, ou seja, são conceitos que não possuem uma definição formal.

2.2 REPRESENTAÇÃO DE UM CONJUNTO

Um conjunto pode ser representado de três formas, a seguir.

2.2.1 Enumeração dos elementos

O processo da enumeração (uso das chaves) utiliza a seguinte ideia: os elementos dentro das chaves fazem parte do conjunto.

Exemplo:
A = {0, 1, 2, 3, 4}

2.2.2 Diagrama de Venn

Os elementos dentro do Diagrama de Venn pertencem ao conjunto e os elementos fora do diagrama não fazem parte do conjunto.

Exemplo:

2.2.3 Uso de uma propriedade

Nesse caso, utilizamos uma propriedade para definir o conjunto, porém é necessário que a propriedade fornecida possa ser compreendida por outra pessoa, ou seja, que ela consiga visualizar o conjunto.

 Exemplo:

A = {x/x é mês do ano cujo nome começa pela letra j}

O conjunto A é composto pelos seguintes meses: janeiro, junho e julho.

2.3 CONJUNTO VAZIO

Definição: é um conjunto que não possui elementos.

O conjunto vazio é representado por { } ou $\emptyset$.

 Se ligue!

{$\emptyset$} Essa forma não representa um conjunto vazio.

2.4 CONJUNTO UNITÁRIO

Definição: é um conjunto que possui apenas um elemento.

2.5 RELAÇÃO DE PERTINÊNCIA

A relação de pertinência permite informar se um elemento pertence ou não a um determinado conjunto.

Os símbolos utilizados são: $\in$ (pertence) e $\notin$ (não pertence).

 Se ligue!

Esses símbolos só podem ser usados na relação de elementos.

Exemplo:

Dado o conjunto A = {0, 1, 2, 3, 4, 5}. Temos as seguintes relações:
$$1 \in A \quad 7 \notin A$$

Se ligue!

A ordem é: elemento – símbolo – conjunto ($1 \in A$).

2.6 RELAÇÃO DE INCLUSÃO

A relação de inclusão é utilizada na relação entre conjuntos, ou seja, se um conjunto está contido ou não dentro de outro conjunto.

Símbolos: $\subset$ (está contido) e $\not\subset$ (não está contido)
$\supset$ (contém) e $\not\supset$ (não contém)

Os conjuntos A e B podem ser representados da seguinte maneira: $A \subset B$ (A está contido em B) ou $B \supset A$ (B contém A).

Dica:

A "boca do símbolo" é voltada para conjunto maior.

Fique esperto!

A relação de inclusão só pode ser utilizada na interação entre conjuntos, por isso:

$1 \subset A$ não existe, pois o símbolo de inclusão não pode ser usado na relação de elemento e conjunto.

$\{1\} \subset A$ – essa é a relação verdadeira.

2.7 SUBCONJUNTO

Definição: o conjunto A é um subconjunto do conjunto B quando todos os elementos de um conjunto A qualquer pertencem a um outro conjunto B, ou seja, $A \subset B$.

Observações:

- Todo o conjunto A é subconjunto dele próprio, ou seja, $A \subset A$.
- O conjunto vazio, por convenção, é subconjunto de qualquer conjunto, ou seja, $\{\ \} \subset A$.

O número de subconjuntos de um conjunto A é dado pela fórmula: 2^n, em que n representa a quantidade de elementos distintos de um conjunto A.

 Exemplo:

Determine a quantidade de subconjuntos que podemos formar a partir do conjunto A = {a, b, c, d}.

Resolução:

O conjunto A possui 4 elementos distintos, logo: $2^4 = 2 \cdot 2 \cdot 2 \cdot 2 = 16$ subconjuntos.

 Se ligue!

Se a questão solicitar a quantidade de subconjuntos não vazios, utilizaremos a seguinte fórmula: $2^n - 1$

2.8 OPERAÇÕES ENTRE CONJUNTOS

2.8.1 Operação da união (∪)

Definição: dados os conjuntos A e B, define-se como união dos conjuntos A e B ao conjunto representado por $A \cup B$, formado por todos os elementos pertencentes a A ou a B, ou seja: $A \cup B = \{x/x \in A \text{ ou } x \in B\}$.

A ∪ B

Considere o conjunto A {1, 2, 3} e o conjunto B {3, 4, 5}. Determine o conjunto A ∪ B.

Resposta: A ∪ B = {1, 2, 3, 4, 5}

Operação da Interseção (∩)

> 🔍 **Curiosidade!**
>
> Interseção (português brasileiro) ou intersecção (português europeu).

Definição: dados os conjuntos A e B, define-se como intersecção dos conjuntos A e B ao conjunto representado por A ∩ B, formado por todos os elementos pertencentes a A e B, simultaneamente, ou seja: A ∩ B = {x/x ∈ A e x ∈ B}.

A ∩ B

Considere o conjunto A {1, 2, 3} e o conjunto B {3, 4, 5}. Determine o conjunto A ∩ B.

A ∩ B = {3}

2.8.2 Operador da diferença (-)

Definição: dados os conjuntos A e B, define-se como diferença entre A e B (nesta ordem) ao conjunto representado por A - B, formado por todos os elementos pertencentes a A, mas que não pertencem a B, ou seja, A - B = {x/x ∈ A e x ∉ B}.

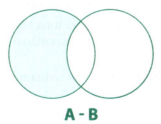

A - B

Considere o conjunto A {1, 2, 3} e o conjunto B {3, 4, 5}. Determine o conjunto A - B.

Resposta: A - B = {1, 2}

Obs.: o conjunto B - A = {4, 5}, logo A - B é diferente de B - A.

2.8.2.1 Caso especial da diferença: Complementar

O conjunto complementar está relacionado com a diferença de conjunto.
$C_A^B = A - B$ (condição: o conjunto B tem que ser um subconjunto do conjunto A).
A = {2, 3, 5, 6, 8}

B = {6, 8}
$C_A^B = A - B = \{2, 3, 5\}$.

Obs.: podemos observar que o conjunto B é um subconjunto do conjunto A.

 Se ligue!

A banca CESPE utiliza a expressão A\B para representar o complementar, sendo A\B = C_A^B.

2.9 REUNIÃO DE ELEMENTOS

 Fique esperto!

Esse tema é o mais cobrado nas provas de concursos e afins.

As questões sobre reuniões de elementos podem ser respondidas de duas formas: uso da fórmula da reunião ou uso dos diagramas de Venn.

Qual a melhor opção?

Situação 1: quando conhecemos a totalidade (total de elementos de um determinado conjunto) dos conjuntos, então o uso da fórmula é a melhor opção desde que a pergunta não remeta a uma região específica. A ideia é simples: temos o total de elementos dos conjuntos e a pergunta é sobre a totalidade de um conjunto? Se a resposta for *sim*, então o uso a da fórmula é a melhor opção.

Exemplo dessa situação: questão 1 do treinamento proposto.

Situação 2: quando a pergunta é sobre uma região específica ou quando são informados os valores de regiões específicas, então o uso do diagrama é a melhor opção, na minha opinião.

Exemplo dessa situação: questão 3 do treinamento proposto.

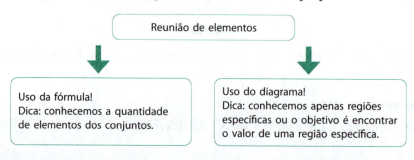

1ª opção: uso da fórmula

Caso 1: dois conjuntos

n(A ∪ B) = n(A) + n(B) - n(A ∩ B).

Caso 2: três conjuntos

n(A ∪ B ∪ C) = n(A) + n(B) + n (C) - n(A ∩ B) - n(B ∩ C) - n(A ∩ C) + n(A ∩ B ∩ C).

Obs.: esse tipo de questões pode ser respondido pelo diagrama lógico.

 Se ligue!

A fórmula pode ser utilizada para um determinado conjunto. O seu processo de desenvolvimento é fácil de perceber.

Vamos começar com o caso dos três conjuntos, ok?

• 1º passo: conjuntos individuais (positivos)
n(A) + n(B) + n(C)

• 2º passo: a menor interseção (negativo)
- n(A ∩ B) - n(B ∩ C) - n(A ∩ C)

• 3º passo: a próxima interseção (positivo)
n(A ∩ B ∩ C)

Pronto? Vamos montar a fórmula para 4 conjuntos relacionados.

• 1º passo: conjuntos individuais (positivos)
n(A) + n(B) + n(C) + n(D)

• 2º passo: a menor interseção (negativo)
- n(A ∩ B) - n(A ∩ C) - n(A ∩ D) - n(B ∩ C) - n(B ∩ D) - n(C ∩ D)

• 3º passo: a próxima interseção (positivo)
n(A ∩ B ∩ C) + n(A ∩ B ∩ D) + n(B ∩ C ∩ D)

• 4º passo: a próxima interseção (negativo)
n(A ∩ B ∩ C ∩ D)

A fórmula com quatro conjuntos está pronta.

n(A) + n(B) + n (C) + n(D) - n(A ∩ B) - n(A ∩ C) - n(A ∩ D) - n(B ∩ C) - n(B ∩ D) - n(C ∩ D) + n(A ∩ B ∩ C) + n(A ∩ B ∩ D) + n(B ∩ C ∩ D) - n(A ∩ B ∩ C ∩ D)

2º opção: uso do diagrama de Venn

Conhecendo as regiões dos conjuntos!

Caso 1: dois conjuntos

Nesse caso, temos três regiões formadas.

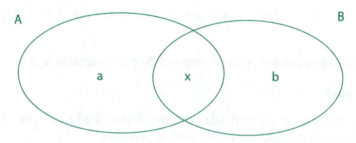

a: região do somente A.

Obs.: a região somente A corresponde à região que possui apenas elementos do conjunto A, ou seja, a região de elementos do conjunto A que não realiza intersecção com nenhum outro conjunto.

b: região do somente B.

x: $n(A \cap B)$.

$a = n(A) - x$.

$b = n(B) - x$.

Caso 2: três conjuntos

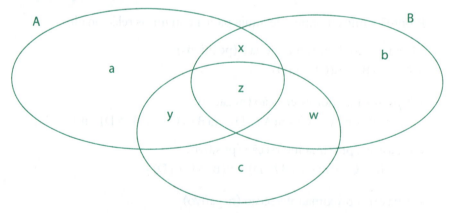

Vamos conhecer as regiões!

a: região do somente A.

b: região do somente B.

c: região do somente C.

x: região do somente (A ∩ B).
y: região do somente (A ∩ C).
w: região do somente (B ∩ C).
z: região de (A ∩ B ∩ C).

Agora, vamos descobrir os valores!
z = n(A ∩ B ∩ C).
x = n(A ∩ B) - z.
y = n(A ∩ C) - z.
w = n(B ∩ C) - z.

a = n(A) - x - y - z.
b = n(B) - x - w - z.
x = n(C) - y - w - z.

Comentário: durante as questões vamos compreender melhor todas as regiões.

Resumo:

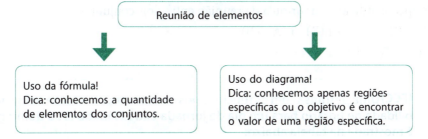

2.10 TREINAMENTO COMENTADO

1. **(FCC)** Uma empresa divide-se unicamente em dois departamentos A e B. Sabe-se que 19 funcionários trabalham em A, 13 funcionários trabalham em B e existem 4 funcionários que trabalham em ambos os departamentos. O total de funcionários dessa empresa é:
   (A) 24
   (B) 28
   (C) 30
   (D) 34
   (E) 38

Resolução:

1º degrau: resumo do enunciado.

N(A) = 19, n(B) = 13 e n(A ∩ B) = 4.

2º degrau: montagem do diagrama.

☑ **Dica:**

Sempre começar pela intersecção.

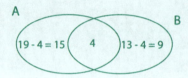

Conclusão:
Somente A = 15
Somente B = 9
A e B ao mesmo tempo = 4.
Total: 15 + 9 + 4 = 28.

Resposta: letra B.

• 2ª opção: utilizando a fórmula da reunião entre dois conjuntos.

n(A ∪ B) = n(A) + n(B) - n(A ∩ B).
n(n(A ∪ B) = 19 + 13 - 4 = 28

---

2. **(FCC)** Uma pesquisa com os funcionários de uma empresa sobre a disponibilidade de horário para um dia de jornada extra (sábado e/ou domingo) é mostrada na tabela abaixo:

Disponibilidade	Quantidade de funcionários
Apenas sábado	25
No sábado	32
No domingo	37

Dentre os funcionários pesquisados, o total dos que manifestaram jornada extra "apenas" no domingo é igual a:

(A) 7
(B) 14
(C) 27
(D) 30
(E) 37

Resolução:

1º degrau: resumo do enunciado.

Apenas no sábado 25, no sábado 32 e no domingo 37.

Como no sábado são 32 e apenas no sábado 25, logo 7 trabalham sábado e domingo.

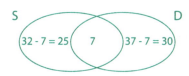

Resposta: somente no domingo 30.

Resposta: letra D.

Texto para as questões 3 a 6

(CESPE) Considere que os livros L, M e N foram indicados como referência bibliográfica para determinado concurso. Uma pesquisa realizada com 200 candidatos que se preparam para esse concurso usando esses livros revelou que:

10 candidatos utilizaram somente o livro L;

20 utilizaram somente o livro N;

90 utilizaram o livro L;

20 utilizaram os livros L e M;

25 utilizaram os livros M e N;

15 utilizaram os três livros.

Considerando esses 200 candidatos e os resultados da pesquisa, julgue os itens seguintes.

3. Mais de 6 candidatos se prepararam para o concurso utilizando somente os livros L e M.

4. Mais de 100 candidatos se prepararam para o concurso utilizando somente um desses livros.

5. Noventa candidatos se prepararam para o concurso utilizando pelo menos dois desses livros.

6. O número de candidatos que se prepararam para o concurso utilizando o livro M foi inferior a 105.

Resolução:

1º degrau: resumo do enunciado.

10 candidatos utilizaram somente o livro L;
20 utilizaram somente o livro N;
90 utilizaram o livro L;
20 utilizaram os livros L e M;
25 utilizaram os livros M e N;
15 utilizaram os três livros.

2º degrau: construção do diagrama.

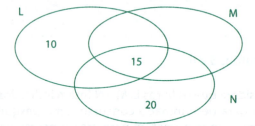

Vamos agora encontrar a intersecção dos conjuntos.

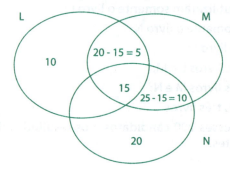

Podemos observar que o espaço L e N não foi fornecido, mas podemos calcular a partir da subtração de todos os elementos de L pelos que já foram utilizados.
L e N = 90 - 15 - 5 - 10 = 60

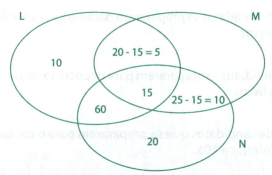

Falta encontrar o espaço somente M. Agora, iremos subtrair o total de elementos pelos elementos utilizados. 200 escolheram pelo menos um livro.

M = 200 - 15 - 60 - 10 - 5 - 10 - 20 = 80.

Conclusão:

Somente L = 10.

Somente M = 80.

Somente N = 20.

Somente L e M = 5.

Somente L e N = 60.

Somente M e N = 10.

Os três livros = 15.

3. **Mais de 6 candidatos se prepararam para o concurso utilizando somente os livros L e M.**
    Item errado, foram 5.

---

4. **Mais de 100 candidatos se prepararam para o concurso utilizando somente um desses livros.**
    Nesse caso, devemos somar todos que usaram somente L ou somente M ou somente N.
    Resultado: 10 + 80 + 20 =110. Item certo.

---

5. **Noventa candidatos se prepararam para o concurso utilizando pelos menos dois desses livros.**
    Nesse caso, pelo menos 2, pode ser 2 ou 3 livros.
    Resultado: 5 + 60 + 10 + 15 = 90. Item certo.

---

6. **O número de candidatos que se prepararam para o concurso utilizando o livro M foi inferior a 105.**
    Nesse caso, todos que usaram o livro M, se fosse somente M a resposta seria 80.
    Resultado: 80 + 5 + 10 + 15 = 110. Item errado.

---

7. **(FCC AL – SP 2010)** Numa pesquisa respondida por todos os funcionários de uma empresa, 75% declararam praticar exercícios físicos regularmente, 68% disseram que fazem todos os exames de rotina recomendados pelos médicos e 17% informaram que não possuem nenhum dos dois hábitos. Em relação ao total, os funcionários desta empresa que afirmaram que

praticam exercícios físicos regularmente e fazem todos os exames de rotina recomendados pelos médicos representam

(A) 43%

(B) 60%

(C) 68%

(D) 83%

(E) 100%

Resolução:

Resumo do enunciado:

A = 75% declararam praticar exercícios físicos regularmente;

B = 68% disseram que fazem todos os exames de rotina recomendados pelos médicos;

$A \cap B = x$

$(A \cup B) = 83\%$

O total é sempre igual a 100%, porém 17% informaram que não possuem nenhum dos dois hábitos, logo, 100 - 17 = 83% (quantidade que possuem pelo menos um dos hábitos).

Nesse caso, podemos usar a fórmula, pois temos todos os elementos.

Estou utilizando a fórmula da reunião de elementos para ganhar tempo nessa resolução.

$n(A \cup B) = n(A) + n(B) - n(A \cap B)$.

$83 = 75 + 68 - x$

$83 = 143 - x$

$X = 143 - 83 = 60\%$

Resposta: letra B.

----

8.   **(MPS CESPE 2010) Se A for um conjunto não vazio e se o número de elementos do conjunto A ∪ B for igual ao número de elementos do conjunto A ∩ B, então o conjunto B terá pelo menos um elemento.**

Resolução:

Uma questão teórica: se A é um conjunto, $A \cup B$ será um conjunto não vazio, pois na união é necessário que o elemento pertença a pelo menos um dos conjuntos.

Agora, se $A \cup B = A \cap B$ significa que A e B têm os mesmos elementos.

PARTE I – **Cap. 2** – CONJUNTOS

Se A tem pelo menos um elemento, então o conjunto terá pelo menos um elemento, pois os elementos de A e B são iguais.

Resposta: item certo.

---

9. **(CESPE 2011) Considere que os conjuntos A, B e C tenham o mesmo número de elementos, que A e B sejam disjuntos, que a união dos três possuía 150 elementos e que a intersecção entre B e C possuía o dobro de elementos da intersecção entre A e C. Nesse caso, se a intersecção entre B e C possui 20 elementos, então B tem menos de 60 elementos.**

Resolução:

$N(A) = n(B) = N(C) = x$.

$N(A \cap B) = 0$ (conjuntos disjuntos não têm elementos comuns).

$N(A \cup B \cup C) = 150$.

$N(B \cap C) = 2N(A \cap C)$.

$N(B \cap C) = 20$.

- 1ª etapa: encontrar o valor de $N(A \cap C)$.

$N(B \cap C) = 2N(A \cap C)$.

$20 = 2N(A \cap C)$.

$2N(A \cap C) = 20$.

$N(A \cap C) = 20/2$.

$N(A \cap C) = 10$.

- 2ª etapa: encontrar o valor de $N(B)$.

$n(A \cup B \cup C) = n(A) + n(B) + n(C) - n(A \cap B) - n(B \cap C) - n(A \cap C) + n(A \cap B \cap C)$.

$150 = x + x + x - 0 - 20 - 10 + 0$.

$150 = 3x - 30$.

$3x - 30 = 150$.

$3x = 150 + 30$.

$3x = 180$.

$X = 180/3$.

$X = 60$.

$N(B) = 60$.

Resposta: item errado (o resultado não é menor que 60).

---

10. (ESAF ATRFB 2009) Uma escola para filhos de estrangeiros oferece cursos de idiomas estrangeiros para seus alunos. Em uma determinada série, 30 alunos estudam francês, 45 estudam inglês, e 40, espanhol. Dos alunos que estudam francês, 12 estudam também inglês e 3 estudam também espanhol. Dos alunos que estudam inglês, 7 estudam também espanhol, e desses 7 alunos que estudam inglês e espanhol, 3 estudam também francês. Por fim, há 10 alunos que estudam apenas alemão. Não sendo oferecidos outros idiomas e sabendo-se que todos os alunos dessa série devem estudar pelo menos um idioma estrangeiro, quantos alunos dessa série estudam nessa escola?

(A) 96.
(B) 100.
(C) 106.
(D) 115.
(E) 125.

Resolução:

Francês = 30.

Inglês = 45.

Espanhol = 40.

Apenas alemão = 10.

Francês e inglês = 12.

Francês e espanhol = 3.

Inglês e espanhol = 7.

Inglês, francês e espanhol = 3.

Montando os conjuntos

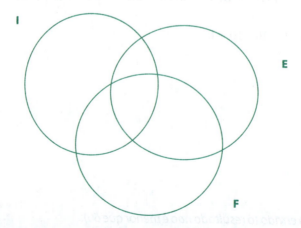

- 1º passo: iniciar pela maior intersecção.

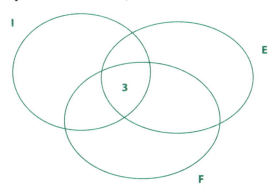

- 2º passo: as intersecções menores.

 Cuidado:

Devemos diminuir da intersecção maior.

Francês e inglês = 12 - 3 = 9.
Francês e espanhol = 3 - 3 = 0.
Total do conjunto = 29 + 18 + 33 + 9 + 4 + 3 = 96.
Total de pessoas = 96 + 10 (quantidade de pessoas que estudam apenas alemão) = 106.

Resposta: letra C.

---

11. **(FCC TJ PE 2012)** Em um clube com 160 associados, três pessoas, A, B e C (não associados), manifestam seu interesse em participar da eleição para ser o presidente deste clube. Uma pesquisa realizada com todos os 160 associados revelou que
    – 20 sócios não simpatizam com qualquer uma destas pessoas.
    – 20 sócios simpatizam apenas com a pessoa A.
    – 40 sócios simpatizam apenas com a pessoa B.
    – 30 sócios simpatizam apenas com a pessoa C.
    – 10 sócios simpatizam com as pessoas A, B e C.
    A quantidade de sócios que simpatizam com pelo menos duas destas pessoas é
    (A) 20
    (B) 30
    (C) 40
    (D) 50
    (E) 60

Resolução:

Resumo das informações:
– 20 sócios não simpatizam com qualquer uma destas pessoas.
Conclusão: n(A ∪ B ∪ C) = 160 - 20 = 140
– 20 sócios simpatizam apenas com a pessoa A.
– 40 sócios simpatizam apenas com a pessoa B.
– 30 sócios simpatizam apenas com a pessoa C.
– 10 sócios simpatizam com as pessoas A, B e C.

Comentário: as informações fornecidas são de regiões específicas, por isso o uso do diagrama é a melhor opção! Podemos colocar os valores dentro do diagrama, sem seguir o passo a passo, pois os dados informados correspondem a regiões específicas.

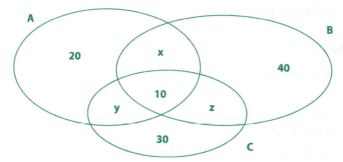

A região do somente "A e B" corresponde ao x, a região do somente "A e C" ao y e a área do somente "B e C" corresponde ao z.
O nosso objetivo é encontrar a quantidade de pessoas que simpatizam com pelo menos duas pessoas (2 pessoas ou 3). A expressão "pelo menos" = mínimo.
A expressão "x + y + z" representa a quantidade de pessoas que simpatizam com exatamente duas pessoas.

> **Dica:**
> A união é a soma de todas as regiões dos diagramas, por isso podemos afirmar que:
> x + y + z + 20 + 30 + 40 + 10 = 140
> x + y + z + 100 = 140
> x + y + z = 140 - 100
> x + y + z = 40
>
> Resultado = 40 (simpatizam exatamente com duas pessoas) + 10 (simpatizam com três pessoas) = 50

Resposta: letra D.

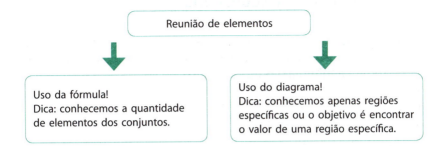

12. (CESPE INSS 2016) Se A, B e C forem conjuntos quaisquer tais que A, B⊂C, então (C\A) ∩ (A∪B) = (C∩B).
( ) Certo   ( ) Errado

Resolução:

Informações importantes:

A expressão C\A = C - A

Os conjuntos A e B são subconjuntos de C

(C −A) ∩ (A ∪ B) = (C ∩ B).

A melhor opção para a questão é montar conjuntos fictícios para o melhor entendimento.

A= {1, 2}
B= {1, 3, 4}
C= {1, 2, 3, 4, 5}

Vamos montar as relações, ok?

C - A = {3, 4, 5}
A ∪ B = {1, 2, 3, 4}
(C - A) ∩ (A ∪ B) = {3, 4, 5} ∩ {1, 2, 3, 4} = {3, 4}
(C ∩ B)= {1, 3, 4}

Comparando as expressões, temos:

{3, 4} é diferente {1, 3, 4}, logo, encontramos uma situação que demonstra ser errada aquela apresentada pela banca.

Resposta: Item errado.

Comentário: em alguns casos, teremos a relação apresentada como sendo verdadeira, mas existem casos que demonstram que a relação é falsa, por isso o item está errado (não temos 100% dos casos dando apenas verdade).

MATEMÁTICA FACILITADA – *Bruno Villar*

2.11 TREINAMENTO DO CONCURSANDO

13. **(ADVISE SESC-SE 2010)** Em uma escola que tem 415 alunos, 221 estudam inglês, 163 estudam francês e 52 estudam ambas as línguas. Quantos alunos não estudam nenhuma das duas línguas?
    (A) 52.
    (B) 31.
    (C) 83.
    (D) 93.
    (E) 111.

14. **(VUNESP 2014)** Na sala de embarque de um aeroporto, há, no total, 400 passageiros com as cidadanias A, B ou C, apenas. Seis passageiros têm exatamente as três cidadanias. Em se tratando de passageiros com exatamente duas cidadanias, sabe-se que somente 80 têm as cidadanias A e B, somente 21 têm as cidadanias B e C, e somente 41 têm as cidadanias C e A. Sabe-se, também, que o número de passageiros com apenas a cidadania B é igual ao número de passageiros com apenas a cidadania C. Se nessa sala há exatamente 339 passageiros com a cidadania A, então é verdade que o número de passageiros com a cidadania B e o número de passageiros com a cidadania C são, respectivamente,
    (A) 142 e 97.
    (B) 139 e 102.
    (C) 127 e 88.
    (D) 118 e 79.
    (E) 105 e 123.

15. **(IBFC 2014)** Num grupo de 120 pessoas sabe-se que 72 gostam de jogar basquete, 65 gostam de jogar futebol e 53 gostam dos dois. Nessas circunstâncias, é correto afirmar que:
    (A) 21 pessoas gostam somente de jogar basquete.
    (B) 14 pessoas gostam de jogar somente futebol.
    (C) O total de pessoas que gostam de somente um dos dois é igual a 33.
    (D) 36 pessoas não gostam nem de basquete e nem de futebol.

16. **(FGV 2015)** Em uma empresa de porte médio, 217 funcionários têm casa própria ou carro ou as duas coisas. Se 189 têm carro e 63 têm casa própria, o número de funcionários que têm carro mas não têm casa própria é:
    (A) 124.
    (B) 138.

PARTE I – **Cap. 2** – CONJUNTOS

33

(C) 144.
(D) 148.
(E) 154.

17. **(UPENET 2014)** De um grupo de 42 visitantes em um museu, 35 compraram pinturas, 20, esculturas, e 5 não compraram nem pintura nem escultura. Quantos compraram apenas pinturas?

(A) 2.
(B) 7.
(C) 15.
(D) 17.
(E) 30.

18. **(TRE –MA CESPE 2009)** Uma pesquisa realizada com um grupo de 78 pessoas acerca de suas preferências individuais de lazer nos finais de semana, entre as opções caminhar no parque, fotografar e ir ao cinema, revelou que

– 26 preferem caminhar no parque;

– 19 preferem ir ao cinema;

– 12 preferem caminhar no parque e ir ao cinema;

– 8 preferem fotografar e caminhar no parque;

– 5 preferem fotografar e ir ao cinema;

– 2 preferem as três opções;

– 20 não preferem nenhuma dessas três opções.

Nessa situação, a quantidade desses indivíduos que preferem fotografar mas não gostam de ir ao cinema nem de caminhar no parque nos finais de semana é igual a

(A) 10.
(B) 12.
(C) 15.
(D) 25.
(E) 29.

19. **(CAERN FGV 2010)** Uma pesquisa de opinião foi realizada com 50 pessoas. Essa pesquisa procurava saber que veículos de comunicação (jornal, rádio ou televisão) essas pessoas utilizam para tomar conhecimento das notícias diariamente. Após a pesquisa, descobriu-se que:

41 pessoas utilizam televisão;

33 pessoas utilizam jornal;

30 pessoas utilizam rádio;

29 pessoas utilizam televisão e jornal;
25 pessoas utilizam televisão e rádio;
21 pessoas utilizam jornal e rádio;
18 pessoas utilizam os três veículos.
A quantidade de pessoas que não utilizam nenhum dos três veículos é
(A) 4.
(B) 1.
(C) 0.
(D) 2.
(E) 3.

20. **(FUNIVERSA 2015)** Dos 200 papiloscopistas aprovados no concurso, 120 são homens e 80 são mulheres. Dos 200, sabe-se que 130 são bacharéis em química, 100 são bacharéis em física e 60 têm as duas formações. Das mulheres, 40 são bacharéis em química, 30 são bacharéis em física e 15 têm as duas formações. Nesse caso, é correto afirmar que a quantidade de papiloscopistas homens que não têm nenhuma dessas duas formações é igual a
(A) 1.
(B) 2.
(C) 3.
(D) 4.
(E) 5.

2.12 CONJUNTOS NUMÉRICOS

2.12.1 Conjuntos dos números naturais (N)

Introdução

Os números naturais são usados para quantificar e ordenar os elementos de uma coleção e também como código para identificar pessoas, bem como número de telefones, RG etc.

O conjunto dos números naturais pode ser representado da seguinte maneira:
N = {0, 1, 2, 3, 4, 5,...}

 Cuidado:

N* = {1, 2, 3, 4, 5,...}

 Se ligue!

O conjunto dos números naturais é cobrado em questões que envolvem contagem de elementos.

Dica:

Uma questão que tem sido cobrada em prova é a relação entre milhão, bilhão e trilhão.

Exemplos:

1 milhão = 1000000 (número de 7 dígitos e 6 zeros)
1 bilhão = 1000000000 (número de 10 dígitos e 9 zeros)
1 trilhão = 1000000000000 (número de 13 dígitos e 12 zeros)

Fique ligado na quantidade de zeros, ok?

12 milhões = 12000000

Obs.: colocamos o número 12 e depois 6 zeros, pois estamos trabalhando com milhões.

7 bilhões= 7000000000

Obs.: colocamos o número 7 e depois 9 zeros, pois estamos trabalhando com bilhões.

17,23 milhões = 17230000

A parte inteira é o número 17 e temos dois dígitos pós-vírgula (parte decimal). O detalhe é o seguinte: os números decimais diminuem a quantidade de zero no final. Por isso, no final utilizamos apenas quatro zeros no número 17,23 milhões.

2.12.1.1 Treinamento comentado

21. **(CESPE 2008) O gráfico a seguir, que ilustra a previsão das reservas monetárias de alguns países, em 2008, deve ser considerado para o julgamento o item a seguir.**

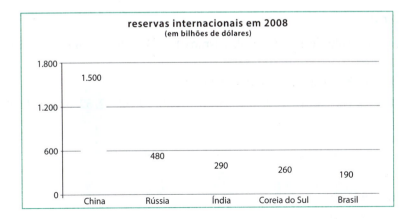

Considerando-se que, na época da realização dos estudos que deram origem ao gráfico, 1 dólar equivalesse a R$ 1,80, é correto afirmar que, nessa época, o valor previsto para as reservas internacionais da China era superior a R$ 2.500.000.000.000,00.

( ) Certo ( ) Errado

Resolução:

A China possui uma reserva de 1500 bilhões de dólares.

Um dólar equivale a R$ 1,80.

1500 . 1,8 = 2700 bilhões de reais.

2700 bilhões (bilhões = 9 zeros) = 2700000000000

O nosso resultado é superior a R$ 2.500.000.000.000.

Resposta: item certo.

---

22. **(FCC CEF-2004)** Um livro tem 300 páginas, numeradas de 1 a 300. A quantidade de vezes que o algarismo 2 aparece na numeração das páginas desse livro é:

(A) 160
(B) 154
(C) 150
(D) 142
(E) 140

Resolução:

 Dica:

No intervalo de 1 a 99, os algarismos 1, 2, 3, 4, 5, 6, 7, 8 e 9 aparecem 20 vezes.

De 1 a 99 o algarismo 2 aparece 20 vezes.

Obs.: 2, 12, 20, 21, 22, 23, 24, 25, 26, 27, 28, 29, 32, 42, 52, 62, 72, 82, 92.

Vamos dividir o intervalo de 1 a 300 em centenas.

1 a 99 = 20

100 a 199 = 20

200 a 299 = 100 + 20 = 120.

Cuidado!

No intervalo de 200 a 299 o algarismo 2 aparece sempre na primeira posição. No intervalo de 200 a 299 temos 100 números, por isso aparece 100 vezes.

Não podemos esquecer que o algarismo 2 também vai aparecer na segunda e terceira posição (200 a 299), logo, mais 20 vezes.

R: 20 + 20 + 120 = 160.

 Dica:

Você deve estar se perguntando o porquê de termos 100 números de 200 a 299. Na contagem de intervalo com extremos devemos aplicar a seguinte regra: "a diferença dos números + 1". Aplicando a regra temos: 99 (299- 200) + 1 = 100 números, iniciando a contagem pelo número 200.

Resposta: letra A.

---

23. (CESGRANRIO CEF 2008) Escrevendo-se todos os números inteiros de 1 a 1111, quantas vezes o algarismo 1 é escrito?
- (A) 481
- (B) 448
- (C) 420
- (D) 300
- (E 289

Resolução:

Na questão anterior foi comentado que de 1 a 99 os algarismos 1, 2, 3, 4, 5, 6, 7, 8 e 9 aparecem 20 vezes.

Para ganhar tempo é necessário ter outra informação: de 1 a 999 os algarismos 1, 2, 3, 4, 5, 6, 7, 8 e 9 aparecem 300 vezes. Agora, é necessário separar em intervalos.

1 a 999 : 300 vezes

1000 a 1099 : 100 (temos 100 números começando por 1) + 20 (dica de 1 a 99) = 120

1100 a 1111 : 28 vezes

Obs.: 1100, 1101, 1102, 1103, 1104, 1105, 1106, 1107, 1108, 1109, 1110 e 1111, temos 28 aparições do algarismo 1.

Resultado final: 300 + 120 + 28 = 448

Resposta: letra B.

---

24. **(FCC TRF 2006) Um técnico, responsável pela montagem de um livro, observou que, na numeração de suas páginas, haviam sido usados 321 algarismos. O número de páginas desse livro era:**
    (A) 137
    (B) 139
    (C) 141
    (D) 143
    (E) 146

Resolução:

Números	Quantidade de algarismos
1 a 9 (9 números de um algarismo)	$1 . 9 = 9$
10 a 99 (90 números de dois algarismos)	$2 . 90 = 180$

Podemos concluir que utilizamos 189 algarismos para escrever 99 números (1 a 99).

Se escrevermos o até o número 99, então o próximo número é 100; por isso, agora iremos gastar 3 algarismos em cada número.

Tínhamos 321 e gastamos 189, logo: 321 - 189 = 132.

Não se esqueça que agora iremos escrever números de 3 algarismos (100, 101, 102...).

x é número de 3 algarismos.

$3 . x = 132$

$x = \dfrac{132}{3} = 44$

44 números de 3 algarismos.

R: 99 + 44 = 143.

Resposta: letra D.

Se ligue!

A fórmula é: o número de algarismos do número vezes a quantidade números e o resultado é o total de algarismos.

Exemplo:

De a 10 a 99 temos 90 números de 2 algarismos cada.

2 . 90 = 180 (total de algarismos utilizados)

Método prático

X (total de algarismos começando por 1)

Caso 1: 189 < x < 2889

1º passo: y (quantidade de números de três algarismos) = $\dfrac{x - 189}{3}$

2º passo: resultado = 99 + y

Vamos aplicar essa regra na questão.

X = 321

Y = $\dfrac{321 - 189}{3} = \dfrac{132}{3} = 44$

Resultado: 99 + 44 = 143 páginas

Caso 2: x > 2889

1º passo: y (quantidade de números de três algarismos) $\dfrac{-2889}{4}$

2º passo: resultado = 999 + y

---

25. **(CEF)** No diagrama abaixo tem-se o algoritmo da adição de dois números naturais, no qual alguns algarismos foram substituídos pelas letras X, Y, Z e W.

    1 2 X 5 Y
    + Z 3 0 2
    1 7 4 W 1

    Determinando-se esses algarismos para que a soma seja verdadeira, verifica-se que

    (A) X + Z = W
    (B) Y - W = X
    (C) X = 2
    (D) Y = 8
    (E) Z = 4

Resolução:

1 2 X 5 Y
+Z 3 0 2
1 7 4 W 1

Deve-se somar com 2 um número que apareça como 1 na unidade.

Nesse caso, 9, pois 9 + 2 = 11.

Y = 9

1
1 2 X 5 9
+Z 3 0 2
1 7 4 W 1

W = 5 + 1 = 6

X + 3 = 4
X = 4 - 3 = 1

2 + Z = 7
Z = 7 - 2 = 5

X + Z = W
1 + 5 = 6 (certo)

Resposta: *letra A.*

---

26. **(FCC)** X9 e 9X representam números naturais de dois algarismos. Saben-do-se que X9+9X-100 é o número natural de dois algarismos ZW, é correto dizer que Z-W é igual a

    (A) 5
    (B) 4
    (C) 3
    (D) 2
    (E) 1

Resolução:

Nesse caso, a questão não informou um valor para X, então X pode ser 1, 2, 3, 4, 5, 6, 7, 8 e 9.

Suposição: X = 1

Parte I – Cap. 2 – CONJUNTOS

41

X9 + 9X - 100

19 + 91 - 100 = 110 - 100 = 10 (ZW)

1 - 0 = 1

Suposição: X = 2

X9 + 9X - 100

29 + 92 - 100

121 - 100 = 21 (ZW)

2 - 1 = 1

Resumindo: independente do algarismo escolhido, Z -W é igual a 1.

Resposta: letra E.

----

27. (CESGRANRIO BB 2015) Observe a adição:

U
U
+ E U
———
U E

Sendo E e U dois algarismos não nulos e distintos, a soma E + U é igual a

(A) 13

(B) 14

(C) 15

(D) 16

(E) 17

Resolução:

• 1ª possibilidade de resolução: Método Algébrico

Comentário: $EU = 10 E + U$ (o E representa a dezena e o U representa a unidade)

$U + U + EU = U + U + 10 E + U = 10E + 3U$

$UE = 10U + E$

Igualando as duas expressões, temos:

$10E + 3U = 10U + E$

$10E - E = 10U - 3U$

$9E = 7 U$

Logo, temos $U = 9$ e $E = 7$ (as expressões são iguais, por isso associei a letra ao número).

• 2ª possibilidade: Método "Tentativa e Erro".

Comentário: nesse caso, era necessário supor um valor para as letras, porém, é necessário lembrar que as letras representam algarismos distintos.

9+ 9 + 79 = 97

U + U + EU = UE

U = 9 e E = 7

Resposta: *letra D.*

---

28. **(CESGRANRIO BB 2015)** O número natural $(2^{103} + 2^{102} + 2^{101} - 2^{100})$ é divisível por
    (A) 6
    (B) 10
    (C) 14
    (D) 22
    (E) 26

Resolução:

Comentário: é necessário observar que os números apresentam uma potência com valor alto, por isso o cálculo fica inviável. A melhor opção é colocar em evidência (devemos buscar um elemento comum a todos os números).

 Dica:

$a^m \cdot a^n = a^{m+n}$ (conserva a base e soma os expoentes)

O elemento comum seria 2^{100}

Obs.: $2^{103} = 2^{100+3}$, $2^{102} = 2^{100+2}$, $2^{101} = 2^{100+1}$

$(2^{103} + 2^{102} + 2^{101} - 2^{100})$

$2^{100}(2^3 + 2^2 + 2^1 - 1)$

$2^{100}(8 + 4 + 2 - 1)$

$2^{100}(13)$

Conclusão: o número final será resultado do produto de 2^{100}. 13, logo, o nosso número será divisível por 13.

Analisando as alternativas, temos o número 26, que é divisível por 13.

Resposta: *letra E.*

Parte I – Cap. 2 – CONJUNTOS

43

2.12.1.2 Treinamento do concursando

29. (FCCTRT 6ª Região – 06) Se X é o menor número natural que tem cinco algarismos e Y é o maior número natural que tem quatro algarismos distintos, a diferença X - Y é um número:

(A) divisível por 4

(B) múltiplo de 6

(C) maior que 150

(D) quadrado perfeito

(E) primo

30. (FCC 2011) Se x e y são números inteiros tais que x é par e y é ímpar, considere as seguintes afirmações:

I. $x + y$ é ímpar.

II. $x - 2y$ é ímpar.

III. $(3x) . (5y)$ é impar.

É correto afirmar que

(A) I, II e III são verdadeiras.

(B) I, II e III são falsas.

(C) apenas I é verdadeira.

(D) apenas I e II são verdadeiras.

(E) apenas II e III são verdadeiras.

31. (FCC TRF) Um técnico, responsável pela montagem de um livro, observou que, na numeração de suas páginas, haviam sido usados 225 algarismos. O número de páginas desse livro era:

(A) 111

(B) 124

(C) 141

(D) 143

(E) 146

32. (TRF-2ª Região-2007) No esquema abaixo se tem o algoritmo da adição de dois números naturais, em que alguns algarismos foram substituídos pelas letras A, B, C, D e E.

```
  A 1 4 B 6
+ 1 0 C 8 D
  6 E 8 6 5
```

Determinando-se corretamente o valor dessas letras, então, A + B - C + D - E é igual a

(A) 25
(B) 19
(C) 17
(D) 10
(E) 7

---

33. **(VUNESP)** Considere o valor médio do dólar americano em 2010 como sendo R$ 2,00; considere, também, que, naquele ano, 2,1 milhões de turistas europeus e 3,0 milhões de turistas sul-americanos tenham visitado nosso País, permanecendo, em média, 10 dias por aqui.

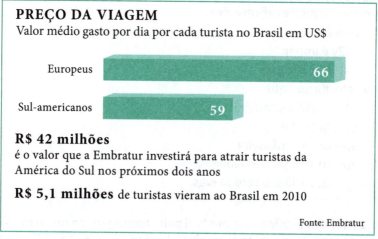

(*Folha de S.Paulo.* Adaptado)

Com base nessas informações e nas do gráfico, pode-se afirmar, corretamente, que a quantia, em bilhões de reais, que os turistas estrangeiros citados gastaram por aqui naquele ano foi próxima de

(A) 1,39
(B) 1,58
(C) 1,77
(D) 3,16
(E) 6,31

---

34. **(FCC)** No caixa de uma lanchonete há apenas moedas de 10, 25 e 50 centavos, sendo 15 unidades de cada tipo. Usando essas moedas, de quantos modos distintos uma pessoa pode receber de troco a quantia de R$ 1,00?

Parte I – Cap. 2 – CONJUNTOS   45

(A)   9
(B)   8
(C)   7
(D)   6
(E)   5

35. **(FCC TRF 2006)** Ao dividir o número 762 por um número inteiro de dois algarismos, Natanael enganou-se e inverteu a ordem dos dois algarismos. Assim, como resultado, obteve o quociente 13 e o resto 21. Se não tivesse se enganado e efetuasse corretamente a divisão, o quociente e o resto que ele obteria seriam, respectivamente, iguais a

(A)   1 e 12
(B)   8 e 11
(C)   10 e 12
(D)   11 e 15
(E)   12 e 11

2.12.2   Conjunto dos números inteiros (Z)

Os números inteiros – que podem ser positivos ou negativos, são usados para representar ganhos ou perdas, para representar o oposto de um número ou o sentido contrário que se deve dar a uma dada trajetória.

O conjunto dos números inteiros pode ser representado assim:

$Z = \{...,-4,-3,-2,-1, 0, 1, 2, 3, 4,...\}$

SUBCONJUNTOS DE Z

Conjunto dos números inteiros não nulos

$Z^* = \{...,-4,-3,-2,-1, 1, 2, 3, 4,...\}$

Conjunto dos números inteiros não negativos

$Z+ = \{0, 1, 2, 3,...\}$

Conjunto dos números inteiros positivos

$Z^*_+ = \{1, 2, 3,...\}$

Conjunto dos números inteiros não positivos

$Z- = \{...,-3,-2,-1, 0\}$

Conjunto dos números inteiros negativos

$Z^*- = \{...,-3,-2,-1\}$

Operações com números inteiros

A) Adição de números inteiros

A.1) Números com sinais iguais

Nesse caso, conserva o sinal e soma os números. Exemplos:

5 + 3 = 8

-4 - 3 = -7

-12 - 25 = -37

Você deve estar se perguntando: "se menos com menos não é mais"?

Obs.: essa regra só é utilizada na multiplicação ou na divisão de números inteiros.

A.2) Números com sinais diferentes

Nesse caso, conserva o sinal do número maior e subtrai os números. Exemplos:

5 - 3 = 2

-4 + 2 = -2

12 - 35 = -23

B) Multiplicação ou divisão de números inteiros

Nesse caso, usamos o quadro de sinais:

+ + = +

- - = +

+ - = -

- + = -

Exemplo:

3 . 4 = 12

4 . (-7) = -28

(-12) . (-3) = 36.

Resumo: sinais iguais o resultado é positivo e sinais diferentes o resultado é negativo.

2.12.3 Conjuntos dos números racionais (Q)

Os números racionais (Q) podem ser representados em forma fracionária ou decimal, são usados em problemas que envolvem as partes de um todo, um quociente, a razão entre dois números inteiros etc.

Chama-se de número racional todo número que pode ser colocado na forma de fração p/q, com p ∈ Z, q ∈ Z*.

*Todo número inteiro é racional.
Ex.: -2, -5, 0, 1, 2
*Todo número decimal exato é racional.
Ex.: 0,5 é racional, pois pode ser colocado na forma 5/10.
*Todo número decimal periódico é racional.
Ex.: 0,444 = 4/9   0,5555 = 5/9

 Dica:

Transformar uma dízima periódica em uma fração.

A) Dízima periódica simples

Nesse caso, para cada algarismo do número que se repete, embaixo colocamos um 9.

a) 0,444...

Nesta dízima, temos apenas um algarismo que se repete, que é o algarismo 4.

$0,444... = \dfrac{4}{9}$

b) 0, 243243243243...

Na dízima acima, temos três algarismos se repetindo.

$0,243243243243... = \dfrac{243}{999}$

B) Dízima periódica composta

Nesse caso, devemos usar a fórmula: $\dfrac{\text{número - pnp}}{\underset{pp}{9} \underset{pnp}{0}}$

PNP: parte não periódica, ou seja, não se repete.
PP: parte periódica, isto é, se repete.
Para cada algarismo que se repetir, devemos colocar o algarismo 9 e para cada algarismo que não se repetir colocamos o algarismo 0.

Exemplos:

a) 0,45555...

O algarismo que se repete é o 5; parando no primeiro algarismo, que se repete, temos o número formado 45.

1 PP e 1 PNP

$$\frac{45 - 4}{90} = \frac{41}{90}$$

b) 0,2434343....

O número que se repete é o 43, logo, o número formado é 243.

2 PP e 1 PNP

$$\frac{243 - 2}{990} = \frac{241}{990}$$

c) 0,21424242.....

O número que se repete é o 42, logo, o número formado é 2142.

2 PP e 2 PNP

$$\frac{2142 - 24}{9900} = \frac{2121}{9900}$$

 Se ligue!

0,9999... = 9/9 = 1 (a dízima 0,999... é um número inteiro).

2.12.4 Conjunto dos números irracionais (I ou Q')

Os gregos antigos reconheciam uma espécie de número que não é nem inteiro nem fracionário, posteriormente identificado como irracional.

 Dica:

Todas as dízimas não periódicas são número irracionais.

Exemplos:

2,79...

$\pi = 3,14...$

Obs.: todas as raízes não exatas são dízimas não periódicas.

2.12.5 Conjunto dos números reais (R)

De forma mais abrangente a esse universo de conjuntos numéricos, temos o conjunto dos números reais. O conjunto dos números reais é formado pela união dos racionais com os irracionais. $R = Q \cup I$.

2.12.6 Treinamento comentado

36. **(FCC) O número 0,0202 pode ser lido como**
    (A) duzentos e dois milésimos.
    (B) duzentos e dois décimos de milésimos.
    (C) duzentos e dois centésimos de milésimos.
    (D) duzentos e dois centésimos.
    (E) duzentos e dois décimos de centésimos.

Resolução:

$$0,0202 = \frac{202}{10000}$$

Voltamos quatro casas, depois da casa da unidade!

Centena	Dezena	Unidade	Décimo	Centésimo	Milésimo	Décimo de milésimo

Resposta: letra B.

 Se ligue!

Voltando:

uma casa: décimo

duas casas: centésimo

três casas: milésimo

quatro casas: décimo de milésimo

cinco casas: centésimo de milésimo

seis casas: milionésimo

37. (Fundação Carlos Chagas) Um fato curioso ocorreu em uma família no ano de 1936. Nesse ano, Ribamar tinha tantos anos quantos expressavam os dois últimos algarismos do ano em que se nascera e, coincidentemente, o mesmo ocorria com a idade de seu pai. Nessas condições, em 1936, a soma das idades de Ribamar e de seu pai, em anos, era igual a:

(A) 86
(C) 82
(E) 76
(B) 84
(D) 78

Resolução:

A idade de Ribamar é expressa pelos dois últimos algarismos, tendo esse episódio ocorrido em 1936!

1900 --- 1936

Média: $\dfrac{1900+1936}{2} = \dfrac{3836}{2} = 1918$

O ano médio é 1918. Então, se ele nasceu em 1918, no ano de 1936 ele terá 18 anos.

Agora, esse fato também aconteceu com o seu pai. Como esse fato não ocorre duas vezes no mesmo século, logo, o pai terá como base o século anterior.

Conclusão:

1800 --- 1936

Média: $\dfrac{1800+1936}{2} = \dfrac{3736}{2} = 1868$

Se o pai nasceu em 1868, então em 1936 ele terá 68 anos.

Resultado: 18 + 68 = 86.

Resposta: *letra A.*

---

38. (VUNESP TJ SP 2014) Certa empresa produz diariamente quantidades iguais do produto P. Se essa empresa usar três medidas iguais do componente A em cada unidade do produto final P, serão necessárias 480 dessas medidas para suprir a produção de P durante 2 dias. Se passar a usar 2,5 medidas de A em cada unidade de P, o número de medidas de A necessário para suprir a produção de P, durante 5 dias, será igual a

(A) 1220.
(B) 980.
(C) 1000.
(D) 1140.
(E) 1050.

Resolução:

P = 3A

Para produzir dois de P são necessários 480 A, logo, são 240A por dia.

P = 240/3 = 80 (produção de P por dia)

Obs.: são cinco dias com o valor de P igual a 2,5.

Total de A = 80 (produção por dia de P) . 2,5 (p =2,5A) . 5 (número de dias) = 1000ª

Resposta: letra C.

---

39. **(FCC 2011)** Dos números que aparecem nas alternativas, o que mais se aproxima do valor da expressão (0,619² - 0,599²) × 0,75 é:
    (A) 0,0018.
    (B) 0,015.
    (C) 0,018.
    (D) 0,15.
    (E) 0,18.

Resolução:

1ª etapa: (0,619² - 0,599²)

 Dica:

$a^2 - b^2 = (a + b)(a - b)$

0,619² - 0,599² = (0,619 + 0,599) (0,619 - 0,599)

(1,218) (0,02) = 0,02436

2ª etapa: 0,02436 x 0,75

0,02436 x 0,75 = 0,01827

Resposta: letra C.

2.13 TREINAMENTO FINAL DO CAPÍTULO

40. (CEF FCC 2004) Uma pessoa, ao efetuar a multiplicação de 2493 por um certo número inteiro, encontrou o produto 668124. Só então notou que, ao copiar os números para efetuar a operação, ela trocou, por engano, o algarismo das dezenas do multiplicador, escrevendo 6 ao invés de 3. Assim, o verdadeiro produto seria

(A) 643194

(B) 618264

(C) 598274

(D) 593334

(E) 568404

41. Considere um número N com exatamente dois algarismos diferentes de zero, e seja P o conjunto de todos os números distintos de dois algarismos formados com os algarismos de N, incluindo o próprio N. A soma de todos os números do conjunto P, qualquer que seja N, é divisível por

(A) 2

(B) 3

(C) 5

(D) 7

(E) 11

42. (FCC) Sendo x e y números naturais, o resultado da divisão de x por y, obtido com auxílio de uma calculadora, foi a dízima periódica 3,333...

Dividindo-se y por x nessa calculadora, o resultado obtido será igual a

(A) 1,111...

(B) 0,9

(C) 0,333...

(D) 0,3

(E) 0,111...

43. (FCC) Observe a sequência de contas:

Linha	Conta
1	2 + 3 . 5 - 1 = 16
2	2 - 4 . 5 - 2 = -20
3	2 + 5 . 5 - 3 = 24
4	2 - 6 . 5 - 4 = -32
5	2 + 7 . 5 - 5 = 32
⋮	⋮

Mantendo-se o padrão indicado, o resultado da conta correspondente à linha 437 será

(A) 1934
(B) 1782
(C) 1760
(D) 1750
(E) 2630

44. (FCC) A figura indica um quadrado de 3 linhas e 3 colunas contendo três símbolos diferentes:

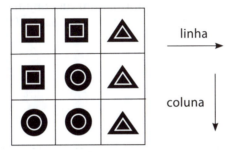

Sabe-se que:
— Cada símbolo significa um número;
— A soma dos correspondentes números representados na 1ª linha é 16;
— A soma dos correspondentes números representados na 3ª coluna é 18;
— A soma de todos os correspondentes números no quadrado é 39;
Nas condições dadas, o valor numérico do símbolo ⊙ é:

(A) 8
(B) 6
(C) 5
(D) 3
(E) 2

45. (FCC) Uma pessoa tem R$ 14,00 em sua carteira apenas em cédulas de 1, 2 e 5 reais, sendo pelo menos uma de cada valor. Se X é o total de cédulas que ela possui, quantos são os possíveis valores de X?

(A) 4
(B) 5
(C) 6
(D) 7
(E) 8

46. (TRT FCC 2006) Uma pessoa dispõe apenas de moedas de 5 e 10 centavos, totalizando a quantia de R$ 1,75. Considerando que ela tem pelo menos uma moeda de cada tipo, o total de moedas que ela possui poderá ser no máximo igual a

(A) 28

(B) 30

(C) 34

(D) 38

(E) 40

47. De quantos modos é possível formar um subconjunto, com exatamente 3 elementos do conjunto {1, 2, 3, 4, 5, 6}, no qual **NÃO** haja elementos consecutivos?

(A) 4

(B) 6

(C) 8

(D) 18

(E) 20

48. (ESAF) Em um grupo de 30 crianças, 16 têm olhos azuis e 20 estudam canto. O número de crianças deste grupo que têm olhos azuis e estudam canto é

(A) exatamente 16.

(B) no mínimo 6.

(C) exatamente 10.

(D) no máximo 6.

(E) exatamente 6.

49. (ESAF) X e Y são dois conjuntos não vazios. O conjunto X possui 64 subconjuntos. O conjunto Y, por sua vez, possui 256 subconjuntos. Sabe-se, também, que o conjunto $Z = X \cap Y$ possui 2 elementos. Desse modo, conclui-se que o número de elementos do conjunto $P = Y - X$ é igual a:

(A) 4

(B) 6

(C) 8

(D) vazio

(E) 1

50. **(ESAF)** Uma escola de idiomas oferece apenas três cursos: um curso de alemão, um curso de francês e um curso de inglês. A escola possui 200 alunos e cada aluno pode matricular-se em quantos cursos desejar. No corrente ano, 50% dos alunos estão matriculados no curso de alemão, 30% no curso de francês e 40% no de inglês. Sabendo-se que 5% dos alunos estão matriculados em todos os três cursos, o número de alunos matriculados em mais de um curso é igual a
    (A) 30
    (B) 10
    (C) 15
    (D) 5
    (E) 20

51. **(ESAF)** Qual a fração que dá origem à dízima 2,54646... em representação decimal?
    (A) 2.521 / 990
    (B) 2.546 / 999
    (C) 2.546 / 990
    (D) 2.546 / 900
    (E) 2.521 / 999

52. **(CESGRANRIO BB 2012)** No modelo abaixo, os pontos A, B, C e D pertencem à mesma reta. O ponto A dista 65,8 mm do ponto D; o ponto B dista 41,9 mm do ponto D, e o ponto C está a 48,7 mm do ponto A.

    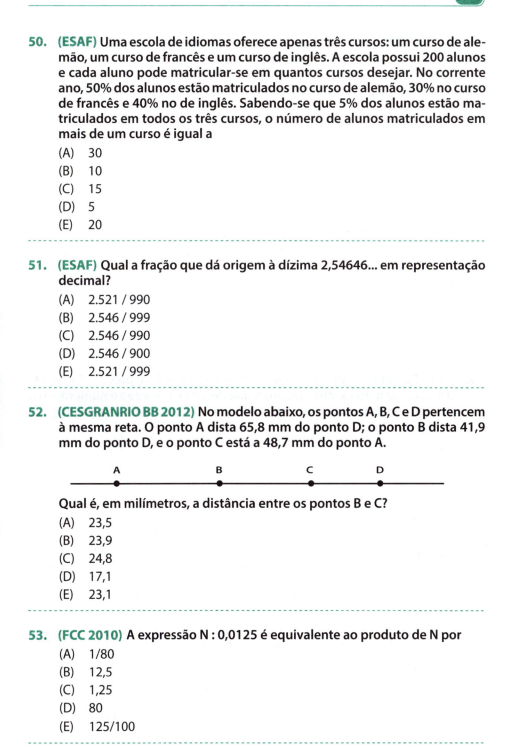

    Qual é, em milímetros, a distância entre os pontos B e C?
    (A) 23,5
    (B) 23,9
    (C) 24,8
    (D) 17,1
    (E) 23,1

53. **(FCC 2010)** A expressão N : 0,0125 é equivalente ao produto de N por
    (A) 1/80
    (B) 12,5
    (C) 1,25
    (D) 80
    (E) 125/100

54. (CESGRANRIO) Sejam a, b e c números reais distintos, sobre os quais afirma-se:

I – Se b > a e c > b, então c é o maior dos três números.

II – Se b > a e c > a, então c é o maior dos três números.

III – Se b > a e c > a, então a é o menor dos três números.

É(São) correta(s) a(s) afirmativa(s):

(A) I, somente.
(B) II, somente.
(C) III, somente.
(D) I e III, somente.
(E) I, II e III.

---

55. (CESGRANRIO 2013) Multiplicando-se o maior número inteiro menor do que 8 pelo menor número inteiro maior do que - 8, o resultado encontrado será

(A) - 72
(B) - 63
(C) - 56
(D) - 49
(E) - 42

---

56. (TST FCC 2012) A soma dos dígitos do número 374 é 14, pois $3 + 7 + 4 = 14$. O menor número inteiro e positivo que deve ser somado ao número 2970 para que se obtenha como resultado um número cuja soma dos dígitos seja igual a 2 é

(A) 970.
(B) 1130.
(C) 7031.
(D) 7130.
(E) 8030.

GABARITO

1. B	2. D	3. Errado	4. Certo	5. Certo	6. Errado	7. B	8. Certo
9. Errado	10. C	11. D	12. Errado	13. C	14. C	15. D	16. E
17. D	18. D	19. E	20. E	21. Certo	22. A	23. B	24. D
25. A	26. E	27. D	28. E	29. A	30. C	31. A	32. C
33. E	34. D	35. C	36. B	37. A	38. C	39. C	40. D
41. E	42. D	43. C	44. E	45. B	46. C	47. A	48. B
49. B	50. A	51. A	52. C	53. D	54. D	55. D	56. C

3

MÚLTIPLOS E DIVISORES

INTRODUÇÃO

Os temas expostos no capítulo são muito exigidos em provas de Matemática, por isso fique atento ao procedimento do cálculo e ao reconhecimento de determinados assuntos.

3.1 MÚLTIPLO DE NÚMERO NATURAL A

Os múltiplos de número natural a são representados por:
M(a) = {1a, 2a, 3a, 4a, 5a...}

Exemplos:

M(3) = {3, 6, 9, 12, 15, 18, 21, 24, 27...}
M(5) = {5, 10, 15, 20, 25, 30, 35...}

Se ligue!

Se um número x é um múltiplo de a, então x é divisível por a.
Ex.: o número 35 é um múltiplo de 5, pois 35 é divisível por 5.

3.2 MÍNIMO (MENOR) MÚLTIPLO COMUM (M.M.C.)

Definição: o M.M.C. é o menor múltiplo comum de dois ou mais números naturais, diferentes de zero.

Exemplos:

Múltiplo de 4 = {4, 8, 12, 16, 20, 24...}
Múltiplo de 6 = {6, 12, 18, 24, 30...}
M.M.C. é 12 (menor múltiplo comum)

 Se ligue!

Qual a função do MMC?
É apresentar o primeiro número divisível ao mesmo tempo pelos números informados.
Exemplo:
M.M.C. (4, 6) = 12 (é o primeiro número que é divisível por 4 e 6 ao mesmo tempo).

3.2.1 Cálculo do M.M.C. – Método simplificado

Objetivo: procurar números comuns.

1º Calcule o M.M.C. dos números abaixo:

A) 2 e 3

2,	3	2
1,	3	3
1,	1	

Processo prático.
Pergunta: existe algum número que divide 2 e 3 ao mesmo tempo?
Se a resposta for não, então o M.M. C. é o produto desses números.
Logo, o M.M.C. de 2 e 3 é 6 (2 . 3 = 6).

B) 5 e 8

Pergunta: existe algum número que divide 5 e 8 ao mesmo tempo?
NÃO!
O M.M.C. é 5 . 8 = 40.

C) 4 e 10

Pergunta: existe algum número que divide 4 e 10 ao mesmo tempo?

Sim! O número 2. Nesse caso, continuamos a divisão, pois temos um número comum.

$$
\begin{array}{rr|l}
4, & 10 & 2 \\
2, & 5 & \\
\end{array}
$$

Pergunta: existe algum número que divide 2 e 5 ao mesmo tempo? NÃO!

Logo o M.M.C. é 2 . 2 . 5 = 20

Obs.: 2 e 5 pelo motivo de não ter divísivel comum e o outro número 2 é comum.

Podemos dizer que o M.M.C. será o produto dos termos comuns com os termos que não são comuns.

D) 100 e 120

Nesse caso, podemos cortar o número 0, pois ambos os números terminam em 0.

Pergunta: existe algum número que divide 10 e 12 ao mesmo tempo? Sim! O número 2.

$$
\begin{array}{rr|l}
10, & 12 & 2 \\
5 & 6 & \\
\end{array}
$$

Pergunta: existe algum número que divide 5 e 6 ao mesmo tempo?

NÃO! Não há número comum (não se esqueça: não paramos o processo até encontrar os números que não possuem número divisível comum).

M.M.C. = 2 . 5 . 6 = 60, porém o M.M.C. é 600 (acrescentando no final o algarismo 0).

E) 6, 8 e 10

No caso de termos três números, devemos seguir a seguinte relação:

1ª: procurar um número que seja divisível aos três.

2ª: procurar um número comum em dupla.

6, 8 e 10.

Existe algum número que divide 6, 8 e 10 ao mesmo tempo?

SIM! O número 2.

6,   8,   10 | 2
3,   4,   5 |

Existe algum número que divide 3 e 4 ao mesmo tempo? NÃO!

Existe algum número que divide 3 e 5 ao mesmo tempo? NÃO!

Existe algum número que divide 4 e 5 ao mesmo tempo? NÃO!

Logo, o M.M.C. é 3 . 4 . 5 . 2 = 120

Se ligue!

Essa questão é uma pegadinha clássica.

Quantos múltiplos de 3 ou 7 temos de 1 a 1000?

Resolução:

Devemos ter cuidado, pois precisamos calcular a quantidade de múltiplos de 3, 7 e 21 (M.M.C. de 3 e 7)

$n(A \cup B) = n(A) + n(B) - n(A \cap B)$

Múltiplos de 3

1000 : 3 = 333 múltiplos de 3.

Cuidado: nesse caso, utilizar apenas a parte inteira do quociente da divisão.

Obs.: a quantidade de múltiplos de número no intervalo de [1,a] sempre será obtida pela divisão de a pelo múltiplo desejado.

Múltiplos de 7

1000 : 7 = 142 múltiplos de 7

Cuidado: nesse caso, utilizar apenas a parte inteira do quociente da divisão.

Múltiplos de 21 (o elemento comum)

1000 : 21 = 47

Cuidado: nesse caso, utilizar apenas a parte inteira do quociente da divisão.

R: 333 + 142 - 47 = 428.

3.2.2   Problemas envolvendo M.M.C.

Os problemas que envolvem M.M.C. possuem as seguintes características:

* Situação repetitiva (cíclica), isto é, mantém o padrão.

* Afirma um encontro e pergunta sobre o próximo encontro.

* Divisão de um número em quantidades distintas (exemplo: questão 5).

PARTE I – Cap. 3 – MÚLTIPLOS E DIVISORES

3.2.3 Treinamento comentado

1. **(FCC TRT 24ª Região 2003)** Numa frota de veículos, certo tipo de manutenção é feita no veículo A a cada três dias, no veículo B a cada 4 dias e no veículo C a cada 6 dias, inclusive aos sábados, domingos e feriados. Se no dia 2 de junho de 2003 foi feita a manutenção dos três veículos, a próxima vez que a manutenção dos três ocorreu no mesmo dia foi em:

   (A)   05/06/03
   (B)   06/06/03
   (C)   08/06/03
   (D)   14/06/03
   (E)   16/06/03

Resolução:

Situação repetitiva: cada três, cada quatro e cada seis dias.

3, 4 e 6

Existe algum número que divide 3, 4 e 6 ao mesmo tempo? NÃO!

Existe algum número que divide 3 e 4 ao mesmo tempo? NÃO!

Existe algum número que divide 4 e 6 ao mesmo tempo? Sim! O número 2.

$$\begin{array}{ccc|c} 3, & 4, & 6 & 2 \\ 3, & 2, & 3 & \end{array}$$

Não conta o número repetido, logo, consideramos apenas 2 e 3.

Existe algum número que divide 2 e 3 ao mesmo tempo? NÃO!

M.M.C. = 2 . 2 . 3 = 12 dias.

02/06 + 12 dias = 14/06.

Resposta: letra D.

---

2. **(FCC)** Vivaldo costuma sair com duas garotas: uma a cada seis dias e a outra a cada nove dias. Quando as datas coincidem, ele adia os encontros com ambas para seis e nove dias depois, respectivamente. Se em 18/05/98 ele adiou os encontros com duas, em virtude da coincidência das datas, a próxima vez que ele teve de adiar os encontros foi em:

   (A)   15/06/98
   (B)   12/06/98
   (C)   10/06/98

(D) 06/06/98
(E) 05/06/98

Resolução:

Situação repetitiva.

MMC (6, 9)

Existe algum número que divide 6 e 9 ao mesmo tempo? Sim!

6, 9 | 3
2, 3 |

Existe algum número que divide 2 e 3 ao mesmo tempo? NÃO!

M.M.C. = 2.3.3 = 18 dias.

18/05 + 18 = 36/05, porém maio só tem 31 dias. Logo, estamos em 05/06 (36 - 31 = 5)

 Cuidado:

Devemos observar se o mês é de 30 ou 31 dias!

Resposta: letra E.

---

3. **(FCC)** Sistematicamente, Fábio e Cíntia vão a um mesmo restaurante: Fábio a cada 15 dias e Cíntia a cada 18 dias. Se em 10 de outubro de 2004 ambos estiveram em tal restaurante, outro provável encontro dos dois nesse restaurante ocorrerá em:

(A) 9 de dezembro de 2004
(B) 10 de dezembro de 2004
(C) 8 de janeiro de 2005
(D) 9 de janeiro de 2005
(E) 10 de janeiro de 2005

Resolução:

Situação repetitiva.

15 e 18

Existe algum número que divide 15 e 18 ao mesmo tempo? Sim! O número 3.

15, 18 | 3
 5   6 |

Existe algum número que divide 5 e 6 ao mesmo tempo? Não!

M.M.C. = 3.5.6 = 90 dias.

PARTE I – Cap. 3 – MÚLTIPLOS E DIVISORES   63

👁 **Fique esperto!**

90 dias não correspondem a três meses, pois temos meses com 30 e 31 dias.

Início: 10/10/2004

   + 3
   —————
   10/01/2005

Outubro	Novembro	Dezembro	Janeiro
31 dias	30 dias	31 dias	/

Temos dois meses com 31 dias, por isso devemos retirar dois dias (o excesso).

10/01/2005

-2

08/01/2005.

Resposta: letra C.

----

4. **(FCC PM — MG 2006)** A verificação do funcionamento de três sistemas de segurança é feita periodicamente: o do tipo A a cada 2 horas e meia, o do tipo B a cada 4 horas e o do tipo C a cada 6 horas, inclusive aos sábados, domingos e feriados. Se em 15/08/2001, às 10 horas, os três sistemas foram verificados, uma outra coincidência no horário de verificação dos três ocorreu em:

   (A) 22/08/2001, às 22 horas.
   (B) 22/08/2001, às 10 horas.
   (C) 20/08/2001, às 12 horas.
   (D) 17/08/2001, às 10 horas.
   (E) 15/08/2001, às 22 horas e 30 minutos.

Resolução:

Situação repetitiva.

Nesse caso, temos que transformar o tempo, pois não podemos calcular o M.M.C. de 2,50 (duas horas e meia).

A= 2h e 30 = 150 minutos

B = 4h = 240 minutos

C = 6h = 360 minutos.

150, 240, 360

Temos todos os números terminando em 0 (zero), logo, podemos calcular com 15, 24 e 36.

15, 24, 36 têm divisor comum? Sim! 3

15, 24, 36 | 3
5, 8, 12 |

5, 8, 12 têm divisor comum? Não!

Existe algum número que divide 5 e 8 ao mesmo tempo? Não!

Existe algum número que divide 8 e 12 ao mesmo tempo? Sim! 4

5, 8, 12 | 4
5, 2, 3 |

Obs.: 5, 2 e 3 são números primos, logo não têm divisor comum.

M.M.C. = 5.2.3.12 = 3600 (não se esqueça de colocar o 0 no final).

3600 minutos = 60 horas = 2 dias e 12 horas.

Início: 15/08/2001, às 10 horas

15/08/2001 às 10 horas

+2 _____ +12

17/08/2001 às 22h

Não temos essa resposta, e agora? Tenha calma, pois a questão não pediu o próximo encontro, e sim pediu outra coincidência. Por isso, devemos aumentar dois dias e 12 horas até encontrar uma alternativa.

17/08/2001 às 22h

+2 _____ +12

19/08/2001   34h, o dia só tem 24 horas. Logo estamos em: 20/08/2001, às 10h.

Novamente não temos essa alternativa!

20/08/2001 às 10h.

+2 _____ +12

22/08/2001 às 22h

Agora temos a resposta!

Resposta: letra A.

5. **(CESGRANRIO)** Um executivo querendo se organizar, precisa agrupar uma série de pastas que estão em seu poder. Percebe-se que se montar grupos de 3 pastas, fica 1 sobrando, caso agrupe de 4 em 4 pastas, sobram 2. Montando grupo de 5 pastas, restam 3 e, caso agrupe de 6 em 6 pastas, restam 4. Quantas pastas têm o executivo, sabendo-se que são menos de 100?

(A) 56
(B) 57
(C) 58
(D) 59
(E) 60

Resolução:

 Dica:

O nosso objetivo é dividir um número (menor que 100) em grupos de três ou quatro ou cinco ou seis. Seria o terceiro caso.

3 em 3 pastas sobra 1.

4 em 4 pastas sobram 2.

5 em 5 pastas sobram 3.

6 em 6 pastas sobram 4.

Podemos observar que: para completar o grupo precisamos de 2 pastas.

$3 - 1 = 2$

$4 - 2 = 2$

$5 - 3 = 2$

$6 - 4 = 2$

x + 2 é múltiplo de (3, 4, 5, 6) = 60.

x + 2 = 60

x = 60 - 2

x = 58

Resposta: letra C.

6. **(FCC — DPE — SP — Oficial de Defensoria Pública 2010)** Duas polias conectadas por uma correia têm comprimentos de 12 cm e 22 cm.

O menor número de voltas completas que a polia menor deve dar para que a polia maior dê um número inteiro de voltas é

(A) 7
(B) 8
(C) 9
(D) 10
(E) 11

Resolução

Nesse caso, temos uma situação repetitiva, pois as correias giram em um movimento circular.

Agora, vamos calcular o M.M.C. de 12 e 22.

Existe algum número que divide 12 e 22 ao mesmo tempo? Sim! O número 2.

12, 22 | 2
6, 11 |

Existe algum número que divide 6 e 11 ao mesmo tempo? Não!

M.M.C. = 2.6.11 =132 cm.

A distância percorrida é de 132 cm.

A polia menor dá uma volta a cada 12 cm.

O número de voltas realizadas pela polia menor foi 132 : 12 = 11 voltas.

Resposta: letra E.

---

7. **(FCC PM MARANHÃO 2006)** Um refeitório dispõe de 102 lugares, alguns em mesas de 2 lugares e outros em mesas de 4 lugares. Se o número de mesas de 2 lugares é um múltiplo de 7, então o número total de mesas pode ser múltiplo de

PARTE I – Cap. 3 – MÚLTIPLOS E DIVISORES

(A)   17
(B)   15
(C)   14
(D)   10
(E)   8

Resolução:

Temos que utilizar um processo de tentativas.

Sabendo que o número de mesas de 2 lugares é múltiplo de 7, logo, essa quantidade é 7, 14, 21, 28 ...

Quantidade de mesas de 2 lugares	Quantidade de mesas de 4 lugares	Total de mesas
7 mesas = 14 lugares	102 - 14 = 88 lugares (22 mesas)	7 + 22 = 29
14 mesas = 28 lugares	102 - 28 = 74 lugares (74 não divide por 4)	Não disponível
21 mesas = 42 lugares	102 - 42 = 60 lugares (15 mesas)	21 + 15 = 36
28 mesas = 56 lugares	102 - 56 = 46 lugares (46 não divide por 4)	Não disponível
35 mesas = 70 lugares	102 - 70 = 32 (8 mesas)	35 + 8 = 43
42 mesas = 84 lugares	102 - 84 = 18 (não divide por 4)	Não disponível
49 mesas = 98 lugares	102 - 98 = 4 lugares (1 mesa)	49 + 1 = 50

50 é um múltiplo de 10!

A questão pede um múltiplo, por isso deve-se tentar até achar um múltiplo das alternativas!

Resposta: letra D.

----

8. **(FCC 2013)** O número de times que compõem a liga de futebol amador de um bairro, que é menor do que 50, permite que as equipes sejam divididas em grupos de 4, 6 ou 8 componentes, sem que sobrem times sem grupo. Tendo apenas essas informações, é possível concluir que a liga é composta por x ou por y times. A soma x + y é igual a

(A)   96
(B)   72
(C)   60
(D)   120
(E)   80

Resolução:

Uma determinada quantidade (pode ser x ou y) deve ser dividida em grupos de quatro, de seis ou de oito.

Vamos calcular o MMC (4, 6, 8)

4, 6, 8 | 2
2, 3, 4 |

Existe algum número que divide 2 e 3 ao mesmo tempo? NÃO!

Existe algum número que divide 3 e 4 ao mesmo tempo? NÃO!

Existe algum número que divide 2 e 4 ao mesmo tempo? Sim! 2

4, 6, 8 | 2
2, 3, 4 | 2
1, 3, 2 |

3 . 2 . 2 . 2 = 24 (primeiro número divisível ao mesmo tempo por 4, 6 e 8)

O valor de x = 24

O valor de y = 48 (o segundo múltiplo de 24 é igual a 48)

Resultado: 24 + 48 = 72 (x + y)

Resposta: *letra B.*

3.2.4 Treinamento do concursando

9. **(TTN)** Numa corrida de automóveis, o primeiro corredor dá a volta completa na pista em 10 segundos; o segundo, em 11 segundos e o terceiro em 12 segundos. Quantas voltas terão dado cada um, até o momento em que passarão juntos na linha de chegada?

   (A) 66, 60, 55

   (B) 62, 58, 54

   (C) 60, 55, 50

   (D) 60, 45, 40

   (E) 40, 36, 32

-----

10. Numa pista circular, três ciclistas saem juntos de um mesmo ponto. O primeiro completa cada volta em: 1 minuto e 30 segundos, o segundo em 1

PARTE I – Cap. 3 – MÚLTIPLOS E DIVISORES

minuto e 40 segundos e o terceiro, em 1 minuto e 50 segundos. O tempo gasto pelos três ciclistas para se encontrarem novamente

(A) 2h20min

(B) 2h25min

(C) 2h35min

(D) 2h40min

(E) 2h45min

---

11. **(FCC)** Uma determinada cidade realiza periodicamente duas festas: a festa da uva e a festa do tomate. A festa da uva acontece a cada 15 meses e a festa do tomate, a cada 18 meses. Se as duas aconteceram juntas em abril de 1998, então quando elas aconteceram novamente?

(A) 10/1998

(B) 6/2005

(C) 8/2004

(D) 10/2005

(E) 10/2004

---

12. **(PM-2001/FCC)** Três policiais trabalham no regime de plantão. José tira um plantão de 6 em 6 dias, Flavio de 8 em 8 dias e Felipe de 10 em 10 dias, inclusive sábado, domingos e feriados. Se no dia 12/06/02 eles trabalharam juntos, a próxima coincidência de datas em seus plantões será, novamente, em:

(A) 12/10/2002

(B) 10/10/2002

(C) 11/08/2002

(D) 12/08/2002

(E) 12/12/2002

---

13. Em uma caixa há um certo número de laranjas. Se contarmos as laranjas de 12 em 12, de 20 em 20, ou de 25 em 25, encontraremos sempre o mesmo número de laranjas. Qual a menor quantidade possível de laranjas que há na caixa?

(A) 120

(B) 220

(C) 300

(D) 420

(E) 600

14. (TRE) Um médico receitou dois remédios a um paciente: um para ser tomado a cada 12 horas e outro a cada 15 horas. Se às 14 horas do dia 10/10/2000 o paciente tomou ambos os remédios, ele voltou a tomá-los juntos novamente às:

(A) 17h do dia 11/10/2000
(B) 14h do dia 12/10/2000
(C) 18h do dia 12/10/2000
(D) 2h do dia 13/10/2000
(E) 6h do dia 13/10/2000

15. (TJ) Dois vigilantes de um prédio público fazem ronda, um em cada bloco, respectivamente em 10 e 12 minutos. Se ambos iniciaram a ronda às 18 horas, darão início à nova ronda, simultaneamente, às:

(A) 19h e 30
(B) 19h
(C) 20h e 30
(D) 21h
(E) 21h e 30

16. (FCC) Três funcionários fazem plantões nas seções em que trabalham: um a cada 10 dias, outro a cada 15 dias, e o terceiro a cada 20 dias, inclusive aos sábados, domingos e feriados. Se no dia 18/05/02 os três estiveram de plantão, a próxima data em que houve coincidência no dia de seus plantões foi:

(A) 18/11/02
(B) 17/09/02
(C) 18/08/02
(D) 17/07/02
(E) 18/06/02

17. Alberto foi ao médico e este lhe receitou quatro medicamentos, A, B, C e D, que devem ser tomados da seguinte forma: o medicamento A deve ser tomado de 3 em 3 horas. O medicamento B, de 6 em 6 horas, o medicamento C, de 5 em 5 horas, e o medicamento D, de 4 em 4 horas. Se Alberto tomou todos os medicamentos juntos, às 10 horas da manhã de uma sexta feira, quando estará ingerindo todos os medicamentos juntos novamente?

(A) às 10 horas da manhã de domingo.
(B) às 10 horas da noite de domingo.
(C) às 10 horas da manhã de segunda-feira.
(D) às 10 horas da noite de segunda-feira.
(E) às 12 horas da manhã de terça-feira.

18. Numa pista circular de autorama, um carrinho vermelho dá uma volta a cada 72 segundos e um carrinho azul dá uma volta a cada 80 segundos. Se os dois carrinhos partiram juntos, quantas voltas terá dado o mais lento até o momento em que ambos voltarão a estar lado a lado no ponto de partida?
    (A) 6
    (B) 7
    (C) 8
    (D) 9
    (E) 10

19. **(TRF 4ª Região FCC 2010)** Suponha que, sistematicamente, três grandes instituições – X, Y e Z – realizam concursos para preenchimento de vagas: X de 1,5 em 1,5 anos, Y de 2 em 2 anos e Z de 3 em 3 anos. Considerando que em janeiro de 2006 as três realizaram concursos, é correto concluir que uma nova coincidência ocorrerá em
    (A) julho de 2015.
    (B) junho de 2014.
    (C) julho de 2013.
    (D) janeiro de 2012.
    (E) fevereiro de 2011.

3.3 MÁXIMO DIVISOR COMUM (M.D.C.)

3.3.1 Divisor de um número natural não nulo

É o número natural que o divide exatamente.

Exemplo:

2 é divisor de 8 ou 8 é divisível por 2.

Todo número inteiro não nulo, diferente de 1, é divisível por 1 e ele mesmo, por isso todo número possui **pelo menos** dois divisores.

Obs.: o cálculo do conjuntos de divisores foi fornecido no Capítulo 1.

3.3.2 M.D.C.

Dois números naturais (diferentes de zero) sempre têm divisores comuns. Sendo o M.D.C. o maior divisor comum entre eles.

Exemplo:

M.D.C. (6, 12) = 6.
M.D.C. (4, 10) = 2.

3.3.3 Cálculo do M.D.C.

 Dica:

Utilizar apenas divisor comum. Isto é, que divide todos os números ao mesmo tempo.

Fique esperto!

No M.M.C. buscamos um número que seja divisível ao mesmo tempo pela dupla ou trio, porém, no M.D.C. só utilizamos o número divisível ao mesmo tempo por todos os números.

1º) Calcule o M.D.C. dos números abaixo.

A) 36 e 90

Procurar um número que divide 36 e 90 ao mesmo tempo.
Existe algum número que divide 36 e 90 ao mesmo tempo? Sim! 18.

36, 90 | 18
 2   5 |

Existe algum número que divide 2 e 5 ao mesmo tempo? Não!
No M.D.C. só multiplicamos os termos comuns.
Nesse caso, o M.D.C. é 18.

B) 72 e 120

Existe algum número que divide 72 e 120 ao mesmo tempo? Sim! 6.
Obs.: quando maior o número comum, então menor será o nosso cálculo.

72, 120 | 6
 12   20 |

Existe algum número que divide 12 e 20 ao mesmo tempo? Sim! 4.

$$12, \quad 20 \,\big|\, 4$$
$$ \quad 3, \quad 5$$

Existe algum número que divide 3 e 5 ao mesmo tempo? Não!

M.D.C. = 6 . 4= 24.

Obs.: 6 e 4 são números divisíveis comuns.

C) 121 e 143

121 e 143

Existe algum número que divide 121 e 143 ao mesmo tempo? Sim! 11.

Obs.: se tiver dificuldade de encontrar o número comece pelos números primos, usando os critérios de divisibilidade.

$$121 \quad 143 \,\big|\, 11$$
$$ 12 \quad 13$$

Existe algum número que divide 12 e 13 ao mesmo tempo? Não.

M.D.C. (121,143) = 11

D) 15, 20 e 45

Existe algum número que divide 15, 20 e 45 ao mesmo tempo? Sim! 5.

$$15, \quad 20, \quad 45 \,\big|\, 5$$
$$ 3, \quad 4, \quad 9$$

Existe algum número que divide 3, 4 e 9 ao mesmo tempo? Não.

O M.D.C. é 5.

E) 5 e 7

Existe algum número que divide 5 e 7 ao mesmo tempo? Não!

O M.D.C. será 1 (todos os números são divisíveis por 1, por isso, quando os números não apresentarem um divisor comum diferente de 1, logo, o M.D.C. será o número 1).

3.3.4 Problemas envolvendo o M.D.C.

Os problemas envolvendo M.D.C. devem apresentar simultaneamente as seguintes características:

– Divisão de coisas ou objetos de tamanhos diferentes em partes iguais.

– Divisão no maior tamanho possível.

> ### 👁 *Fique esperto!*
>
> A expressão "divisão no maior tamanho possível" pode ser substituída por "menor quantidade".
>
> As questões sobre M.D.C., na maioria dos casos, versam sobre duas perguntas:
>
> – Medida do tamanho ou quantidade de elementos em cada grupo.
> – Quantidade de elementos.

3.3.5 Treinamento comentado

20. (Pró-técnico) Cortando-se dois fios de 345m e 330m em pedaços iguais e do maior tamanho possível, o número de pedaços obtidos é:

(A) 15
(B) 22
(C) 35
(D) 38
(E) 45

Resolução:

Divisão: coisas de tamanho diferentes em partes iguais e o maior tamanho possível.

330 e 345

Existe algum número que divide 330 e 345 ao mesmo tempo? Sim! 5.

$$\begin{array}{c|c} 330,\ 345 & 5 \\ 66,\quad 69 & \end{array}$$

Existe algum número que divide 66 e 69 ao mesmo tempo? Sim! 3.

$$\begin{array}{c|c} 66,\quad 69 & 3 \\ 22\quad 23 & \end{array}$$

Existe algum número que divide 22 e 23 ao mesmo tempo? Não!

O M.D.C. é 3 . 5 = 15.

15 (o tamanho de cada pedaço)

A questão pediu a quantidade de pedaços, por isso, o resultado final será: 22 + 23 = 45.

Resposta: letra E.

PARTE I – Cap. 3 – MÚLTIPLOS E DIVISORES

 Se ligue!

Se na pergunta o elemento de divisão estiver no singular, então a resposta será o M.D.C.

Vamos utilizar o texto da questão 20, ok?

Os fios foram cortados em pedaços (objeto de divisão).

Se pergunta fosse: o tamanho de cada pedaço (a palavra pedaço está no singular)?

A resposta seria o número 15 (M.D.C.).

Se na pergunta o elemento de divisão estiver no plural, então a resposta será a soma dos números restantes.

Vamos utilizar o texto da questão 20, ok?

Os fios foram cortados em pedaços (objeto de divisão).

Se pergunta fosse: o número de pedaços (a palavra pedaços está no plural)?

A resposta seria o número 45 (soma dos números restantes).

21. Duas tábuas devem ser cortadas em pedaços de mesmo comprimento, sendo esse comprimento o maior possível. Se uma tábua tem 90 centímetros e a outra tem 126 centímetros, qual deve ser o comprimento de cada pedaço se toda a madeira deve ser aproveitada?
(A) 36 cm
(B) 12 cm
(C) 18 cm
(D) 9 cm
(E) 90 cm

Resolução:

A questão é sobre M.D.C., pois temos uma divisão em partes iguais e no maior tamanho possível. O elemento de divisão será a palavra pedaço.

90 e 126

Existe algum número que divide 90 e 126 ao mesmo tempo? Sim! 6.

90, 126 | 6
15, 21 |

Existe algum número que divide 15 e 21 ao mesmo tempo? Sim! 3.

15, 21 | 3
 5, 7 |

Existe algum número que divide 5 e 7 ao mesmo tempo? Não!

M.D.C. = 6 . 3 = 18.

Quantidade de pedaços: 5 + 7 = 12.

Resultado = 18 (tamanho de cada pedaço).

Resposta: letra C.

---

22. **(T.R.E)** Uma repartição pública recebeu 143 microcomputadores e 104 impressoras para distribuir a algumas de suas seções. Esses aparelhos serão divididos em lotes, todos com igual quantidade de aparelhos. Se cada lote deve ter um único tipo de aparelho, o menor número de lotes formados deverá ser:

    (A) 8
    (B) 11
    (C) 19
    (D) 20
    (E) 21

Resolução:

A questão é sobre M.D.C., pois temos uma divisão em partes iguais e no maior tamanho possível. O elemento de divisão será a palavra lotes.

104 e 143.

Existe algum número que divide 104 e 143 ao mesmo tempo? Sim! 13.

$$\begin{array}{c|c} 104, \ 143 & 13 \\ \hline 8, \ \ 11 & \end{array}$$

O total de lotes é: 11 + 8 = 19 (número de lotes).

Resultado = 19.

Resposta: letra C.

---

23. **(FCC TRE-AC 2010)** No almoxarifado de uma unidade do Tribunal Regional Eleitoral há disponível: 11 caixas de lápis, cada qual com 12 unidades; 9 caixas de borrachas, cada qual com 8 unidades; 8 caixas de réguas, cada qual com 15 unidades. Sabe-se que:

    – Todos os objetos contidos nas caixas acima relacionadas deverão ser divididos em pacotes e encaminhados a diferentes setores dessa unidade;

- Todos os pacotes deverão conter a mesma quantidade de objetos;
- Cada pacote deverá conter um único tipo de objeto.

Nessas condições, a menor quantidade de pacotes a serem distribuídos é um número compreendido entre:

(A) 10 e 20.
(B) 20 e 30.
(C) 30 e 40.
(D) 40 e 50.
(E) 50 e 60.

Resolução:

- 1ª etapa: encontrar a quantidade de lápis, borracha e régua.

 Dica:

Nesse caso, é preciso multiplicar a quantidade caixa pela quantidade de cada caixa.

Lápis = 11 . 12 = 132
Borrachas = 9 . 8 = 72
Régua = 8 . 15 = 120

- 2ª etapa: calcular o M.D.C. de **132, 72 e 120**

Obs.: a questão é sobre M.D.C., pois temos uma divisão em partes iguais e no maior tamanho possível. O elemento de divisão será a palavra pacotes.

Existe algum número que divide **132, 72 e 120** ao mesmo tempo? Sim! 12.

132, 72 120 | 12
 11, 6   10 |

Existe algum número que divide **11, 6 e 10** ao mesmo tempo? Não.

Os números 11, 6 e 10 representam as quantidades de pacotes.

O número 12, que é M.D.C., é quantidade de elementos em cada pacote.

Resultado = 11 + 6 + 10 = 27

Resposta: letra B.

3.3.6   Treinamento do concursando

24. **(T.R.T)** Uma enfermeira recebeu um lote de medicamentos com 132 comprimidos de analgésico e 156 comprimidos de antibióticos. Deverá distribuí-los em recipientes iguais, contendo, cada um, a maior quantidade possível de um único tipo de medicamento. Considerando que todos os recipientes deverão receber a mesma quantidade de medicamento, o número de recipientes necessários para essa distribuição é:

(A)   24
(B)   16
(C)   12
(D)   8
(E)   4

25. **(TRE-BA)** Todos os funcionários de um Tribunal devem assistir a uma palestra sobre "Qualidade de vida no trabalho", que será apresentada várias vezes, cada vez para um grupo distinto. Um técnico foi incumbido de formar os grupos, obedecendo aos seguintes critérios:

– todos os grupos devem ter igual número de funcionários;

– em cada grupo, as pessoas devem ser do mesmo sexo;

– o total de grupos deve ser o menor possível.

Se o total de funcionários é composto de 225 homens e 125 mulheres, o número de palestras que deve ser programado é

(A)   10
(B)   12
(C)   14
(D)   18
(E)   25

26. **(FCC)** No almoxarifado de certa empresa havia dois tipos de canetas esferográficas: 224 com tinta azul e 160 com tinta vermelha. Um funcionário foi incumbido de empacotar todas essas canetas do modo que cada pacote contenha apenas caneta com tinta de mesma cor. Se todos os pacotes devem conter igual número de canetas, a menor quantidade de pacotes que ele poderá obter é:

(A)   8
(B)   10
(C)   12
(D)   14
(E)   16

PARTE I – Cap. 3 – MÚLTIPLOS E DIVISORES

27. (TRT-SP) Dispõe-se de dois lotes de boletins informativos distintos: um, com 336 unidades, e outro, com 432 unidades. Um técnico judiciário foi incumbido de empacotar todos os boletins dos lotes, obedecendo as seguintes instruções:

– Todos os pacotes devem conter a mesma quantidade de boletins;

– Cada pacote deve ter um único tipo de boletim;

Nessas condições, o menor número de pacotes que ele poderá obter é:

(A) 12

(B) 16

(C) 18

(D) 24

(E) 32

28. (VUNESP) Em um colégio de São Paulo, há 120 alunos na 1ª série do Ensino Médio, 144, na 2ª e 60, na 3ª. Na semana cultural, todos esses alunos serão organizados em equipes com o mesmo número de elementos, sem que se misturem alunos de séries diferentes. O número máximo de alunos que pode haver em cada equipe é igual a

(A) 7.

(B) 10.

(C) 12.

(D) 28.

(E) 30.

29. (VUNESP 2009) Em um presídio há 400 detentos, sendo 240 no setor X e 160 no setor Y. Para realizar atividades na oficina de artes, o total de detentos foi dividido em grupos com o mesmo número de integrantes, sendo esse número o maior possível, sem deixar nenhum detento de fora e sem misturar os detentos dos dois setores. Dessa forma, foram formados

(A) 5 grupos.

(B) 8 grupos.

(C) 10 grupos.

(D) 12 grupos.

(E) 13 grupos.

30. (FCC TRT SP 2009) Um Técnico Judiciário recebeu dois lotes de documentos para arquivar: um, contendo 221 propostas de licitações e outro, contendo 136 processos. Para executar tal tarefa, recebeu as seguintes instruções:

– todas as propostas de licitações deverão ser colocadas em pastas amarelas e todos os processos em pastas verdes;

- todas as pastas deverão conter o mesmo número de documentos;
- deve ser usada a menor quantidade possível de pastas.

Se ele seguir todas as instruções que recebeu, então

(A) usará 17 pastas amarelas para guardar todas as propostas de licitações.

(B) usará 13 pastas verdes para guardar todos os processos.

(C) o número de pastas amarelas que usar excederá o de verdes em 6 unidades.

(D) cada uma das pastas ficará com 8 documentos.

(E) serão necessárias 21 pastas para acomodar todos os documentos dos dois lotes.

31. **(FCC 2009)** Quatro faculdades de Direito participam de um convênio Empresa-Escola para estágios de seus alunos em grandes escritórios de advocacia. Em certo dia, as quatro enviaram alunos a um escritório, candidatando-se a uma vaga. Lá chegando, eles foram divididos em grupos, de forma que:

- cada grupo tinha alunos de uma única faculdade;
- todos os grupos tinham a mesma quantidade de alunos;
- a quantidade de alunos em cada grupo era a maior possível;
- o número de alunos enviados pelas faculdades foi 12, 18, 24 e 36.

Se para cada grupo foi elaborada uma prova distinta, então

(A) cada grupo tinha exatamente 4 alunos.

(B) foi aplicado um total de 15 provas.

(C) foi aplicado um total de 6 provas.

(D) foram formados exatamente 12 grupos.

(E) para alunos de uma das faculdades foi aplicado um total de 8 provas.

3.4 RESUMO

Amigo Leitor, não se esqueça das regras que determinam se uma questão é sobre M.M.C. ou M.D.C.

Os problemas que envolvem M.M.C. possuem as seguintes características:

* Situação repetitiva (cíclica), isto é, mantém o padrão.

* Afirma um encontro e pergunta sobre o próximo encontro.

* Divisão de um número em quantidades distintas (exemplo: questão 5).

Os problemas envolvendo M.D.C. devem apresentar simultaneamente as seguintes características:

- Divisão de coisas ou objetos de tamanhos diferentes em partes iguais.

- Divisão no maior tamanho possível.

PARTE I – Cap. 3 – MÚLTIPLOS E DIVISORES

3.5 TREINAMENTO FINAL DO CAPÍTULO

32. **(UNB)** Um médico receitou ao paciente três medicamentos distintos, para serem tomados, cada um, em intervalos de 1h20min, 1h30min e 2h. Se à meia-noite ele tomou os três medicamentos, então ele voltará, novamente, a tomá-los ao mesmo tempo às:

   (A) 10h20 min
   (B) 12h00 min
   (C) 13h20 min
   (D) 13h50 min
   (E) 14h30 min

33. **(VUNESP 2009)** Três agentes penitenciários fazem rondas noturnas em um determinado presídio. O primeiro tem que acionar o relógio de controle a cada 36 minutos; o segundo, a cada 24 minutos, e o terceiro, a cada 18 minutos. Dessa maneira, pode-se afirmar que eles acionam simultaneamente o relógio de controle a cada

   (A) 1h24 min.
   (B) 1h18 min.
   (C) 1h12 min.
   (D) 1h06 min.
   (E) 1h.

34. **(FCC TRT SC 2010)** Sistematicamente, dois funcionários de uma empresa cumprem horas extras: um, a cada 15 dias, e o outro, a cada 12 dias, inclusive aos sábados, domingos ou feriados. Se em 15 de outubro de 2010 ambos cumpriram horas extras, uma outra provável coincidência de horários das suas horas extras ocorrerá em

   (A) 9 de dezembro de 2010.
   (B) 15 de dezembro de 2010.
   (C) 14 de janeiro de 2011.
   (D) 12 de fevereiro de 2011.
   (E) 12 de março 2011.

35. **(FCC)** Um auxiliar de enfermagem pretende usar a menor quantidade possível de gavetas para acomodar 120 frascos de um tipo de medicamento, 150 frascos de outro tipo e 225 frascos de um terceiro tipo. Se ele colocar a mesma quantidade de frascos em todas as gavetas, e medicamentos de um único tipo em cada uma delas, quantas gavetas deverá usar?

(A) 33
(B) 48
(C) 75
(D) 99
(E) 165

36. **(CESPE 2011)** Considere que 3 carretas façam, repetidamente, viagem de ida e volta entre determinada editora e um centro de tratamento da ECT em 4 dias, 5 dias e 6 dias, respectivamente, e, ao completar um percurso de ida e volta, elas retomem imediatamente esse percurso. Se, em certo dia, as 3 carretas partirem simultaneamente da editora, então elas voltarão a partir juntas novamente dessa editora após

(A) 45 dias.
(B) 60 dias.
(C) 10 dias.
(D) 15 dias.
(E) 30 dias.

37. **(FCC 2010)** Suponha que às 5h30min de certo dia, dois trens da Companhia do Metropolitano de São Paulo partiram simultaneamente de um mesmo terminal T e seguiram por Linhas diferentes. Considerando que a cada 78 minutos da partida um dos trens retorna a T, enquanto que o outro o faz a cada 84 minutos, então, nesse dia, ambos se encontraram novamente em T às

(A) 19h42min.
(B) 21h48min.
(C) 21h36min.
(D) 23h42min.
(E) 23h48min.

38. **(TRT-PE FCC 2012)** Os Jogos Pan-americanos ocorrem de 4 em 4 anos, as eleições gerais na Índia ocorrem de 5 em 5 anos e o Congresso Internacional de Transportes a Cabo ocorre de 6 em 6 anos. Se esses eventos aconteceram em 1999, a próxima vez que os três voltarão a ocorrer num mesmo ano será em

(A) 2119.
(B) 2059.
(C) 2044.
(D) 2029.
(E) 2023.

PARTE I – Cap. 3 – MÚLTIPLOS E DIVISORES | 83

39. **(VUNESP 2011 TJ-SP)** Ao longo de um dia, um supermercado fez vários anúncios dos produtos A, B e C, todos eles com o mesmo tempo de duração. Os tempos totais de aparição dos produtos A, B e C foram, respectivamente, iguais a 90s, 108s e 144s. Se a duração de cada anúncio, em segundos, foi a maior possível, então, a soma do número de aparições dos três produtos, nesse dia, foi igual a

(A) 14.

(B) 15.

(C) 17.

(D) 18.

(E) 19.

40. **(FCC 2013)** Para recepcionar os 37 novos funcionários de uma agência, foi criada uma brincadeira na qual os novos funcionários deveriam ser divididos em grupos iguais (mesmo número de integrantes) que poderiam ter ou 5, ou 7, ou 8, ou 9, ou 10 integrantes. Das cinco opções de tamanhos dos grupos, a que deixa menos funcionários sem grupo é aquela em que os grupos têm número de integrantes igual a

(A) 7

(B) 9

(C) 5

(D) 10

(E) 8

GABARITO

1. D	2. E	3. C	4. A	5. C	6. E	7. D	8. B
9. A	10. E	11. D	12. B	13. C	14. D	15. B	16. D
17. B	18. D	19. D	20. E	21. C	22. C	23. B	24. A
25. C	26. C	27. B	28. C	29. A	30. E	31. B	32. B
33. C	34. D	35. A	36. B	37. D	38. B	39. E	40. B

4

FRAÇÃO

INTRODUÇÃO

A ideia de fração é fundamental na resolução de vários problemas matemáticos. A diversidade de abordagem sobre o tema vai deixar você surpreso. Um exemplo clássico é a questão sobre torneiras, que é resolvida pela noção de fração da produção. O objetivo desse capítulo é apresentar as cobranças mais recorrentes sobre o tema.

4.1 NOÇÃO DE FRAÇÃO

Definição: é uma divisão de dois números inteiros a e b, com b ≠ 0.
$\frac{a}{b}$ ou a : b

Temos: a : numerador e b: denominador

Vamos relembrar velhos conceitos?

O nosso retângulo foi dividido em 4 partes iguais.

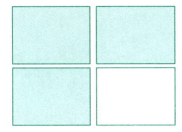

Qual é a fração da pintada?

Resposta: parte pintada: $\frac{3}{4}$

Se ligue!

O numerador representa a quantidade de partes utilizadas. Por isso o numerador nesse caso é 3, pois são 3 partes pintadas.

O denominador representa o total de partes. Por isso o denominador é 4, pois o quadrado foi divido em 4 quadrados iguais.

Qual é a fração da parte não pintada?

Resposta: parte não pintada: $\frac{1}{4}$ (essa fração pode ser denominada de fração restante, pois representa a parte não utilizada).

 Cuidado!

$\frac{0}{0}$ = indeterminação.

$\frac{0}{b \neq 0}$ = 0. Exemplo: $\frac{0}{2}$ = 0.

$\frac{b \neq 0}{0}$ = impossível. Exemplo: $\frac{5}{0}$ é impossível.

4.2 OPERAÇÕES DE FRAÇÕES

A) Adição ou subtração

A.1) Adição ou subtração de denominadores iguais

Processo: conserva o denominador e soma ou subtrai os numeradores.

 Exemplos:

$$\frac{1}{4} + \frac{6}{4} = \frac{7}{4}$$

$$-\frac{3}{5} + \frac{2}{5} + \frac{4}{5} = \frac{-3+2+4}{5} = \frac{3}{5}$$

A.2) Adição ou subtração de denominadores diferentes
Processo:
1º: tirar o M.M.C. dos denominadores.

2º: colocar o resultado de M.M.C. no denominador da nova fração e dividir o denominador da nova fração pelo denominador de cada fração e o resultado multiplicar pelo numerador da respectiva fração.

 Exemplos:

$$\frac{2}{5}+\frac{3}{8}$$

1º passo: o M.M.C de 5 e 8 = 40 (não possui divisor comum, logo o produto deles é o M.M.C.)

2º passo: $\dfrac{8.2+5.3}{40}=\dfrac{16+15}{40}=\dfrac{31}{40}$

 Cuidado!

Nesse caso não cortamos o denominador, só cortamos o denominador quando estamos calculando uma equação fracionária.

B) Multiplicação

$$\frac{a}{b} \cdot \frac{c}{d} = \frac{a \cdot c}{b \cdot d}$$

 Exemplos:

$$\frac{3}{5} \cdot \frac{2}{7} = \frac{3.2}{5.7} = \frac{6}{35}$$

$$\frac{2}{5} \text{ de } 40 = \frac{2}{5} \cdot 40 = \frac{80}{5} = 16$$

 Se ligue!

As expressões **do** e **de** entre dois números representam o sinal de multiplicação.

Simplificação: é dividir uma fração por mesmo número, isto é, dividir o numerador e o denominador por um mesmo número.

$$\frac{2}{5} \text{ de } 40 = \frac{2 \cdot 40}{5} = \frac{2 \cdot 40^{:5}}{5^{:5}} = \frac{2 \cdot 8}{1} = \frac{16}{1} = 16$$

Antes de multiplicar, verifique se é possível simplificar, pois diminui o cálculo.

C) Divisão

$$\frac{a}{b} : \frac{c}{d} = \frac{a}{b} \cdot \frac{d}{c} = \frac{a \cdot d}{b \cdot c}$$

Processo: conserva a primeira fração e multiplica pelo inverso da segunda.

$$\frac{2}{3} : \frac{4}{7} = \frac{2}{3} \cdot \frac{7}{4} = \frac{2^{:2} \cdot 7}{3 \cdot 4^{:2}} = \frac{1 \cdot 7}{3 \cdot 2} = \frac{7}{6}$$

4.2.1 Treinamento comentado

1. **(FCC) Simplificando a expressão**

$$2 - \cfrac{1}{2 - \cfrac{1}{2 - \cfrac{1}{2}}}$$

Obtém-se:

(A) 1,2.
(B) 1,25.
(C) 1,5.
(D) 1,75.
(E) 1,8.

Resolução:

Essa expressão deve ser resolvida de baixo para cima.

Primeira parte : $2 - \dfrac{1}{2} = \dfrac{4-1}{2} = \dfrac{3}{2}$

Após a resolução da primeira parte, temos:

$$2 - \cfrac{1}{2 - \cfrac{1}{2 - \cfrac{1}{\frac{3}{2}}}}$$

Parte I – Cap. 4 – FRAÇÃO

Segunda parte: $1 : \dfrac{3}{2} = 1 \cdot \dfrac{2}{3} = \dfrac{2}{3}$

Após a resolução da segunda parte, temos:

$$2 - \cfrac{1}{2 - \cfrac{1}{2 - \cfrac{2}{3}}}$$

Terceira parte: $2 - \dfrac{2}{3} = \dfrac{6 - 2}{3} = \dfrac{4}{3}$

Após a resolução da terceira parte, temos:

$$2 - \cfrac{1}{2 - \cfrac{1}{\cfrac{4}{3}}}$$

Quarta parte: $1 : \dfrac{4}{3} = 1 \cdot \dfrac{3}{4} = \dfrac{3}{4}$

Após a resolução da quarta parte, temos:

$$2 - \cfrac{1}{2 - \cfrac{3}{4}}$$

Quinta parte: $2 - \dfrac{3}{4} = \dfrac{8 - 3}{4} = \dfrac{5}{4}$

Após a resolução da quinta parte, temos:

$$2 - \cfrac{1}{\cfrac{5}{4}}$$

Sexta parte: $1 : \dfrac{5}{4} = 1 \cdot \dfrac{4}{5} = \dfrac{4}{5}$

Após a resolução da sexta parte, temos:

$$2 - \dfrac{4}{5}$$

Sétima parte: $2 - \dfrac{4}{5} = \dfrac{10 - 4}{5} = \dfrac{6}{5} = 1,2$

Resposta: letra A.

----

2. **(FCC TRE-AC 2010) Simplificando-se a expressão**

$$\left(12,15 + \dfrac{3}{40}\right) \div \left(\dfrac{102}{50} - 0,0025\right)$$

obtém-se um número:
(A) quadrado perfeito.
(B) divisível por 5.
(C) múltiplo de 6.
(D) primo.
(E) ímpar.

Resolução:

 Dica:

Nesse caso, a melhor opção é transformação dos números decimais em fração. Se a divisão da fração apresentasse números simples, então continuar na forma decimal seria a melhor opção.

- 1ª etapa: colocar todos os números na forma fracionária.

$$\left(\frac{1215}{100} + \frac{3}{40}\right) : \left(\frac{102}{50} - \frac{25}{10000}\right)$$

- 2ª etapa: simplificar os termos da mesma fração, se possível.

$$\left(\frac{1215 : 5 = 243}{100 : 5 = 20} + \frac{3}{4}\right) : \left(\frac{102 : 2 = 51}{50 : 2 = 25} - \frac{25 : 25 = 1}{10000 : 25 = 400}\right)$$

$$\left(\frac{243}{20} + \frac{3}{40}\right) : \left(\frac{51}{25} - \frac{1}{400}\right)$$

- 3ª etapa: colocar as frações dentro do parêntese no mesmo denominador.

$$\left(\frac{243}{20} + \frac{3}{40}\right) : \left(\frac{486 + 3}{40}\right) = \frac{489}{40}$$

Obs.: o M.M.C. de 20 e 40 = 40

$$\left(\frac{51}{25} - \frac{1}{400}\right) : \left(\frac{816 - 1}{400}\right) = \frac{815}{400}$$

Obs.: o M.M.C. de 25 e 400 = 400

$$\frac{489}{40} : \frac{815}{400}$$

- 4ª etapa: realizar a divisão entre frações.

$$\frac{489}{40} : \frac{815}{400}$$

$$\frac{489}{40} \cdot \frac{400}{815} = \frac{489.\ 400\ (:40)}{40\ (:40)\ .\ 815} \text{ (simplificando por 40)} = \frac{489.\ 10}{815} = \frac{4890}{815} = 6$$

O número 6 é um múltiplo de 6.

Resposta: letra C.

3. **(FCC TRT 6ª Região 2006)** Certo dia, do total de documentos entregues em diferentes setores de uma unidade do Tribunal Regional do Trabalho, sabe-se que: a terça parte foi distribuída por Josué, os 2/5 por Rogério e os demais por Anacleto. Nessas condições, os documentos distribuídos por Anacleto equivalem a que fração do total que foi distribuído pelos três?

(A) 11/15
(B) 2/3
(C) 8/15
(D) 3/5
(E) 4/15

Resolução:

Rogério: $\dfrac{2}{5}$ Josué: $\dfrac{1}{3}$

$\dfrac{2}{5} + \dfrac{1}{3} = \dfrac{3.2+5.1}{15} = \dfrac{6+5}{15} = \dfrac{11}{15}$ foi feito por Rogério e Anacleto juntos.

Logo, Anacleto fez o restante $\dfrac{4}{15}$ (15-11= 4).

Resposta: letra E.

4.2.2 Treinamento do concursando

4. **(IADES 2015)** Um fiscal de obras conseguiu vistoriar 2/5 das obras sob sua responsabilidade na segunda-feira e 1/4 na terça-feira. Qual é a fração que representa o número de obras que ainda não foi visitado?

(A) 7/20
(B) 3/9
(C) 1/10
(D) 6/9
(E) 13/20

5. **(AOCP 2015)** Minha mãe fez uma jarra de suco de laranja. Eu tomei 2/5 da quantidade de suco que havia na jarra e, em seguida, meu irmão bebeu 1/3 do restante. Qual é a fração da quantidade inicial de suco que meu irmão bebeu?
   (A) 1/3
   (B) 3/8
   (C) 2/15
   (D) 5/6
   (E) 1/5

6. **(FCC MANAUSPREV 2015)** Considere as expressões numéricas, abaixo.
   A = 1/2 + 1/4 + 1/8 + 1/16 + 1/32   e   B = 1/3 + 1/9 + 1/27 + 1/81 + 1/243
   O valor, aproximado, da soma entre A e B é
   (A) 2
   (B) 3
   (C) 1
   (D) 2,5
   (E) 1,5

4.3 FRAÇÃO DO TEMPO

A noção de fração é fundamental para encontrar o tempo exato de determinada situação. Por exemplo: que horas são se já foram decorridos 13/16 do dia?

- 1ª etapa: transformar a expressão 13/16 do dia para horas.

Obs.: 1 dia = 24 horas.

$$\frac{13}{16} \cdot 24 = \frac{13 \cdot 24 : 8 = 3}{16 : 8 = 2} = \frac{13 \cdot 3}{2} = \frac{39}{2} \text{ horas}$$

- 2ª etapa: encontrar o tempo exato

$$\frac{39}{2} \text{ horas} = 19,5 \text{ horas}$$

 Cuidado!

19,5 horas = 19 horas e 0,5 de hora.
1 hora = 60 minutos.

$$0,5 \cdot 60 = \frac{5}{10} \cdot 60 = \frac{5 \cdot 60}{10} = \frac{300}{10} = 30 \text{ minutos.}$$

Parte I – **Cap. 4** – FRAÇÃO

Método prático:

Em alguns casos a divisão não será tão simples como foi no caso anterior.

$\dfrac{39}{2}$ *horas*

É necessário dividir a fração.

39 $\lfloor$2

19   19 (parte inteira, que nesse caso seria o valor das horas)

 1   (o resto é o numerador da fração)

$\dfrac{39}{2}$ *horas* = 19 horas e $\dfrac{1}{2}$ *hora*

Agora, é só multiplicar a fração 1/2 por 60 para encontrar os minutos.

$\dfrac{1}{2} \cdot 60 = \dfrac{60}{2} = 30 \text{ } minutos$

4.3.1   Treinamento comentado

7.   **(FCC PM- BA 2001)** Um soldado iniciou seu plantão quando eram decorridos 2/5 do dia e encerrou quando eram decorridos 7/9 do mesmo dia. Se nesse dia ele parou 1 hora e 50 minutos para almoçar, ele trabalhou, nesse dia, um período de:

(A)   7h

(B)   7h e 4 minutos

(C)   7h e 14 minutos

(D)   7h e 28 minutos

(E)   7h e 36 minutos

Resolução:

Início: $\dfrac{2}{5} \cdot 24 = \dfrac{2 \cdot 24}{5} = \dfrac{48}{5} \text{ h}$

Final: $\dfrac{7}{9}$ do dia $= \dfrac{7}{9} \cdot 24 = \dfrac{7 \cdot 24^{:3}}{9^{:3}} = \dfrac{7 \cdot 8}{3} = \dfrac{56}{3} \text{ h}$

Tempo gasto: final – início.

$\dfrac{56}{3} - \dfrac{48}{5} = \dfrac{5 \cdot 56 - 3 \cdot 48}{15} = \dfrac{280 - 144}{15} = \dfrac{136}{15}$

136 $\lfloor$15

 1   9   horas

Numerador da fração.

Tempo gasto: 9h e $\dfrac{1}{15}$ h = 9h e 4 minutos.

Obs.: $\dfrac{1}{15} \cdot 60 = \dfrac{60}{15} = 4$ minutos.

Não se esqueça: 1h = 60 minutos.

9h e 4 minutos - 1h e 50 mim (almoço) = 7h e 14 minutos.

Resposta: *letra C.*

4.3.2 Treinamento do concursando

8. **(FCC)** Uma pessoa saiu de casa para o trabalho decorridos 5/18 de um dia e retornou à sua casa decorridos 13/16 do mesmo dia. Permaneceu fora de casa durante um período de:
    (A)   14 horas e 10 minutos.
    (B)   13 horas e 50 minutos.
    (C)   13horas e 30 minutos.
    (D)   13 horas e 10 minutos.
    (E)   12 horas e 50 minutos.

9. **(FCC)** Suponha que a jornada de trabalho de uma pessoa seja de 8 horas diárias. Certo dia, ela chegou ao trabalho quando eram decorridos 11/36 do dia, saiu para almoçar às 12 horas e 15 minutos e retornou ao trabalho às 13 horas. Se foi para casa quando eram decorridos 2/3 do mesmo dia, então sua jornada:
    (A)   foi integralmente cumprida
    (B)   foi excedida em 10 minutos
    (C)   foi excedida em 5 minutos
    (D)   deixou de ser cumprida, pois faltaram 10 minutos
    (E)   deixou de ser cumprida, pois faltaram 5 minutos.

10. **(FCC-2001)** Certo dia, Jairo comentou com seu colega Luiz:
    "Hoje eu trabalhei o equivalente a 4/9 do dia, enquanto você trabalhou apenas o equivalente a 7/20 do dia."
    Com base nessa informação, quanto tempo Jairo trabalhou a mais que Luiz?
    (A)   1 hora e 50 minutos.

(B) 2 horas e 16 minutos.
(C) 2 horas e 48 minutos.
(D) 3 horas e 14 minutos.
(E) 3 horas e 36 minutos.

4.4 FRAÇÃO DA PRODUÇÃO (QUESTÕES QUE ENVOLVEM TORNEIRAS OU PESSOAS REALIZANDO UMA MESMA ATIVIDADE)

A fração da produção é a divisão do tempo de funcionamento pelo tempo total.

☑ *Dica:*

A fração da produção total sempre será igual a 1.

A fração da produção total possui numerador e denominador iguais, por isso o resultado sempre será igual a 1.

4.4.1 Treinamento comentado

11. Uma torneira enche um tanque em 3 horas e outra torneira enche o mesmo tanque em 2 horas. Se as duas forem abertas juntas, em quanto tempo esse tanque ficará completamente cheio?
    (A) 40 minutos
    (B) 1 hora e 12 minutos
    (C) 2 horas
    (D) 2 horas e 15 minutos
    (E) 3 horas

Resolução:

Como as torneiras gastam tempos diferentes para encher o mesmo tanque, então temos velocidades diferentes.

Tendo como base 1 hora (a base será o numerador e tempo total o denominador da fração).

Torneira 1: $\dfrac{1}{3}$

Torneira 2: $\dfrac{1}{2}$

As duas juntas em 1 hora enchem: $\dfrac{1}{3} + \dfrac{1}{2} = \dfrac{2.1+3.1}{6} = \dfrac{2+3}{6} = \dfrac{5}{6}$

Para calcular o tempo total é só inverter a fração:

$\dfrac{6}{5}$ h $= 1$ e $\dfrac{1}{5}$ h $= 1$ hora e 12 minutos

6 |5
1 1

Resposta: letra B.

• 2ª opção:

Essa fórmula só pode ser utilizada para duas torneiras. Caso a questão envolva três torneiras, aplicamos a fórmula com duas e depois esse resultado com a torneira que sobrou.

produto dos tempos
soma dos tempos
$\dfrac{2.3}{2+3} = \dfrac{6}{5}$ h $= 1$h e 12 minutos

Agora, se for uma enchendo e uma esvaziando: produto dos tempos

Diferença dos tempos

----

12. **Uma torneira é capaz de encher um tanque por completo em 2 horas. A válvula deste tanque é capaz de esvaziá-lo por completo em 5 horas. Estando o tanque vazio, ambas foram abertas simultaneamente. Depois de 3 horas de funcionamento a válvula entupia por completo. Após o entupimento, o tanque transbordará em:**

(A) 20 minutos

(B) 15 minutos

(C) 12 minutos

(D) 10 minutos

(E) 6 minutos

Resolução:

A questão não pediu o total, por isso é necessário utilizar o conceito de fração da produção:

$$\frac{tempo \quad do \quad trabalho}{tempo \quad total}$$

Nesse caso, as torneiras trabalham juntas por 3 horas.

$$\frac{3}{2} - \frac{3}{5} = \frac{5 \cdot 3 - 2 \cdot 3}{10} = \frac{15 - 6}{10} = \frac{9}{10}$$

Logo, falta um $\frac{1}{10}$ para o tanque está completo.

Velocidade. Tempo = tanque cheio

Obs.: $\frac{1}{2}$ (numerador 1, base uma hora, e denominador 2, o tempo total da torneira que enche).

$$\frac{1}{2} \cdot t = \frac{1}{10}$$

Fazendo uma proporção, temos:

10t = 2

$$T = \frac{2}{10} h = \frac{2}{10} \cdot 60 = \frac{120}{10} = 12 \text{ minutos.}$$

• 2ª opção:

$$\text{Produção realizada} = \frac{tempo \quad do \quad trabalho}{tempo \quad total}$$

Tempo total = 2 horas.

Tempo do trabalho (tempo para encher 1/10 do tanque)= t

Produção = 1/10 do tanque.

$$\frac{t}{2} = \frac{1}{10}$$

10t = 2

T = 2/10 de hora.

$$T = \frac{2}{10} h = \frac{2}{10} \cdot 60 = \frac{120}{10} = 12 \text{ minutos.}$$

Resposta: letra C.

13. Trabalhando sozinho, Carlos construiria um muro em 15 dias. Tendo trabalhado apenas 1 dia, Carlos foi substituído por Pedro, que trabalhou sozinho 6 dias. Finalmente, Carlos juntou-se a Pedro e, em mais 2 dias de trabalho conjunto, terminaram o muro. Em quanto tempo Pedro construiria o muro trabalhando sozinho?

(A) 8 dias
(B) 10 dias
(C) 12 dias
(D) 18 dias
(E) 20 dias

Resolução:

Carlos trabalhou um dia sozinho.

Pedro trabalhou 6 dias sozinho.

Carlos e Pedro trabalharam juntos 2 dias.

Conclusão: Carlos trabalhou no total 3 dias e Pedro trabalhou 8 dias.

Carlos: $\dfrac{3}{15}$, Pedro: $\dfrac{8}{t}$, t representa o tempo sozinho.

$\dfrac{3}{15} + \dfrac{8}{t} = 1$ (muro completo)

$\dfrac{3t + 15 \cdot 8 = 1 \cdot 15t}{15t}$

$3t + 120 = 15t$

$3t - 15t = -120$

$\quad -12t = -120(-1)$

$12t = 120$

$t = \dfrac{120}{12} = 10$ dias.

Resposta: *letra B.*

• 2ª opção:

Carlos realizou 3/15 da tarefa.

Conclusão: Pedro realizou o restante, logo, 12/15 da tarefa.

A produção realizada por Pedro foi de 12/15.

$\text{PRODUÇÃO} = \dfrac{tempo \quad do \quad trabalho}{tempo \quad total}$

PARTE I – **Cap. 4** – FRAÇÃO

$$\frac{8}{t} = \frac{12}{15}$$

12t = 15 . 8

12t = 120

$$T = \frac{120}{12} = 10 \text{ dias}$$

---

14. **(FCC TRT MS 2011)** Dois funcionários de uma unidade do Tribunal Regional do Trabalho – Matilde e Julião — foram incumbidos de arquivar X processos. Sabe-se que: trabalhando juntos eles arquivariam 3/5 de X em 2 horas, trabalhando sozinha, Matilde seria capaz de arquivar 1/4 de X em 5 horas. Assim sendo, quantas horas Julião levaria para, sozinho, arquivar todos os X processos?

    (A) 4
    (B) 5
    (C) 6
    (D) 7
    (E) 8

Resolução:

Podemos utilizar o conceito de fração da produção!

Fração da produção = tempo de funcionamento/tempo total.

Resumo:

Juntos em 2 horas fazem 3/5 de x.

Matilde em 5horas faz 1/4 de x.

1ª etapa: o tempo para Matilde realizar toda a tarefa sozinha.

Horas	produção
5	1/4
X	1 (fração total)

1/4x = 5

X = 4 . 5 = 20

Conclusão: Matilde realiza essa tarefa sozinha em 20 horas.

• 2ª etapa: o tempo para realizar o serviço juntos.

Horas	produção
2	3/5
X	1 (fração total)

$3/5 . x = 2$

$3x/5 = 2$

$3x = 2 . 5$

$3x = 10$

$X = 10/3$ horas

• 3ª etapa: montar a expressão

$$\frac{T1 . T2}{T1 + T2} = tempo\ juntos$$

$$\frac{20 . x}{20 + x} = \frac{10}{3}$$

$20x . 3 = 10 (20 + x)$

$60x = 200 + 10x$

$60x - 10x = 200$

$50x = 200$

$X = 200/ 50 = 4$ horas

Resposta: letra A.

• 2ª opção:

Sabemos que em 2 horas os dois juntos fazem 3/5 de x

Matilde em 2 horas faz: $2/20 = 1/10$

Julião em 2 horas faz $2/x$

$X =$ tempo de funcionamento sozinho

$1/10 + 2/ x = 3/5$

Resolvendo a equação, temos $x = 4$ horas.

4.4.2 Treinamento do concursando

15. **Uma torneira enche um tanque em 9 horas e um ralo esvazia o tanque, completamente cheio, em 12 horas. Se a torneira e o ralo forem abertos juntos, em quanto tempo esse tanque ficará completamente cheio?**

(A) 12 horas

(B) 24 horas

(C) 30 horas

PARTE I – Cap. 4 – FRAÇÃO

(D)   36 horas
(E)   56 horas

16. Uma torneira enche um tanque em 2 horas, outra torneira enche, o mesmo tanque, em 3 horas e uma terceira torneira enche o mesmo tanque em 6 horas. Se as três torneiras forem abertas juntas em quanto tempo esse tanque ficará completamente cheio?
(A)   30 minutos
(B)   1 hora
(C)   2 horas
(D)   2 horas e 10 minutos
(E)   3 horas

17. (FCC TRT 22ª Região – 04) Para encher um tanque com água dispõe-se de duas torneiras I e II. Considere que, abrindo-se apenas I, o tanque estaria cheio após 12 minutos, enquanto que II sozinha levaria 15 minutos para enchê-lo. Assim sendo, se I e II fossem abertas simultaneamente, o tanque estaria cheio em:
(A)   6 minutos e 10 segundos
(B)   6 minutos e 15 segundos
(C)   6 minutos e 25 segundos
(D)   6 minutos e 30 segundos
(E)   6 minutos e 40 segundos

18. (TRF-2007) Trabalhando interruptamente, dois técnicos judiciários arquiva-ram um lote de processo em 4 horas. Se, sozinho, um deles realiza essa tarefa em 9 horas de trabalho interrupto, o esperado é que o outro fosse capaz de realizá-la sozinho se trabalhasse interruptamente por um período de:
(A)   6 horas
(B)   6 horas e 10 minutos
(C)   6 horas e 54 minutos
(D)   7 horas e 12 minutos
(E)   8 horas e meia

19. (FCC) Trabalhando individualmente, o funcionário A é capaz de cumprir certa tarefa em 8 horas, o funcionário B em 6 horas e o funcionário C em 5 horas. Nessas condições, se trabalharem juntos na execução dessa tarefa, o esperado é que ela seja cumprida em, aproximadamente:
(A)   1 hora e 40 minutos
(B)   2 horas, 2 minutos e 2 segundos

(C)   2 horas e 20 minutos

(D)   2 horas, 22 minutos e 30 segundos

(E)   2 horas e 54 minutos

20. **(TRF)** Operando ininterruptamente, uma máquina é capaz de tirar X cópias de um texto em 6 horas, enquanto que, nas mesmas condições, outra copiadora executaria o mesmo serviço em 4 horas. Se essas duas máquinas operassem juntas, que fração das X cópias elas tirariam após horas 2 de funcionamento ininterrupto?

(A)   5/12

(B)   1/2

(C)   7/12

(D)   2/3

(E)   5/6

Tema: aplicação do conceito de fração.

Comentário: algumas questões sobre equação do 1° grau podem ser resolvidas utilizando o conceito de fração.

4.4.3   Treinamento comentado

21. **(FCC TRT PR 2013)** Em uma disciplina de um curso superior, 7/9 dos alunos matriculados foram aprovados em novembro, logo após as provas finais. Todos os demais alunos fizeram em dezembro uma prova de recuperação. Como 3/5 desses alunos conseguiram aprovação após a prova de recuperação, o total de aprovados na disciplina ficou igual a 123. O total de alunos matriculados nessa disciplina é igual a

(A)   126.

(B)   136.

(C)   127.

(D)   130.

(E)   135.

Resolução:

1ª etapa: 7/9 dos alunos matriculados foram aprovados em novembro, logo após as provas finais.

7/9 de x = 7x/9

Obs.: alunos restantes (não aprovados) = 2x/9.

2ª etapa: 3/5 desses alunos conseguiram aprovação após a prova de recuperação.

$$\frac{3}{5} \cdot \frac{2x}{9} = \frac{6x : 3}{45 : 3} = \frac{2x}{15}$$

PARTE I – **Cap. 4** – FRAÇÃO

103

Total de alunos aprovados $= \dfrac{7x}{9} + \dfrac{2x}{15} = \dfrac{35x + 6x}{45} = \dfrac{41x}{45}$

$\dfrac{41x}{45} = 123$

$41x = 45 \cdot 123$

$X = \dfrac{45 \cdot 123}{41} = 45 \cdot 3 = 135$

Obs.: $123/41 = 3$

Resposta: letra E.

---

22. **(FCC TRT RJ 2013)** Somando-se um mesmo número ao numerador e ao denominador da fração 3/5, obtém-se uma nova fração, cujo valor é 50% maior do que o valor da fração original. Esse número está entre

(A)   1 e 4.

(B)   5 e 8.

(C)   9 e 12.

(D)   13 e 16.

(E)   17 e 20.

Resolução:

Somando-se um mesmo número ao numerador e ao denominador da fração

$3/5 = \dfrac{3 + x}{5 + X}$

☑ **Dica:**

50% maior = número + 50% do número.

$3/5 + 50\%$ de $3/5 = 3/5 + \dfrac{50}{100} \cdot \dfrac{3}{5} = \dfrac{3}{5} + \dfrac{150 \, (:50)}{500 \, (:50)} = \dfrac{3}{5} + \dfrac{3}{10} = \dfrac{6 + 3}{10} = \dfrac{9}{10}$

Agora, vamos montar a igualdade.

$\dfrac{3 + x}{5 + x} = \dfrac{9}{10}$ (temos uma proporção)

$10(3 + x) = 9 \, (5 + x)$

$30 + 10x = 45 + 9x$

$10x - 9x = 45 - 30$

$x = 15$

Resposta: letra D.

---

23. (FCC TRT MS 2011) Do total de pessoas que visitaram uma unidade do Tribunal Regional do Trabalho de segunda a sexta-feira de certa semana, sabe-se que 1/5 fizeram na terça-feira 1/6 na sexta-feira. Considerando que o número de visitantes da segunda-feira correspondia a 3/4 de terça-feira e que a quarta-feira e a quinta-feira receberam, cada uma, 58 pessoas, então o total de visitantes recebidos nessa unidade ao longo de tal semana é um número

(A) menor que 150.

(B) múltiplo de 7.

(C) quadrado perfeito.

(D) divisível por 48.

(E) maior que 250.

Resolução:

Podemos responder utilizando o conceito de fração.

Terça = 1/5 do total

Quarta = quinta = 58

Quarta + quinta = 58 + 58 = 116

Sexta = 1/6 do total.

Segunda = 3/4 de segunda = 3/4 . 1/5 = 3/20 do total

Somando segunda, terça e sexta, temos: 1/5 + 3/20 + 1/6 = 31/60 do total

Segunda, terça e sexta correspondem a 31 partes de 60, logo, quarta e quinta correspondem a 29 partes de 60.

Conclusão: 29/60 do total = 116

29/60x = 116

29x = 60 . 116

X = 6960/29 = 240

240 é divisível por 48.

Resposta: letra D.

----

24. (FCC TRF-1ª região 2006) Certo dia, um técnico judiciário foi incumbido de digitar um certo número de páginas de um texto. Ele executou essa tarefa em 45 minutos, adotando o seguinte procedimento:

– nos primeiros 15 minutos, digitou a metade do total e mais meia página;

– nos 15 minutos seguintes, a metade do número de páginas restantes e mais meia página;

Parte I – Cap. 4 – FRAÇÃO

– nos últimos 15 minutos, a metade do número de páginas restantes e mais meia página.

Se, dessa forma, ele complementou a tarefa, o total de páginas do texto era um número compreendido entre:

(A)   5 e 8

(B)   8 e 11

(C)   11 e 14

(D)   14 e 17

(E)   17 e 20

Resolução:

Observando que o processo segue a seguinte lógica:

Primeiro tiramos a metade = x/ 2.

Depois tiramos meia página = 1/2.

A partir dessas informações temos a seguinte situação:

$$X \longrightarrow X/2 \longrightarrow -1/2 \longrightarrow X/2 \longrightarrow -1/2 \longrightarrow X/2 \longrightarrow -1/2 = 0$$

Podemos aplicar o princípio da regressão:

Nesse caso, se na ida dividimos por 2, então na volta multiplicamos por 2, ou seja, realizando a relação inversa.

O valor final foi 0.

1ª casa: $0 + 1/2 = 1/2$

2ª casa (:2) : $1/2 . 2 = 1$

3ª casa $(-1/2) = 1 + 1/2 = 3/2$

4ª casa (:2) $= 3/2 . 2 = 3$

5ª casa $(-1/2) = 3 + 1/2 = 7/2$

6ª casa (:2) $= 7/2 . 2 = 7$

Resposta: letra A.

4.5   RESUMO

a/b

O numerador representa a quantidade de partes utilizadas: (a).

O denominador representa o total de partes: (b).

$\dfrac{0}{0}$ = indeterminação.

$$\frac{0}{b \neq 0} = 0$$

$$\frac{b \neq 0}{0} = \text{impossível.}$$

Fração da produção é a divisão do tempo de funcionamento pelo tempo total.

4.6 TREINAMENTO FINAL DO CAPÍTULO

25. **(FCC TRF-1ª Região)** Certo dia, um técnico judiciário trabalhou ininterruptamente por 2 horas e 50 minutos na digitação de um texto. Se ele conclui essa tarefa quando eram decorridos 11/16 do dia, então ele iniciou a digitação do texto às:

    (A) 13h e 40min
    (B) 13h e 20min
    (C) 13h
    (D) 12h e 20min
    (E) 12h e 10min

26. **(FCC – AL-SP – 2010)** Considere que Tancredo gasta, em média, N/8 horas para analisar N documentos fiscais. Assim sendo, para cada 10 documentos a mais que Tancredo analisar, o acréscimo de tempo na análise dos documentos será de

    (A) 2 horas e 30 minutos.
    (B) 2 horas e 15 minutos.
    (C) 1 hora e 45 minutos.
    (D) 1 hora e 30 minutos.
    (E) 1 hora e 15 minutos.

27. **(VUNESP)** Maria Eduarda e Heloísa desejam comprar em sociedade uma lanchonete. Uma delas possui a terça parte do valor pedido pelo estabelecimento, e a outra, a sexta parte. Somando-se as quantias que as duas possuem, ainda faltam R$ 27.600,00. Então, pode-se afirmar que o valor total da lanchonete é de

    (A) R$ 50.800,00.
    (B) R$ 51.400,00.
    (C) R$ 52.600,00.
    (D) R$ 53.700,00.
    (E) R$ 55.200,00.

28. **(ESAF MF 2009)** Existem duas torneiras para encher um tanque vazio. Se apenas a primeira torneira for aberta, ao máximo, o tanque encherá em

PARTE I – Cap. 4 – FRAÇÃO 107

24 horas. Se apenas a segunda torneira for aberta, ao máximo, o tanque encherá em 48 horas. Se as duas torneiras forem abertas ao mesmo tempo, ao máximo, em quanto tempo o tanque encherá?

(A) 12 horas.
(B) 30 horas.
(C) 20 horas.
(D) 24 horas.
(E) 16 horas.

29. **(CESGRANRIO)** Marcelo precisava realizar uma tarefa em 3 dias, trabalhando 6 horas por dia. Entretanto, no primeiro dia ele trabalhou 5/6 do tempo previsto e, no segundo dia, 11/12. Quantas horas a mais Marcelo terá que trabalhar no terceiro dia para que a tarefa seja concluída dentro do prazo?

(A) 1 hora e 18 minutos.
(B) 1 hora e 30 minutos.
(C) 3 horas e 12 minutos.
(D) 4 horas e 18 minutos.
(E) 7 horas e 30 minutos.

30. **(FCC)** Um técnico judiciário deve cumprir uma jornada diária de 8 horas de trabalho. Certo dia, ele chegou ao trabalho quando eram decorridos 23/72 do dia, saiu às 11h38min para almoçar e retomou suas atividades às 12h50min. Se saiu do trabalho quando eram decorridos 2/3 desse mesmo dia, então, nesse dia,

(A) sua jornada foi cumprida.
(B) ele deixou de cumprir 38 minutos de sua jornada.
(C) ele deixou de cumprir 52 minutos de sua jornada.
(D) ele excedeu sua jornada em 18 minutos.
(E) ele excedeu sua jornada em 24 minutos.

31. **(ESAF ATA 2012)** Em um tanque há 3 torneiras. A primeira enche o tanque em 5 horas, a segunda, em 8 horas, já a terceira o esvazia em 4 horas. Abrindo-se as 3 torneiras ao mesmo tempo e estando o tanque vazio, em quanto tempo o tanque ficará cheio?

(A) 10 horas e 40 minutos
(B) 13 horas e 20 minutos
(C) 14 horas e 30 minutos
(D) 11 horas e 50 minutos
(E) 12 horas e 10 minutos

32. **(FCC)** Do total de projetos que estavam em um arquivo, sabe-se que: 2/5 deveriam ser analisados e 4/7 referiam-se ao atendimento ao público interno. Com essa informação, é correto concluir que o total de projetos existentes nesse arquivo NUNCA poderia ser um número compreendido entre

(A) 10 e 50.
(B) 60 e 100.
(C) 110 e 160.
(D) 150 e 170.
(E) 180 e 220.

33. **(FCC)** **O texto seguinte é um extrato do testamento do senhor Astolfo:**

"Deixo 1/3 da quantia que tenho no Banco à minha única filha, Minerva, e o restante à criança que ela está esperando, caso seja do sexo feminino; entretanto, se a criança que ela espera for do sexo masculino, tal quantia deverá ser igualmente dividida entre os dois."

Considerando que, 1 mês após o falecimento de Astolfo, Minerva teve um casal de gêmeos, então, para que o testamento de Astolfo fosse atendido, as frações da quantia existente no Banco, recebidas por Minerva, seu filho e sua filha foram, respectivamente:

(A) 1/6, 1/6 e 1/3
(B) 1/6, 2/3 e 1/3
(C) 2/5, 1/5 e 2/5
(D) 1/4, 1/4 e 1/2
(E) 1/4, 1/2 e 1/4

34. **(FCC)** Certo dia, Alfeu e Gema foram incumbidos de, no dia seguinte, trabalharem juntos a fim de cumprir uma certa tarefa; entretanto, como Alfeu faltou ao serviço no dia marcado para a execução de tal tarefa, Gema cumpriu-a sozinha. Considerando que, juntos, eles executariam a tarefa em 3 horas e que, sozinho, Alfeu seria capaz de executá-la em 5 horas, o esperado é que, sozinha, Gema a tenha cumprido em

(A) 8 horas.
(B) 7 horas.
(C) 6 horas.
(D) 7 horas e 30 minutos.
(E) 6 horas e 30 minutos.

GABARITO

1. A	2. C	3. E	4. A	5. E	6. E	7. C
8. E	9. E	10. B	11. B	12. C	13. B	14. A
15. D	16. B	17. E	18. D	19. B	20. E	21. E
22. D	23. D	24. A	25. A	26. E	27. E	28. E
29. B	30. C	31. B	32. D	33. D	34. D	

5

EQUAÇÃO DO 1º GRAU

5.1 INTRODUÇÃO

Equação é toda sentença aberta que exprime uma relação de igualdade. A palavra equação tem o prefixo equi, que em latim significa igual.

Exemplo:
$2x - 8 = 0$ $4x(x-9) = 22$

Equação do 1º grau é toda equação da forma ax + b = 0, com a ≠ 0.

5.2 CÁLCULO DE UMA EQUAÇÃO DO 1º GRAU

1º) Resolva as equações abaixo:

A) $2x - 4 = x - 7$

Resolução: $2x - 4 = x - 7$
$2x - x = -7 + 4$
$x = -3$

Se ligue!

Quando mudamos o número ou expressão de um membro trocamos a operação:
Soma pela subtração, subtração pela soma e multiplicação pela divisão.

B) 4(x - 3) = 5x - 6

Resolução: 4(x - 3) = 5x - 6

Obs.: 4(x - 3) = 4.x - 4.3 = 4x -12.

$$4x - 12 = 5x - 6$$

$$4x - 5x = -6 +12$$

$$- x = 6(-1)$$

$$x = - 6$$

Obs.: o coeficiente x não pode ser negativo, por isso multiplicamos por -1 a expressão.

C) $\dfrac{x}{2} + \dfrac{x+1}{3} = 7$

Resolução:

Nesse caso, temos uma equação do 1° grau fracionária.

• 1° passo:

Tirar o M.M.C. de todos os denominadores da equação e colocar no mesmo denominador.

Nesse caso, aplicamos a regra de adição de fração com denominadores diferentes.

M.M.C. de 2 e 3 = 6

$$\frac{3 \cdot x + 2(x+1) = 7 \cdot 6}{6}$$

• 2° passo: cancelar o denominador

$$\frac{3x + 2x + 2 = 42}{6}$$

Não se esqueça de que devemos colocar todos os termos da equação no mesmo denominador.

• 3° passo:

Resolver a equação que está no numerador.

3x + 2x + 2 = 42

5x = 42 -2

5x = 40 obs.: 5x é uma multiplicação (5.x), logo, passamos o 5 para o outro

$x = \dfrac{40}{5}$ membro dividindo.

x = 8.

D) $\dfrac{x}{3} - \dfrac{x+3}{5} = \dfrac{7}{15}$

O M.M.C. de 3,5 e 15 = 15.

$$\dfrac{5 \cdot x - 3(x + 3) = 7 \cdot 1}{15}$$

$$\dfrac{5 \cdot x - 3(x + 3) = 7 \cdot 1}{15}$$

5x - 3x - 9 = 7

2x = 7 + 9

2x = 16

$x = \dfrac{16}{2}$

x = 8.

5.3 PROBLEMAS ENVOLVENDO EQUAÇÃO DO 1º GRAU

Uma das maiores dificuldades do concursando é interpretar o problema e com isso reconhecer o assunto cobrado.

☑ *Dica especial:*

Toda questão que envolve uma equação vai informar uma quantidade desconhecida.

Linguagem algébrica	Linguagem corrente
x	Número desconhecido.
2x	O dobro de um número.
3x	O triplo de um número.
4x	O quádruplo de um número.
$\dfrac{x}{2}$	A metade de um número.
$\dfrac{x}{3}$	A terça parte de um número.
x, x + 1, x + 2...	Números consecutivos.
2n	Número par.
2n + 1	Número ímpar.
2n + 2, 2n + 4, 2n + 6...	Números pares consecutivos.
2n + 1, 2n + 3, 2n + 5...	Números ímpares consecutivos.
$\dfrac{1}{x}$	O inverso de um número.

5.4 TREINAMENTO COMENTADO

1. A diferença entre o quádruplo de um número e a terça parte desse mesmo número é 187. Esse número é:
    (A) Primo
    (B) múltiplo de 11
    (C) múltiplo de 3
    (D) divisível por 4
    (E) múltiplo de 5

Resolução:

Quádruplo: 4x e terça parte $= \dfrac{x}{3}$.

$4x - \dfrac{x}{3} = 187$

$\dfrac{3 \cdot 4x - x = 187 \cdot 3}{3}$

$12x - x = 561$

$11x = 561$

$x = \dfrac{561}{11}$

$x = 51$.

51 é múltiplo de 3, pois 51 é divisível por 3.

Resposta: letra C.

- -

2. **(CESGRANRIO INSS 2005)** Um prêmio em dinheiro foi dividido entre 3 pessoas: a primeira recebeu 1/4 do valor do prêmio, a segunda recebeu 1/3 a terceira ganhou R$ l.000,00. Então, o valor desse prêmio, em reais, era de
    (A) 2400,00
    (B) 1800,00
    (C) 2200,00
    (D) 1100,00
    (E) 2000,00

Resolução:

1/4 do valor do prêmio $= \dfrac{1x}{4}$

1/3 do valor do prêmio $= \dfrac{1x}{3}$

Se ligue!

As expressões **do** e **de** em matemática representam uma multiplicação.

Valor do prêmio = x, logo 1/4 do valor do prêmio = $\frac{1}{4} \cdot x = \frac{1x}{4}$

$\frac{1x}{4} + \frac{1x}{3} + 1000 = x$

$\frac{3x + 4x + 12000 = 12x}{12}$

7x - 12x = - 12000

-5x = -12000(-1)

5x = 12000

$x = \frac{12000}{5} = 2400$.

Resposta: letra A.

- 2º opção de resolução:

Fração realizada pela pessoa	Valor
1ª pessoa: $\frac{1}{4}$	Não sabemos
2ª pessoa: $\frac{1}{3}$	Não sabemos
3ª pessoa: não sabemos	1000

$\frac{1}{4} + \frac{1}{3} = \frac{3+4}{12} = \frac{7}{12}$

Podemos concluir que a primeira e segunda pessoas ganharam juntas $\frac{7}{12}$, isto é, 7 partes de 12. Logo, a terceira pessoa fez $\frac{5}{12}$ (12 - 7 = 5).

A terceira pessoa fez a seguinte fração: $\frac{5x}{12}$, que corresponde a 1000.

$\frac{5x}{12} = 1000$ (:5, dividindo os numeradores por 5).

Obs.: sempre que os numeradores possuem um divisor comum.

$\frac{x}{12} = 200$. Logo, temos: x = 12 . 200 = 2400.

3. **(FCC TRE)** Um funcionário do TRE arquivou 2/5 das laudas de um processo pela manhã e pela tarde mais 3/8 e no outro dia as 36 laudas restantes. Quantas laudas tinham esse processo?

(A) 160
(B) 220
(C) 180
(D) 240
(E) 200

Resolução:

$$\frac{2x}{5} + \frac{3x}{8} + 36 = x$$

M.M.C. de 5 e 8 = 40

$$\frac{8 \cdot 2x + 5 \cdot 3x + 40 \cdot 36 = 40 \cdot x}{40}$$

16x + 15x +1440 = 40x

31x - 40x = -1440

-9x = -1440(-1)

9x = 1440

$$x = \frac{1440}{9} = 160$$

Resposta: letra A.

• 2ª opção de resolução:

$$\frac{2}{5} + \frac{3}{8} = \frac{8 \cdot 2 + 5 \cdot 3}{40} = \frac{16 + 15}{40} = \frac{31}{40}.$$ Logo, a terceira pessoa fez: $\frac{9}{40}$ (40 - 31 = 9).

$$\frac{9x}{40} = 36 \ (:9)$$

$$\frac{x}{40} = 4. \text{ Logo: } x = 40 \cdot 4 = 160.$$

👁 **Fique esperto!**

A 2ª opção é muito mais simples e evita utilizar os números de valores altos.

Parte I – Cap. 5 – EQUAÇÃO DO 1º GRAU

4. Numa corrida, 2/9 dos atletas que dela participavam, desistiram depois de darem a primeira volta na pista; na segunda volta desistiu 1/7 do que restou e terminam a corrida 18 corredores. Quantos atletas deram a largada?

(A) 36

(B) 54

(C) 27

(D) 42

(E) 45

Resolução:

Vamos observar essa questão com cuidado!

Resumo do texto:

2/9 dos atletas que dela participavam, isto é, $\dfrac{2x}{9}$

1/7 do que restou. Nesse caso, não é $\dfrac{1x}{7}$, pois a questão informou um 1/7 do restante.

Obs.: se na primeira volta $\dfrac{2}{9}$ desistiram, logo, restou $\dfrac{7}{9}$.

1/7 do que restou $= \dfrac{1}{\cancel{7}} \cdot \dfrac{\cancel{7}x}{9} = \dfrac{1x}{9}$

$\dfrac{2x}{9} + \dfrac{1x}{9} + 18 = x$

$\dfrac{2x + 1x + 18 \cdot 9 = 9x}{9}$

$3x + 162 = 9x$

$3x - 9x = -162$

$-6x = -162 \; (-1)$

$6x = 162$

$x = \dfrac{162}{6} = 27.$

Resposta: letra C.

• 2ª opção de resolução:

Quando a questão informar a partir da segunda frase, que as frações seguintes são frações restantes, então podemos utilizar o método prático chamado de "volta".

Fração usada	**Fração restante**
$\dfrac{2}{9}$	$\dfrac{7}{9}$

Fração usada	Fração restante
$\dfrac{1}{7}$	$\dfrac{6}{7}$
Não informado	Obs.: 18 é o valor restante.

Fórmula: o produto das frações restantes do total é igual ao número restante.

$$\dfrac{7}{9} \cdot \dfrac{6}{7} = \dfrac{6^{:3}}{9^{:3}} = \dfrac{2}{3}x$$

$$\dfrac{2x}{3} = 18 \ (:2)$$

$$\dfrac{x}{3} = 9$$

Logo: x = 9 . 3

x = 27.

 Dica especial:

A partir de agora vamos utilizar apenas a segunda opção.

5. **(TRF-2007)** Certo dia, Veridiana saiu às compras com uma certa quantia em dinheiro e foi a apenas três lojas. Em cada loja ela gastou a quarta parte da quantia que possuía na carteira e, em seguida, usou R$ 5,00 para pagar o estacionamento onde deixou seu carro. Se após todas essas atividades ainda lhe restaram R$ 49,00, a quantia que Veridiana tinha inicialmente na carteira estava compreendida entre

   (A) R$ 20,00 e R$ 50,00.
   (B) R$ 50,00 e R$ 80,00.
   (C) R$ 80,00 e R$ 110,00.
   (D) R$ 110,00 e R$ 140,00.
   (E) R$ 140,00 e R$ 170,00.

Resolução:

1ª loja: $\dfrac{1}{4}$ do total.

2ª loja: 1/4 do que possuía na carteira, logo, 1/4 do resto.

Fração usada	Frase restante
$\dfrac{1}{4}$	$\dfrac{3}{4}$
$\dfrac{1}{4}$	$\dfrac{3}{4}$
$\dfrac{1}{4}$	$\dfrac{3}{4}$

Parte I – **Cap. 5** – EQUAÇÃO DO 1º GRAU

$$\frac{3}{4} \cdot \frac{3}{4} \cdot \frac{3}{4} = \frac{27}{64}$$

$$\frac{27x}{64} = 54 \ (: 27)$$

$$\frac{x}{64} = 2$$

Logo: x = 64 . 2 = 128.

Resposta: letra D.

----

6. **(FCC CEF)** Certo dia um correntista fez três depósitos de valores, A, B e C reais, num total de R$ 3.660,00. Se de C subtraímos B, obtemos R$ 305,00 e B corresponde a 3/5 de A. O menor desses três depósitos foi de:

(A) R$ 878,00

(B) R$ 915,00

(C) R$ 1.021,35

(D) R$ 1.220,00

(E) R$ 1.326,35

Resolução:

Nesse caso temos três equações.

A + B + C = 3660.

C - B = 305

$$B = \frac{3A}{5}$$

Agora fique esperto, sempre vai ter um termo que aparece nas três equações. Esse termo devemos conservar e outros colocar em função dele.

A variável que aparece nas três equações é a letra B. Logo, devemos colocar as variáveis A e C em função de B.

C - B = 305

C = 305 + B

$$B = \frac{3A}{5}$$

Fazendo uma proporção, temos: 5B = 3A

$$A = \frac{5B}{3}$$

Agora temos as variáveis A e C em função de B.

A + B + C = 3660.

$$\frac{5B}{3} + B + 305 + B = 3660$$

$$\frac{5B}{3} + 2B = 3660 - 305$$

$$\frac{5B}{3} + 2B = 3355$$

$$\frac{5B + 3 \cdot 2B}{\cancel{3}} = 3355 \cdot 3$$

5B + 6B = 10065

11B = 10065

$$B = \frac{10065}{11} = 915.$$

$$A = \frac{5B}{3}$$

$$A = \frac{5}{3} \cdot 915 = \frac{5.915}{3} = \frac{4575}{3} = 1525$$

C = 305 + B

C = 305 + 915 = 1220.

Resposta B = 915 (menor depósito).

Resposta: letra B.

7. **(FCC TRT-BA)** Qual a idade atual de uma pessoa se daqui a 8 anos ela terá exatamente o triplo da idade que tinha há 8 anos atrás?
   (A) 15 anos.
   (B) 16 anos.
   (C) 24 anos.
   (D) 30 anos.
   (E) 32 anos.

Resolução:

Questão que envolve tempo: passado, presente e futuro, é bom fazer a tabela abaixo.

Passado	Presente	Futuro
x-8	x	x+8

👁 **Fique esperto!**

A idade no passado é x - 8.
A idade no presente é x.
A idade no futuro é x + 8."

A questão informa que a idade do futuro é o triplo da idade do passado.

Futuro = 3 . Passado
x + 8 = 3(x - 8)
x + 8 = 3x - 24
x - 3x = -24 - 8
-2x = -32 (-1)
2x = 32
$x = \dfrac{32}{2} = 16$.

Resposta: letra B.

 Cuidado!

Cuidado que a idade no passado é x-8, por isso ficou 3 (x-8). Lembre-se: o triplo da idade no passado, e por isso são obrigatórios os parênteses.

8. **(FCC TRT 2ª Região – 2004)** Um certo número de processos foi entregue a 5 técnicos judiciários, dando-se a cada um a metade de quantidade recebida pelo anterior. Se o último técnico recebeu 18 processos, quanto recebeu o terceiro?
   (A) 64
   (B) 72
   (C) 78
   (D) 82
   (E) 86

Resolução:

A questão informa que é metade do anterior, logo, temos uma progressão geométrica.

	1º	2º	3º	4º	5º
Fração	$\dfrac{x}{2}$	$\dfrac{x}{4}$	$\dfrac{x}{8}$	$\dfrac{x}{16}$	$\dfrac{x}{32}$
Valor					18

──▶ Observe que cada fração foi dividida por 2

◀── Para voltar, devemos multiplicar por dois (sentido contrário, operação inversa).

	1º	2º	3º	4º	5º
Fração	$\dfrac{x}{2}$	$\dfrac{x}{4}$	$\dfrac{x}{8}$	$\dfrac{x}{16}$	$\dfrac{x}{3}$
Valor	$144 . 2 = 288$	$72 . 2 = 144$	$36 . 2 = 72$	$18 . 2 = 36$	18

O terceiro recebeu 72.

Resposta: letra B.

----

9. **(TRF-1ª Região – 2006)** Certo dia, um técnico judiciário foi incumbido de digitar um certo número de páginas de um texto. Ele executou essa tarefa em 45 minutos, adotando o seguinte procedimento:

    – nos primeiros 15 minutos, digitou a metade do total e mais meia página;

    – nos 15 minutos seguintes, a metade do número de páginas restantes e mais meia página;

    – nos últimos 15 minutos, a metade do número de páginas restantes e mais meia página.

    Se, dessa forma, ele complementou a tarefa, o total de páginas do texto era um número compreendido entre:

    (A) 5 e 8

    (B) 8 e 11

    (C) 11 e 14

    (D) 14 e 17

    (E) 17 e 20

Comentário: essa questão já foi resolvida no capítulo anterior, porém iremos resolver utilizando o conceito de equação.

Resolução:

Nos primeiros 15 minutos, digitou a metade do total e mais meia página:

$$\frac{x}{2} + \frac{1}{2} = \frac{x+1}{2}$$

PARTE I – Cap. 5 – EQUAÇÃO DO 1º GRAU

A segunda parte será: $\dfrac{x+1}{4}$, pois é a metade do total mais meia página, logo, teremos uma progressão geométrica.

☑ **Dica:**

A metade da segunda: $\dfrac{1}{2} \cdot \dfrac{x+1}{2} = \dfrac{x+1}{4}$

A terceira parte será: $\dfrac{x+1}{8}$ a metade da segunda.

☑ **Dica:**

A metade da terceira: $\dfrac{1}{2} \cdot \dfrac{x+1}{4} = \dfrac{x+1}{8}$

A expressão será: $\dfrac{x+1}{2} + \dfrac{x+1}{4} + \dfrac{x+1}{8} = x$

$$\dfrac{4(x+1)+2(x+1)+1(x+1)=8 \cdot x}{8}$$

$$4x + 4 + 2x + 2 + x + 1 = 8x$$

$$7x - 8x = -7$$

$$-x = -7(-1)$$

$$x = 7$$

Resposta: letra A.

-----

10. **(FCC/TRF 2ª Região 2007)** Pelo controle de entrada e saída de pessoas em uma unidade do Tribunal Regional Federal, verificou-se em certa semana que o número de visitantes na segunda-feira correspondeu a 3/4 do da terça-feira e este correspondeu a 2/3 do da quarta-feira. Na quinta-feira e na sexta-feira houve igual número de visitantes, cada um deles igual ao dobro do da segunda-feira. Se nessa semana, de segunda à sexta-feira, o total de visitantes foi 750, o número de visitantes na

(A) segunda-feira foi 120.

(B) terça-feira foi 150.

(C) quarta-feira foi igual ao da quinta-feira.

(D) quinta-feira foi igual ao da terça-feira.

(E) sexta-feira foi menor do que o da quarta-feira.

Resolução:

Resumo da questão:

Segunda $= \dfrac{3}{4}$ de terça-feira

Terça $= \dfrac{2}{3}$ de quarta-feira

Quinta = sexta = 2 . segunda.

Vamos observar uma relação:

$t = \dfrac{2q}{3}$

Fazendo uma proporção, temos: 2 . q = 3 . t. Logo: $q = \dfrac{3t}{2}$

Quinta = 2 . segunda

Segunda é igual a $\dfrac{3t}{4}$. Logo, temos:

Quinta $= 2 . \dfrac{3t}{4} = \dfrac{6t^{:2}}{4^{:2}} = \dfrac{3t}{2}$. Conclusão: quarta é igual a quinta.

Vamos montar a equação:

S + t + q + qui + sex = 750

$S = \dfrac{3t}{4}$

$t = \dfrac{2q}{3}$

Quinta = sexta = 2 . segunda.

Colocando em função de t, temos as seguintes relações:

$S = \dfrac{3t}{4} \quad q = \dfrac{3t}{2} \quad qui = sex = 2 . \dfrac{3t}{4} = \dfrac{3t}{2}$

Substituindo na equação, temos:

$\dfrac{3t}{4} + t + \dfrac{3t}{2} + \dfrac{3t}{2} + \dfrac{3t}{2} = 750$

$$\dfrac{3t + 4t + 6t + 6t + 6t}{4} = 3000$$

25t = 3000

$T = \dfrac{3000}{25} = 120$

Segunda: $\dfrac{3}{4}$. 120 = 90

Quarta =quinta = sexta: $\dfrac{3}{2}$. 120 = 180.

Resposta: letra C.

PARTE I – Cap. 5 – EQUAÇÃO DO 1º GRAU   123

5.5 RESUMO

Equação do 1º grau é toda equação do tipo ax + b, com o a diferente de zero. Não se esqueça da tabela abaixo:

Linguagem algébrica	Linguagem corrente
x	Número desconhecido.
2x	O dobro de um número.
3x	O triplo de um número.
4x	O quádruplo de um número.
$\dfrac{x}{2}$	A metade de um número.
$\dfrac{x}{3}$	A terça parte de um número.
x, x + 1, x + 2...	Números consecutivos.
2n	Número par.
2n+1	Número ímpar.
2n + 2, 2n + 4, 2n + 6...	Números pares consecutivos.
2n + 1, 2n + 3, 2n + 5...	Números ímpares consecutivos.
$\dfrac{1}{x}$	O inverso de um número.

5.6 TREINAMENTO FINAL DO CAPÍTULO

11. **(FCC TRE-BA)** Certo dia, uma equipe de técnicos especializados em higiene dental trabalhou em um programa de orientação, aos funcionários do tribunal, sobre a prática da higiene bucal. Sabe-se que 1/3 do total de membros da equipe atuou no período das 8h às 10h e 2/5 do número restante, das 10h às 12 horas. Se no período da tarde a orientação foi dada pelos últimos 6 técnicos, o total da equipe era:

    (A) 12
    (B) 15
    (C) 18
    (D) 21
    (E) 24

12. **(TRT 4ª Região – 06)** Um certo prêmio foi repartido entre 5 pessoas de modo que cada uma recebesse 1/3 da quantia recebida pela anterior. Se a terceira pessoa recebeu R$ 81,00, o total distribuído foi:

(A) R$ 729,99

(B) R$ 882,00

(C) R$ 918,00

(D) R$ 1.089,00

(E) R$ 1.260,00

13. **(CORREIOS)** Subtraindo-se do quádruplo do inverso de um número oito unidades, obtém-se menos dez. O valor desse número é

(A) - 6.

(B) - 2.

(C) 1/4.

(D) 4.

(E) 1/2.

14. **(FCC PM-2006)** Certo mês, todos os agentes de um presídio participaram de programas de atualização sobre segurança. Na primeira semana, o número de participantes correspondeu a 1/4 do total e na segunda, a 1/4 do número restante. Dos que sobraram, 3/5 participaram do programa na terceira semana e os últimos 54, na quarta semana. O número de agentes desse presídio é

(A) 200

(B) 240

(C) 280

(D) 300

(E) 320

15. **(FCC TRT 4ª Região – 06)** Um armário tem quatro prateleiras. Do total de processos que um auxiliar judiciário deveria arquivar nesse armário, sabe-se que 1/5 foi colocado na primeira prateleira, 1/6 na segunda, 3/8 na terceira e os 62 processos restantes na quarta. Assim sendo, o total de processos arquivados era:

(A) 240

(B) 210

(C) 204

(D) 120

(E) 105

PARTE I – **Cap. 5** – EQUAÇÃO DO 1º GRAU

16. **(TRT-BA)** O primeiro andar de um prédio vai ser reformado e os funcionários que lá trabalham serão removidos. Se 1/3 do total dos funcionários deverá ir para o segundo andar, 2/5 do total para o terceiro andar e os 28 restantes para o quarto andar, o número de funcionários que serão removidos é:
    (A) 50
    (B) 84
    (C) 105
    (D) 120
    (E) 150

17. **(FCC)** O estádio de futebol de uma cidade, depois de passar por obras durante 2 anos, será reinaugurado com um grande jogo de início de campeonato regional, entre o time local e o time vencedor do campeonato anterior. Reformaram o campo, os vestiários, os banheiros e ampliaram a capacidade de receber torcedores. Num jogo com lotação máxima, o estádio pode receber 5/6 do total de torcedores em arquibancadas, 1/10 em cadeiras estofadas, e os 1000 torcedores restantes em camarotes. A lotação máxima de torcedores desse estádio é de:
    (A) 20.000.
    (B) 30.000.
    (C) 7.500.
    (D) 10.000.
    (E) 15.000.

18. Em um jogo da Seleção Brasileira de Basquete, Hortência, Paula e Janete marcaram juntas 55 pontos. Paula marcou a metade dos pontos de Hortência e Hortência marcou o triplo dos pontos de Janete. O total de pontos marcados por Hortência foi:
    (A) 20
    (B) 23
    (C) 30
    (D) 42

19. **(PM-ES CESPE)** Considere a seguinte situação hipotética.

    Os policiais de uma cidade devem cumprir mandados de prisão. Sabe-se que, se x mandados forem cumpridos por dia, em 12 dias restarão ainda 26 mandados para serem cumpridos e, se x + 5 mandados forem cumpridos por dia, em 10 dias restarão 22 para serem cumpridos.

    Nessa situação, a quantidade de mandados de prisão a serem cumpridos é superior a 300.

20. **(PMRB CESPE)** Considere-se que, em 2006, 2.700 veículos das marcas mencionadas no texto tenham passado pelo processo de blindagem e que a quantidade de Vectras tenha sido metade da de Corollas; a de Hillux tenha sido metade da de Vectras, e a da marca Passat, metade da de Hillux. Nessa situação, é correto afirmar que mais de 1.500 veículos da marca Corolla passaram pelo processo de blindagem em 2006.

---

21. **(PMRB CESPE)** Paulo e José apostavam em um jogo de sinuca o valor de R$ 5,00 a partida. No início do jogo, Paulo tinha R$ 230,00 e José, R$ 120,00. No final do jogo, Paulo e José ficaram com quantias iguais. Nessa situação, a diferença entre o número de partidas vencidas por José e o número de partidas vencidas por Paulo foi superior a 12.

---

22. **(MPE/AM CESPE)** Considere que, de uma gaveta de um arquivo, tenham sido retirados, inicialmente, 35 requerimentos e, depois, mais 3/5 do que sobrou, ficando, ainda, 76 requerimentos nessa gaveta. Nessa situação, é correto afirmar que nessa gaveta havia mais de 220 requerimentos.

---

23. **(Cesgranrio)** Um botijão de 13 kg de gás de cozinha (GLP) é vendido por R$ 30,58. Esse preço é composto de três partes: distribuição e revenda, tributos e preço de custo. Se o valor de distribuição e revenda supera em R$ 1,77 o preço de custo, e o preço de custo supera em R$ 5,09 a parte correspondente aos tributos, qual é, em reais, o preço de custo de um botijão de 13 kg?

(A) 13,07
(B) 12,49
(C) 12,36
(D) 11,54
(E) 11,30

---

24. **(TRE-AC FCC 2010)** Em uma oficina autorizada, analisando o cadastro das instalações de GNV feitas em veículos automotivos no último trimestre de 2009, verificou-se que o número das instalações feitas em outubro correspondeu a 3/7 do total do trimestre e as feitas em novembro, a 2/3 do número restante. Se em dezembro foram feitas 16 instalações, o número das feitas em novembro foi igual a

(A) 30.
(B) 32.

PARTE I – Cap. 5 – EQUAÇÃO DO 1º GRAU   127

(C) 34.
(D) 36.
(E) 38.

25. **(FCC)** Com relação ao peso dos objetos A, B e C, sabe-se que:
    – peso de A é o triplo do peso de C;
    – peso de C é a quarta parte do peso de B.
    Nas condições dadas, é correto dizer que o peso de B é
    (A) 12 vezes o peso de A.
    (B) 4/3 do peso de A.
    (C) 3/4 do peso de A.
    (D) 1/2 do peso de A.
    (E) 25% do peso de A.

26. **(VUNESP 2012)** Laura arrumou todos os seus livros, distribuindo-os em 3 prateleiras de uma estante. Sabe-se que na prateleira superior foram colocados 2/5 da quantidade total de livros, que o número de livros colocados na prateleira do meio corresponde a 3/4 da quantidade colocada na prateleira superior, e que a prateleira inferior ficou com 9 livros. Se a quantidade total tivesse sido repartida igualmente entre as três prateleiras, cada uma delas teria ficado com um número de livros igual a
    (A) 8.
    (B) 9.
    (C) 10.
    (D) 11.
    (E) 12.

27. **(FCC TRF 4ª Região 2010)** Um furgão, com capacidade para o transporte de 1500 kg, fez três viagens para transportar um lote de caixas, cada qual com um mesmo volume: na primeira viagem, ele levou 2/3 do total de caixas; na segunda, 1/5 da quantidade transportada na primeira; na terceira as 72 caixas restantes. Considerando que ele poderia ter transportado todas as caixas do lote em uma única viagem e, se assim o fizesse, ainda haveria espaço para o transporte de mais 265 caixas do mesmo tipo, a massa de cada caixa, em quilogramas, era
    (A) 1,8
    (B) 2,1
    (C) 2,4
    (D) 3,2
    (E) 3,6

28. (CESGRANRIO PETROBRAS) Laura disse para sua filha Ana: "Daqui a 2 anos, terei o dobro da sua idade." Se hoje Ana tem 20 anos, qual é a idade atual de Laura?

(A) 40
(B) 42
(C) 44
(D) 46
(E) 48

29. (VUNESP) Um motorista reservou uma determinada quantia em dinheiro para fazer uma pequena viagem. Gastou a metade da quantia total reservada para colocar combustível no carro, e 2/5 da quantia restante para pagar pedágios, ficando, ainda, com R$ 54,00. Para pagar os pedágios ele gastou um total de

(A) R$ 24,00.
(B) R$ 36,00.
(C) R$ 63,00.
(D) R$ 72,00.
(E) R$ 90,00.

30. (VUNESP 2009) Quatro agentes penitenciários fizeram um determinado número total de horas extras no último mês. Sabe-se que Luís fez 1/5 desse total, que Mário fez o triplo de Luís, que João fez 1/3 do que Luís fez e que Otávio fez 5 horas extras. Pode-se concluir, então, que o número de horas extras que Mário fez nesse mês foi

(A) 2,5.
(B) 7,5.
(C) 15,5.
(D) 22,5.
(E) 37,5.

GABARITO

1. C	2. A	3. A	4. C	5. D	6. B
7. B	8. B	9. A	10. C	11. B	12. D
13. B	14. B	15. A	16. C	17. E	18. C
19. Certo	20. Errado	21. Errado	22. Certo	23. E	24. B
25. B	26. C	27. C	28. B	29. B	30. D

6

SISTEMA DE EQUAÇÕES DO 1º GRAU

6.1 INTRODUÇÃO

O sistema de equações do primeiro grau é utilizado para solucionar problemas que possuem, pelo menos, dois valores desconhecidos e duas, pelo menos, relações fornecidas.

6.2 CÁLCULO DE UM SISTEMA DE EQUAÇÃO COM DUAS VARIÁVEIS

Os principais métodos de resolução de um sistema de equações do 1º grau são: adição, substituição e comparação.

Você deve se perguntar: qual o melhor método? Depende do formato da questão, por hora, vamos treinar o método da adição.

1º) Resolva os sistemas abaixo:

a) $\begin{cases} x + y = 12 \\ x - y = 4 \end{cases}$

O processo da adição somente pode ser utilizado quando somarmos as duas equações e uma variável desaparecer.

Nesse caso é possível, pois y somado com - y é igual a zero.

$$x + y = 12$$
$$+ \ \underline{x - y = 4}$$
$$2x = 16$$

$$x = \frac{16}{2} = 8$$

Subsistindo o valor de x = 8 na primeira equação (podemos escolher a primeira ou a segunda equação):

x + y = 12

8 + y = 12

y = 12 - 8

y = 4

b) $\begin{cases} 2x + 3y = 19 \\ 3x + 5y = 31 \end{cases}$

O sistema acima não permite aplicar o método da adição, pois não existe valores simétricos para as variáveis. Nesse caso, será necessário realizar o seguinte processo:

• 1º passo: escolher uma variável que será anulada.

Vamos escolher a variável x, ok?

• 2º passo: multiplicar as equações pelos coeficientes invertidos de x.

Na primeira equação, temos 2x, logo, o coeficiente de x é 2. A segunda equação será multiplicada por 2.

Na segunda equação, temos 3x, logo, o coeficiente de x é 3. A primeira equação será multiplicada por 3.

• 3º passo: observar os sinais dos coeficientes da variável escolhida.

Os coeficientes do x são os números 2 e 3. Os números apresentam o mesmo sinal, logo, será necessário escolher um número para ganhar o sinal negativo. Lembre-se: os números precisam ser simétricos.

Obs.: os números simétricos são: a e – a (mesmo número, porém o sinal é diferente).

$\begin{cases} 2x + 3y = 19(-3) \\ 3x + 5y = 31(2) \end{cases}$

+ -6x - 9y = -57

$\underline{6x + 10y = 62}$

      y = 5   **Obs.:** (10 - 9 = 1) Y e 5 (62 - 57)

Escolhendo a primeira equação, temos:

2x + 3y = 19

2x + 3.5 = 19

2x + 15 = 19

2x = 19 - 15

Parte I – **Cap. 6** – SISTEMA DE EQUAÇÕES DO 1º GRAU

$$2x = 4$$

$$x = \frac{4}{2} = 2$$

6.3   TREINAMENTO COMENTADO

1.   **Em uma casa há gatos e pássaros em um total de 12 cabeças e 40 patas. Determine a quantidade de gatos dessa casa:**

(A)   5

(B)   6

(C)   7

(D)   8

(E)   9

Resolução:

Na montagem do sistema é de extrema importância atribuir letras aos valores desconhecidos e montar as relações.

x = gatos e y = pássaros.

1ª relação: x + y = 12 (total de cabeças)

2ª relação: 4x (gato tem quatro patas) e 2y (pássaro tem duas patas): 4x+2y = 40

O nosso sistema é:

$$\begin{cases} x + y = 12 \\ 4x + 2y = 40 \end{cases}$$

Escolhendo a variável y.

$$x + y = 12(-2)$$

$$4x + 2y = 40(1)$$

$$-2x - 2y = -24$$

$$+\ \underline{4x + 2y = 40}$$

$$2x = 16$$

$$x = \frac{16}{2} = 8$$

Resposta: *letra D.*

2. Uma menina resolve fazer um teste de 48 questões. Cada questão acertada ela ganha R$ 5,00 e cada questão errada ela perde R$ 2,00. Ela ganhou R$ 86,00. Determine a quantidade de questões acertadas pela menina.

(A) 22
(B) 24
(C) 26
(D) 28
(E) 32

Resolução:

X: acerto e y: erros.

1ª relação: x + y = 48 (total de questões é a soma dos acertos com os erros).

2ª relação: 5x - 2y = 86 (5x é valor ganho e 2x é a quantia perdida).

Montando o sistema, temos:

$$\begin{cases} x + y = 48 \\ 5x - 2y = 86 \end{cases}$$

Anulando a letra y, temos:

$$\begin{cases} x + y = 48(2) \\ 5x - 2y = 86(1) \end{cases}$$

$$+ \quad \begin{aligned} 2x + 2y &= 96 \\ 5x - 2y &= 86 \\ \hline 7x &= 182 \end{aligned}$$

$$X = \frac{182}{7} = 26$$

Resposta: *letra C.*

---

3. **(CEF)** Na saída do trabalho, um grupo de amigos foi a uma padaria e três deles se encarregaram de pagar as despesas. O primeiro pagou R$ 3,30 por 3 cafés e 2 pães com manteiga. O segundo pagou R$ 3,20 por 2 cafés e 3 pães com manteiga. O terceiro pagou, por 2 cafés e 1 pão com manteiga, a quantia de

(A) R$ 1,80
(B) R$ 1,90
(C) R$ 2,00

PARTE I – **Cap. 6** – SISTEMA DE EQUAÇÕES DO 1º GRAU

(D)   R$ 2,10
(E)   R$ 2,20

Resolução:

c: café e p: pão com manteiga.

O primeiro pagou RS 3,30 por 3 cafés e 2 pães com manteiga: 3c + 2p = 3,30

O segundo pagou RS 3,20 por 2 cafés e 3 pães com manteiga: 2c + 3p = 3,20.

Descobrindo o valor do pão e do café, descobriremos o valor que o terceiro pagou.

Montando o sistema, temos:

$$\begin{cases} 3c + 2p = 3,30 \\ 2c + 3p = 3,20 \end{cases}$$

Resolvendo o sistema, vamos anular a letra p.

$$\begin{cases} 3c + 2p = 3,30 \,(3) \\ 2c + 3p = 3,20 \,(-2) \end{cases}$$

$$9c + 6p = 9,90$$
$$\underline{-4c + (-6p) = -6,40}$$
$$5c = 3,50$$

$$c = \frac{3,50}{5} = 0,70$$

Substituindo o valor de c na equação 3c + 2p = 3,30

3 . 0,70 + 2p = 3,30

2,10 + 2p = 3,30

2p = 3,30 - 2,10

2p = 1,20

$$p = \frac{1,20}{2} = 0,60$$

O terceiro pagou, por 2 cafés e 1 pão com manteiga: 2 . 0,70 + 0,60 = 1,40 + 0,60 = 2,00.

Resposta: *letra C.*

----

4.   **(FCC-2001)** **Um grupo de policiais encontrava-se em uma sala para assistir a uma projeção sobre segurança nas escolas. No primeiro intervalo ninguém entrou, mas retiram-se 12 homens e 5 mulheres, restando na sala um número de mulheres igual ao dobro do de homens. No segundo intervalo,**

ninguém saiu, mas entraram 18 homens e 2 mulheres, ficando o número de homens igual ao número de mulheres. Qual era o número de pessoas na sala no início da projeção?

(A) 75
(B) 73
(C) 68
(D) 65
(E) 42

Resolução:

Resumo da primeira relação:

No primeiro intervalo ninguém entrou, mas retiram-se 12 homens e 5 mulheres, restando na sala um número de mulheres igual ao dobro do de homens

h - 12: quantidade de homens que restaram e m - 5: quantidade de mulheres que restaram.

O dobro número de homens restantes é igual ao número de mulheres restantes.

2(h - 12) = m - 5

2h - 24 = m -5

Resumo da segunda relação:

No segundo intervalo, ninguém saiu, mas entraram 18 homens e 2 mulheres, ficando o número de homens igual ao número de mulheres

h - 12 + 18 = h + 6 (não se esqueça de que os 18 homens devem ser somados aos homens restantes, logo, h - 12).

m - 5 + 2 = m - 3.

O número de homens igual ao número de mulheres

h + 6 = m - 3

Retirando as duas equações, temos:

I: 2h - 24 = m - 5 e II: h + 6 = m -3

I: 2h - m = 19 e II: h - m = -9

$$\begin{cases} 2h - m = 19 \\ h - m = -9(-1) \end{cases}$$

+   2h - m̶ = 19

    -h + m̶ = 9

    h = 28

II: h - m = -9
   28 - m = -9
   -m = -9 -28
   -m = -37(-1)
   m = 37
Total: 28 + 37 = 65

Resposta: letra D.

---

5. **(FCC-2001)** Um grupo de policiais em treinamento queria se sentar em bancos espalhados no pátio de um quartel, mas toda vez que 3 sentavam-se em um banco, sobravam 20 policiais em pé e quando sentavam 5 policiais em um banco, sobravam 6 bancos vazios. A quantidade de policiais do grupo era:
   (A) 25
   (B) 50
   (C) 59
   (D) 65
   (E) 95

Resolução:

Retirando a primeira relação:
Toda vez que 3 sentavam-se em um banco, sobravam 20 policiais em pé.
P = 3b + 20

Retirando a segunda relação:
Quando sentavam 5 policiais em um banco, sobravam 6 bancos vazios.

 Cuidado!
A quantidade de bancos ocupada é b - 6.

Obs.: 5 vezes a quantidade de bancos ocupada.
P = 5(b - 6)

Resolvendo o sistema usando o processo da comparação:
P = P
5(b - 6) = 3b + 20

$5b - 30 = 3b + 20$

$5b - 3b = 20 + 30$

$$2b = 50$$

$$b = \frac{50}{2} = 25$$

Substituindo $b = 25$ na expressão $P = 3b + 20$, temos:

$P = 3.25 + 20 = 75 + 20 = 95$

Resposta: letra E.

----

6. **(FCC TRT PE 2012) Para fazer um trabalho, um professor vai dividir os seus 86 alunos em 15 grupos, alguns formados por cinco, outros formados por seis alunos. Dessa forma, sendo C o número de grupos formados por cinco e S o número de grupos formados por seis alunos, o produto C·S será igual a**

(A)   56.

(B)   54.

(C)   50.

(D)   44.

(E)   36.

Resolução:

C: grupo com 5 alunos

S: grupo com 6 alunos

1ª relação: temos 15 grupos no total

$C + S = 15$

2ª relação: temos 86 alunos

$5C + 6S = 86$

Temos um sistema de equações.

$C + S = 15$, logo, $C = 15 - S$

$5C + 6S = 86$

$5(15 - S) + 6S = 86$

$75 - 5S + 6S = 86$

$S = 86 - 75 = 11$

$C = 15 - S$

PARTE I – Cap. 6 – SISTEMA DE EQUAÇÕES DO 1º GRAU   137

C = 15 - 11 = 4

O produto de CS é 11 . 4 = 44

Resposta: letra D.

---

7. **(CESGRANRIO PETROBRAS 2010)** Brincando de arremessar uma bola em uma cesta de basquete, Pedro e João combinaram que cada um faria 10 arremessos, ganhando 2 pontos por acerto e perdendo um ponto a cada erro. Quando terminaram, João falou: "Eu acertei dois arremessos a mais que você, mas minha pontuação foi o quádruplo da sua."
    De acordo com o que disse João, quantos arremessos Pedro errou?
    (A) 4
    (B) 5
    (C) 6
    (D) 7
    (E) 8

Resolução:

João acertou x e errou a

Obs.: x + a = 10 (total de tentativas de João)

a = (10 - x): total - acertos = quantidade de erros

Pedro acertou y e errou b

Obs.: y + b = 10 (total de tentativas de Pedro)

B = (10 - x)

João: "Eu acertei dois arremessos a mais que você, mas minha pontuação foi o quádruplo da sua."

Relação dos acertos: X = y + 2

Relação dos pontos = Pontos de João = 4 . pontos de Pedro.

Pontos de João = 2x - (10 - x)

Pontos de Pedro = 2y - (10 - y)

Obs.: ganha dois pontos por acertos e perde um ponto por erro.

2x - (10 - x) = 4[2y - (10 - y)]

2x - 10 + x = 4 (2y - 10 + y)

3x - 10 = 4(3y - 10)

3x - 10 = 12y - 40

> ☑ **Dica:**
>
> x = y + 2

3(y + 2) - 10 = 12y - 40

3y + 6 - 10 = 12y - 40

3y - 12y = -40 - 6 + 10

-9y = -36(-1)

Y = 36/9 = 4 (total de acertos de Pedro)

R = 10 - 4 = 6 (total de erros)

Resposta: *letra C.*

6.4 RESUMO

O sistema de equação terá, pelo menos, duas equações e, pelo menos, dois valores desconhecidos.

Principais métodos de resolução de sistema de equação

Método da Substituição: consiste em escolher uma das duas equações, isolar uma das incógnitas e substituir na outra equação.

Método da adição: consiste em adicionar as duas equações de tal forma que a soma de uma das incógnitas seja zero.

Não se esqueça dos três passos do método da adição, que será utilizado quando não for possível somar de primeira o sistema.

- 1º passo: escolher uma variável que será anulada.
- 2º passo: multiplicar as equações pelos coeficientes invertidos de x.
- 3º passo: observar os sinais dos coeficientes da variável escolhida.

6.5 TREINAMENTO FINAL DO CAPÍTULO

8. **(FCC)** Em um treino de basquete, um jogador ganha 5 pontos por cada cesta que acerta e perde 3 pontos por cada cesta que erra. Em 10 tentativas, um jogador obteve 26 pontos. Logo, o número de cestas que ele acertou foi:

    (A) 3
    (B) 4
    (C) 5
    (D) 6
    (E) 7

PARTE I – Cap. 6 – SISTEMA DE EQUAÇÕES DO 1º GRAU

139

9. **(FCC TRF 2ª Região – 2007)** De acordo com um relatório estatístico de 2006, um setor de certa empresa expediu em agosto um total de 1.347 documentos. Se a soma dos documentos expedidos em setembro e outubro foi o triplo do de agosto e o número dos expedidos em setembro ultrapassou o de outubro em 853 unidades, a diferença entre a quantidade de documentos expedidos em setembro e a de agosto foi

    (A) 165
    (B) 247
    (C) 426
    (D) 427
    (E) 1.100

Texto para as questões 10 e 11.

(CODEBA CESPE) Considere que, em um porto, existam 2 grupos de guardas portuários, A e B, e que cada guarda de um mesmo grupo trabalhe a mesma quantidade de horas por dia. Suponha que a soma de horas diárias trabalhadas por 3 guardas do grupo A com as horas diárias trabalhadas por 4 guardas do grupo B seja igual a 87 horas, e que a diferença entre as horas trabalhadas por 4 guardas do grupo B e as horas trabalhadas por 3 guardas do grupo A seja igual a 33 horas.

Com base nessas informações, julgue os itens a seguir.

10. A soma das horas diárias trabalhadas por um guarda do grupo A com as horas diárias trabalhadas por um guarda do grupo B é igual a 24 horas.

11. Os guardas do grupo A trabalham mais de 10 horas por dia.

12. **(MPE/AM CESPE)** Considere a seguinte situação hipotética

    Considere que 740 espectadores tenham ocupado os camarotes e as cadeiras comuns do teatro para assistir a uma peça e que o preço de cada cadeira tenha sido de R$ 170,00 e o de cada camarote, para duas pessoas, de R$ 520,00. Considere, ainda, que cada camarote vendido tenha sido de fato ocupado por duas pessoas e que a renda obtida com a venda dos ingressos tenha sido de R$ 133.900,00. Nesse caso, é correto afirmar que mais de 660 pessoas assistiram à peça sentada nas cadeiras comuns do teatro.

13. **(MPE/AM CESPE)** A renda mensal do casal Márcio e Lúcia é igual a R$ 4.600,00. Se Márcio pagar o aluguel do apartamento onde moram, que é de R$ 600,00, e Lúcia, a prestação do carro da família, que é de R$ 420,00, restará a cada um deles a mesma quantia. Nessa situação, a renda de Márcio é inferior a R$ 2.400,00 e a de Lúcia é superior a R$ 2.200,00.

14. O composto de uma substância A e de uma substância B é vendido por R$ 26,00 o kg. A substância A é vendida por R$ 30,00 o kg e a substância B por R$ 20,00 o kg. O preço do composto é calculado em função das quantidades das substâncias e seus preços. As quantidades de A e de B no kg desse composto deverá ser, respectivamente

(A) 200g e 800g

(B) 500g e 500g

(C) 700g e 300g

(D) 600g e 400g

(E) 800g e 200g

15. Um copo cheio de água pesa 425 gramas. Joga-se a metade da água fora e seu peso cai para 250 gramas. Diante desses dados, o peso do copo vazio, é:

(A) 55g

(B) 60g

(C) 65g

(D) 70g

(E) 75g

Texto para as questões de 16 a 19.

O casal Pedro e Marisa, juntamente com o filho Júnior, de 6 anos de idade, foi a um restaurante que serve comida a quilo. A balança do restaurante estava com defeito e só funcionava para pesos superiores a 700 g. Assim, depois de se servirem, eles pesaram os pratos dois a dois e os resultados foram os seguintes:

Pedro e Marisa = 1,50 kg; Pedro e Júnior = 1,20 kg; Marisa e Júnior = 0,90 kg. Nessa situação, considerando que o restaurante cobra R$ 16,90 por 1 kg de comida, é correto afirmar que:

16. Pedro comeu tanto quanto Marisa e Júnior juntos.

17. A despesa com a refeição dos três foi superior a R$ 30,00.

PARTE I – Cap. 6 – SISTEMA DE EQUAÇÕES DO 1º GRAU

18. Nenhum dos pratos pesou mais que 800 g.

---

19. Dois dos pratos pesaram, cada um, mais que 850 g.

---

20. **(FUNCAB 2009)** Em uma sala existem rapazes e moças. O número de rapazes excede o número de moças em 10 unidades. Se saírem 10 moças da sala, permanecendo todos os rapazes, o número de rapazes passa a ser o dobro do número de moças. O número de pessoas existentes nessa sala é:

(A) 40

(B) 50

(C) 60

(D) 70

(E) 80

---

21. **(CESPE /AUGE/MG- 2009)** Em um concurso estadual, foram aprovados x candidatos, que serão distribuídos para trabalharem em y cidades do estado. Na hipótese de serem encaminhados 2 candidatos para cada cidade, sobrarão 70 candidatos para serem distribuídos. Entretanto, no caso de serem encaminhados 3 candidatos para cada cidade, será necessário convocar mais 40 candidatos classificados nesse concurso.

Assinale a opção que apresenta corretamente o número y de cidades e o número x de candidatos, respectivamente.

(A) 22 e 114

(B) 30 e 130

(C) 110 e 290

(D) 120 e 320

(E) 150 e 410

---

22. **(VUNESP)** João e Antonio têm R$ 5.000,00 e R$ 8.000,00, respectivamente. Se, todos os meses, João guardar R$ 250,00 e Antonio guardar R$ 125,00, pode-se afirmar que ambos terão a mesma importância após

(A) 36 meses.

(B) 30 meses.

(C) 24 meses.

(D) 18 meses.

(E) 16 meses.

---

23. (CESPE 2011) Considerando-se que 3 caixas de encomenda do tipo 2B e 3 caixas de encomenda do tipo flex correios custem, ao todo, R$ 12,00 e que 5 caixas do tipo 2B e 10 do tipo flex correios custem, ao todo, R$ 28,00, é correto afirmar que uma caixa do tipo 2B custa

(A) R$ 2,40.

(B) R$ 3,15.

(D) R$ 3,20.

(D) R$ 1,20.

(E) R$ 2,00.

24. (VUNESP) Considere dois níveis salariais apontados em uma pesquisa de mercado para um mesmo cargo, o mínimo (piso) e o máximo (teto). Sabe-se que o dobro do menor somado a 1/5 do maior é igual a R$ 3.700,00. Se a diferença entre o nível máximo e o nível mínimo é igual a R$ 3.100,00, então o teto salarial para esse cargo é de

(A) R$ 4.800,00.

(B) R$ 4.500,00.

(C) R$ 3.800,00.

(D) R$ 3.600,00.

(E) R$ 3.400,00.

25. (CESGRANRIO PETROBRAS 2010) Em uma festa comunitária, uma barraca de tiro ao alvo dá um prêmio ao cliente de R$ 30,00, cada vez que o mesmo acerta a área central do alvo. Caso contrário, o cliente paga R$ 10,00. Um indivíduo deu 50 tiros e pagou R$ 100,00. Nessas condições, o número de vezes que ele ERROU o alvo foi

(A) 10

(B) 20

(C) 25

(D) 35

(E) 40

GABARITO

1. D	2. C	3. C	4. D	5. E	6. D	7. C
8. E	9. E	10. Certo	11. Errado	12. Errado	13. Certo	14. D
15. E	16. Certo	17. Certo	18. Errado	19. Errado	20. D	21. C
22. C	23. A	24. B	25. E			

7

EQUAÇÃO DO 2º GRAU

7.1 INTRODUÇÃO

O assunto equação do 2º grau tem sido mais exigido de forma indireta, ou seja, como cálculo para resolver determinado problema.

7.2 DEFINIÇÃO

Equação do 2º grau é toda equação do tipo $ax^2 + bx + c = 0$, com $a \neq 0$, a, b, $c \in R$.

7.3 CLASSIFICAÇÃO DE UMA EQUAÇÃO DO 2º GRAU

As equações do 2º grau são classificadas em completas e incompletas.

Completas:
São todas as equações do tipo: $ax^2 + bx + c = 0$, com a, b, $c \neq 0$.
Exemplos: $x^2 - 5x + 6 = 0$
$\qquad 3x^2 - 4x - 7 = 0$

Incompletas:
São equações que possuem $b = 0$ e/ou $c = 0$.
Exemplos: $x^2 - 4x = 0 \ (c = 0)$
$\qquad 3x^2 - 6 = 0 \ (b = 0)$
$\qquad 5x^2 = 0 \ (b = 0 \ e \ c = 0)$

7.4 RESOLUÇÃO DE UMA EQUAÇÃO DO 2º GRAU

7.4.1 Equação incompleta

A) $ax^2 + bx = 0$

☑ **Dica:**

$x = 0$ ou $x = -\dfrac{b}{a}$

1) Resolva as equações abaixo:

a) $x^2 - 4x = 0$

Temos x^2 e $4x$, o termo comum entre eles é o x, por isso, temos:

$x(x - 4) = 0$ **Obs.:** $a \cdot b = 0$, logo, temos $a = 0$ ou $b = 0$.

$x = 0$ ou $x - 4 = 0$

$x = 4$

$S = \{0, 4\}$

☑ **Dica:**

$x^2 - 4x = 0$

$a = 1$ e $b = -4$. $x = 0$ ou $x = -\dfrac{b}{a}$, temos $x = 0$ ou $x = -\dfrac{-4}{1} = 4$.

b) $2x^2 - 8x = 0$

$a = 2$ e $b = -8$

$x = 0$ ou $x = -\dfrac{-8}{2}$

$x = 0$ ou $x = 4$

B) $ax^2 - c = 0$

$x = \pm\sqrt{\dfrac{c}{a}}$

☑ **Dica:**

Temos duas raízes simétricas, porém, o A e o C devem possuir sinais diferentes.

Exemplos:

a) $x^2 - 4 = 0$
$x^2 = 4$
$x = \pm\sqrt{4}$
$x = \pm 2$. Logo, temos -2 e 2.

b) $x^2 + 16 = 0$
$x^2 = -16$
$x = \pm\sqrt{-16}$

 Cuidado:

Considerando o conjunto dos números reais, não temos raiz quadrada de número negativo. Nesse caso, não temos raiz real.

7.4.2 Equação completa

Fórmula de Bhaskara.

$$x = \frac{-b \pm \sqrt{\Delta}}{2a}$$

$\Delta = b^2 - 4(a)(c)$

Δ (lê-se: delta, esse o símbolo é o discriminante da equação).

Relação:

$\Delta > 0$: a equação possui duas raízes reais diferentes.

$\Delta = 0$: a equação possui duas raízes reais iguais.

$\Delta < 0$: a equação não possui raiz real.

Resolva as equações abaixo:

A) $x^2 - 5x + 6 = 0$

- 1º passo: encontrar os coeficientes.
a = 1, b = -5 e c = 6.

- 2º passo: calcular o discriminante.

$\Delta = b^2 - 4(a)(c)$

$\Delta = (-5)^2 - 4(1)(6)$

$\Delta = 25 - 24$

$\Delta = 1$

- 3º passo: aplicar a fórmula de Bhaskara.

$$x = \frac{-b \pm \sqrt{\Delta}}{2a}$$

$$x = \frac{-(-5) \pm \sqrt{1}}{2 \cdot 1}$$

$$x = \frac{5 \pm 1}{2}$$

$$x_1 = \frac{5+1}{2} = \frac{6}{2} = 3$$

$$x_2 = \frac{5-1}{2} = \frac{4}{2} = 2$$

As raízes são 2 e 3.

B) $x^2 - 4x - 572 = 0$

- 1º passo: encontrar os coeficientes.

A = 1, B = -4, e, C = -572.

- 2º passo: calcular o discriminante.

$\Delta = b^2 - 4(a)(c)$.

$\Delta = (-4)^2 - 4(1)(-572)$

$\Delta = 16 + 2288$

$\Delta = 2304$

- 3º passo: aplicar a fórmula de Bhaskara.

$$x = \frac{-b \pm \sqrt{\Delta}}{2a}$$

$$x = \frac{-(-4) \pm \sqrt{2304}}{2 \cdot 1}$$

$$x = \frac{4 \pm 48}{2}$$

$$x_1 = \frac{4+48}{2} = \frac{52}{2} = 26$$

$$x_2 = \frac{4-48}{2} = -\frac{44}{2} = -22$$

As raízes são -22 e 26.

C) $2x^2 + 3x - 54 = 0$

• 1º passo: encontrar os coeficientes.

A = 2, B = 3, e, C = -54.

• 2º passo: calcular o discriminante.

$\Delta = b^2 - 4(a)(c)$

$\Delta = (3)^2 - 4(2)(54)$

$\Delta = 9 + 432$

$\Delta = 441$

• 3º passo: aplicar a fórmula de Bhaskara.

$$x = \frac{-b \pm \sqrt{\Delta}}{2a}$$

$$x = \frac{-(3) \pm \sqrt{441}}{2 \cdot 2}$$

$$x = \frac{3 \pm 21}{4}$$

$$x_1 = \frac{3+21}{4} = \frac{24}{4} = 6$$

$$x_2 = \frac{3-21}{4} = -\frac{18}{4} = -4,5$$

As raízes são -4, 5 e 6.

D) $x^2 + 10x + 25 = 0$

• 1º passo: encontrar os coeficientes.

A = 1, B = 10 e, C = 25.

• 2º passo: calcular o discriminante.

$\Delta = b^2 - 4(a)(c)$

$\Delta = (10)^2 - 4(1)(25)$

$\Delta = 100 - 100$

$\Delta = 0$

Obs.: $\Delta = 0$: temos duas raízes reais iguais.

• 3º passo: aplicar a fórmula de Bhaskara.

$$x = \frac{-(10) \pm \sqrt{0}}{2 \cdot 1}$$

$$x = \frac{-10 \pm 0}{2}$$

$$x = \frac{-10}{2}$$

$$x_1 = x_2 = \frac{-10}{2} = -5$$

E) $x^2 - 3x + 12 = 0$

• 1º passo: encontrar os coeficientes.

$A = 1$, $B = -3$, e, $C = 12$.

• 2º passo: calcular o discriminante.

$\Delta = b^2 - 4(a)(c)$

$\Delta = (-3)^2 - 4(1)(12)$

$\Delta = 9 - 48$

$\Delta = -39$

Obs.: $\Delta < 0$: não temos raiz real.

Método do concursando!

A) $x^2 - 5x + 6 = 0$

• 1º passo: encontrar os coeficientes.

$a = 1$, $b = -5$ e $c = 6$

• 2º passo: fatorar o produto, em números primos.

Soma das raízes: $-b = -(-5) = 5$

Produto das raízes: $c = 6$

Devemos procurar dois números que satisfaçam essas duas condições.
A fatoração do produto ajuda a encontrar esses dois números.

```
6 | 2
3 | 3
1 |
```

O resultado da fatoração foi 2 e 3.

Temos: 2 + 3 = 5 e 2 . 3= 6. Satisfaz as nossas condições. Logo, 2 e 3 são as raízes da equação.

B) $x^2 + 7x + 12 = 0$

Soma: - b = -(7) = -7

Produto: c = 12

```
12 | 2
 6 | 2
 3 | 3
 1 |
```

Nesse caso, temos três números para combinar.

2 e 2 . 3 = 2 e 6 (2 + 6 = 8, não serve, pois a soma tem que ser 7).

2 . 2 e 3 = 4 e 3 (4 + 3 = 7 serve, pois a soma é 7).

 Se ligue!

Escolhemos um e outros multiplicamos, depois escolhemos dois e os restos multiplicam-se e assim sucessivamente.

As raízes são -3 e -4, pois a soma tem que ser -7.

 Dica:

Quando o valor de c for positivo, devemos procurar dois números cuja soma seja igual a - b. Nesse caso, as raízes terão sinais iguais e o sinal da "soma(-b)" determinará o sinal das raízes.

C) $x^2 -20x + 36 = 0$

Soma: -b = - (-20) = 20

Produto c = 36

Vamos fazer a combinação:

$$
\begin{array}{r|l}
36 & 2 \\
18 & 2 \\
9 & 3 \\
3 & \underline{3} \\
1 &
\end{array}
$$

2 e 2 . 2 . 3 . 3 = 2 e 18 (soma é 20, logo, as raízes).

Logo, 2 e 18 são raízes.

D) $x^2 - 3x - 180 = 0$

Diferença: $-b = - (-3) = 3$

Produto: $c = -180$

Nesse caso, temos o c negativo, por isso uma raiz será positiva e a outra negativa. Lembre-se: para o produto ser negativo os números devem ter sinais diferentes.

Devemos procurar dois números cuja diferença seja = 3 (-b).

$$
\begin{array}{r|l}
180 & 2 \\
45 & 2 \\
15 & 3 \\
5 & 3 \\
1 & \underline{5}
\end{array}
$$

Combinações:

2 e 2 . 3 . 3 . 5 = 2 e 90 (90 - 2 = 88, não serve, a diferença deve ser 3).

2 . 2 e 3 . 3 . 5 = 4 e 45 (45 - 4 = 41, não serve, a diferença deve ser 3).

2 . 2 . 3 e 3 . 5 = 12 e 15 (15 - 12 = 6, serve, a diferença é 3).

As raízes são 12 e 15, porém, falta saber quem será a raiz negativa.

Sendo a soma 3, o menos deve ficar no 12.

Se ligue!

15 - 12 = 3 e 12 - 15 = -3

Agora, temos as raízes -12 e 15.

E) $2x^2 + 3x - 54 = 0$

Nesse caso, temos a ≠ 1, nesse temos um algo a mais, porém o processo é o mesmo.

Diferença: -b = -(3) = -3
Produto: c . a = -54 . 2 = -108

Obs.: com produto negativo, procurar as raízes pela diferença!

108	2
54	2
27	3
9	3
3	3
1	

Combinações:

2 e 2 . 3 . 3 . 3 = 2 e 54 (não serve, a diferença deve ser 3).

2 . 2 e 3 . 3 . 3 = 4 e 27 (não serve, a diferença deve ser 3).

2 . 2 . 3 e 3 . 3 = 12 e 9 (sim, a diferença é 3).

Os valores são 12 e 9, como a soma é -3.

Obs.: 12 - 9 = 3 e 9 -12 = -3.

As raízes são -12 e 9. Porém, falta o fechamento, como multiplicamos o produto por 2 (o valor de a), devemos dividir as raízes por 2.

$-\dfrac{12}{2} = -6$ e $\dfrac{9}{2} = 4,5$.

Agora sim temos as raízes da equação: são -6 e 4,5.

Se ligue!

Esse método ajuda muito e não é difícil de treinar. No meu site <www.brunovillar.com.br> existe uma lista de equações para treinamento. Lembre-se: "Matemática é uma questão de prática" (Bruno Villar).

7.5 TREINAMENTO COMENTADO

1. **(TRT-2006)** Dois técnicos judiciários receberam cada um, uma mesma quantidade de processos para arquivar e, ao final do trabalho, anotaram os respectivos tempos, em horas, que gastaram na execução da tarefa. Se a soma e o produto dos dois tempos anotados eram numericamente iguais a 15 e 54, então quantas horas uma gastou a mais que o outro para arquivar o seu total de processos?

   (A)   3
   (B)   4
   (C)   5
   (D)   6
   (E)   7

Resolução:

A questão já informou a soma e o produto.

Soma = 15.

Produto = 54.

```
54|2
27|3
 9|3
 3|3
 1|
```

Combinação:

2 e 3 . 3 . 3 = 2 e 27. Não serve, a soma deve ser 15.

2 . 3 e 3 . 3 = 6 e 9 = Sim!

A questão pediu a diferença dos tempos, logo, 9 - 6 = 3.

Resposta: letra A.

----

2. **(FCC – CEF 2004)** Em certo momento, o número de funcionários presentes em uma agência bancária era tal que, se ao seu quadrado somássemos o seu quádruplo resultado obtido seria 572. Se 10 deles saíssem da agência, o número de funcionários na agência passaria a ser.

   (A)   12
   (B)   13
   (C)   14

PARTE I – **Cap. 7** – EQUAÇÃO DO 2º GRAU   **153**

(D)   15
(E)   16

Resolução:

Resumo: o quadrado de um número = x^2.

O quádruplo = 4x.

Se ao quadrado somássemos o seu quádruplo o resultado obtido seria 572.

$x^2 + 4x = 572$

$x^2 + 4x - 572 = 0$

Diferença: -b = -4

Produto: c = -572.

$$\begin{array}{r|l} 572 & 2 \\ 286 & 2 \\ 143 & 13 \\ 11 & \underline{11} \\ 1 & \end{array}$$

Como a diferença é -4, e os números são distantes, é fácil a combinação.

2 . 11 e 2 . 13 = 22 e 26

22 - 26 = -4 e 26 - 22 = 4

As raízes são 22 e -26, como não existe quantidade negativa de pessoas em um agência, temos x = 22.

A questão informou que saíram 10 funcionários, logo, 22 - 10 = 12.

Resposta: letra A.

----

3. **(TRF)** Uma pessoa sabe que, para o transporte de 720 caixas iguais, sua caminhonete teria que fazer no mínimo X viagens, levando em cada uma o mesmo número de caixas. Entretanto, ela preferiu usar a caminhonete 3 viagens a mais e, assim, a cada viagem ela transportou 12 caixas a menos. Nessas condições o valor de X é:

(A)   6
(B)   9
(C)   10
(D)   12
(E)   15

Resolução:

x: número de viagens e y: número de caixas.

Resumo algébrico da questão.

I: $x \cdot y = 720$.

II: $(x + 3)(y - 12) = 720$

Isolando o y na I expressão, temos: $y = \dfrac{720}{x}$

Substituindo a expressão $y = \dfrac{720}{x}$ na II expressão, temos:

$(x + 3)\left(\dfrac{720}{x} - 12\right) = 720$

Colocando a expressão $\dfrac{720}{x} - 12$ no mesmo denominador, obtemos: $\dfrac{720 - 12x}{x}$

$(x + 3)\left(\dfrac{720 - 12x}{x}\right) = 720$

Multiplicando os termos, temos:

$\dfrac{720x - 12x^2 + 2160 - 36x}{x} = 720$

Fazendo uma proporção, temos:

$-12x^2 - 36x + 720x + 2160 = 720x$

$-12x^2 - 36x + 2160 = 0 \ (:12)$

$-x^2 - 3x + 180 = 0 \ (-1)$

$x^2 + 3x - 180 = 0$

As raízes são -15 e 12. Como x não pode ser negativo: Resposta x = 12. Letra D.

• Outra opção: saída pela resposta.

Informações:

$y = \dfrac{720}{x} \qquad\qquad y - 12 = \dfrac{720}{x + 3}$

Nesse caso, iremos dividir 720 por x, e depois por x+ 3. Se a diferença da resposta for 12, então encontramos a alternativa correta.

Começando o teste pela letra A

A) x = 6

$\dfrac{720}{x} = \dfrac{720}{6} = 120 \qquad\qquad \dfrac{720}{x + 3} = \dfrac{720}{6 + 3} = \dfrac{720}{9} = 80$

$120 - 80 \neq 12$

Parte I – Cap. 7 – EQUAÇÃO DO 2º GRAU

Logo, não é a resposta.

B) x = 9

$$\frac{720}{x} = \frac{720}{9} = 80 \qquad \frac{720}{x+3} = \frac{720}{9+3} = \frac{720}{12} = 60$$

80 - 60 ≠ 12. Logo, não é a resposta.

C) x = 10

$$\frac{720}{x} = \frac{720}{10} = 72 \qquad \frac{720}{x+3} = \frac{720}{10+3} = \frac{720}{13} = 40$$

72 - 40 ≠ 12. Logo, não é a resposta.

D) x = 12

$$\frac{720}{x} = \frac{720}{12} = 60 \qquad \frac{720}{x+3} = \frac{720}{12+3} = \frac{720}{15} = 48$$

60 - 48 = 12

Resposta: letra D.

---

4. **(CONESUL 2008)** O produto das raízes da equação de 2º grau
   $y = f(x) = 3x^2 + 2x + 18$ é
   (A) 3/2.
   (B) 2/3.
   (C) 9.
   (D) 6.
   (E) 3.

Resolução:

A questão solicitou o produto das raízes.

O produto das raízes é c/a

Resultado = 18/ 3 = 6

Resposta: letra D.

---

5. **(ESAF SMF –RJ 2010)** O segmento de reta ab tem comprimento c(a,b)=1. Um ponto x divide o segmento em duas partes ax e xb com comprimentos c(a,x) e c(x,b), respectivamente, onde 0 < c(a,x) < c(x,b) < 1 e tais que c(a,x)/c(x,b) = c(x,b). Obtenha o valor mais próximo de c(x,b).
   (A) 0,5667

(B)   0,618
(C)   0,667
(D)   0,707
(E)   0,75

Resolução:

C (a, b) = 1

ax + bx = 1

ax: vou chamar de a

bx: vou chamar de b

a + b =1

obs.: c(a, x)/c(x, b) = c(x, b).

$\dfrac{a}{b} = b$

a + b = 1, logo: a = 1 - b

$\dfrac{1 - b}{b} = b$

$b^2 = 1 - b$

$b^2 + b - 1 = 0$

$b^2 + b - 1 = 0$ (equação do 2º grau)

a = 1, b = 1 e c = -1

$\Delta = b^2 - 4ac$

$\Delta = (1)^2 - 4(1)(-1)$

$\Delta = 1 + 4 = 5$

☑ **Dica:**

Fórmula de Bhaskara

$B = \dfrac{-b \pm \sqrt{\Delta}}{2a}$

$B = \dfrac{-(1) \pm \sqrt{5}}{2 \cdot 1} = \dfrac{-1 + 2,236}{2} = \dfrac{1,236}{2} = 0,618$

⚠ **Cuidado:**

b é um número entre 0 e 1, logo, só utilizamos a raiz positiva!

Parte I – **Cap. 7** – EQUAÇÃO DO 2º GRAU

Temos: b > a, então b = 0,618

a = 1 - 0,618 = 0,382

Resposta: letra B.

7.6 RESUMO

Equação do 2º grau é toda equação do tipo $ax^2 + bx + c = 0$, com $a \neq 0$, a, b, c $\in$ R.

As equações do 2ª grau são classificadas em completas e incompletas.

Completas: são todas as equações do tipo: $ax^2 + bx + c = 0$, com a, b, c diferentes de 0.

Incompletas: são equações que possuem b = 0 e/ou c = 0.

Fórmula de Bhaskara.

$$x = \frac{-b \pm \sqrt{\Delta}}{2a}$$

$\Delta = b^2 - 4(a)(c)$.

Δ (lê-se: delta, esse o símbolo é o discriminante da equação).

Relação:

$\Delta > 0$: a equação possui duas raízes reais diferentes.

$\Delta = 0$: a equação possui duas raízes reais iguais.

$\Delta < 0$: a equação não possui raiz real.

7.7 TREINAMENTO FINAL DO CAPÍTULO

Texto para as questões de 6 a 8

(CESPE BB-01-07) Um grupo de amigos fez, em conjunto, um jogo em determinada loteria, tendo sido premiado com a importância de R$ 2.800.000,00, que deveria ser dividida igualmente entre todos eles. No momento da partilha, constatou-se que 3 deles não haviam pagado a parcela correspondente ao jogo, e, dessa forma, não faziam jus ao quinhão do prêmio. Com a retirada dos amigos que não pagaram o jogo, coube a cada um dos restantes mais R$ 120.000,00.

6. Se x é a quantidade de elementos do "grupo de amigos" então

$$\frac{2.800.000}{x-3}+120.000=\frac{2.800.000}{x}$$

7. A quantidade de elementos do grupo de amigos que fizeram jus ao prêmio é superior a 11.

8. Cada um dos elementos do "grupo de amigos" que efetivamente pagou a parcela correspondente ao jogo recebeu uma quantia superior a R$ 250.000,00.

Texto para as questões 9 e 10

(BB-03 CESPE/2007) Um grupo de amigos saiu para assistir a um filme no cinema do bairro. Lá chegando, constataram que o preço das entradas para todos, refrigerantes e pipoca era de R$ 585,00. Esse valor deveria ser dividido inicialmente entre todos do grupo, mas, por delicadeza, os integrantes do grupo que moravam nesse bairro revolveram dividir entre eles o valor correspondente ao que cabia aos 4 integrantes que não moravam no bairro, o que acrescentou à despesa de cada um dos primeiros a quantia de R$ 20,00. Com base nessa situação hipotética, julgue os itens que se seguem.

9. No grupo de amigos havia menos de 8 moradores do bairro onde fica o cinema e a cada um deles coube uma despesa superior a R$ 70,00.

10. Indicando por x a quantidade de pessoas do grupo de amigos e por y a quantia que cada um deles deveria inicialmente desembolsar, é correto afirmar que x e y são tais que

$x \times y = 585$ e $20x - 4y = 80$.

11. (TRF-2007) Em fevereiro de 2007, Cesário gastou R$ 54,00 na compra de alguns rolos de fita adesiva, todos de um mesmo tipo. No mês seguinte, o preço unitário desse rolo aumentou em R$ 1,50 e, então, dispondo daquela mesma quantia, ele pôde comprar três rolos a menos do que havia comprado no mês anterior. Nessas condições, em março de 2007, o preço unitário de tal tipo de rolo de fita adesiva era

(A) R$ 4,00

(B) R$ 4,50

PARTE I – Cap. 7 – EQUAÇÃO DO 2º GRAU

159

(C)   R$ 5,00
(D)   R$ 5,50
(E)   R$ 6,00

12. **Alguns técnicos, designados para fazer a manutenção dos 48 microcomputadores de certa empresa, decidiram dividir igualmente entre si a quantidade de micros a serem vistoriados. Entretanto, no dia em que a tarefa seria realizada, 2 dos técnicos faltaram ao serviço e, assim, coube a cada um dos presentes vistoriar 4 micros a mais que o previsto. Quantos técnicos executaram a tarefa?**
    (A)   4
    (B)   5
    (C)   6
    (D)   7
    (E)   8

13. **(BNB)** A equação $x^2 + 13x + 40 = 0$ tem duas raízes. Subtraindo a menor da maior obtém-se:
    (A)   1/2
    (B)   1
    (C)   3/2
    (D)   3
    (E)   -3

14. **(CESPE PRF 2008)** No ano de 2006, um indivíduo pagou R$ 4.000,00 pelas multas de trânsito recebidas, por ter cometido várias vezes um mesmo tipo de infração de trânsito, e o valor de cada uma dessas multas foi superior a R$ 200,00. Em 2007, o valor da multa pela mesma infração sofreu um reajuste de R$ 40,00, e esse mesmo indivíduo recebeu 3 multas a mais que em 2006, pagando um total de R$ 6.720,00. Nessa situação, em 2006, o valor de cada multa era
    (A)   inferior a R$ 750,00.
    (B)   superior R$ 750,00 e inferior a R$ 850,00.
    (C)   superior a R$ 850,00 e inferior a R$ 950,00.
    (D)   superior a R$ 950,00 e inferior a R$ 1.050,00.
    (E)   superior a R$ 1.050,00.

15. **(TFC)** A importância de R$ 2.400,00 deve ser distribuída como prêmio a 20 jovens, entre moços e moças, da seguinte maneira: o total recebido pelos moços deve ser igual ao recebido pelas moças e cada moço deve receber R$

50,00 a mais que cada moça. Cada moço receberá, em reais, a importância de:

(A) 60,00
(B) 80,00
(C) 100,00
(D) 120,00
(E) 150,00

16. **(TRT-SP 2004)** Alguns técnicos judiciários combinaram dividir igualmente entre si 108 processos a serem arquivados. Entretanto, no dia em que o trabalho seria realizado, dois técnicos faltaram ao serviço e, assim, coube a cada um dos outros arquivar 9 processos a mais que o inicialmente previsto. O número de processos que cada técnico arquivou foi:

(A) 16
(B) 18
(C) 21
(D) 25
(E) 27

17. **(PM-ES CESPE)** Considere que as cadeias de um município mantenham 160 albergados igualmente distribuídos em cada uma das celas e que, com a reforma de 20 dessas celas, para manter todos os albergados, tenha sido necessário redistribuir para cada uma das celas restantes 4 albergados. Nessa situação, é correto afirmar que a quantidade total de celas nas cadeias desse município é superior a 45 e que, em cada cela, inicialmente, havia menos de 3 albergados.

18. **(TRT –AM)** Um técnico administrativo foi incumbido de arquivar 120 processos em X caixas, nas quais todos os processos deveriam ser distribuídos em quantidades iguais. Entretanto, ao executar a tarefa, ele usou apenas X–3 caixas e, com isso, cada caixa ficou com 9 processos a mais que o previsto inicialmente. Nessas condições, o número de processos colocados em cada caixa foi

(A) 24
(B) 22
(C) 21
(D) 17
(E) 15

PARTE I – Cap. 7 – EQUAÇÃO DO 2º GRAU

161

19. **(SEAD – AP FCC 2002)** Em certo momento, o número X de soldados em um policiamento ostensivo era tal que subtraindo-se do seu quadrado o seu quádruplo, obtinha-se 1845. O valor de X é

(A) 42

(B) 45

(C) 48

(D) 50

(E) 52

20. **(FCC)** O chefe de uma seção de certa empresa dispunha de 60 ingressos para um espetáculo, que pretendia dividir igualmente entre seus funcionários. Como no dia da distribuição dos ingressos faltaram 3 funcionários, coube a cada um dos outros receber 1 ingresso a mais do que o previsto. O número de ingressos entregues a cada funcionário presente foi

(A) 3

(B) 4

(C) 5

(D) 6

(E) 7

GABARITO:

1. A	2. A	3. D	4. D	5. B	6. Errado	7. Errado
8. Certo	9. Errado	10. Certo	11. E	12. A	13. D	14. B
15. E	16. E	17. Errado	18. A	19. B	20. C	

RAZÃO E PROPORÇÃO

8.1 INTRODUÇÃO

A razão é uma relação matemática que permite realizar uma comparação entre grandezas.

Nos concursos públicos com vagas temos a concorrência que representa uma relação entre o número de inscritos e o número de vagas.

8.2 DEFINIÇÃO

É uma divisão ou quociente de dois números racionais a e b com b ≠ 0.

$$\frac{a}{b}$$

a é chamado de antecedente e o **b** é chamado de consequente.

💡 Se ligue!

Quando a expressão $\frac{a}{b}$ representar uma razão, deve ser pronunciada assim:

a está para b

A razão de a/b

Não se esqueça, ok?

A razão é uma comparação entre grandezas.

Obs.: grandeza é tudo aquilo que pode ser medido ou contado.

8.3 RAZÕES ESPECIAIS

As razões especiais são razões matemáticas utilizadas em outras áreas do conhecimento, por exemplo: geografia.

A) velocidade média.

$$Vm = \frac{distância}{tempo}$$

b) densidade de corpos.

$$d = \frac{massa}{volume}$$

c) densidade demográfica

$$d = \frac{população}{área}$$

d) escala

$$e = \frac{comprimento \quad do \quad desenho}{comprimento \quad real}$$

8.4 TREINAMENTO BÁSICO

1. **Em uma sala de aula há 150 alunos, sendo 60 moças. Calcule:**

a)   A razão entre o número de moças e o total de alunos.

Devemos seguir a ordem: $\dfrac{moças}{total} = \dfrac{60}{150} = \dfrac{60^{:10}}{150^{:10}} = \dfrac{6^{:3}}{15^{:3}} = \dfrac{2}{5}$

b)   A razão entre o número de rapazes e o total de alunos.

Devemos seguir a ordem: $\dfrac{rapazes}{total} = \dfrac{90}{150} = \dfrac{90^{:30}}{150^{:30}} = \dfrac{3}{5}$

8.5 PROPORÇÃO

Definição: é uma igualdade de razões.

Dados quatro números racionais a, b, c, d, não nulos, nessa ordem, dizemos que eles formam uma proporção quando a razão do 1º para o 2º for igual à razão do 3º para o 4º. Assim:

$\dfrac{a}{b} = \dfrac{c}{d}$ ou $a{:}b = c{:}d$ (lê-se "*a* está para *b* assim como *c* está para *d*")

PARTE I – **Cap. 8** – RAZÃO E PROPORÇÃO

Os números *a*, *b*, *c* e *d* são os termos da proporção, sendo:

b e *c* os meios da proporção.   *a* e *d* os extremos da proporção.

8.6   PROPRIEDADE FUNDAMENTAL DA PROPORÇÃO

$\dfrac{a}{b} = \dfrac{c}{d}$ temos a . d = b . c (o produto dos extremos é igual ao produto dos meios).

8.7   TREINAMENTO COMENTADO

1. **(INSS) A razão entre o número de homens e de mulheres, funcionários da firma W, é 3/5. Sendo N o número total de funcionários (o número de homens mais o número de mulheres), um possível valor para N é:**
   (A)   46
   (B)   49
   (C)   50
   (D)   54
   (E)   56

Resolução:

Nessas questões de razão e proporção, com objetivo de descobrir o total de elementos, podemos usar a seguinte fórmula: $\dfrac{total}{soma \quad das \quad partes}$

Nessa questão as partes são 5 e 3.

$X = \dfrac{N}{5+3} = \dfrac{N}{8}$

Qual das alternativas possui um número que é divisível por 8?

Resultado: 56.

Resposta: letra E.

2. **Um certo metal é obtido fundindo-se 15 partes de cobre com 6 partes de zinco. Para obter-se 136,5 kg desse metal, são necessários:**
   (A)   91,8 kg de cobre
   (B)   41,5 kg de zinco
   (C)   92 kg de cobre
   (D)   45 kg de zinco
   (E)   97,5 kg de cobre

Resolução:

K é o coeficiente de proporcionalidade.

$K = \dfrac{total}{soma\ das\ partes} = \dfrac{136,5}{15+6} = \dfrac{136,5}{21} = 6,5$ (cada parte corresponde a 6,5 quilos)

Zinco: K . parte de zinco = 6,5 . 6 = 39 kg.

Cobre: K . parte de cobre = 15 . 6,5 = 97,5 kg.

Resposta: letra E.

---

3. **(ESAF)** Num galinheiro existem galinhas e galos na razão de 17/3. Sabendo-se que o número de galinhas supera em 210 o número de galos, a quantidade de galos é:
    (A) 30
    (B) 35
    (C) 40
    (D) 45
    (E) 48

Resolução:

Galinhas = 210 + galos.

Galinhas - galos = 210

 Cuidado:

> Cuidado, pois o total é obtido pela diferença. Nesse caso, temos:
> $$\dfrac{total}{diferença\ das\ partes}$$

$K = \dfrac{210}{17 - 3} = \dfrac{210}{14} = 15$ (cada parte corresponde a 15 animais).

Galos: 3 . 15 = 45

Resposta: letra D.

---

4. **(TRT/CG – 03)** Uma empresa resolveu aumentar o seu quadro de funcionários. Numa 1ª etapa contratou 20 mulheres, ficando o número de funcionários na razão de 4 homens para cada 3 mulheres. Numa 2ª etapa foram contratados 10 homens, ficando o número de funcionários na razão de 3

PARTE I – Cap. 8 – RAZÃO E PROPORÇÃO

homens para cada 2 mulheres. Inicialmente, o total de funcionários dessa empresa era:

(A) 90
(B) 120
(C) 150
(D) 180
(E) 200

Resolução:

1ª relação: numa 1ª etapa contratou 20 mulheres, ficando o número de funcionários na razão de 4 homens para cada 3 mulheres.

Na primeira razão colocamos as letras e suas variações Exemplo: a quantidade de mulheres foi aumentada em 20, seguindo a ordem dos dados.

Na segunda razão colocamos os números correspondentes à proporcionalidade.

$$\frac{h}{m+20} = \frac{4}{3}$$

2ª relação: numa 2ª etapa foram contratados 10 homens, ficando o número de funcionários na razão de 3 homens para cada 2 mulheres.

A quantidade de homens foi aumentada em 10 (h + 10) e as mulheres se mantiveram. Agora, na segunda razão, tivemos uma mudança dos números proporcionais.

$$\frac{h+10}{m+20} = \frac{3}{2}$$

Desenvolvendo a 1ª relação, temos:

$$\frac{h}{m+20} = \frac{4}{3}$$

Aplicando a propriedade fundamental

3h = 4(m + 20)
3h = 4m + 80

I: 3h - 4m = 80

Desenvolvendo a 2ª relação, temos:

$$\frac{h+10}{m+20} = \frac{3}{2}$$

2(h + 10) = 3 (m + 20)
2h + 20 = 3m + 60
2h - 3m = 60 - 20

II: 2h - 3m = 40

Montando o sistema com as duas equações, temos:

$$\begin{cases} 3h - 4m = 80 \\ 2h - 3m = 40 \end{cases}$$

Escolhendo a letra h para ser anulada, logo multiplicamos as equações pelos coeficientes invertidos. Não se esqueça do jogo de sinais, com coeficientes com sinais iguais um dos números deve ser negativo na multiplicação.

$$\begin{cases} 3h - 4m = 80(-2) \\ 2h - 3m = 40(3) \end{cases}$$

$$\begin{array}{r} -6h + 8m = -160 \\ +\quad 6h - 9m = 120 \\ \hline - m = - 40 \,(-1) \\ m = 40 \end{array}$$

Obs.: pois a variável não pode assumir valor negativo.

Escolhendo uma equação.

3h - 4m = 80

$3h - 4 . 40 = 80$

$3h - 160 = 80$

$3h = 80 + 160$

$3h = 240$

$h = \dfrac{240}{3} = 80$

Resposta: 80 + 40 = 120.

Resposta: letra B.

• Outra opção: saída pela resposta!

x: total (homens mais mulheres).

Na 1ª relação o total foi aumentado de 20 pessoas e números proporcionais são 4 e 3.

1ª relação: $\dfrac{x+20}{4+3}$

Na 2ª relação foi aumentada de 10 pessoas, logo, x + 20 + 10 = x + 30 e os números proporcionais são 3 e 2.

2ª relação: $\dfrac{x+30}{3+2}$

Agora, a partir das respostas encontrar uma alternativa que possua uma divisão exata nas duas relações.

A) x = 90

$\dfrac{90+20}{4+3} = \dfrac{110}{7}$ 110 não é divisível por 7 (não dá uma divisão exata).

B) x = 120

1ª: $\dfrac{120+20}{4+3} = \dfrac{140}{7}$ 140 é divisível por 7, então vamos para a segunda relação.

2ª: $\dfrac{120+30}{3+2} = \dfrac{150}{5}$ 150 é divisível por 5. Logo, a nossa resposta!

---

5. **(FCC)** Há 8 anos a idade e "A" era o triplo da de "B" e daqui a 4 anos a idade de "B" será 5/9 de "A". Achar a razão entre as idades "A" e "B".

    (A) 1/2
    (B) 2/1
    (C) 3/2
    (D) 2/3
    (E) 3/1

Resolução:

1ª relação: **há 8 anos a idade e "A" era o triplo da de "B"**

As idades estão no passado, logo, as idades são A - 8 e B - 8.

 Cuidado:

A idade de "A" no passado é igual ao triplo da idade de "B" no passado.
A - 8 = 3 (B - 8)

A - 8 = 3B - 24

A = 3B - 24 + 8

A = 3B - 16

2ª relação: **daqui a 4 anos a idade de "B" será 5/9 de "A".**

As idades estão no futuro, logo, as idades são A + 4 e B + 4.

 Cuidado:

A idade de "B" no futuro é igual a 5/9 da idade de "A" no futuro.

$B + 4 = \dfrac{5}{9}(A + 4)$

$B + 4 = \dfrac{5A + 20}{9}$ Aplicando a propriedade fundamental da proporção, temos:

$9(B + 4) = 5A + 20$ **Obs.:** não se esqueça de que $A = 3B - 16$.

$9B + 36 = 5(3B - 16) + 20$

$9B + 36 = 15B - 80 + 20$

$9B - 15B = -60 - 36$

$\quad -6B = -96(-1)$

$\qquad 6B = 96$

$\qquad B = \dfrac{96}{6} = 16$

A = 3B - 16

$A = 3 . 16 - 16$

$A = 48 - 16$

$A = 32$

Resposta: $\dfrac{A}{B} = \dfrac{32}{16} = 2/1$

Resposta: letra B.

---

6. **(FCC)** Em uma etapa de certa viagem, um motorista percorreu 50 km. Na etapa seguinte, ele percorreu 300 km rodando a uma velocidade três vezes maior. Se ele gastou t horas para percorrer a primeira etapa, o número de horas que ele gastou para percorrer os 300 km da segunda etapa é igual a

    (A) t/3

    (B) t/2

    (C) t

    (D) 2t

    (E) 3t

Resolução:

Na primeira etapa a velocidade foi:

$V_1 = \dfrac{dist\hat{a}ncia}{tempo} = \dfrac{50}{t}$

Na segunda etapa a velocidade foi três vezes maior que V_1.

$V_2 = 3V_1$

$$V_2 = 3 \cdot \frac{50}{t} = \frac{150}{t}$$

Na segunda etapa a distância foi de 300 km.

$$V = \frac{dist\hat{a}ncia}{tempo}$$

$$\frac{150}{t} = \frac{300}{x}$$

$$150x = 300\,t$$

$$x = \frac{300t}{150}$$

$$x = 2t.$$

Resposta: *letra D.*

----

7. **(FCC TRT-PR 2010) Para brincar com seus colegas de trabalho, Jonas expressou a razão entre o número de mulheres (m) e o de homens (h) que trabalhavam no mesmo setor que ele, da seguinte maneira:**

$$\frac{m}{h} = \frac{0,0006.10^5}{0,096.10^3}$$

Se 3m + 2h = 93, então de quantas unidades o número de homens excede o de mulheres?

(A) Menos do que 10.

(B) Mais do que 12.

(C) 12.

(D) 11.

(E) 10.

Resolução:

☑ *Dica:*

$0,0006 = 6 \cdot 10^{-4}$ e $0,096 = 96 \cdot 10^{-3}$

$6 \cdot 10^{-4} \cdot 10^5 = 60$

$96 \cdot 10^{-3} \cdot 10^3 = 96$

$$\frac{m}{h} = \frac{60 : 12 = 5}{96 : 12 = 8}$$

Dica especial:
1 parte de m = 5 e 1 parte de h = 8.

Temos 3m + 2h, ou seja, temos 3 partes de m + 2 partes de h.
$$\frac{93}{3.5+2.8} = \frac{93}{15+16} = \frac{93}{31} = 3 \text{ (1 parte é igual a 3 pessoas)}$$
H = 8 partes e M = 5 partes, logo, a diferença das partes é igual a 8 - 5 = 3.
Resposta: 3 . 3 = 9 diferença entre o números de homens e mulheres.

Resposta: letra A.

---

8. **(FCC TRT-PR 2010)** Às 8 horas e 45 minutos de certo dia foi aberta uma torneira, com a finalidade de encher de água um tanque vazio. Sabe-se que:
   – o volume interno do tanque é 2,5 m³;
   – a torneira despejou água no tanque a uma vazão constante de 2l/min e só foi fechada quando o tanque estava completamente cheio.

   Nessas condições, a torneira foi fechada às
   (A) 19 horas e 50 minutos do mesmo dia.
   (B) 5 horas e 35 minutos do dia seguinte.
   (C) 4 horas e 50 minutos do dia seguinte.
   (D) 2 horas e 45 minutos do dia seguinte.
   (E) 21 horas e 35 minutos do mesmo dia.

Resolução:

Dica especial:
1dm³ = 1 litro
1m³ = 1000 litros

Volume interno do tanque = 2,5m³ = 2500 litros
A razão é de 2 litros por minuto.
Montando uma regra de três, temos:

Tempo (minutos)	Volume
1	2 litros
X	2500 litros

PARTE I – Cap. 8 – RAZÃO E PROPORÇÃO

$2x = 1 . 2500$

$X = \dfrac{2500}{2}$ minutos.

X= 1250 minutos.

1250 minutos = 20 horas e 50 minutos.

8 horas e 45 minutos + 20 horas e 50 minutos = 28 horas e 95minutos.

28 horas e 95 minutos = 29 horas e 35 minutos.

Obs.: 24 horas = 1 dia.

Conclusão: 5 horas e 35 minutos do dia seguinte.

Resposta: *letra B.*

----

9. **(ESAF MPOG 2009)** Um químico deve preparar dois litros de uma mistura formada por duas substâncias A e B na proporção de 3 de A para 2 de B. Distraidamente, ele misturou 500 ml de A com 1 litro de B. Sabendo-se que ele não tem mais do elemento B, como deve proceder para obter a mistura desejada?

    (A) Apenas acrescentar 1 litro da substância A à sua mistura.

    (B) Apenas acrescentar 500 ml da substância A à sua mistura.

    (C) Descartar 200 ml de sua mistura e acrescentar 700 ml da substância A.

    (D) Descartar 300 ml de sua mistura e acrescentar 800 ml da substância A.

    (E) Descartar 400 ml de sua mistura e acrescentar 900 ml da substância A.

Resolução:

A mistura deve conter 2 litros, sendo 3 partes de A e 2 partes de B.

$\dfrac{2}{3+2} = \dfrac{2}{5} = 0,4$ litro

$A = 3 . 0,4 = 1,2$ litro ou 1200 ml

$B = 2 . 0,4 = 0,8$ litro ou 800 ml

Agora, a mistura contém:

A = 500 ml e B = 1000 ml

A mistura atual é 2 partes de B para cada 1 parte de A.

A mistura atual tem 1000 ml de B, porém, deveríamos ter apenas 800 ml. Nesse caso, devemos retirar 200ml da substância B.

Tendo uma parte de A para 2 de B, se retiramos 200ml de B então vamos retirar 100 ml de A. Conclusão: é necessário retirar 300 ml da mistura atual, com intuito de termos 800 ml da substância B.

A substância A tinha 500 ml, porém, perdeu 100 ml, logo, sobrou 400 ml. Agora, basta acrescentar 800 ml da substância A para obter 1200 ml de A.

Resposta: letra D.

---

10. **(FCC TRT RJ 2013)** Um site da internet que auxilia os usuários a calcularem a quantidade de carne que deve ser comprada para um churrasco considera que quatro homens consomem a mesma quantidade de carne que cinco mulheres. Se esse site aconselha que, para 11 homens, devem ser comprados 4.400 gramas de carnes, a quantidade de carne, em gramas, que ele deve indicar para um churrasco realizado para apenas sete mulheres é igual a

(A) 2.100.

(B) 2.240.

(C) 2.800.

(D) 2.520.

(E) 2.450.

Resolução:

1 homem consumo= 4400/11 = 400 g

4 homens(= 5 mulheres) = 4 . 400 = 1600 g

1 mulher consumo = 1600/5 = 320 g

7 mulheres = 320 . 7 = 2240 g

Resposta: letra B.

---

11. **(TRE-AC FCC 2010)** Diariamente, no refeitório de uma empresa são preparados 40 litros de refresco e, para tal, são usados suco de frutas concentrado e água em quantidades que estão entre si assim como 3 está para 5, respectivamente. Se, mantida a quantidade habitual de suco concentrado, a proporção passasse a ser de 2 partes de suco para 3 partes de água, então poderiam ser preparados

(A) 1,5 litros a mais de refresco.

(B) 1,5 litros a menos de refresco.

(C) 2,5 litros a mais de refresco.

(D) 2,5 litros a menos de refresco.

(E) 2,75 litros a mais de refresco.

Para o melhor entendimento é necessário dividir a questões em duas etapas.

- 1ª etapa: mistura 1

Total da mistura = 40 litros

Água: 5 partes

Suco de frutas: 3 partes

As informações fornecidas, nessa etapa, permitem aplicar a fórmula do K.

$$K = \frac{total}{soma\ das\ partes}$$

$$K = \frac{40}{3+5} = \frac{40}{8} = 5$$

Água = 5 . 5 = 25 litros

Suco de frutas = 3 . 5 = 15 litros

- 2ª etapa: nova mistura

Total da mistura = x (nosso objetivo)

Água: 3 partes

Suco: 2 partes

A quantidade habitual de suco foi mantida, por isso é possível concluir que 2 partes da mistura correspondem a 15 litros.

 Dica:

Quando temos uma relação (2 partes da mistura = 1 litro), então a melhor forma de resolução é montar uma regra de três.

Parte   L

2   15

3   x

2x = 3 . 15

2x = 45

$X = \frac{45}{2} = 22,5$ litros de água

Total da mistura 2: 15 + 22,5 = 37,5 litros

Conclusão, a mistura 2 tem 2,5 litros a menos que a mistura 1 (37,5 - 40 = -2,5 l)

Resposta: letra D.

8.8 RESUMO

Razão: é uma divisão ou quociente de dois números racionais a e b com b ≠ 0.

a é chamado de antecedente e o **b** é chamado de consequente.

Pronuncia:

a está para b

A razão de a/b

Proporção:

$\dfrac{a}{b} = \dfrac{a}{b}$ ou $a : b = c : d$ (lê-se "*a* está para *b* assim como *c* está para *d*")

Propriedade fundamental da proporção, a.d = b.c (o produto dos extremos é igual ao produto dos meios).

8.9 TREINAMENTO FINAL DO CAPÍTULO

12. **(TRE-BA)** Dos 16 veículos que se encontravam em uma oficina, sabe-se que o número X, dos que necessitavam ajustes mecânicos, correspondia a 5/3 do número Y, dos que necessitavam de substituição de componentes elétricos. Se nenhum desses veículos necessitava dos dois tipos de conserto, então X – Y é:

    (A) 1

    (B) 2

    (C) 3

    (D) 4

    (E) 5

13. **(TTN)** Dividir o número 570 em três partes, de tal forma que a primeira esteja para a segunda como 4 está para 5, e a segunda esteja para a terceira como 6 está para 12. Nessas condições a terceira vale:

    (A) 120

    (B) 150

    (C) 320

    (D) 300

    (E) 250

14. **(Aux. Adm. – Nossa Caixa)** Pretendendo comprar determinado modelo de televisão, Pedro fez uma pesquisa e constatou que os preços das lojas

PARTE I - Cap. 8 - RAZÃO E PROPORÇÃO

A e B para esse produto estão na razão de 7 para 6. Se a diferença entre os dois preços é de R$ 160,00, então o preço menor é igual a:

(A) R$ 860,00
(B) R$ 960,00
(C) R$ 980,00
(D) R$ 1.020,00
(E) R$ 1.120,00

15. **(TRT-BA)** Os salários de dois funcionários A e B, nessa ordem, estão entre si assim como 3 está para 4. Se o triplo de A somado com o dobro do salário de B é igual a R$ 6.800,00, qual é a diferença positiva entre os salários dos dois?

(A) R$ 200,00
(B) R$ 250,00
(C) R$ 300,00
(D) R$ 350,00
(E) R$ 400,00

16. **(UFBA)** De uma caixa contendo bolas brancas e pretas retiram-se 15 bolas brancas, ficando a relação de uma bola branca para duas bolas pretas. Em seguida, retiram-se 10 pretas, restando, na caixa, bolas na razão de 4 brancas para 3 pretas. Determine quantas bolas havia inicialmente na caixa.

(A) 23
(B) 16
(C) 39
(D) 32
(E) 36

17. **(TRF)** Num dado momento, no almoxarifado de certa empresa, havia dois tipos de impressos: A e B. Após a retirada de 80 unidades de A, observou-se que o número de B estava para o de A na proporção de 9 para 5. Em seguida, foram retiradas 100 unidades de B e a proporção passou a ser de 7 de B para cada de 5 de A. Inicialmente, o total de impressos dos dois tipos era:

(A) 780
(B) 800
(C) 840
(D) 860
(E) 920

18. A razão entre as idades de duas pessoas é, atualmente, de 3/4. Há dez anos, essa razão era de 1/3. Pode-se afirmar que a diferença das idades é:

(A) 1 ano

(B) 3 anos

(C) 4 anos

(D) 6 anos

(E) 10 anos

---

19. (TRF-2007) Dos 343 funcionários de uma unidade do Tribunal Regional Federal, sabe-se que o número de homens está para o número de mulheres assim como 5 está para 2. Assim sendo, nessa unidade, a diferença entre o número de homens e o de mulheres é:

(A) 245

(B) 147

(C) 125

(E) 109

(E) 98

---

20. (TRF FCC 2006) Valfredo fez uma viagem de automóvel, em que percorreu 380 km, sem ter feito qualquer parada. Sabe-se que em 3/5 do percurso o veículo rodou à velocidade média de 90 km/h e no restante do percurso, à velocidade média de 120 km/h. Assim, se a viagem teve início quando eram decorridos 69/144 do dia, Valfredo chegou ao seu destino às

(A) 14h 18min

(B) 14h 36min

(C) 14h 44min

(D) 15h 18min

(E) 15h 36min

---

21. (ESAF MPU 2004) Se Y é diferente de zero, e se $\dfrac{x}{y} = 4$, então a razão de $2x\text{-}y$ para X, em termos percentuais, é igual a

(A) 75%.

(B) 25%.

(C) 57%.

(D) 175%.

(E) 200%.

---

22. (TRF 5ª Região FCC 2008) Em uma estrada, dois automóveis percorreram a distância entre dois pontos X e Y, ininterruptamente. Ambos saíram de X,

PARTE I – **Cap. 8** – RAZÃO E PROPORÇÃO

o primeiro às 10h e o segundo às 11h30min, chegando juntos em Y às 14h. Se a velocidade média do primeiro foi de 50 km/h, a velocidade média do segundo foi de

(A) 60 km/h

(B) 70 km/h

(C) 75 km/h

(D) 80 km/h

(E) 85 km/h

23. **(FCC TRT SC 2013)** Fincadas na areia de uma praia estão pranchas de surf e de *bodyboard*, na razão de 7 para 4. Sabendo que são 24 pranchas de surf a mais que as de *bodyboard*, o número total dessas pranchas fincadas na areia é igual a:

(A) 62

(B) 48

(C) 12

(D) 88

(E) 27

24. **(FCC 2008)** Em uma partida entre Flamengo e Corinthians, o número de torcedores do Flamengo está para o número de torcedores do Corinthians assim como 3 está para 4. Sabendo-se que, no jogo, a soma de torcedores dos dois times é igual a 25.235, o número de torcedores do Corinthians presente no estádio é igual a

(A) 14.580

(B) 14.560

(C) 14.520

(D) 14.480

(E) 14.420

25. **(CESGRANRIO 2010)** A razão entre as potências instaladas das Hidrelétricas de Água Limpa e de Torixoréu é 40/51 e, juntas, as duas hidrelétricas têm potência instalada de 728 MW. Qual é, em MW, a potência instalada da Hidrelétrica de Torixoréu?

(A) 160

(B) 204

(C) 320

(D) 366

(E) 408

GABARITO

1. E	2. E	3. D	4. B	5. B	6. D	7. A
8. B	9. D	10. B	11. D	12. D	13. D	14. B
15. E	16. C	17. A	18. C	19. B	20. D	21. D
22. D	23. D	24. E	25. E			

9

DIVISÃO PROPORCIONAL

9.1 NÚMEROS DIRETAMENTE PROPORCIONAIS

Os números racionais x, y e z são diretamente proporcionais aos números racionais a, b e c quando se tem:

$$\frac{x}{a} = \frac{y}{b} = \frac{z}{c}$$

Exemplo:

Os números 4, 10 e 30 são diretamente proporcionais aos números 8, 20 e 60?

Exemplo: os números 4, 10 e 30 são diretamente proporcionais aos números 8, 20 e 60?

Resolução:

$\frac{8}{4} = \frac{20}{10} = \frac{60}{30} = 2$, divisão constante.

Logo, os números são diretamente proporcionais.

9.2 NÚMEROS INVERSAMENTE PROPORCIONAIS

Os números racionais x, y e z são inversamente proporcionais aos números racionais a, b e c quando se tem:

$$x \cdot a = y \cdot b = z \cdot c$$

Exemplo: os números 2, 6 e 18 são inversamente proporcionais aos números 9, 3, e 1.

Resolução:

2 . 9 = 6 . 3 = 18 .1 = 18 (divisão constante, ou seja, o mesmo valor)

Logo, os números são inversamente proporcionais.

9.3   DIVISÃO EM PARTES PROPORCIONAIS

9.3.1   Divisão em partes diretamente proporcionais

As questões sobre divisão proporcional apresentam duas saídas clássicas:

Caso 1: conhecemos o número da divisão e o valor de cada parte.

Nesse caso, aplicamos a seguinte fórmula: $\dfrac{total}{soma \quad das \quad partes}$

Caso 2: falta o valor do número da divisão ou de uma parte específica.

Nesse caso, utilizamos uma regra de três para resolver a questão.

9.3.1.1   Treinamento comentado

1. **Dividindo-se o valor de R$ 9228,00 em partes diretamente proporcionais a 3, 4 e 5, o valor correspondente a 3 é, em reais,**
    (A)   3.460,00.
    (B)   3.652,00.
    (C)   3.845,00.
    (D)   3.076,00.
    (E)   2.307,00.

Resolução:

Total: 9228 e as partes são 3, 4 e 5.

Obs.: temos o valor (número 9228) e o valor de cada parte (3, 4 e 5), logo, podemos aplicar a fórmula: $\dfrac{total}{soma \quad das \quad partes}$

$$\frac{9228}{3+4+5} = \frac{9228}{12} = 769.$$

O valor correspondente ao número 3 é: 3 . 769 = 2307.

Resposta: letra E.

2. Dividindo o número 700 em partes diretamente proporcionais aos números 2 e 3/2, teremos um valor correspondente à parte 3/2 igual a:
   (A) 400
   (B) 300
   (C) 200
   (D) 100
   (E) 50

Resolução:

 Dica:

Quando temos partes fracionárias podemos utilizar o seguinte processo, para facilitar o cálculo:

1º passo: colocar as partes (números) no mesmo denominador

$2 \text{ e } \dfrac{3}{2} = \dfrac{4 \text{ e } 3}{2}$.

2º passo: cortar o denominador e utilizar apenas os numeradores.

Conclusão:
Parte 2 = 4 partes inteiras
Parte 3/2 = 3 partes inteiras

Aplicando a fórmula: $\dfrac{total}{soma\ das\ partes}$, temos:

$\dfrac{700}{4+3} = \dfrac{700}{7} = 100$

1ª parte : 4 . 100 = 400.
2ª parte: 3 . 100 = 300.

Resposta: letra B.

---

3. **(BANERJ)** Repartiu-se certa quantia entre Adriana, Fabiana e Marcelo em partes proporcionais a 3/4; 4/5 e 3/8, respectivamente, Adriana recebeu $ 8.000,00 menos do que Fabiana. A quantia recebida por Marcelo corresponde a:
   (A) $ 72.000,00
   (B) $ 64.000,00
   (C) $ 60.000,00
   (D) $ 50.000,00
   (E) $ 48.000,00

Resolução:

Cuidado, pois temos partes fracionárias.

Colocando as partes no mesmo denominador: $\dfrac{3}{4}, \dfrac{4}{5}$ e $\dfrac{3}{8} = \dfrac{30,32 \quad e \quad 15}{40}$

Resumo:

Adriana tem 30 partes;

Fabiana tem 32 partes;

Marcelo tem 15 partes.

Adriana recebeu $ 8000,00 menos do que Fabiana.

A partir dessa informação podemos concluir que Adriana recebeu 8000 a menos que Fabiana e Adriana tem 2 partes a menos que Fabiana, por isso temos a seguinte conclusão:

2 partes = 8000 (temos uma relação entre o valor e a parte)

Parte	valor
2	8000
15	x

$2x = 15 . 8000$

$X = 120000/2 = 60000$

Resposta: letra C.

• Outra opção:

2 partes = 8000 (dividindo por 2, temos a seguinte conclusão: 1 parte = 4000)

Marcelo tem 15 partes. Logo: 15 . 4.000 = 60000.

----

4. **(BAHIAGÁS FCC 2010) Para realizar a partilha de uma herança de R$ 28.500,00, quatro irmãos, que nasceram em dias diferentes, marcaram encontro em um sábado. O testamento determinava que eles receberiam partes diretamente proporcionais às respectivas idades, em anos comple-tos, que nesse sábado seriam: 15, 17, 21 e 22 anos. O irmão mais novo só compareceu no domingo, um dia depois do combinado, e que era exata-mente o dia de seu aniversário. Supondo que a partilha tenha sido feita no domingo, a quantia somada que os dois irmãos mais velhos deixaram de receber por conta do adiamento de um dia é:**

(A) R$ 50,00.

(B) R$ 155,00.

(C) R$ 180,00.

(D) R$ 205,00.

(E) R$ 215,00.

Resolução:

Primeiro passo: calcular a divisão no sábado.

Total = 28500

Partes: 15, 17, 21 e 22

$$\frac{28500}{15+17+21+22} = \frac{28500}{75} = 380$$

Cada parte vale R$ 380.

Os irmãos mais velhos têm direito a 43 partes (21+ 22).

A quantia recebida pelos irmãos mais velhos no sábado seria de: 43 . 380 = 16340

Segundo passo: calcular a divisão no domingo.

Não se esqueça: no domingo o mais jovem fez aniversário, logo, ele terá direito a 16 partes.

Total = 28500

Partes: 16, 17, 21 e 22

$$\frac{28500}{16+17+21+22} = \frac{28500}{76} = 375$$

Cada parte vale R$ 375.

Os irmãos mais velhos têm direito a 43 partes (21+ 22).

A quantia recebida pelos irmãos mais velhos no sábado seria de: 43 . 375 = 16125

Conclusão:

Os irmãos mais velhos deixaram de ganhar R$ 215 (16340 - 16125)

  Dica:

Temos uma opção mais rápida, vamos analisar de outra forma.

No sábado o coeficiente de proporcionalidade é R$ 380 e no domingo o valor é de R$ 375. Portanto, a diferença do coeficiente de proporcionalidade é de R$ 5,00.

Os irmãos mais velhos têm 43 partes e cada parte resultou em uma perda de R$ 5.

Resultado: 43 . 5 = 215.

Resposta: letra E.

5. (CESGRANRIO BB 2015) Aldo, Baldo e Caldo resolvem fazer um bolão para um concurso da Mega-Sena. Aldo contribui com 12 bilhetes, Baldo, com 15 bilhetes e Caldo, com 9 bilhetes. Eles combinaram que, se um dos bilhetes do bolão fosse sorteado, o prêmio seria dividido entre os três proporcionalmente à quantidade de bilhetes com que cada um contribuiu. Caldo também fez uma aposta fora do bolão e, na data do sorteio, houve 2 bilhetes ganhadores, sendo um deles o da aposta individual de Caldo, e o outro, um dos bilhetes do bolão. Qual a razão entre a quantia total que Caldo recebeu e a quantia que Baldo recebeu?

(A) 0,8
(B) 1,5
(C) 2
(D) 2,5
(E) 3

Resolução:

Comentário: a questão é sobre divisão diretamente proporcional.

A= 12 : 3 = 4 partes

B = 15 : 3= 5 partes

C= 9 : 3 = 3 partes

Obs.: é possível simplificar, pois os números são divisíveis por 3.

Total do prêmio = 120 (escolha por suposição, porém, é possível levar em consideração que a soma das partes é igual a 12, por isso escolhi um número divisível por 12).

Obs.: o valor do rateio corresponde à metade do prêmio, logo, o valor rateado foi (120/2 = 60)

$$\frac{60}{3+4+5} = \frac{60}{12} = 5$$

Baldo = 5 . 5 = 25

Caldo = 3 . 5 = 15 + 60 (ele ficou com a outra metade sozinho!) = 75

A razão do valor total de Caldo e Baldo é 75/25 = 3

Resposta: letra E.

9.3.2   Divisão em partes inversamente proporcionais

Quando a divisão for inversamente proporcional, então devemos utilizar o seguinte padrão:

- 1º passo: inverter as partes

PARTE I – **Cap. 9** – DIVISÃO PROPORCIONAL

- 2° passo: aplicar a fórmula $\dfrac{total}{soma \ das \ partes}$.

9.3.2.1 Treinamento comentado

6. **(FCC TRT-BA)** Três funcionários, A, B e C, decidem dividir entre si a tarefa de conferir o preenchimento de 420 formulários. A divisão deverá ser feita na razão inversa de seus respectivos tempos de serviço no Tribunal. Se A, B e C trabalham no Tribunal há 3, 5 e 6 anos, respectivamente, o número de formulários que B deverá conferir é:

(A) 100

(B) 120

(C) 200

(D) 240

(E) 250

Resolução:

Temos uma divisão em partes inversamente proporcionais, por isso devemos inverter as partes.

$A = \dfrac{1}{3}$, $B = \dfrac{1}{5}$ e $C = \dfrac{1}{6}$

Colocando os termos no mesmo denominador, temos:

$\dfrac{10 \quad 6 \quad 5}{30}$

A = 10, B = 6 e C = 5.

Conclusão:

A = 10 partes inteiras

B = 6 partes inteiras

C = 5 partes inteiras

$\dfrac{420}{10+6+5} = \dfrac{420}{21} = 20$

B = 6 . 20 = 120

Resposta: letra B.

7. **(FCC TRF-2007)** Dois técnicos judiciários deveriam redigir 45 minutas e resolveram dividir esta quantidade em partes inversamente proporcionais às suas respectivas idades. Se o primeiro, que tem 28 anos, redige 25 delas, a idade do segundo, em anos, é:

(A) 30
(B) 31
(C) 32
(D) 33
(E) 35

Resolução:

Nesse caso não iremos usar a fórmula, pois não temos o valor de uma parte. Logo, iremos montar uma regra de três.

Obs.: temos uma relação inversamente proporcional.

Idade	Minutas
28	25
x	20 (45 - 25 = 20)

Os números inversamente proporcionais apresentam uma multiplicação constante, por isso é necessário multiplicar os números de acordo com a linha que pertencem, ou seja, temos uma regra de três inversamente proporcional.

$20 \cdot x = 28 \cdot 25$

$20x = 700$

$x = \dfrac{700}{20} = 35$

Resposta: letra E.

----

8. **(FCC TRF 4ª Região 2010)** Um prêmio em dinheiro é repartido entre 3 pessoas em partes inversamente proporcionais às suas idades, ou seja, 24, 36 e 48 anos. Se a pessoa mais nova recebeu R$ 9.000,00 a mais que a mais velha, então a pessoa que tem 36 anos recebeu

(A) R$ 21.000,00.
(B) R$ 18.000,00.
(C) R$ 15.000,00.
(D) R$ 12.000,00.
(E) R$ 9.000,00.

Resolução:

A divisão é em partes inversamente proporcionais.

Nesse caso, devemos inverter as partes.
Vamos simplificar antes de inverter, dessa forma o cálculo fica mais fácil.

A = 24 : 12 = 2
B = 36 : 12 = 3
C = 48 : 12 = 4

Agora, realizamos a inversão dos termos.
A = 1/2
B = 1/3
C = 1/4

Vamos colocar no mesmo denominador e utilizar apenas os numeradores.
Obs.: M.M.C. (2, 3 e 4) = 12

$$\frac{6 \quad 4 \quad 3}{12}$$

 Cuidado!

A partir desse cálculo as nossas partes são:
A = 6 partes inteiras.
B = 4 partes inteiras.
C = 3 partes inteiras.

A única informação que temos é que a pessoa mais nova recebeu R$ 9.000,00 a mais que a mais velha.
Conclusão: A - C = 9000 (essa diferença de valores recebidos)
Agora, a diferença das partes é igual a 3, pois o A tem 6 partes e C tem 3 partes.

Temos as seguintes informações.
A diferença de valores é igual a 9000.
A diferença das partes é igual a 3.

Dessa forma podemos concluir que 3 partes correspondem a 9000.
Obs.: a diferença dos valores está relaciona coma diferença das partes.

Se 3 partes valem 9000, então uma parte vale 3000.
Você pode fazer uma regra de três, se preferir.

Parte	Valor
3	9000
1	X

$3x = 9000 . 1$

$X = 9000 : 3 = 3000$

A pessoa de 36 anos possui 4 partes, logo, ela recebeu $4 . 3000 = 12000$.

Resposta: *letra D.*

9.3.3 Treinamento do concursando

9. **(TRT)** As sucessões -2; x; y + 1 e z; 5; 8 são inversamente proporcionais e o fator de proporcionalidade entre elas é 120. Então, o valor de x + y – z é:
   - (A) -22
   - (B) 98
   - (C) 22
   - (D) 15
   - (E) -15

10. **(PETROBRAS)** Dividindo-se $ 3.800,00 em partes inversamente proporcionais a 1, 3 e 4, a menor parte corresponderá a:
    - (A) $ 475,00
    - (B) $ 520,00
    - (C) $ 600,00
    - (D) $ 620,00
    - (E) $ 650

11. **(Banco do Brasil)** 165 balas foram distribuídas entre 3 irmãos, cujas as idades somadas totalizam 33 anos. Sabendo-se que a distribuição foi diretamente proporcional à idade de cada um, que o mais moço recebeu 40 balas e do meio 50, calcular suas idades.
    - (A) 6, 13 e 14
    - (B) 7, 9 e 17
    - (C) 3, 12 e 18
    - (D) 6, 11 e 16
    - (E) 8, 10 e 15

12. **(FCC PM-2001)** Três policiais decidiram dividir um prêmio em partes inversamente proporcional ao tempo de serviço dos três na corporação, todos diferentes e que somados correspondem a 14 anos. O policial mais antigo, com 8 anos de serviço, recebeu R$ 200,00. Sabe-se que outro policial possui

PARTE I – **Cap. 9** – DIVISÃO PROPORCIONAL   191

o dobro do tempo do mais novo e a metade do mais antigo na corporação, qual foi o valor do prêmio em R$?

(A) 1.800,00

(B) 1.600,00

(C) 2.000,00

(D) 2.400,00

(E) 1.400,00

---

13. **(CEF/FCC 2004)** Curiosamente, dois técnicos bancários observaram que, durante o expediente de certo dia, os números de clientes que haviam atendido eram inversamente proporcionais às suas respectivas idades: 36 e 48 anos. Se um deles atendeu 4 clientes a mais que o outro, então o total de pessoas atendidas pelo mais velho foi:

(A) 20

(B) 18

(C) 16

(D) 14

(E) 12

---

14. **(TRE-BA)** Dois técnicos em eletricidade, Artur e Boni, trabalham em uma mesma empresa: Boni há 6 anos e Artur há mais tempo que Boni. Ambos foram incumbidos de instalar 16 aparelhos de áudio em alguns setores da empresa e dividiram a tarefa entre si, na razão inversa de seus respectivos tempos de serviço na mesma. Se Artur instalou 4 aparelhos, há quantos anos ele trabalha na empresa?

(A) 8

(B) 10

(C) 12

(D) 16

(E) 18

---

15. **(FCC TRF 2008)** Certa noite, dois técnicos em segurança vistoriaram as 130 salas do edifício de uma unidade de um Tribunal, dividindo essa tarefa em partes inversamente proporcionais às suas respectivas idades: 31 e 34 anos. O número de salas vistoriadas pelo mais jovem foi

(A) 68

(B) 66

(C) 64

(D) 62

(E) 60

16. **(FCC)** Na oficina de determinada empresa há um certo número de aparelhos elétricos a serem reparados. Incumbidos de realizar tal tarefa, dois
técnicos dividiram o total de aparelhos entre si, na razão inversa de seus
respectivos tempos de serviço na empresa: 8 anos e 12 anos. Assim, se a
um deles coube 9 aparelhos, o total reparado foi

(A) 21

(B) 20

(C) 18

(D) 15

(E) 12

17. **(BB FCC 2006)** Três pessoas formaram, na data de hoje, uma sociedade com
a soma dos capitais investidos igual a R$ 100.000,00. Após um ano, o lucro
auferido de R$ 7.500,00 é dividido entre os sócios em partes diretamente
proporcionais aos capitais iniciais investidos. Sabendo-se que o valor da
parte do lucro que coube ao sócio que recebeu o menor valor é igual ao
módulo da diferença entre os valores que receberam os outros dois, tem-se
que o valor do capital inicial do sócio que entrou com maior valor é:

(A) R$ 75.000,00

(B) R$ 60.000,00

(C) R$ 50.000,00

(D) R$ 40.000,00

(E) R$ 37.500,00

18. **(TRT – SP/2004)** Três técnicos do TRT foram incumbidos de catalogar alguns
documentos e dividiram entre si, na razão inversa de seus tempos de serviço público; 4 anos, 6 anos e 15 anos. Se àquele que tem 6 anos de serviço
coube catalogar 30 documentos, a diferença positiva entre os números de
documentos catalogados pelos outros dois é:

(A) 28

(B) 33

(C) 39

(D) 42

(E) 55

19. **(TRT FCC)** Certo dia, Aléa e Aimar, funcionários de uma unidade do TRT
receberam 50 petições e 20 processos para analisar e, para tal, dividiram
entre si todos esses documentos: as petições, em quantidades diretamente
proporcionais às suas respectivas idades, e os processos, na razão inversa
de seus respectivos tempos de serviço no Tribunal. Se Aléa tem 24 anos de

PARTE I – Cap. 9 – DIVISÃO PROPORCIONAL

idade e trabalha há 4 anos no Tribunal, enquanto que Aimar tem 36 anos de idade e lá trabalha há 12 anos, é correto afirmar que

(A) Aléa deve analisar 5 documentos a mais do que Aimar.

(B) Aléa e Aimar devem analisar a mesma quantidade de documentos.

(C) Aimar deve analisar 20 petições e 5 processos.

(D) Aléa deve analisar 10 petições e 20 processos.

(E) Aimar deve analisar 30 petições e 15 processos.

9.4 DIVISÃO COMPOSTA

Na divisão composta devemos aplicar o seguinte processo:

1º passo: verificar se grandezas são diretamente ou inversamente proporcionais.

Obs.: as grandezas inversas devem ser invertidas.

2º passo: multiplicar as grandezas relacionadas.

3º passo: aplicar a fórmula: $\dfrac{total}{soma \quad das \quad partes}$

9.4.1 Treinamento comentado

20. **(FCC TRT 24ª Região – 03) Caetano fundou uma empresa com um capital de R$ 300.000,00 e após 8 meses admitiu Milton como sócio, com R$ 120.000,00 de capital. Ao completar 1 ano de atividades da empresa, houve um lucro de R$ 170.000,00. Na divisão proporcional desse lucro, a parte que coube a Milton foi:**

(A) R$ 20.000,00

(B) R$ 40.000,00

(C) R$ 50.000,00

(D) R$ 60.000,00

(E) R$ 80.000,00

Resolução:

DP – capital	DP – tempo
C = 300 000	12
M = 120 000	4 (entrou após 8 meses, logo, 4 meses)

DP – capital	DP – tempo
C = 300 000 : 1000 = 30 : 6 = 5	12 : 4 = 3
M = 120 000 : 1000 = 12 : 6 = 2	4 : 4 = 1

1ª parte : 5 . 3 = 15

2ª parte: 2 . 1 = 2

Aplicando a fórmula: $\dfrac{170000}{15+2} = \dfrac{170000}{17} = 10000$

M : 2 . 1000 = 20000.

Resposta: letra A.

----

21. **(TRF)** Dois funcionários de uma repartição pública foram incumbidos de arquivar 164 processos e dividiram esse total na razão direta de suas respectivas idades e inversa de seus respectivos tempos de serviço público. Se um deles tem 27 anos e 3 anos de tempo de serviço e o outro 42 anos e está há 9 anos no serviço público, então a diferença positiva entre os números de processos que cada um arquivou é:

(A) 48

(B) 50

(C) 52

(D) 54

(E) 56

Resolução:

DP – idade	IP – tempo de serviço
27	3
42	9

Nesse caso, é necessário inverter os números que fazem parte da grandeza inversamente proporcional.

DP – idade	DP – Tempo de serviço
27	1/3
42	1/9

1ª parte: $27 \cdot \dfrac{1}{3} = \dfrac{27}{3} = 9$

2ª parte: $42 \cdot \dfrac{1}{9} = \dfrac{42}{9} = \dfrac{42^{:3}}{9^{:3}} = \dfrac{14}{3}$

Colocando as partes no mesmo denominador: 9 e $\dfrac{14}{3} = \dfrac{27 \; e \; 14}{3}$

Conclusão:

1ª parte: 27

2ª parte: 14

Aplicando a fórmula: $\dfrac{162}{27+14} = \dfrac{162}{41} = 4$

A questão pediu a diferença das partes: 27 - 14 = 13 (diferença das partes)

Resultado: 13 . 4 = 52.

Resposta: letra C.

---

22. **(ESAF SUSEP 2010)** Um pai deseja dividir uma fazenda de 500 alqueires entre seus três filhos, na razão direta da quantidade de filhos que cada um tem e na razão inversa de suas rendas. Sabendo-se que a renda do filho mais velho é duas vezes a renda do filho mais novo e que a renda do filho do meio é três vezes a renda do mais novo, e que, além disso, o filho mais velho tem três filhos, o filho do meio tem dois filhos e o filho mais novo tem dois filhos, quantos alqueires receberá o filho do meio?

(A) 80

(B) 100

(C) 120

(D) 160

(E) 180

Resolução:

Relação das rendas (inversamente proporcionais = IP)

Velho = 2 . novo

Meio = 3 . novo

Novo = 1 (suposição)

Meio = 3

Velho = 2

Relação dos filhos (diretamente proporcional = DP)

Velho = 3

Meio = 2

Novo = 2

Montando a relação

Pessoa	DP	IP
Velho	3	2
Meio	2	3
Novo	2	1

Agora, devemos inverter a partes inversas.

Pessoa	DP	IP
Velho	3	1/2
Meio	2	1/3
Novo	2	1/1= 1

$Velho = 3 . \dfrac{1}{2} = \dfrac{3}{2}$

$Meio = 2 . \dfrac{1}{3} = \dfrac{2}{3}$

$Novo = 2 . 1 = 2$

Aplicando a regra, temos:

$$\frac{500}{\dfrac{3}{2}+\dfrac{2}{3}+2} = \frac{500}{\dfrac{9+4+12}{6}} = \frac{500}{\dfrac{25}{6}} = 500 . \frac{6}{25} = \frac{3000}{25} = 120$$

Resultado final:

$Filho do meio: \dfrac{2}{3} . 120 = \dfrac{240}{3} = 80$

Resposta: letra A.

9.4.2 Treinamento do concursando

23. **(FCC)** Certo mês, o dono de uma empresa concedeu a dois de seus funcionários uma gratificação no valor de R$ 500,00. Essa quantia foi dividida entre eles, em partes que eram diretamente proporcionais aos respectivos números de horas de plantões que cumpriram no mês e, ao mesmo tempo, inversamente proporcionais às suas respectivas idades. Se um dos funcionários tinha 36 anos e cumpriu 24 horas de plantões e, o outro, de 45 anos, cumpriu 18 horas, coube ao mais jovem receber:

   (A) R$ 302,50
   (B) R$ 310,00
   (C) R$ 312,50
   (D) R$ 325,00
   (E) R$ 342,50

PARTE I – Cap. 9 – DIVISÃO PROPORCIONAL

24. (TRF) No quadro abaixo, têm-se as idades e os tempos de serviço de dois técnicos judiciários do Tribunal Regional Federal de uma certa circunscrição judiciária.

	Idade (em anos)	Tempo de Serviço (em anos)
João	36	8
Maria	30	12

Esses funcionários foram incumbidos de digitar as laudas de um processo. Dividiram o total de laudas entre si, na razão direta de suas idades e inversa de seus tempos de serviço no Tribunal. Se João digitou 27 laudas, o total de laudas do processo era:

(A) 39

(B) 40

(C) 41

(D) 42

(E) 44

----

25. (TRF 4ª Região – 2007) Um lote de 210 processos deve ser arquivado. Essa tarefa será dividida entre quatro técnicos judiciários de uma Secretária da Justiça Federal, segundo o critério: Aluisio e Wilson deverão dividir entre si 2/5 do total de processos do lote na razão direta de suas respectivas idades: 24 e 32 anos; Rogério e Bruno deverão dividir os restantes entre si, na razão inversa de seus respectivos tempos de serviço na Secretaria: 20 e 15 anos. Se assim for feito, os técnicos que deverão arquivar a menor e a maior quantidade de processos são respectivamente,

(A) Aluisio e Bruno

(B) Aluisio e Rogério

(C) Wilson e Bruno

(D) Wilson e Rogério

(E) Rogério e Bruno

----

26. (FCC) Para executar a tarefa de manutenção de 111 microcomputadores, três técnicos judiciários dividiram o total de microcomputadores entre si, na razão inversa de suas respectivas idades: 24, 30 e 36 anos. Assim sendo, o técnico de 30 anos recebeu

(A) 2 micros a mais do que o de 24 anos.

(B) 4 micros a menos do que o de 36 anos.

(C) 4 micros a menos do que o de 24 anos.

(D) 6 micros a menos do que o de 36 anos.

(E) 9 micros a menos do que o de 24 anos.

----

198 — MATEMÁTICA FACILITADA – Bruno Villar

27. (FEB 2010) Dois amigos, A e B, constituíram uma sociedade de forma que A entrou com R$ 12.000,00 e B com R$ 8.000,00 para a composição do capital da empresa. Um ano após o início da sociedade, a empresa teve um lucro líquido de R$ 28.000,00, sendo que o sócio B havia se retirado da empresa dois meses antes. A parte que cabe ao sócio A, nesse lucro, é de:

- (A) R$ 10.000,00
- (B) R$ 12.000,00
- (C) R$ 14.000,00
- (D) R$ 16.000,00
- (E) R$ 18.000,00

GABARITO

1. E	2. B	3. C	4. E	5. E	6. B	7. E	8. D	9. B
10. C	11. E	12. E	13. E	14. E	15. A	16. D	17. C	18. B
19. B	20. A	21. C	22. A	23. C	24. D	25. A	26. E	27. E

10

REGRA DE TRÊS

10.1 INTRODUÇÃO

O conceito de grandeza é essencial para a resolução das questões que envolvem uma regra de três, seja simples ou composta. Por isso, é necessário apresentar o conceito de grandeza antes de estudarmos regra de três.

Grandeza

Definição: grandeza é tudo aquilo que pode ser medido, contado.

Exemplos de grandezas: o volume, a massa, a superfície, o comprimento, a capacidade, a velocidade, o tempo, o custo e a produção.

10.2 GRANDEZAS DIRETAMENTE PROPORCIONAIS

Definição: as grandezas diretamente proporcionais são grandezas que mantêm o mesmo padrão, isto é, se uma dobra, a outra também dobra; se uma reduz a terça parte, a outra grandeza também reduz na mesma medida, e assim sucessivamente.

 Exemplo:

Vamos analisar a relação entre tempo e distância.

Tempo (h)	Distância (km)
2	120
3	180
4	240
5	300

Podemos observar a seguinte relação:

Quando o tempo aumenta, então a distância também aumenta, mas o que permite classificar as grandezas como sendo diretamente proporcionais é o mesmo padrão de crescimento.

Se ligue!

Professor, como saber quando as grandezas são diretamente ou inversamente proporcionais?

Um detalhe básico é: "Não existe comparação sem referencial". Você pode pensar que é um detalhe simplório, mas é fundamental para comparar as grandezas.

Exemplo: a relação entre tempo e pessoas é inversamente ou diretamente proporcional?

Um objeto de comparação seria a construção da sua casa, se você aumentar o número de pessoas trabalhando na sua obra, então você vai precisar de mais tempo ou menos tempo?

Acredito que pensou em menos tempo, pois se aumentarmos a quantidade de pessoas em uma obra, então diminuímos o tempo para realizar o serviço. Logo, podemos afirmar que temos uma relação inversamente proporcional.

As principais grandezas diretamente proporcionais são:

Tempo – distância;

Valor – quantidade;

Tempo – salário (valor por hora);

Pessoas – produção;

Tempo – produção.

10.3 GRANDEZAS INVERSAMENTE PROPORCIONAIS

Definição: as grandezas inversamente proporcionais são grandezas que o produto entre elas é igual, por isso, se uma grandeza dobrar, a outra tem que se reduzir à metade no intuito de conservar o padrão. Podemos então concluir que se uma grandeza for multiplicada por número "a", a outra será dividida pelo mesmo número "a".

Exemplo:

Vamos analisar a relação entre tempo e velocidade.

Tempo (h)	Velocidade (km/h)
2	120
3	80
4	60
5	48

Podemos observar que quando o tempo aumenta, a velocidade diminui, pois o produto entre os números é constante: 2 . 120 = 3 . 80 = 4 . 60 = 5 . 48. Logo, quando uma aumenta, a outra diminui na mesma proporção.

As principais grandezas inversamente proporcionais são:

Tempo - velocidade;

Tempo - pessoas;

Dia - hora.

10.4 REGRA DE TRÊS SIMPLES

Regra de três simples é um processo prático para resolver problemas que envolvam quatro valores dos quais conhecemos três. Devemos, portanto, determinar um valor a partir dos três já conhecidos.

Passos utilizados na resolução de uma regra de três simples:

1º) Construir uma tabela, agrupando as grandezas da mesma espécie em colunas e mantendo na mesma linha as grandezas de espécies diferentes em correspondência.

2º) Identificar se as grandezas são diretamente ou inversamente proporcionais.

3º) Montar a proporção e resolver a equação.

10.4.1 Treinamento comentado

1. **(UEFS)** Se um veículo percorre 250 km em 4 horas, com a mesma velocidade, em 10 horas, ele percorrerá:
   (A) 625 km
   (B) 875 km

(C) 1.000 km
(D) 1.250 km
(E) 2.500 km

Distância (km)	Tempo (h)
250	4
x	10

Resolução:

Distância e tempo são grandezas diretamente proporcionais, pois, se aumentar o tempo, então a distância também aumenta. Nesse caso, o parâmetro é a velocidade (constante).

Quando as grandezas são diretamente proporcionais, utilizamos a relação fundamental da proporção, isto é, o produto dos meios é igual ao produto dos meios.

$4x = 250 \cdot 10$

$x = \dfrac{2500}{4} = 625$

Resposta: letra A.

---

2. Uma empresa tem 500 funcionários e distribui, no almoço, durante 30 dias, suco de frutas correspondente a uma unidade de polpa para cada. Considerando-se que a empresa tenha admitido mais 250 empregados, a quantidade de polpa já adquirida será suficiente para um número de dias igual a:
   (A) 15
   (B) 20
   (C) 25
   (D) 30
   (E) 35

Resolução:

A quantidade de polpa é a mesma, por isso, é possível excluir essa grandeza do cálculo.

Funcionários	Dias
500	30
750	x

PARTE I – Cap. 10 – REGRA DE TRÊS

Funcionários e dias são grandezas inversamente proporcionais, pois se aumenta a quantidade de funcionários, então a quantidade de dias de consumo da polpa diminui. Nesse caso, o parâmetro é a quantidade de polpa.

Funcionários		Dias
500	————	30
750	————	x

Quando as grandezas forem inversamente proporcionais, o produto entre elas será constante.

$750 . x = 500 . 30$

$750x = 15000$

$X = \dfrac{15000}{750} = 20$ dias

Resposta: letra B.

---

3. **(TRT – 6ª Região – 2006)** Uma máquina gastou 27 minutos para tirar cópias das páginas de um documento. Se o serviço tivesse sido executado por outra máquina, cuja capacidade operacional fosse igual a 3/4 da capacidade da primeira, então teriam sido gastos.

(A) 36 minutos

(B) 30 minutos e 40 segundos

(C) 30 minutos

(D) 27 minutos e 30 segundos

(E) 20 minutos e 15 segundos

Resolução:

Tempo	Capacidade
27	1
x	3/4

Se diminuir a capacidade, então o tempo deverá aumentar; por isso, temos grandezas diretamente proporcionais.

Tempo		Capacidade
27	————	1
x	————	3/4

$\dfrac{3}{4} \cdot x = 27 \cdot 1$

$3x = 27 \cdot 4$

$3x = 108$

$x = \dfrac{108}{3} = 36$

Resposta: letra A.

---

4. **(ANA ESAF 2009)** Alguns amigos apostam uma corrida num percurso em linha reta delimitado com 20 bandeirinhas igualmente espaçadas. A largada é na primeira bandeirinha e a chegada na última. O corredor que está na frente leva exatamente 13 segundos para passar pela 13ª bandeirinha. Se ele mantiver a mesma velocidade durante o restante do trajeto, o valor mais próximo do tempo em que ele correrá o percurso todo será de:

    (A) 17,54 segundos.
    (B) 19 segundos.
    (C) 20,58 segundos.
    (D) 20 segundos.
    (E) 21,67 segundos.

Resolução:

Nessa questão devemos ter cuidado! Pois em exatamente 13 segundos ele passa pela 13ª bandeiras, porém não se esqueça de que ele largou da primeira bandeirinha. Conclusão ele percorreu 12 bandeiras em 13 segundos.

Ele saiu da primeira, logo, para chegar à vigésima bandeira ele percorre 19 bandeiras.

Tempo	Bandeiras
13	12
x	19

Se aumentarmos o tempo, então aumenta-se o percurso, logo, grandezas diretamente proporcionais.

Tempo	Bandeiras
13	12
x	19

$12 \cdot x = 13 \cdot 19$

$12x = 247$

PARTE I – Cap. 10 – REGRA DE TRÊS

$$x = \frac{247}{12} = 20,58 \text{ segundos}$$

Resposta: letra C.

---

5. **(MS CESPE 2009)** Em importante campanha de informação sobre saúde pública, o secretário de saúde municipal determinou que os agentes de saúde deveriam visitar todas as residências daquele município. Foram designados 5 agentes para realizar a campanha. Uma análise preliminar concluiu que esses agentes terminariam as visitas no município em 12 dias úteis, se todos trabalhassem com a mesma eficiência, de segunda a sexta-feira, durante 8 horas diárias.

Considerando essas informações, julgue o seguinte item.

Para concluir o trabalho em 10 dias úteis, os agentes deverão trabalhar mais de 9 horas por dia.

Resolução:

O texto informou que esses agentes gastam 12 dias úteis trabalhando 8 horas diárias.

Para eles realizarem esse serviço em 10 serão necessárias quantas horas por dia?

Montando a regra de três, temos:

Dias	Horas
12	8
10	x

Temos nesse caso uma relação inversamente proporcional, pois, se reduzirmos a quantidade de dias, então devemos aumentar a quantidade de horas.

$10 . x = 12 . 8$

$$X = \frac{96}{10} = 9,6 \text{ horas}$$

Obs.: 9,6 horas = 9 horas e 0,6 de hora = 9 horas e 36 minutos.

1 hora = 60 minutos.

0,6 horas = 0,6 . 60 = 36 minutos.

Item certo.

---

6. **(ESAF MPOG 2009)** Dois pintores com habilidade padrão conseguem pintar um muro na velocidade de 5 metros quadrados por hora. Se fossem

empregados, em vez de dois, três pintores com habilidade padrão, os três pintariam:

(A)   15 metros quadrados em 3 horas.
(B)   7,5 metros quadrados em 50 minutos.
(C)   6 metros quadrados em 50 minutos.
(D)   7,5 metros quadrados em 30 minutos.
(E)   5 metros quadrados em 40 minutos.

Resolução:

Dois pintores pintam em uma velocidade de 5m² por hora, ou seja, os dois pintores pintam 5m² a cada hora.

Pintores	Produção
2	5
3	x

A relação é diretamente proporcional.

$2 . x = 3 . 5$

$2x = 15$

$X = \dfrac{15}{2} = 7,5 \text{ m}^2$ por hora.

Relação:

7,5 m² por hora, logo, temos:
3,75 m² a cada 30 minutos.
5 m² a cada 40 minutos.

☑ **Dica:**

7,5 m² por hora = 0,125 m² a cada 1 minuto.

1 hora = 60 minutos.

7,5/60 = 0,125 m² por minuto.

Resposta: letra E.

----

7.   **(SEFAZ-SP 2009) Em uma cidade, às 15 horas, a sombra de um poste de 10 metros de altura mede 20 metros e, às 16 horas do mesmo dia, a sombra deste mesmo poste mede 25 m. Por interpolação e extrapolação lineares,**

calcule quanto mediria a sombra de um poste de 20 metros, na mesma cidade, às 15h30min do mesmo dia.

(A) 45m
(B) 35m
(C) 20m
(D) 50m
(E) 65m

Resolução:

• 1º passo: descobrir o comprimento da sombra do poste de 10m de altura às 15h e 30min.

 Dica:

Interpolação linear permite calcular usando uma regra de três simples.

15 horas ---- sombra de 20 metros

16 horas ---- sombra de 25 metros

Conclusão: em uma hora a sombra aumenta 5 metros, logo, em 30 minutos teremos um aumento de 2,5 metros.

Podemos afirmar que às 15 horas e 30 minutos temos uma sombra de 22,5 metros.

• 2º passo: descobrir o comprimento da sombra do poste de 20 metros de altura.

Poste	Sombra
10	22,5
20	X

$10x = 20 \cdot 22,5$

$X = \dfrac{450}{10} = 45$

Resposta: letra A.

10.4.2 Treinamento do concursando

8. Uma ponte é feita em 120 dias por 16 trabalhadores. Se o número de trabalhadores for elevado para 24, o número de dias necessários para construção da mesma ponte será:

(A)   180
(B)   128
(C)   100
(D)   80
(E)   60

9.   **(CEF)** Um técnico bancário foi incumbido de digitar as 48 páginas de um texto. Na tabela abaixo, têm-se os tempos que ele leva, em média, para digitar tais páginas.

NÚMERO DE PÁGINAS	TEMPO (MINUTO)
1	12
2	24
3	36
4	48

Nessas condições, mantida a regularidade mostrada na tabela, após 9 horas de digitação desse texto, o esperado é que:

(A)   Ainda devam ser digitadas 3 páginas
(B)   Todas as páginas tenham sido digitadas
(C)   Ainda devam ser digitadas 9 páginas
(D)   Ainda devam ser digitadas 8 páginas
(E)   Ainda devam ser digitadas 10 páginas

10.   **(TRANSPETRO)** Luiz vai de bicicleta de sua casa para escola e percorre 4 km em 20 minutos. Se, pedalando no mesmo ritmo, ele gasta de sua casa para casa de sua avó 1 hora e 10 minutos, a distância, em, km, entre as duas casas é de:

(A)   14
(B)   16
(C)   18
(D)   20
(E)   22

11.   Uma fábrica de TV produz diariamente 200 aparelhos. Foram admitidos mais 20 operários e a produção diária passou a ser de 240 aparelhos. O número de operários que trabalhavam na produção da empresa antes da ampliação era:

(A)   80
(B)   100
(C)   120

PARTE I – Cap. 10 – REGRA DE TRÊS   209

(D) 140
(E) 180

12. **(FCC)** Um agente executou certa tarefa em 3 horas e 40 minutos de trabalho. Outro agente, cuja eficiência é de 80% da do primeiro, executaria a mesma tarefa se trabalhasse por um período de:
    (A) 2 horas e 16 minutos.
    (B) 3 horas e 55 minutos.
    (C) 4 horas e 20 minutos.
    (D) 4 horas e 35 minutos.
    (E) 4 horas e 45 minutos.

13. **(TRF- 2007)** Às 10 horas do dia 18 de maio de 2007, um tanque continha 9050 litros de água. Entretanto, um furo em sua base fez com que a água escoasse em vazão constante e, então, às 18 horas do mesmo dia restavam apenas 8850 litros de água em seu interior. Considerando que o furo não foi consertado e não foi colocada água dentro do tanque, ele ficou totalmente vazio às:
    (A) 11 horas de 02/06/2007.
    (B) 12 horas de 02/06/2007.
    (C) 12 horas de 03/06/2007.
    (D) 13 horas de 03/06/2007.
    (E) 13 horas de 04/06/2007.

14. **(TRF)** Uma turma de 12 operários deveria executar certa obra. Depois de 5 dias de trabalho, 2 operários adoeceram e abandonaram o serviço. Em quantos dias os operários restantes poderão concluir o trabalho, se, quando os 2 operários se retiram, a turma completa já havia feito metade da obra?
    (A) 5
    (B) 6
    (C) 7
    (D) 8
    (E) 9

15. **(UFRB 2009)** O gerente do SAC (serviço de atendimento ao consumidor) de uma empresa constatou que 30 atendentes são capazes de atender satisfatoriamente, em média, 108 clientes por hora. Quantos funcionários são necessário para que o SAC dessa empresa possa atender, em média, 144 clientes por hora, mantendo a mesma qualidade de atendimento?
    (A) 36.
    (B) 38.

(C) 39.

(D) 40.

(E) 42.

10.5 REGRA DE TRÊS COMPOSTA

A regra de três composta possui dois métodos de resolução:

• 1ª opção: utilizar o método da comparação (usa as setas, comparando as grandezas);

• 2ª opção: utilizar o método causa e efeito (que não precisa comparar as grandezas).

Obs.: vamos estudar apenas a segunda opção de resolução, que serve para qualquer situação envolvendo uma regra de três composta.

Vamos juntos aprender o método causa e efeito.

Primeiro devemos saber quais as grandezas representam a causa e quais representam o efeito.

Causa	Efeito
Tempo (dia, hora)	Produção
Pessoas (operários)	Área
Velocidade média	Grau de dificuldade (da área ou produção)
Produtividade (da pessoa)	Consumo
	Distância

10.5.1 Treinamento comentado

16. Em uma empresa, 8 funcionários produzem 2000 peças, trabalhando 8 horas por dia durante 5 dias. O número de funcionários necessários para que essa empresa produza 6000 peças em 15 dias, trabalhando 4 horas por dia, é:

(A) 2

(B) 8

(C) 3

(D) 16

(E) 4

Resolução:

Primeiro é necessário separar as grandezas em causa e efeito, de acordo com o quadro visto anteriormente.

Parte I – Cap. 10 – REGRA DE TRÊS

Causa	Efeito
Funcionários (F) Horas (H) Dias (D)	Produção-peça

CAUSA			EFEITO
F	H	D	Peças
8	8	5	2000
x	4	15	6000

O segundo passo é realizar o "grande X", entre a causa e o efeito.

CAUSA			EFEITO
F	H	D	Peças
8	8	5	2000
x	4	15	6000

Se ligue!

A linha de baixo, ao sair da causa, deve subir, e a linha de cima, ao sair da causa, deve descer. Agindo dessa forma teremos o "grande X". Os números que pertencem à linha que contém o x devem ficar no denominador da fração.

$$X = \frac{8 \cdot 8 \cdot 5 \cdot 6000}{4 \cdot 15 \cdot 2000} = \frac{1920000}{120000} = 16$$

Obs.: em nenhum momento foi necessário comparar grandezas em diretas ou inversas.

Dica especial:

Usando a simplificação dos termos:

$$X = \frac{8 \cdot 8 \cdot 5 \cdot 6000}{4 \cdot 15 \cdot 2000} = \frac{8^{:4} \cdot 8 \cdot 5^{:5} \cdot 6000^{:1000}}{4^{:4} \cdot 15^{:5} \cdot 2000^{:1000}} = \frac{2 \cdot 8 \cdot 1 \cdot 6}{1 \cdot 3 \cdot 2} = \frac{8 \cdot 1 \cdot 6}{3} = \frac{48}{3} = 16.$$

Resposta: letra D.

17. (FCC) Uma empresa deseja iniciar a coleta seletiva de resíduos em todas as suas unidades e, para tanto, encomendou a uma gráfica a impressão de 140.000 folhetos explicativos. A metade desses folhetos foi impressa em 3 dias por duas máquinas de mesmo rendimento, funcionando 3 horas por dia. Devido a uma avaria em uma delas, a outra deve imprimir os folhetos que faltam em 2 dias. Para tanto, deve funcionar diariamente por um período de:

(A) 9 horas e meia.

(B) 9 horas.

(C) 8 horas e meia.

(D) 8 horas.

(E) 7 horas e meia.

Resolução:

Primeiro é necessário separar as grandezas em causa e efeito.

Causa	Efeito
Máquinas (M) Horas (H) Dias (D)	Produção-folheto

	CAUSA		EFEITO
M	H	D	Folhetos
2	3	3	70000 (metade dos folhetos)
1	x	2	70000 (restante dos folhetos)

O segundo passo é realizar o "grande X", entre a causa e o efeito.

	CAUSA		EFEITO
F	H	D	Peças
2	3	3	70000
1	x	2	70000

$$x = \frac{2 \cdot 3 \cdot 3 \cdot 70000}{1 \cdot 2 \cdot 70000} = \frac{2 \cdot 3 \cdot 3}{1 \cdot 2} = 3 \cdot 3 = 9 \text{ horas}$$

Resposta: letra B.

- -

18. Trabalhando 8 horas por dia, 3 jardineiros gastam 4 dias para podar um gramado de 800m². Em quanto tempo 2 jardineiros, trabalhando 6 horas

por dia, podariam um gramado com 400 m² e com o dobro de dificuldade anterior?

(A) 4

(B) 5

(C) 6

(D) 7

(E) 8

O primeiro passo é separar os quadros da causa e do efeito.

Causa	Efeito
Jardineiro (J) Horas (H) Dias (D)	Produção-área Grau de dificuldade

	CAUSA		EFEITO	
J	H	D	Área	Grau de dificuldade
3	8	4	800	1 (não informou, escolhemos o valor)
2	6	x	400	2 (o dobro do anterior)

O segundo passo é realizar o "grande X", entre a causa e o efeito.

	CAUSA		EFEITO	
F	H	D	Peças	Grau de dificuldade
3	8	4	800	1
2	6	x	400	2

$$x = \frac{3 \cdot 8 \cdot 4 \cdot 400 \cdot 2}{2 \cdot 6 \cdot 800 \cdot 1} = \frac{3 \cdot 8 \cdot 4 \cdot 800}{2 \cdot 6 \cdot 800} = \frac{3 \cdot 4 \cdot 8}{2 \cdot 6} = \frac{12 \cdot 8}{12} = 8$$

Resposta: letra E.

----

19. **(ESAF MF-ATA) Com 50 trabalhadores, com a mesma produtividade, trabalhando 8 horas por dia, uma obra ficaria pronta em 24 dias. Com 40 trabalhadores, trabalhando 10 horas por dia, com uma produtividade 20% menor que os primeiros, em quantos dias a mesma obra ficaria pronta?**

(A) 24

(B) 16

(C) 30

(D) 15

(E) 20

Resolução:

A produtividade do grupo 1 é 100%, por suposição, e o grupo 2 é de 80%, 20% menor que o grupo 1.

Causa				Efeito
T	Horas	Dias	Produtividade (pessoa)	Produção
50	8	24	100	1(obra)
40	10	x	80	1(obra)

$$X = \frac{50 \cdot 8 \cdot 24 \cdot 100}{40 \cdot 10 \cdot 80} = \frac{5 \cdot 8 \cdot 24 \cdot 1}{4 \cdot 1 \cdot 8} = \frac{5 \cdot 24}{4} = \frac{120}{4} = 30 \text{ dias}$$

Resposta: letra C.

10.5.2 Treinamento do concursando

20. Na construção de uma obra, 120 operários, trabalhando 8h/dia, levarão 100 dias para terminar o trabalho. Como se deseja terminar a obra em 60 dias de 10h/dia, o número de operários, para realizar o mesmo serviço é:

   (A) 80
   (B) 85
   (C) 90
   (D) 100
   (E) 160

---

21. (IBGE) Em uma fábrica, quatro máquinas idênticas são capazes de produzir 20 peças em dez horas. Se apenas duas dessas máquinas forem utilizadas, dez peças serão produzidas na seguinte quantidade de horas:

   (A) 4
   (B) 8
   (C) 10
   (D) 16
   (E) 20

---

22. Urna fábrica de confecções, onde trabalhavam 64 costureiras com turno de 6h/dia, produzia 240 blusas em 3 dias. Para reduzir os custos, foram dispensadas algumas costureiras, aumentando a carga horária de trabalho das restantes. Se a produção passou a ser de 100 blusas/dia, com a carga horária de cada costureira aumentada em 1/3, o número de trabalhadoras que foram dispensadas é:

PARTE I – **Cap. 10** – REGRA DE TRÊS

(A)   2

(B)   3

(C)   4

(D)   5

(E)   6

---

23. **Certa tarefa pode ser realizada por 16 digitadores em 20 dias trabalhando 6 horas diárias. Para executar metade desse trabalho em 16 dias, 12 digitadores teriam que trabalhar diariamente:**

(A)   3 horas

(B)   6 horas

(C)   5 horas

(D)   4 horas

(E)   7 horas

---

24. **(FCC) Em uma gráfica, foram impressos 1.200 panfletos referentes à direção defensiva de veículos oficiais. Esse material foi impresso por três máquinas de igual rendimento, em 2 horas e meia de funcionamento. Para imprimir 5.000 desses panfletos, duas dessas máquinas deveriam funcionar durante 15 horas**

(A)   10 minutos e 40 segundos

(B)   24 minutos e 20 segundos

(C)   37 minutos e 30 segundos

(D)   42 minutos e 20 segundos

(E)   58 minutos e 30 segundos

10.6   RESUMO

Grandezas diretamente proporcionais.

Definição: as grandezas diretamente proporcionais são grandezas que mantêm o mesmo padrão, isto é, se uma dobra, a outra também dobra; se uma reduz a terça parte, a outra grandeza também reduz na mesma medida e assim sucessivamente.

As principais grandezas diretamente proporcionais são:

Tempo – distância;

Valor – quantidade;

Tempo – salário (valor por hora);

Pessoas – produção;

Tempo – produção.

Grandezas inversamente proporcionais.

Definição: as grandezas inversamente proporcionais são grandezas que o produto entre elas é igual, por isso, se uma grandeza dobrar, a outra tem que se reduzir à metade no intuito de conservar o padrão. Podemos então concluir que se uma grandeza for multiplicada por número "a", a outra será dividida pelo mesmo número "a".

As principais grandezas inversamente proporcionais são:

Tempo – velocidade;

Tempo – pessoas;

Dia – hora.

Regra de três simples é um processo prático para resolver problemas que envolvam quatro valores dos quais conhecemos três. Devemos, portanto, determinar um valor a partir dos três já conhecidos.

Passos utilizados na resolução de uma regra de três simples:

1º) Construir uma tabela, agrupando as grandezas da mesma espécie em colunas e mantendo na mesma linha as grandezas de espécies diferentes em correspondência.

2º) Identificar se as grandezas são diretamente ou inversamente proporcionais.

3º) Montar a proporção e resolver a equação.

Método da regra de três composta (causa e efeito):

Causa	Efeito
Tempo (dia, hora) Pessoas (operários) Velocidade média Produtividade	Produção Área Grau de dificuldade (da área ou produção) Consumo Distância

10.7   TREINAMENTO FINAL DO CAPÍTULO

25. Um caminhoneiro entrega uma carga em um mês, viajando 8 horas por dia, a uma velocidade média de 50 km/h. Quantas horas por dia ele deveria viajar para entregar essa carga em 20 dias, a uma velocidade média de 60 km/h?

(A)   6 horas

(B)   8 horas

(C)   10 horas

(D)   12 horas

(E)   14 horas

PARTE I – Cap. 10 – REGRA DE TRÊS

217

26. **(TRT)** Uma equipe de 10 datilógrafos prepara 5.000 páginas datilografadas, em 20 dias de trabalho, trabalhando 4 horas por dia. A equipe recebeu a incumbência de datilografar 6.000 páginas em 15 dias, mas teve dois de seus datilógrafos afastados por motivo de saúde. Nessas condições, para poder atender ao pedido no prazo determinado, a jornada de trabalho deve ser prorrogada em:

(A) 2h
(B) 2h e 30 min
(C) 3h
(D) 3h e 30 min
(E) 4h

27. **(TTN)** 24 operários fazem 2/5 de determinado serviço em 10 dias, trabalhando 7 horas por dia. Em quantos dias a obra estará terminada, sabendo-se que foram dispensados 4 operários e o regime de trabalho foi diminuído de uma hora por dia?

(A) 8
(B) 11
(C) 12
(D) 21
(E) 18

28. **(VUNESP 2009)** Na oficina de trabalhos manuais, uma equipe de detentos realizou 2/5 de um trabalho em 8 dias, trabalhando 6 horas por dia. Mantendo a mesma produtividade por hora e trabalhando 2 horas a mais por dia, essa mesma equipe terminará o projeto em mais

(A) 8 dias.
(B) 9 dias.
(C) 10 dias.
(D) 11 dias.
(E) 12 dias.

29. Considere que uma máquina específica seja capaz de montar um livro de 400 páginas em 5 minutos de funcionamento ininterrupto. Assim sendo, outra máquina, com 50% da capacidade operacional da primeira, montaria um livro de 200 páginas após funcionar ininterruptamente por um período de

(A) 2 minutos e 30 segundos.
(B) 5 minutos.
(C) 6 minutos e 15 segundos.
(D) 7 minutos.
(E) 7 minutos e 30 segundos.

MATEMÁTICA FACILITADA – Bruno Villar

30. (TRT RS FCC 2011) Curiosamente, após uma madrugada chuvosa, observou- se que no período das 9 às 18 horas a variação da temperatura em uma cidade decresceu linearmente. Se, nesse dia, às 9 horas os termômetros marcavam 32º C e, às 18 horas, 20º C, então às 12 horas a temperatura era de

(A) 25º C.

(B) 26,5º C.

(C) 27º C.

(D) 27,5º C.

(E) 28º C.

---

31. (FCC 20110) Certa máquina gasta 20 segundos para cortar uma folha de papelão de formato retangular em 6 pedaços iguais. Assim sendo, quantos segundos essa mesma máquina gastaria para cortar em 10 pedaços iguais outra folha igual à primeira se, em ambas as folhas, todos os cortes devem ter o mesmo comprimento?

(A) 36.

(B) 35,5.

(C) 34.

(D) 33,3.

(E) 32.

---

32. (FCC 2012) Suponha que, pelo consumo de energia elétrica de uma máquina que, durante 30 dias funciona ininterruptamente 8 horas por dia, paga-se o total de R$ 288,00. Se essa máquina passar a funcionar 5 horas por dia, a despesa que ela acarretará em 6 dias de funcionamento ininterrupto será de

(A) R$ 36,00.

(B) R$ 36,80.

(C) R$ 40,00.

(D) R$ 42,60.

(E) R$ 42,80.

GABARITO

1. A	2. B	3. A	4. C	5. Certo	6. E	7. A
8. D	9. A	10. A	11. B	12. D	13. B	14. B
15. D	16. D	17. B	18. E	19. C	20. E	21. C
22. C	23. C	24. C	25. C	26. E	27. D	28. B
29. B	30. E	31. A	32. A			

11

PORCENTAGEM

11.1 INTRODUÇÃO

O tema porcentagem é o assunto matemático mais utilizado no nosso cotidiano, seja para informar uma relação comercial ou para expressar uma taxa de determinado segmento da economia.

11.2 A NOÇÃO DE PORCENTAGEM

$a\% = \dfrac{a}{100}$ ou 0,0a

 Se ligue!

a% (percentual)

$\dfrac{a}{100}$ (fração centesimal)

0,0a (forma decimal ou taxa unitária)

Exemplo:

$5\% = \dfrac{5}{100}$ ou 0,05 (corre a vírgula duas casa para esquerda)

$32,1\% = \dfrac{32,1}{100}$ ou 0,321 (o número 32,1 possui uma casa, por isso será necessário correr três casas para esquerda)

$120\% = \dfrac{120}{100}$ ou 1,2

Se ligue!

Quando você pensar em porcentagem é fundamental perceber que a porcentagem não é um número, mas sim um índice que depende de uma determinada base. Sempre que pensar em porcentagem é necessário ter o conhecimento do número base que será calculado.

Exemplo: qual a melhor opção, 10% ou 20%?

A sua resposte deve ser "depende, de qual base estamos falando?" Se for a mesma base, então 20% é a melhor opção.

Obs.: por isso que dois aumentos de 10% não correspondem a um aumento único de 20, mas por que não?

Base = 100

1º aumento de 10%: 100 + 10% de 100 = 100 + 10 = 110

2º aumento de 10%: 110 + 10% de 110 = 110 + 11 = 121

O segundo aumento é calculado sobre a base 110, por isso que não podemos somar percentuais (é possível somar quando temos bases iguais).

Exemplos:

a) 40% de 120

- 1ª opção: $\dfrac{40}{100} \cdot 120 = \dfrac{40 \cdot 120}{100} = \dfrac{4800}{100} = 48$

- 2ª opção: utilizando o método da regra de três simples.

O número 120 é base, logo, corresponde a 100%.

Valor	Percentual (%)
120	100
x	40

$100 \cdot x = 120 \cdot 40$

$100 \cdot x = 4800$

$x = \dfrac{4800}{100} = 48$

PARTE I – Cap. 11 – PORCENTAGEM

b) 17,5% de 32

$$\frac{17,5}{100} \cdot 32 = \frac{17,5 \cdot 32}{100} = \frac{560}{100} = 5,6$$

• 2ª opção: utilizando o método da regra de três simples.

O número 32 é base, logo, corresponde a 100%.

Valor	Percentual (%)
32	100
x	17,5

$100 \cdot x = 32 \cdot 17,5$

$100 \cdot x = 560$

$$x = \frac{560}{100} = 5,6$$

c) Que percentual 25 é de 75?

Agora queremos saber para qual percentual de 75 obtemos como resultado o número 25.

• 1ª opção: utilizando a regra de três.

O número 75 é base, logo, corresponde a 100%.

Valor	Percentual (%)
75	100
25	X

$75 \cdot x = 25 \cdot 100$

$75x = 2500$

$$x = \frac{2500}{75} = 33,33\%$$

• 2ª opção: usando a fórmula $= \dfrac{n\acute{u}mero}{base} \cdot 100$

$$\frac{25}{75} \cdot 100 = \frac{2500}{75} = 33,33\%$$

11.2.1 Treinamento básico

1. Calcule:
   a) 15% de 30
   b) 12% de 24
   c) 120% de 45
   d) 72% de 1420
   e) 12% de 30
   f) Que percentual 20 é de 80?
   g) Que percentual 120 é de 210?
   h) Que percentual 10,5 é de 30?

GABARITO

| a) 4,5 | b) 2,88 | c) 54 | d) 1022,4 | e) 3,6 | f) 25% | g) 57,14% | h) 35% |

 Se ligue!

Estudo das relações:

b% de aumento = número base + b% do número.

Exemplo: 20% de aumento = número base + 20% do número base

b% de redução = número base - b% do número.

Exemplo: 30% de redução = número base - 30% do número base

11.2.2 Treinamento comentado

1. **(UNEB)** Uma pessoa contrata um advogado que consegue receber 85% do valor de uma questão avaliada em R$200.000,00 e cobra a título de honorários, 20% da quantia recebida. O valor recebido, em reais, por essa pessoa, já descontado os ônus advocatícios, foi:
   (A) 128.000
   (B) 153.000
   (C) 136.000
   (D) 170.000
   (E) 147.000

Parte I – **Cap. 11** – PORCENTAGEM

Resolução:

• 1ª parte: o advogado consegue receber 85% da causa de 200.000.

$85\% \text{ de } 200000 = \dfrac{5}{100} . 200000 = \dfrac{17000000}{100} = 170000$ (valor recebido da causa)

2ª parte: o advogado cobra 20% do valor recebido da causa.

Percentual do advogado: 20% e o percentual do cliente: 80%.

Como desejamos saber o valor que o cliente recebeu, vamos calcular 80% de 170000.

$\dfrac{80}{100} . 170000 = \dfrac{80 . 170000}{100} = \dfrac{13600000}{100} = 136.000$

Resposta: *letra C.*

---

2. **(CEF) Certo dia, do total de pessoas atendidas no período da tarde em quatro caixas de um banco, sabe-se que o**

– **caixa 1 atendeu a 30%,**

– **caixa 2 não atendeu a 79%, e**

– **caixa 3 não atendeu a 75%.**

O número de pessoas atendidas pelo caixa 4 correspondeu a que porcentagem do total?

(A) 21%

(B) 22%

(C) 23%

(D) 24%

(E) 25%

Resolução:

Caixa	Atendeu	Não atendeu
1	30%	70%
2	21%	79%
3	25%	75%
4	x	

A soma do atendimento realizado pelos 4 caixas deve ser igual a 100%.

$30 + 21 + 25 + x = 100$

$x + 76 = 100$

$x = 100 - 76$

$x = 24\%$

Resposta: *letra D.*

---

3. **(UNEB) Em uma loja há a seguinte promoção "Leve 20 unidades e pague o preço de 17". O desconto concedido por essa loja, sobre o preço de cada unidade é:**

(A) 10%

(B) 17,5%

(C) 15%

(D) 20%

(E) 17%

Resolução:

Se pagar por 20 unidades estamos pagando por 100%, então vamos ver que percentual representa 17 peças.

Peças	Percentual
20	100
17	x

$20 . x = 17.100$

$20 . x = 1700$

$X = \dfrac{1700}{20} = 85\%$

Deveríamos pagar 100% e pagamos 85%. Logo, 100 - 85 = 15% de desconto.

Resposta: *letra C.*

---

4. **(FCC TRF – 2006) Em agosto de 2006, Josué gastava 20% de seu salário no pagamento do aluguel de sua casa. A partir de setembro de 2006, ele teve um aumento de 8% em seu salário e o aluguel de sua casa foi reajustado em 35%. Nessas condições, para o reajuste, a porcentagem do salário que Josué deverá desembolsar mensalmente, é:**

(A) 22,5%

Parte I – Cap. 11 – PORCENTAGEM

(B)   25%
(C)   27,5%
(D)   30%
(E)   32,5%

Resolução:

A questão apenas informa o percentual, por isso vamos supor que o salário de Josué seja 100. Sempre que a questão informar o percentual e não informar o valor, vamos utilizar o número base 100. Não se esqueça de que qualquer percentual de 100 é o próprio número.

Exemplo: 15% de 100 = 15.

Salário de Josué = 100.

Logo, o aluguel será: 20 (20% de 100 = 20)

Cálculo do novo salário!

Salário de agosto = 100.

Salário de setembro: 8% maior que o salário de agosto: 100 + 8 (8% de 100) = 108.

Cálculo do novo aluguel!

Aluguel de agosto: 20.

Aluguel de setembro: 35% maior que o aluguel de agosto: 20 + 7 (35% de 20) = 20 + 7 = 27

Obs.: 35% de 20 = $\dfrac{35}{100} \cdot 20 = \dfrac{700}{100} = 7$

Percentual do novo aluguel em relação ao salário.

Que percentual 27 é de 108?

$$\frac{27}{108} \cdot 100 = \frac{2700}{108} = 25\%$$

Resposta: letra B.

5.   **(ANA ESAF 2009)** Em um ponto de um canal passam em média 25 barcos por hora quando está chovendo e 35 barcos por hora quando não está chovendo, exceto nos domingos, quando a frequência dos barcos cai em 20%. Qual o valor mais próximo do número médio de barcos que passaram por hora neste ponto, em um fim de semana, se choveu durante 2/3 das horas do sábado e durante 1/3 das horas do domingo?

(A)   24,33
(B)   26,83
(C)   25,67
(D)   27,00
(E)   30,00

Resolução:

Vamos calcular o total de barcos do dia de sábado.

25 barcos por hora quando está chovendo e 35 barcos quando não esta chovendo.

No dia de sábado 2/3 das horas choveram.

$$\frac{2}{3} . 24 \text{ (total de horas do dia)} = \frac{2 . 24}{3} = \frac{48}{3} = 16$$

16 horas de chuva, logo, 8 horas que não choveu!

Chovendo: 25 . 16 = 400.

Não chovendo: 35 . 8 = 280.

Total de sábado: 400 + 280 = 680.

Vamos calcular o total de barcos do dia de domingo.

Agora, antes devemos observar que no dia de domingo ocorre uma redução de 20%.

Chovendo por hora: 25 - 5 (20% de 25) = 20

Não chovendo por hora: 35 - 7 (20% de 35) = 28.

No dia de domingo choveu durante 1/3 do dia.

$$\frac{1}{3} . 24 = \frac{1 . 24}{3} = \frac{24}{3} = 8$$

8 horas de chuva. Logo, 16 horas que não choveu!

Chovendo: 20 . 8 = 160.

Não chovendo: 16 . 28 = 448.

Total do domingo: 160 + 448 = 608.

Total do final de semana: 680 + 608 = 1288.

Total de horas do final de semana: 48 (2 dias)

Média por hora do final de semana: $\dfrac{1288}{48} = 26,83$.

Resposta: letra B.

PARTE I – Cap. 11 – PORCENTAGEM

6. **(Analista Judiciário – TRT 9ª Região 2010/FCC)** A tabela abaixo apresenta as frequências das pessoas que participaram de um programa de recuperação de pacientes, realizado ao longo de cinco dias sucessivos.

	1º dia	2º dia	3º dia	4º dia	5º dia
Quantidade de pessoas presentes	79	72	75	64	70

Considerando que cada um dos participantes faltou ao programa em exatamente 2 dias, então, relativamente ao total de participantes, a porcentagem de pessoas que faltaram no terceiro dia foi

(A) 40%

(B) 38,25%

(C) 37,5%

(D) 35,25%

(E) 32,5%

Resolução:

Total de frequências: 79 + 72 + 75 + 64 + 70 = 360

X = número de pessoas por dia

Total de faltas= 2x (cada pessoa faltou 2 dias)

A soma do total das frequências mais o total de faltas corresponde ao total de pessoas (considerando a soma dos cinco dias).

5x = 360 + 2x

5x - 2x = 360

3x = 360

$X = \dfrac{360}{3}$

X = 120 (quantidade de pessoas por dia)

O percentual de pessoas que faltaram no 3º dia é igual a

$\dfrac{45}{120} \cdot 100 = \dfrac{4500}{120} = 37,5\%$

Obs.: o total de pessoas é 120, sendo 75 pessoas presentes. Conclusão: 120 - 75 = 45 pessoas ausentes.

Resposta: letra C.

7. **(CESGRANRIO BB 2015)** Amanda e Belinha são amigas e possuem assinaturas de TV a cabo de empresas diferentes. A empresa de TV a cabo de Amanda dá descontos de 25% na compra dos ingressos de cinema de um shopping. A empresa de TV a cabo de Belinha dá desconto de 30% na compra de ingressos do mesmo cinema. O preço do ingresso de cinema, sem desconto, é de R$ 20,00. Em um passeio em família, Amanda compra 4 ingressos, e Belinha compra 5 ingressos de cinema no shopping, ambas utilizando-se dos descontos oferecidos por suas respectivas empresas de TV a cabo. Quantos reais Belinha gasta a mais que Amanda na compra dos ingressos?

(A) 10
(B) 15
(C) 20
(D) 25
(E) 30

Resolução:

Amanda: 25% de desconto

Valor unitário do ingresso com desconto = 20 - 25% de 20 = 20 - 5 = 15

Amanda comprou 4 ingressos, logo, gastou 15 . 4 = 60

Belinha: 30% de desconto

Valor unitário do ingresso com desconto = 20 - 30% de 20 = 20 - 6 = 14

Belinha comprou 5 ingressos, logo, gastou 14 . 5 = 70.

A questão pediu a diferença dos valores, logo, 70 - 60 = 10.

Resposta: letra A.

----

8. **(TJ SP 2014/VUNESP)** A Câmara dos Deputados aprovou ontem a Medida Provisória no 647, que permite ao governo elevar para até 27,5% o limite de etanol anidro misturado à gasolina vendida nos postos de combustível. Hoje, esse teto é de 25%.

(O Estado de S. Paulo, 07.08.2014)

Suponha que dois tanques, A e B, contenham quantidades iguais, em litros, de um combustível formado pela mistura de gasolina e de álcool anidro, sendo 25% o teor de álcool na mistura do tanque A e 27,5%, o teor de álcool na mistura do tanque B. Nessas condições, é correto afirmar que a quantidade de álcool no tanque B supera a quantidade de álcool no tanque A em

(A) 5%
(B) 2,5%

Parte I – Cap. 11 – PORCENTAGEM

(C)   8%
(D)   7,5%
(E)   10%

Resolução:

Obs.: total em cada tanque = 100

A = 25 litros (25% de 100)

B = 27,5 litros (27,5% de 100)

O tanque B tem 2,5 litros a mais do que o tanque A.

Número – %

25   100

2,5   x

25x = 2,5 . 100

X = 250/25 = 10%

Resposta: *letra E.*

9.   **(FCC TRT AI 2014)** Quatrocentos processos trabalhistas estão numerados de 325 até 724. Sabe-se que cada processo foi analisado por, pelo menos, um juiz. A numeração dos processos analisados por cada juiz seguiu a regra indicada na tabela abaixo.

Juiz 1 (primeiro a receber processos para análise)	Analisou apenas os processos cuja numeração deixava resto 2 na divisão por 4.
Juiz 2 (segundo a receber processos para análise)	Analisou apenas os processos cuja numeração era mútiplo de 3.
Juiz 3 (terceiro a receber processos para análise)	Analisou apenas os demais processos que estavam sem análise de algum juiz.

Do total de processos numerados, a porcentagem (%) de processos que foram analisados por menos do que dois juízes foi de

(A)   97,25.
(B)   68,75.
(C)   82,25.
(D)   91,75.
(E)   41,75.

Resolução:

Juiz 1: realizou 99 processos.

Tomando como base o número 326. Podemos afirmar que a cada 4 números iremos encontrar um resto 2, na divisão por 4.

326 : 4 - resto 2

327 : 4 - resto 3

328 : 4 - resto 0

329 : 4 - resto 1

330 : 4 - resto2

724 - 326 = 398 (total de números)

398: 4 (a sequência acontece de 4 em 4 números) = 99 números

Juiz 2: 132 processos

Obs.: o nosso objetivo é encontrar os múltiplos de 3 desse intervalo.

Tomando como base o número 327 (primeiro múltiplo de 3)

724 - 327 = 397

397 : 3 = 132 múltiplos de 3.

 Cuidado:

Precisamos encontrar os processos analisados pelos juízes 1 e 2, pois o juiz 3 vai analisar apenas a sobra dos juízes 1 e 2.

326: não divide por 3

330: divide por 3

334: não divide por 3

338: não divide por 3

342: divide por 3

Conclusão: a cada 4 números iremos encontrar um múltiplo de 3 na sequência do juiz 1.

132: 4 = 33 (números de processos analisados pelos juízes 1 e 2)

O juiz 1 analisou somente = 99 - 33 = 66 processos

O juiz 2 analisou somente = 132 - 33 = 99 processos

O juiz 3 analisou somente = 400 - 99 - 66 - 33 (processos analisados pelos juízes 1 e 2) = 202

Total analisando por apenas um juiz = 66 + 99 + 202 = 367

Número ---- %

400   100

367   x

400x = 367 . 100

X = 36700/400

X = 91,75% ou 0,9175

Resposta: letra D.

11.2.3 Treinamento do concursando

10. **(TRF-2007)** Do total de processos que recebeu certo dia, sabe-se que um técnico judiciário arquivou 8% no período da manhã e 8% do número restante à tarde. Relativamente ao total de processos que recebeu, o número daqueles que deixaram de ser arquivados corresponde a:
    - (A) 84,64%
    - (B) 85,68%
    - (C) 86,76%
    - (D) 87,98%
    - (E) 89,84%

11. **(TRT BAHIA FCC 2003)** Dos 120 funcionários convidados para assistir a uma palestra sobre doenças sexualmente transmissíveis, somente 72 compareceram. Em relação ao total de funcionários convidados, esse número representa:
    - (A) 45%
    - (B) 50%
    - (C) 55%
    - (D) 60%
    - (E) 65%

12. **(TRT SP FCC 2004)** Do total de documentos de um lote, sabe-se que 5% devem ser encaminhados ao setor de recursos humanos, 35% ao setor de recursos financeiros e os 168 restantes ao setor de materiais. O total de documentos desse lote é:
    - (A) 240
    - (B) 250

(C)   280

(D)   320

(E)   350

13. **(VUNESP 2013)** Perante a lei, quando alguém é preso, é presumidamen-te inocente, até que os fatos apurados atestem o contrário. Portanto, a princípio, deve aguardar em liberdade seu julgamento, a não ser que se entenda que a pessoa precisa ser presa para que sejam coletadas provas para o inquérito ou processo, a fim de se preservar a ordem pública ou econômica. Em 2005, os presos provisórios no Brasil eram 91 mil, hoje são 173.818, correspondendo a um aumento percentual de, aproximadamente,

(Fórum, agosto de 2012. Adaptado)

(A)   95%.

(B)   91%.

(C)   81%.

(D)   98%.

(E)   85%.

14. **(VUNESP 2009)** Um eletricista usou 60% de um rolo de fio de cobre para fazer uma determinada ligação. Em seguida, usou 25% da quantidade de fio que restou no rolo para fazer 10 ligações iguais, utilizando 80 cm de fio em cada uma. Esse rolo tinha, inicialmente, uma quantidade de fio igual a

(A)   94 m.

(B)   80 m.

(C)   66 m.

(D)   40 m.

(E)   32 m.

15. **(UFPR 2009)** Segundo dados do IBGE, no ano de 2000, a população de São José do Pinhais era de 204.316 habitantes. Estima-se que no ano de 2009 essa população supere a marca de 280.000 habitantes, o que representa um crescimento:

(A)   inferior a 28%.

(B)   entre 28% e 30%.

(C)   entre 30% e 33%.

(D)   entre 33% e 36%.

(E)   superior a 36%.

16. **(ANA ESAF 2009)** Um rio principal tem, ao passar em determinado ponto, 20% de águas turvas e 80% de águas claras, que não se misturam. Logo abaixo desse ponto desemboca um afluente, que tem um volume d'água

PARTE I – Cap. 11 – PORCENTAGEM   233

30% menor que o rio principal e que, por sua vez, tem 70% de águas turvas
e 30% de águas claras, que não se misturam nem entre si nem com as do rio
principal. Obtenha o valor mais próximo da porcentagem de águas turvas
que os dois rios terão logo após se encontrarem.

(A)   41%
(B)   35%
(C)   45%
(D)   49%
(E)   55%

(CESPE) Fazendo o seu balanço anual de despesas, uma família de classe
média verificou que os gastos com moradia foram o dobro dos gastos com
educação; os gastos com alimentação foram 50% superiores aos gastos com
educação; e, finalmente, os gastos com alimentação e educação, juntos,
representaram o triplo dos gastos com saúde. Julgue em certo (C) ou errado
(E) os itens abaixo.

Com base na situação hipotética acima, julgue os itens que se seguem.

17. Os dados apresentados permitem concluir que os gastos com saúde foram
superiores a R$ 15.000,00.

---

18. É possível que essa família tenha gasto um total de R$ 36.000,00 com o
item moradia e um total de R$ 28.000,00 com o item alimentação.

---

19. Os gastos com alimentação foram 80% superiores aos gastos com saúde.

---

20. Se os gastos com saúde foram superiores a R$ 10.000,00, é correto afirmar
que os gastos com educação foram superiores a R$ 12.000,00.

---

21. Admitindo-se que a família não contraiu dívidas durante o ano em que foi
efetuado o balanço, é correto concluir que sua renda anual foi superior a
6 vezes os seus gastos com saúde.

---

22. (FCC) Certo dia, devido a fortes chuvas, 40% do total de funcionários de
certo setor de uma unidade do Tribunal Regional Federal faltaram ao serviço. No dia seguinte, devido a uma greve dos ônibus, compareceram ao
trabalho apenas 30% do total de funcionários desse setor. Se no segundo

desses dias faltaram ao serviço 21 pessoas, o número de funcionários que compareceram ao serviço no dia da chuva foi:
(A) 18
(B) 17
(C) 15
(D) 13
(E) 12

23. **(CESGRANRIO 2012)** Segundo dados do Instituto Nacional de Pesquisas Espaciais (Inpe), o desmatamento na Amazônia nos 12 meses entre agosto de 2010 e julho de 2011 foi o menor registrado desde 1988. No período analisado, esse desmate atingiu cerca de 6.230 km2 quando, nos 12 meses imediatamente anteriores, esse número foi equivalente a 7.000 km2, o que corresponde a uma queda de 11%.

Disponível em: <http://oglobo.globo.com/OGlobo/pais/>. Acesso em: 05 dez. 2011. Adaptado.

Supondo que a informação fosse o inverso, ou seja, se o desmatamento tivesse aumentado de 6.230 km² para 7.000 km², o percentual de aumento teria sido, aproximadamente, de
(A) 12,36%
(B) 87,64%
(C) 111%
(D) 11%
(E) 89%

11.3 TRANSFORMAÇÃO DE FRAÇÃO PARA PORCENTAGEM

Dica:

Só precisa multiplicar a fração por 100.

Exemplo:

Que percentual corresponde o número 1/5?

$$\frac{1}{5} \cdot 100 = \frac{100}{5} = 20\%$$

Que percentual corresponde o número 2/3?

$$\frac{2}{3} \cdot 100 = \frac{200}{3} = 66{,}66\%$$

PARTE I – Cap. 11 – PORCENTAGEM

11.3.1 Treinamento comentado

24. (FCC TRE-PI) Em uma seção do Tribunal havia certo número de processos a serem arquivados. O número de processos arquivados por um funcionário correspondeu a 1/4 do total e dos arquivados por outro correspondeu a 2/5 do número restantes. Em relação ao número inicial, a porcentagem de processos que deixaram de ser arquivados foi:

(A)   35%

(B)   42%

(C)   45%

(D)   50%

(E)   52%

Resolução:

1ª etapa: 1/4 do total.

$$\frac{1}{4} \cdot 100 = \frac{100}{4} = 25\%$$

Logo, na primeira etapa foi feito 25% do total.

2ª etapa: 2/5 do número restante.

Se na primeira já foi 25% do total, logo, restam 100 - 25 = 75%

$$\frac{2}{5} \cdot 75 = \frac{2 \cdot 75}{5} = \frac{150}{5} = 30$$

Total parcial: 25 + 30 = 55%.

Restante: 100 - 55 = 45%.

Resposta: letra C.

---

25. (MF 2009 ESAF) Em um determinado curso de pós-graduação, 1/4 dos participantes são graduados em matemática, 2/5 dos participantes são graduados em geologia, 1/3 dos participantes são graduados em economia, 1/4 dos participantes são graduados em biologia e 1/3 dos participantes são graduados em química. Sabe se que não há participantes do curso com outras graduações além dessas, e que não há participante com três ou mais graduações. Assim, qual o número mais próximo do percentual de participantes com duas graduações?

(A)   40%

(B)   33%

(C) 57%
(D) 50%
(E) 25%

Matemática: 1/4 = 25%

Geologia: 2/5 = 40%

Economia: 1/3 = 33,3%

Biologia: 1/4 = 25%

Química: 1/3 = 33,3%

Total de percentual: 25 + 40 + 33,3 + 25 + 33,3 = 156,66%.

A questão informa que ninguém fez três cursos ou mais. Logo, 156,66 - 100 = 56,66% é o excesso. Resposta: 57% (aproximadamente).

Resposta: letra C.

11.4 OPERAÇÕES COMERCIAIS

Para iniciar os estudos sobre lucro ou prejuízo, deve estar atento que o preço inicial sempre corresponde a 100% (ou preço base).

Primeiro vamos estudar o lucro ou ágio.

Essas palavras representam o aumento do percentual.

 Exemplo:

10% de lucro = 100 + 10 = 110%

15% de lucro = 100 + 15 = 115%

Agora, vamos estudar o desconto ou prejuízo.

10% de desconto = 100 - 10 = 90%

25% de prejuízo = 100 - 25 = 75%

 Dica:

Preço inicial ---------- 100%

Preço de venda ----------% da venda (lucro ou prejuízo)

11.4.1 Treinamento comentado

26. Um televisor foi comprado numa liquidação por R$ 570,00, já deduzidos os 5% de abatimento. Qual o valor do televisor antes do abatimento?
(A) R$ 600,00
(B) R$ 650,00
(C) R$ 570,00
(D) R$ 700,00
(E) R$ 620,00

Resolução:
O preço inicial será x e corresponde a 100%.

O televisor foi vendido com 5% de desconto, por isso corresponde a 95% do preço inicial. Lembre se 5% de desconto = 95% (100 - 5%).

Preço	Percentual
570	95
X	100

$95 \cdot x = 570 \cdot 100$

$95x = 57000$

$x = \dfrac{57000}{95} = 600$

Resposta: letra A.

---

27. (CESGRANRIO) Em dezembro de 2006, um comerciante aumentou em 40% o preço de venda de um microcomputador. No mês seguinte, o novo preço foi diminuído em 40% e, então, o micro passou a ser vendido por R$ 1.411,20. Assim, antes do aumento de dezembro, tal micro era vendido por
(A) R$ 1.411,20
(B) R$ 1.590,00
(C) R$ 1.680,00
(D) R$ 1.694,40
(E) R$ 1.721,10

Resolução:

 Cuidado:
  Não é porque o aumento e o desconto foram o mesmo que o preço se mantém. O aumento foi sobre 100% e o desconto sobre o aumento.

• 1ª etapa: aumento de 40%.
Preço inicial: 100%
40% de aumento = 100 + 40 = 140%.

2ª etapa: redução de 40%.

 Cuidado:

A redução é sobre os 140%.

40% de 140 = $\frac{40}{100} \cdot 140 = \frac{5600}{100} = 56$

140 − 56 = 84% (valor restante, em relação ao total).
84% de x correspondem a R$ 1.411,20.

Preço	Percentual
1411,20	84
X	100

84 . x = 1411,20 . 100
84x = 141120
$x = \frac{141120}{84} = 1680$

Resposta: letra C.

---

28. **(TRF FCC)** Uma pessoa comprou um microcomputador de valor X reais, pagando por ele 85% do seu valor. Tempos depois, vendeu-o com lucro de 20% sobre o preço pago e nas seguintes condições: 40% do total como entrada e o restante em 4 parcelas iguais de R$ 306,00 cada. O número X é igual a

(A) 2.200
(B) 2.150
(C) 2.100
(D) 2.050
(E) 2.000

Resolução:

• 1ª etapa:
O computador foi comprado por 85% de x.

PARTE I – Cap. 11 – PORCENTAGEM

A venda foi com 20% sobre preço de compra.

Percentual de venda: 85 + 17 (20% de 85) = 102% de X.

• 2ª etapa: descobrir o preço de venda.

40% do total como entrada e o restante em 4 parcelas iguais de R$ 306,00 cada.

Conclusão 60% do preço de venda é igual a 1224 (4 . 306 = 1224).

A variável y é preço de venda.

Preço	Percentual
1224	60
y	100

60 . y = 1224 . 100

60y = 122400

$$Y = \frac{122400}{60} = 2040$$

Conclusão: 2040 é o preço de venda e corresponde a 102% de x.

Preço	Percentual
2040	102
X	100

102 . x = 2040 . 100

102x = 204000

$$X = \frac{204000}{102} = 2000$$

Resposta: letra E.

- -

29. **(FCC TRT RS 2009) Jeová comprou dois automóveis, um para seu próprio uso e o outro para dar de presente à sua esposa, e, após um ano, vendeu cada um deles por R$ 39.100,00. Sabendo que, relativamente aos custos de tais veículos, um automóvel foi vendido com um lucro de 15% e o outro com um prejuízo de 15%, é correto afirmar que, com a venda dos dois automóveis, Jeová**

(A) teve um prejuízo de R$ 1.800,00.

(B) lucrou R$ 2.500,00.

(C) teve um prejuízo de R$ 2.000,00.

(D) lucrou R$ 3.000,00.
(E) não teve lucro nem prejuízo.

Resolução:

 Dica:

Os preços de venda são os mesmos, porém os preços de compra (preço base) são distintos.

• 1ª etapa: lucro

Preço de compra = x, preço de venda = 39100 e 15% de lucro = 100 + 15% = 115% (115% do preço de compra)

Número ----- %
X   100
39100   115

115x = 39100 . 100
X = 390000/115 = 34000

Obs.: lucro = receita - custo (a diferença é um valor positivo)
Lucro = 39100 - 34000 = 5100

• 2ª etapa: prejuízo

Preço de compra = x, preço de venda = 39100 e 15% de lucro = 100 - 15% = 85% (85% do preço de compra)

Número ----- %
X   100
39100   85

85x = 39100 . 100
X = 3910000/85 = 46000

Obs.: prejuízo = receita - custo (a diferença é um valor negativo)
Prejuízo = 46000 - 39100 = -6900
Conclusão: - 6900 + 5100 = -1800

Resposta: letra A.

PARTE I – Cap. 11 – PORCENTAGEM   241

11.4.2   Treinamento do concursando

30. **(IBGE 2009)** Certa loja ofereceu, de 1 a 10 de fevereiro, 20% de desconto em todas as mercadorias, em relação ao preço cobrado em janeiro. Pensando em vender mais, o dono da loja resolveu aumentar o desconto e, de 11 a 20 de fevereiro, este passou a ser de 30% em relação ao preço de janeiro. Uma pessoa pagou no dia 9 de fevereiro, R$ 72,00 por certa mercadoria. Quanto ela pagaria, em reais, pela mesma mercadoria se a compra fosse feita em 12 de fevereiro?

    (A)   27,00
    (B)   56,00
    (C)   61,20
    (D)   63,00
    (E)   64,80

31. **(UFRB)** Após um aumento de 5,5%, o aluguel de Cristiano passou a custar R$ 348,15. Qual era o valor do aluguel de Cristiano antes desse aumento?

    (A)   R$ 325,00.
    (B)   R$ 330,00.
    (C)   R$ 336,00.
    (D)   R$ 340,00.
    (E)   R$ 328,00

32. **(FCC)** Um comerciante comprou 150 caixas de papelão a R$ 1,00 cada uma. Vendeu 1/3 do total a R$ 1,50 cada e as restantes a R$ 1,80 cada. A sua porcentagem de lucro nessa transação foi de:

    (A)   62%
    (B)   62,5%
    (C)   65%
    (D)   65,5%
    (E)   70%

33. Duas lojas têm o mesmo preço de tabela para um mesmo artigo e ambas oferecem dois descontos sucessivos ao comprador: uma, de 20% e 20%; e a outra, de 30% e 10%. Na escolha da melhor opção, um comprador obterá, sobre o preço de tabela, um ganho de

    (A)   34%
    (B)   36%
    (C)   37%

(D) 39%

(E) 40%

11.5 QUESTÕES ESPECIAIS

34. **(MPU 2004 ESAF)** Um clube está fazendo uma campanha, entre seus associados, para arrecadar fundos destinados a uma nova pintura na sede social. Contatados 60% dos associados, verificou-se que se havia atingido 75% da quantia necessária para a pintura, e que a contribuição média correspondia a R$ 60,00 por associado contatado. Então, para completar exatamente a quantia necessária para a pintura, a contribuição média por associados, entre os restantes associados ainda não contatados, deve ser igual a

(A) R$ 25,00.

(B) R$ 30,00.

(C) R$ 40,00.

(D) R$ 50,00.

(E) R$ 60,00.

Resolução:

• 1ª etapa: construir a primeira relação.

Resumo: contatados 60% dos associados, contribuíram com R$ 60,00 e verificou-se que se havia atingido 75% da quantia necessária para a pintura.

X = total de associados e y = fundo destinado à nova pintura.

I: 60% de x . 60 = 75% de y. **Obs.:** 60% = 0,6 e 75% = 0,75

I: 0,6x . 60 = 0,75y

I: 36x = 0,75y

• 2ª etapa: construir a segunda relação.

Resumo: o restante dos associados contribuíram com uma quantia z.

Se na primeira etapa 60% dos associados contribuíram, então faltam 40%.

Se na primeira etapa foi arrecado 75% do total, então falta 25% de y.

II: 40% de x . z = 25% de y

II: 0,4 . xz = 0,25y

Comparando as duas relações:

PARTE I – Cap. 11 – PORCENTAGEM

I: 36x = 0,75y e II: 0,4 . xz = 0,25y

Se dividirmos a primeira relação por 3, os segundos termos de ambas as expressões serão iguais.

I: 36x = 0,75y (:3)

I: 12x = 0,25y

II: 0,4.xz = 0,25y

0,25y = 0,25y

0,4xz= 12x

$$Z = \frac{12\cancel{x}}{0,4\cancel{x}} = \frac{120x}{4x} = 30$$

Resposta: letra B.

----

35. **(TRT)** Em uma papelaria, o preço de certo tipo de caneta é o triplo do preço de certo tipo de lapiseira. Uma pessoa comprou 6 dessas canetas e algumas dessas lapiseiras e, ao receber a conta para pagar, verificou que os números de canetas e lapiseiras pedidos haviam sido trocados, acarretando com isso um aumento de 50% sobre o valor a ser pago. O número de lapiseiras compradas era

(A) 6

(B) 8

(C) 10

(D) 12

(E) 14

Resolução:

C = caneta e L = lapiseira.

C = 3L

• 1ª relação: uma pessoa comprou 6 dessas canetas e algumas dessas lapiseiras e, ao receber a conta para pagar

X = quantidade de desconhecida e y = valor pago.

I: 6C + xL = y

• 2ª relação: verificou que os números de canetas e lapiseiras pedidos haviam sido trocados, acarretando com isso um aumento de 50% sobre o valor a ser pago.

Não se esqueça: 50% de aumento = 100 + 50 = 150% = 1,5

A quantidade de elementos foi trocada, por isso, temos:

II: xC + 6L = 1,5Y

Podemos fazer uma suposição de que a lapiseira custa R$ 1,00.

C = 3L

C = 3 . 1 = 3. Vamos substituir esses valores nas expressões.

I: 6C + xL = y   II: xC + 6L = 1,5y

I: 6 . 3 + x . 1 = y   II: 3x + 6 . 1 = 1,5y

I: 18 + x = y   II: 3x + 6 = 1,5y

Agora temos um sistema de equações.

$$\begin{cases} x - y = -18 \\ 3x - 1,5y = -6 \end{cases}$$

Resolvendo o sistema:

$$\begin{cases} x - y = -18(-1,5) \\ 3x - 1,5y = -6 \end{cases}$$

+   -1,5x + 1,5y = 27

    3x - 1,5y = -6

    1,5x = 21

    $x = \dfrac{21}{1,5} = 14$

Resposta: letra E.

---

36. **(TRT 2ª Região – 04)** Do total de técnicos judiciários que executam certa tarefa, sabe-se que 1/5 são do sexo feminino e 10% do número de homens trabalham no setor de R.H. (recursos humanos). Se 54 desses técnicos são do sexo masculino e não trabalham no setor de R.H., quantas mulheres executaram tal tarefa?

(A) 15

(B) 18

(C) 20

(D) 25

(E) 27

Resolução:

Devemos nessa questão ter um pouco de atenção.

Sexo feminino = 1/5 do total = 20% do total.

Parte I – Cap. 11 – PORCENTAGEM

Sexo masculino = 4/5 do total = 80% do total.

Relação dos homens:

Se 10% do número de homens trabalham no setor de R.H. (recursos humanos), então 90% não trabalham nesse setor.

90% dos homens correspondem a 54.

Homens	Percentual
54	90
X	100

$90 \cdot x = 54 \cdot 100$

$90x = 5400$

$x = \dfrac{5400}{90} = 60$ homens

O número de homens corresponde a 80% do total.

Total	Percentual
60	80
X	20

$80 \cdot x = 60 \cdot 20$

$80x = 1200$

$x = \dfrac{1200}{80} = 15$ mulheres

Resposta: letra A.

----

37. **(CESGRANRIO 2010)** Uma cidade, no ano de 1990, tinha uma população de 1.500 milhões de habitantes. Essa mesma cidade, no ano 2000, apresentou uma população de 6.000 milhões. A taxa de crescimento dessa população, no período de 1990 a 2000, em termos percentuais, foi

(A) 400%

(B) 300%

(C) 200%

(D) 25%

(E) 4%

Resolução:

Devemos ter muito cuidado com esta questão, pois ela pediu o percentual de aumento.

Início = 1500 milhões.

Final = 6000 milhões.

Nesse caso, podemos trabalhar apenas com 1500 e 6000, pois as casas são as mesmas (milhões)

Não podemos esquecer que a base sempre está associada a 100%.

Agora, vamos montar a regra de três.

Valor	Porcentagem (%)
1500	100
6000	X

1500 . x = 6000 . 100

$X = \dfrac{600000}{15000} = 400\%$

 Cuidado:

Início = 100%

Final = 400% do valor inicial.

O aumento nesse caso foi de 300%, 400 - 100 = 300.

Resposta: letra B.

 Se ligue!

300% de aumento = 100 + 300 = 400% do valor inicial.

11.6 RESUMO

A noção de porcentagem:

$a\% = \dfrac{a}{100}$ ou 0,0a

a% (percentual)

PARTE I – Cap. 11 – PORCENTAGEM

$\dfrac{a}{100}$ (fração centesimal)

0,0a (forma decimal ou taxa unitária)

Relações:

Aumento: número + % de aumento

Redução: número - % de redução

Fator de aumento: $(1 + i)$

Fator de redução $(1 - i)$

Obs.: i na forma decimal.

11.7 TREINAMENTO FINAL DO CAPÍTULO

38. **Numa viagem de navio, só existem passageiros de cinco nacionalidades: brasileira, argentina, canadense, portuguesa e francesa, e não existem pessoas com dupla nacionalidade.**

    Sabe-se que:

    30% dos passageiros são argentinos;

    95% dos passageiros não são canadenses;

    65% dos passageiros não são franceses;

    O percentual de passageiros brasileiros é igual ao percentual de passageiros portugueses desse navio. Com base em todas as informações dadas, podemos garantir que o percentual de passageiros desse navio que são brasileiros é:
    (A) 10%
    (B) 15%
    (C) 20%
    (D) 25%
    (E) 30%

39. **(TRE AC 2010)** Relativamente ao total de registros de candidaturas protocolados certo mês por três técnicos judiciários, sabe-se que: 8/5 foi protocolado por Alcileia,5/12 por Berenice e os demais por Otacílio. Assim sendo, a quantidade protocolada por Otacílio corresponde a que parte do total de registros protocolados nesse mês?
    (A) 5%.
    (B) 12,5%.
    (C) 15%.

(D) 17,5%.

(E) 20%

---

40. **(FCC 2010)** Costuma-se dizer que em dias de jogos do Brasil na Copa do Mundo de Futebol o país literalmente "para". Suponha que durante um jogo do Brasil na última Copa houve uma diminuição do fluxo de veículos que passaram por uma praça de pedágio de certa rodovia: a média habitual de 50 veículos por minuto passou a ser de 57 veículos por hora. Considerando esses dados, no momento de tal jogo o fluxo de veículos nessa praça foi reduzido em

(A) 98,1%.

(B) 98,4%.

(C) 98,6%.

(D) 981%.

(E) 984%.

---

41. **(BANCO DO BRASIL FCC 2010)** As estatísticas da Campanha Nacional de Prevenção ao Câncer de Pele, organizada há 11 anos pela Sociedade Brasileira de Dermatologia, revelam que o brasileiro não se protege adequadamente do sol: 70% dos entrevistados afirmaram não usar qualquer tipo de proteção solar, nem mesmo quando vão à praia (adaptado de www.sbd.org.br). Se foram entrevistadas 34.430 pessoas, o número delas que usam protetor solar é

(A) 24.101

(B) 15.307

(C) 13.725

(D) 12.483

(E) 10.329

---

42. **(FCC 2010)** Do total de novos clientes de uma companhia de gás em 2009, sabe-se que: 25% eram residenciais, 55% eram industriais e os 180 restantes eram comerciais. Nessas condições, com relação aos novos clientes dessa companhia em 2009, é correto afirmar que os

(A) industriais eram 1.200.

(B) residenciais eram 210.

(C) industriais eram 455.

(D) residenciais eram 245.

(E) industriais eram 495.

PARTE I – Cap. 11 – PORCENTAGEM 249

43. **(FCC 2014)** Comparando-se a remuneração, por hora trabalhada, dos serviços A e B, verificou-se que no serviço B a remuneração era 25% a menos do que a remuneração no serviço A. Roberto trabalhou 8 horas no serviço A e 4 horas no serviço B. Paulo trabalhou 4 horas no serviço A e 8 horas no serviço B. A porcentagem a mais que Roberto recebeu, por suas 12 horas de trabalho, em relação ao que Paulo recebeu, por suas 12 horas de trabalho, é igual a:

(A) 50

(B) 10

(C) 25

(D) 0

(E) 12,5

44. **(FCC 2015)** O carro de Laerte pode ser abastecido com gasolina, álcool ou ambos os combustíveis. Quando o tanque do carro estava completamente vazio, Laerte abasteceu 25% da capacidade do tanque com gasolina e 35% com álcool, o que implicou o mesmo gasto, em reais, com gasolina e com álcool. Se Laerte tivesse abastecido a mesma quantidade de combustível, porém, apenas com gasolina, seu gasto total, quando comparado ao que ele efetivamente gastou, teria sido superior em

(A) 25%.

(B) 35%.

(C) 20%.

(D) 30%.

(E) 40%.

45. **(FCC 2014)** Em um encontro de 60 colegas, 20% são homens, e o restante mulheres. Sabe-se que 37,5% das mulheres presentes no encontro têm mais de 50 anos de idade, e que 25% dos homens presentes no encontro têm mais de 50 anos de idade. Apenas com relação às pessoas com 50 anos de idade ou menos, presentes no encontro, os homens correspondem à

(A) 25% das mulheres.

(B) 30% das mulheres.

(C) 20% das mulheres.

(D) 35% das mulheres.

(E) 15% das mulheres.

46. **(VUNESP)** Numa loja, um determinado produto é vendido com descontos de 15% ou de 20% sobre o preço de tabela, dependendo da condição de pagamento. Sabe-se que a diferença entre o preço obtido após o desconto

de 15% e o preço obtido após o desconto de 20% é de R$ 120,00. Nesse caso, é correto afirmar que o preço de tabela desse produto é igual a

(A) R$ 1.660,00.
(B) R$ 1.800,00.
(C) R$ 1.920,00.
(D) R$ 2.040,00.
(E) R$ 2.400,00.

47. **(VUNESP)** Até agosto de 2010, a prestação do apartamento de João correspondia a 25% do seu salário. Em setembro do mesmo ano, João foi promovido e, por isso, recebeu 40% de aumento. Entretanto, nesse mesmo mês, a prestação de seu apartamento foi reajustada em 12%. Sendo assim, o percentual do salário de João destinado ao pagamento da prestação do apartamento passou a ser

(A) 16%
(B) 20%
(C) 24%
(D) 28%
(E) 35%

48. **(FCC)** Um comerciante comprou de um agricultor um lote de 15 sacas de arroz, cada qual com 60 kg, e, por pagar à vista, obteve um desconto de 20% sobre o preço de oferta. Se, com a venda de todo o arroz desse lote ao preço de R$ 8,50 o quilograma, ele obteve um lucro de 20% sobre a quantia paga ao agricultor, então o preço de oferta era

(A) R$ 6.375,00.
(B) R$ 7.650,25.
(C) R$ 7.968,75.
(D) R$ 8.450,50.
(E) R$ 8.675,00.

49. **(FCC)** Um comerciante comprou certo artigo com um desconto de 20% sobre o preço de tabela. Em sua loja, ele fixou um preço para tal artigo, de modo a poder vendê-lo dando aos clientes um desconto de 25% e a obter um lucro de 40% sobre o preço fixado. Nessas condições, sabendo que pela compra de uma unidade desse artigo um cliente terá que desembolsar R$ 42,00, o seu preço de tabela é

(A) R$ 20,00
(B) R$ 24,50
(C) R$ 30,00

(D)   R$ 32,50
(E)   R$ 35,00

50. **(FCC)** Após a realização de um Congresso, alguns participantes foram consultados sobre a temática nele desenvolvida. Os resultados dessa pesquisa são apresentados nos quadros seguintes:

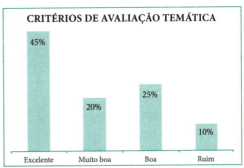

Considere que, em cada critério de avaliação da temática, os percentuais de homens e mulheres sejam os mesmos que os apresentados no gráfico de setor. Assim sendo, se 72 homens classificaram a temática de "Muito boa", então, com relação ao total de pessoas consultadas, de quantas unidades o número de homens excede o de mulheres?

(A)   100
(B)   120
(C)   150
(D)   180
(E)   190

GABARITO

1. C	2. D	3. C	4. B	5. B	6. C	7. A
8. E	9. D	10. A	11. D	12. C	13. B	14. B
15. E	16. A	17. Errado	18. Errado	19. Certo	20. Certo	21. Certo
22. A	23. A	24. C	25. C	26. A	27. C	28. E
29. A	30. D	31. B	32. E	33. C	34. B	35. E
36. A	37. B	38. B	39. A	40. A	41. E	42. E
43. B	44. C	45. B	46. E	47. B	48. C	49. B
50. B						

12

JUROS

12.1 INTRODUÇÃO

Noções iniciais (nomenclatura atual).

Juros (j): são a importância que se recebe ou se paga, como compensação, quando se empresta ou se toma emprestada certa quantia por certo tempo.

Capital (C): é a quantia que se empresta, também chamada de principal.

Montante (M): é a soma do capital empregado com o juro obtido, $M = C + J$

Taxa (i): é a taxa percentual referente a um intervalo de tempo, onde os juros são calculados.

Tempo (t): é o período durante o qual o capital fica aplicado. O tempo pode ser dado em dias, meses ou anos.

12.2 CAPITALIZAÇÃO SIMPLES (JUROS SIMPLES)

O regime de capitalização simples ou "juros simples" é calculado sobre o capital inicial, independentemente do período, por isso o rendimento vai apresentar um valor fixo, para um determinado período de referência, que pode ser mensal, anual etc.

Esse regime está relacionado aos seguintes assuntos matemáticos: função polinomial do 1º grau e progressão aritmética, por isso o gráfico que representa o regime é uma reta e o crescimento é linear, ou seja, valor constante.

Gráfico
- Caso 1: tempo x juros

- Caso 2: tempo x montante

Obs.: a reta vai sair do valor inicial (capital)

Fórmulas:

$$J = \frac{C \cdot i \cdot t}{100}$$

J: juros ou rendimento

C: capital

i: taxa ou percentual cobrado

t: tempo

Obs.: o número 100 da fórmula é para evitar a transformação da taxa para a forma decimal.

$M = C(1 + i \cdot t)$

M: montante

C: capital

i: taxa ou percentual cobrado

t: tempo

Obs.: deve transformar a taxa para a forma decimal.

5% = 0,05 (forma decimal)

 Dica:

Se na fórmula você não visualizar o número 100 no denominador, então deve-se transformar a taxa para a forma decimal.

Cuidado:

1º) A taxa e o tempo devem estar no mesmo período de referência.

2º) No regime de capitalização simples é permitida a utilização do conceito de taxa proporcional.

Quando os juros, nos vários períodos, são calculados sobre o valor do capital inicial, dizemos que a capitalização é feita no regime de juros simples.

Temos então que: $J = \dfrac{C \cdot i \cdot t}{100}$

J = juros   **C** = capital   **i** = taxa   **t** = tempo

Não se esqueça!

1) A taxa e o tempo devem estar no mesmo período de referência.

2) Usando a fórmula: $J = \dfrac{C \cdot i \cdot t}{100}$ não precisa transformar o percentual.

3) Os juros são diretamente proporcionais ao capital aplicado (c), à taxa de mercado (i) e ao tempo da operação.

4) Pode-se usar taxas proporcionais em juros simples.

 Se ligue!

Cálculo do montante:
$M = C + J$ ou $M = C(1 + i \cdot t)$

12.3 TAXA PROPORCIONAL

Definição: duas (ou mais) taxas de juro simples são ditas proporcionais quando seus valores e seus respectivos períodos de tempo, reduzidos a uma mesma unidade, forem uma proporção.

Dica de cálculo

Caso 1: período maior para um período menor.

Fórmula: taxa . tempo (proporção entre os períodos informados).

Exemplo: 3% ao mês ---? % anual

Dica:

1 ano = 12 meses (relação entre os tempos).

3 . 12 = 36% ao ano.

Caso 2: período menor para um período maior.

Fórmula: taxa : tempo (proporção entre os períodos informados).

Exemplo: 24% ao semestre ---? % bimestre

 Dica:

1 semestre = 3 bimestres (relação entre os tempos).

24/3 = 8% ao bimestre

12.3.1 Treinamento básico

1) Calcule o juro de R$ 6000,00 aplicados durante 10 meses, à taxa de 2% ao mês, a juros simples.

Resolução:

Primeiro passo: retirar os dados.

C = 6000

i = 2%

t = 10

$$J = \frac{C \cdot i \cdot t}{100}$$

$$J = \frac{6000 \cdot 2 \cdot 10}{100} = \frac{120000}{100} = 1200$$

2) Calcule os juros simples do capital de R$ 4000,00, empregados à taxa de 6,5% a.a., em 8 meses.

Primeiro passo: retirar os dados.

C = 4000

i = 6,5% a.a.

t = 8 meses

Nesse caso, taxa e tempo possuem períodos diferentes.

Parte I – Cap. 12 – JUROS

$12x = 8.1$

$X = \dfrac{8}{12} = \dfrac{8^{:4}}{12^{:4}} = \dfrac{2}{3}$ ano

$J = \dfrac{C \cdot i \cdot t}{100}$

$J = \dfrac{4000 \cdot 6 \cdot 5 \cdot 2}{100 \cdot 3} = \dfrac{52000}{300} = 173{,}33$

3) Calcular o montante do capital de R$ 1800,00 colocado a juros simples, à taxa de 5% a.a., durante 720 dias.

Primeiro passo: retirar os dados.

C = 1800

i = 5% a.a.

t = 720 dias = 2 anos

$J = \dfrac{C \cdot i \cdot t}{100}$

$J = \dfrac{1800 \cdot 5 \cdot 2}{100} = \dfrac{18000}{100} = 180$

 Cuidado:

A questão pediu o montante!

M = C + J

M = 1800 + 180 = 1980

12.3.2 Treinamento comentado

1. **(TCE-PI)** Durante o mês de abril, um capital de R$ 20.000,00 foi colocado no *open market* (sistema de juros simples) pelo prazo de 24 dias, tendo produzido um montante de R$ 24.800,00. A taxa anual de juros simples a que esse capital esteve aplicado foi:

    (A) 30%

(B)   80%
(C)   120%
(D)   360%
(E)   720%

Resolução:

C = 20000

M = 24800

J = M - C

J = 24800 – 20000 = 4800

i = ?

t = 24 dias

$$J = \frac{C \cdot i \cdot t}{100}$$

$$4800 = \frac{20000 \cdot i \cdot 24}{100}$$

24200 . i = 4800

4800i = 4800

$i = \dfrac{4800}{4800} = 1\%$ (taxa ao dia, pois o tempo utilizado está em dias)

1% ao dia = 360% ao ano

Resposta: letra D.

----

2.   **(CONTADOR – RECIFE)** Um capital é aplicado a juros simples a uma taxa de 3% ao mês. Em quanto tempo esse capital aumentaria em 14% em relação ao seu valor inicial?

(A)   3meses e meio
(B)   4 meses
(C)   4 meses e 10 dias
(D)   4 meses e meio
(E)   4 meses e 20 dias

Resolução:

O juro total é 14% e o juro mensal é de 3%.

Taxa. tempo = taxa total

3 . t = 14

$t = \dfrac{14}{3} = 4,66666... = 4$ meses e 20 dias

Obs.:

$0,6666... = \dfrac{6}{9}$

$\dfrac{6}{9}$ do mês $= \dfrac{6}{9} \cdot 30 = \dfrac{180}{9} = 20$ dias

Resposta: letra E.

---

3. Uma loja de eletrodomésticos vende uma televisão por R$ 1.500,00 à vista. A prazo, a loja vende por R$ 1.800,00, sendo R$ 300,00 de entrada e o restante após 1 ano. Sabendo-se que a loja opera com juros simples, a taxa de juros cobrada, ao ano, é de:
   (A) 10,00%
   (B) 16,66%
   (C) 20,00%
   (D) 25,00%
   (E) 40,00%

Resolução:

Devemos ficar atentos nessa questão!

C = 1500 - 300 = 1200
M = 1800 - 300 = 1500

 Cuidado:

A dívida de hoje é 1500. Como foi feito um pagamento de R$ 300,00, então a quantia financiada é R$ 1200,00.

J = 1500 - 1200 = 300

$J = \dfrac{C \cdot i \cdot t}{100}$

$300 = \dfrac{1200 \cdot i \cdot 1}{100}$

12i = 300

$$i = \frac{300}{12} = 25\% \text{ a.a.}$$

Resposta: letra D.

---

4. Uma loja vende seus produtos com pagamentos em duas prestações mensais iguais, sem juros. A primeira prestação é paga no ato da compra e a segunda, um mês após. Entretanto um desconto de 10% é concedido se o cliente pagar à vista. Na realidade, essa loja cobra, nas vendas a prazo, juros mensais de:

(A)   10%
(B)   20%
(C)   11,11%
(D)   25%
(E)   15%

Resolução:

Nesse caso, podemos atribuir um valor para o produto, o valor base será R$ 100,00.

Se o pagamento for realizado à vista, será pago R$ 90,00 (10% de desconto).

Podemos concluir que a dívida real de hoje é R$ 90,00 e não R$ 100,00.

Pagamento parcelado: hoje R$ 50,00 e daqui a 30 dias R$ 50,00.

Capital 90 - 50 = 40.

O valor de hoje é 90, porém, há um pagamento de 50, logo, o valor devido é 40.

Esse valor de 40, que não foi pago, irá gerar um pagamento de 50 daqui a 30 dias.

M = 50

J = 50 - 40 = 10

t = 1 mês

$$J = \frac{C \cdot i \cdot t}{100}$$

$$10 = \frac{40 \cdot i \cdot 1}{100}$$

40i = 10 . 100

$$i = \frac{1000}{40} = 25\% \text{ ao mês}$$

Resposta: letra D.

Parte I – Cap. 12 – JUROS

261

5. **(FCC)** Um capital com juros correspondentes a 5 meses eleva-se a R$ 74.825,00. O mesmo capital, com juros correspondentes a 8 meses, eleva--se a R$ 75.920,00. Qual foi a taxa anual de juros empregada?

(A) 4%

(B) 5%

(C) 6%

(D) 7%

(E) 8%

Resolução:

$C + 5J = 74825$

$C + 8J = 75920$

Podemos observar que a diferença entre as equações é:

$3J = 1095$

$J = \dfrac{1095}{3} = 365$

$C + 5J = 74825$

$C + 5 \cdot 365 = 74825$

$C + 1825 = 74825$

$C = 74825 - 1825$

$C = 73000$

$C = 73000$

$t = 1$ mês

$J = 365$

$i = ?$

$J = \dfrac{C \cdot i \cdot t}{100}$

$365 = \dfrac{73000 \cdot i \cdot 1}{100}$

$730i = 365$

$i = \dfrac{365}{730} = 0,5\%$ a.m

$0,5\% \cdot 12 = 6\%$ ao ano

Resposta: letra C.

6. **(CEF)** Um capital foi aplicado a juro simples e, ao completar um período de 1 ano e 4 meses, produziu um montante equivalente a 7/5 de seu valor. A taxa mensal dessa aplicação foi de

(A) 2%
(B) 2,2%
(C) 2,5%
(D) 2,6%
(E) 2,8%

Resolução:

$$\frac{7}{5} = 1,4 = 140\%$$

C = 100% e J = 40%

T = 1 ano e 4 meses = 16 meses

Taxa . tempo = taxa total (juros totais)

i . 16 = 40

$$i = \frac{40}{16} = 2,5\% \text{ ao mês}$$

Resposta: letra C.

---

7. **(FGV 2010)** Leandro aplicou a quantia de R$ 200,00. Ao final do período, seu montante era de R$ 288,00.

Se a aplicação de Leandro se deu em regime de juros simples, durante 8 meses, a taxa mensal de juros foi

(A) 5,0%.
(B) 5,5%.
(C) 6,5%.
(D) 7,0%.
(E) 6,0%.

Resolução:

C = 200

M = 288

J = M - C

J = 288 - 200 = 88

T = 8 meses

Parte I – Cap. 12 – JUROS

Obs.: utilizando o tempo em meses a nossa taxa encontrada também será em meses.

$$J = \frac{C \cdot i \cdot t}{100}$$

$$88 = \frac{200 \cdot i \cdot 8}{100}$$

$$88 = 2 \cdot i \cdot 8$$

$$88 = 16i$$

$16i = 88$ (não precisa mudar o sinal, pois invertemos toda equação)

$$i = \frac{88}{16} = 5,5\% \text{ ao mês}$$

Resposta: letra B.

---

8. **(CESGRANRIO)** Se o capital for igual a 2/3 do montante e o prazo de aplicação for de 2 anos, qual será a taxa de juros simples considerada?
    (A) 1,04% a.m.
    (B) 16,67% a.m.
    (C) 25% a.m.
    (D) 16,67% a.a.
    (E) 25% a.a.

Resolução:

$C = 2/3M$

$M = M$

$$J = M - \frac{2M}{3} = \frac{1M}{3}$$

$t = 2$ anos

$$J = \frac{C \cdot i \cdot t}{100}$$

$$\frac{1M}{3} = \frac{2M \cdot i \cdot 2}{3 \cdot 100}$$

Obs.: quando temos capital fracionário ou tempo fracionário podemos colocar o denominador da fração junto com o número 100.

$300\,M = 2M \cdot 2 \cdot 3 \cdot i$

$300M = 12\,M\,i$

$12Mi = 300\,M$

$$i = \frac{300M}{12M} = 25\% \text{ ao ano}$$

Resposta: letra E.

---

9. (CESPE) Considere que um capital de R$ 40.000,00 seja aplicado em um fundo de investimentos e, ao final de 12 meses, o montante líquido atinja o dobro do capital inicial. Nesse caso, a taxa mensal de juros líquida, no regime de capitalização simples, é superior a 9%.

( ) Certo ( ) Errado

Resolução:

☑ **Dica:**

Regime de capitalização simples = juros simples

C = 40000

M = 2 . 40000 = 80000 (montante é igual ao dobro do capital inicial)

J = 80000 - 40000 = 40000

t = 12 meses

i = ? ao mês

$$J = \frac{C \cdot i \cdot t}{100}$$

$$40000 = \frac{40000 \cdot i \cdot 12}{100}$$

40000 = 400i . 12

40000 = 4800i

4800i = 40000

$$i = \frac{40000}{4800} = 8,33\% \text{ ao mês}$$

Resposta: item errado.

Comentário: se o montante vai dobrar de valor então o rendimento será de 100% (o rendimento é igual ao capital, por isso um rendimento de 100%).

Em 12 meses a uma taxa de 9% temos um rendimento de 108% (12 . 9), logo, a taxa será inferior a 9%.

PARTE I – Cap. 12 – JUROS

265

10. **(TJ SP 2014/ VUNESP)** Norberto tomou dois empréstimos, que foram pagos após 2 meses com o acréscimo de juro simples. No primeiro, de certo valor, a taxa de juros foi de 1% ao mês. No segundo, de valor R$ 1.600,00 maior que o do primeiro, a taxa de juros foi de 1,5% ao mês. Sabendo que a soma dos juros pagos nos dois empréstimos foi igual a R$ 128,00, é correto afirmar que a soma dos valores desses dois empréstimos é igual a

(A) R$ 3.200,00.

(B) R$ 3.600,00.

(C) R$ 4.000,00.

(D) R$ 4.800,00.

(E) R$ 4.600,00.

Resolução:

Aplicação 1: $C = C1$, $t = 2$ meses e $i = 1\%$ ao mês.

$J = C1 . 1.2/100$

$J = 0,02C1$

Aplicação 2: $C = C2$, $t = 2$ meses e $i = 1,5\%$ ao mês.

$J = C2 . 1,5.2/100$

$J = 0,03C2$

Obs.: $C2 = 1600 + C1$ e $J1 + J2 = 128$

$0,02C1 + 0,03C2 = 128$

$0,02C1 + 0,03(1600 + C1) = 128$

$0,02C1 + 48 + 0,03C1 = 128$

$0,02C1 + 0,03C1 = 128 - 48$

$0,05C1 = 80$

$C1 = 80/0,05 = 8000/5 = 1600$

$C2 = 1600 + 1600 (C1) = 3200$

Total $= 1600 + 3200 = 4800$

Resposta: letra D.

12.3.3 Treinamento do concursando

11. **(FCC)** Um capital acrescido dos seus juros, durante 24 meses, perfaz um total equivalente a seus 8/5. A taxa de juros (anual) a que foi empregada é de:

(A) 24%

(B) 26%
(C) 28%
(D) 30%
(E) 32%

12. **(TRT-GO)** Se uma pessoa deseja obter um rendimento de R$ 27.000,00, dispondo de R$ 90000,00 de capital, que taxa de juros simples quinzenal o dinheiro deverá ser aplicado no prazo de 5 meses?

(A) 10%
(B) 3%
(C) 5%
(D) 8%
(E) 5,5%

13. **(TFC-ESAF)** Um capital é aplicado a juros simples à taxa de 4% ao mês por 45 dias. Calcule os juros como porcentagem do capital aplicado.

(A) 4%
(B) 4,5%
(C) 6%
(D) 5%
(E) 6,12%

14. **(TRT 2ª Região – 04)** Uma pessoa tem R$ 20.000,00 para aplicar a juros simples. Se aplica R$ 5.000,00 à taxa mensal de 2,5% e R$ 7.000,00 à taxa mensal de 1,8%, então, para obter um juro anual de R$ 4.932,00, deve aplicar o restante à taxa mensal de:

(A) 2%
(B) 2,1%
(C) 2,4%
(D) 2,5%
(E) 2,8%

15. **(CEF)** Um capital de R$ 15.000,00 foi aplicado a juro simples à taxa bimestral de 3%. Para que seja obtido um montante de R$ 19.050,00, o prazo dessa aplicação deverá ser de:

(A) 1 ano e 10 meses.
(B) 1 ano e 9 meses.
(C) 1 ano e 8 meses.
(D) 1 ano e 6 meses.
(E) 1 ano e 4 meses.

PARTE I – Cap. 12 – JUROS

267

16. **(CEF)** Numa aplicação a juro simples um capital produz em 2 meses o montante de R$ 5.460,00. Se aplicado à mesma taxa mensal, o mesmo capital produziria, ao final de 5 meses, o montante de R$ 5.850,00. O valor desse capital é

(A) R$ 5.280,00
(B) R$ 5.200,00
(C) R$ 5.180,00
(D) R$ 5.100,00
(E) R$ 5.008,00

17. **(TRT 4ª Região – 06)** Uma pessoa tem R$ 2.000,00 para investir. Se aplicar 3/4 dessa quantia a juros simples, à taxa mensal de 5%, então, para obter um rendimento mensal de R$ 90,00, deverá investir o restante à taxa mensal de:

(A) 1%
(B) 2%
(C) 3%
(D) 4%
(E) 5%

18. **(BESC)** Um artigo é vendido, à vista, por R$ 150,00 ou em dois pagamentos de R$ 80,00 cada um: o primeiro no ato da compra, e o segundo, um mês após a compra. Os que optam pelo pagamento parcelado pagam juros mensais de taxa aproximadamente igual a:

(A) 14,29%;
(B) 13,33%;
(C) 9,86%;
(D) 7,14%;
(E) 6,67%.

19. **(Banco do Brasil)** Uma geladeira é vendida à vista por R$ 1.000,00 ou em duas parcelas, sendo a primeira como uma entrada de R$ 200,00 e a segunda dois meses após, no valor de R$ 880,00. Qual a taxa mensal de juros simples utilizada?

(A) 6%;
(B) 5%;
(C) 4%;
(D) 3%;
(E) 2%.

20. Determinado capital aplicado a juros simples durante 18 meses rendeu R$ 7.200,00. Sabe-se que, se o dobro deste capital fosse aplicado a juros sim-

ples com a mesma taxa anterior, geraria, ao final de dois anos, o montante de R$ 40.000,00. O valor do capital aplicado na primeira situação foi:
(A) R$ 24.000,00;
(B) R$ 20.800,00;
(C) R$ 15.200.00;
(D) R$ 12.500,00;
(E) R$ 10.400.00.

21. **(TRF 2006/ESAF)** Indique qual o capital que aplicado a juros simples à taxa de 3,6% ao mês rende R$ 96,00 em 40 dias.
(A) R$ 2.000,00
(B) R$ 2.100,00
(C) R$ 2.120,00
(D) R$ 2.400,00
(E) R$ 2.420,00

22. **(CESPE)** Se um capital de R$ 10.000,00 for aplicado pelo período de 1 ano à taxa de juros simples de 6% ao mês, então, ao término desse período, o montante existente nessa aplicação será superior a R$ 17.400,00.
(   ) Certo   (   ) Errado

12.4 JUROS COMPOSTOS

12.4.1 Introdução

O regime de capitalização composta ou "juros compostos" é calculado sobre o capital inicial acrescido do rendimento do período anterior.

Esse regime está relacionado aos seguintes assuntos matemáticos: função exponencial e progressão geométrica, por isso o gráfico que representa o regime é curva exponencial.

Gráfico

Caso 1: tempo x juros

Caso 2: tempo x montante

Obs.: a curva inicia do valor inicial (capital).

Fórmulas:

M = C (1+ i)^t

M: montante

C: capital

i: taxa ou percentual cobrado

t: tempo

Obs.: deve transformar a taxa para a forma decimal

3% = 0,03 (forma decimal)

 Dica:

Se na fórmula você não visualizar o número 100 no denominador, então deve transformar a taxa para a forma decimal.

J = C [(1 + i)^t - 1]

J: juros ou rendimento

C: capital

i: taxa ou percentual cobrado

t: tempo

 Cuidado:

1º) A taxa e o tempo devem estar no mesmo período de referência.

2º) A palavra capitalização refere-se a juros compostos, por isso, quando a questão informar que o capital foi capitalizado, então pode-se afirmar que o regime utilizado é o regime composto.

3º) O período utilizado como referência deve ser o período da capitalização. Não ocorrendo a informação do período da capitalização, então deve-se utilizar como o referência o período da taxa.

Comparação entre Juros Simples (Js) e Juros Compostos (Jc)

Essa comparação só pode ser utilizada para um mesmo capital e uma mesma taxa.

Caso 1: T = 1

Quando temos apenas uma capitalização, então o regime composto e o regime simples apresentam valores iguais.

Comentário: quando temos apenas uma capitalização pode-se utilizar o regime simples ou composto.

Caso 2: t > 1

Quando temos mais de uma capitalização, então o regime composto é mais favorável.

Exemplo: uma aplicação de R$ 1.000,00 durante 2 meses à taxa de 5% ao mês no regime composto irá apresentar um valor superior ao regime simples, pois temos duas capitalizações.

Caso 3: T < 1

Quando temos uma capitalização por um período inferior à taxa, então o regime simples apresentará um valor superior ao regime composto.

Exemplo: uma aplicação de certo valor à taxa de 5% ao mês durante 20 dias vai resultar em um maior rendimento se for utilizado o regime simples, pois o tempo da capitalização (20 dias) é inferior ao período da taxa (mês).

12.4.2 Treinamento comentado

23. **(FCC 2012)** Não tendo recursos para saldar um empréstimo de R$ 110.000,00 (na data do vencimento), determinada empresa fez um acordo com a instituição financeira para pagá-lo 90 dias após o vencimento. Sabendo que a taxa de juros compostos cobrada pelo banco foi de 5% ao mês, o valor pago pela empresa foi, em reais,

   (A) 115.500,00
   (B) 115.762,50
   (C) 121.275,00
   (D) 126.500,00
   (E) 127.338,75

Resolução:

C = 110000

t = 90 dias = 3 meses

i = 5% = 5/100 = 0,05

$M = ?$

$M = C (1+ i)t$

$M = 110000 (1 + 0,05)^3$

$M = 110000(1,05)^3$ $\qquad (1,05)^3 = (1,05)(1,05)(1,05) = 1,157626$

$M = 110000 . 1,157626$

$M = 127338,75$

Resposta: letra E.

- -

24. (CEF) Num regime de capitalização composta, o montante M, resultante da aplicação de um capital C à taxa porcentual i, por n períodos, é dado pela lei M = C. (1+i). Assim, dados M, C e n, a taxa i pode ser calculada pela expressão:

(A) $\quad i = (M/C)^{1/N}$

(B) $\quad i = (M - C)/C)^{1/N}$

(C) $\quad i = (M^{1/N} - C^{1/N})/C^{1/N}$

(D) $\quad i = (M^N - C^N/C^N$

(E) $\quad i = ((M + C)/C)^N$

Resolução:

Toda vez que a questão solicitar a taxa, em juros compostos, iremos "sair" por essa fórmula:

$$i = \sqrt[t]{\frac{M}{C}} - 1$$

Nesse caso, devemos desenvolver a fórmula.

$$\sqrt[n]{\frac{M}{C}} = \frac{\sqrt[n]{M}}{\sqrt[n]{C}} = \frac{M^{\frac{1}{n}}}{C^{\frac{1}{n}}}$$

Resumindo, temos:

$$\frac{M^{\frac{1}{n}}}{C^{\frac{1}{n}}} - 1 = (M^{1/N} - C^{1/N})/C^{1/N}$$

Reposta: letra C.

- -

25. **(CESPE/UNB)** Determinada quantia é investida à taxa de juros compostos de 20% ao ano, capitalizados trimestralmente. Para que tal quantia seja duplicada, deve-se esperar:

(A) $\dfrac{\log 5}{\log 1,05}$ trimestres

(B) $\dfrac{\log 2}{\log 1,05}$ trimestres

(C) $\dfrac{\log 5}{\log 1,2}$ trimestres

(D) $\dfrac{\log 2}{\log 1,5}$ trimestres

(E) $\dfrac{\log 20}{\log 1,2}$ trimestres

Resolução:

Quando a questão pedir solicitar o tempo, então iremos utilizar a seguinte fórmula:

$$t = \frac{\log^{\frac{M}{C}}}{\log^{1+i}}$$

⚠️ **Cuidado:**

A questão envolve taxa nominal.

Quando o período da taxa não coincide com o período da capitalização, a taxa é dita nominal.

Ex.: 120% a.a., com capitalização mensal.

    24% a.b., com capitalização mensal.

Em taxa nominal deve-se usar taxas proporcionais. Exemplo:

120% a.a., com capitalização mensal. Na verdade, a taxa é de 10%.

Agora que sabemos o que é taxa nominal, vamos responder à questão.

$i = 20\%$ ao ano, capitalizados trimestralmente = 5% ao trimestre

$i = 0,05$

$M = 2\ C$ (o montante é o dobro do capital)

$C = C$

$$t = \frac{\log^{\frac{M}{C}}}{\log^{1+i}} = \frac{\log^{\frac{2C}{C}}}{\log^{1+0,05}} = \frac{\log^{2}}{\log^{1,05}}$$

Resposta: letra B.

PARTE I – Cap. 12 – JUROS

26. Um capital de R$ 8.000,00 foi aplicado a juros compostos durante 2 meses, obtendo-se no final do prazo um montante de R$ 12.500,00. A taxa mensal de juros desse investimento está compreendida entre:

(A)   1% e 10%

(B)   10% e 20%

(C)   20% e 30%

(D)   30% e 40%

(E)   40% e 50%

Resolução:

C = 8000
M = 12500
t = 2 meses
i = ?

☑ **Dica:**

No cálculo da taxa, no regime composto, deve-se utilizar a seguinte fórmula:

$$i = \sqrt[T]{\frac{M}{C}} - 1$$

Obs.: $\sqrt[2]{a} = \sqrt{a}$

$$i = \sqrt{\frac{12500}{8000}} - 1$$

Obs.: $\dfrac{12500}{8000} = \dfrac{125:5}{80:5} = \dfrac{25}{16}$

$$i = \sqrt{\frac{25}{16}} - 1$$

$$i = \frac{\sqrt{25}}{\sqrt{16}} - 1$$

i = 5/4 - 1

i = 1,25 - 1 = 0,25 (resultado na forma decimal)

0,25 . 100 = 25% ao mês

Resposta: letra C.

27. (BB FCC 2010) Um capital é aplicado, durante 8 meses, a uma taxa de juros simples de 15% ao ano, apresentando um montante igual a R$ 13.200,00 no final do prazo. Se este mesmo capital tivesse sido aplicado, durante 2 anos, a uma taxa de juros compostos de 15% ao ano, então o montante no final deste prazo seria igual a

(A) R$ 15.606,50.
(B) R$ 15.870,00.
(C) R$ 16.531,25.
(D) R$ 17.192,50.
(E) R$ 17.853,75.

Resolução:

• 1ª etapa: regime simples.

Nessa etapa vamos descobrir o capital da segunda operação.

M = 13200

C = C

I = 15% ao ano = 15/12 = 1,25% ao mês

t = 8 meses

J = 13200 - C

$$J = \frac{C \cdot i \cdot t}{100}$$

$$13200 - C = \frac{C \cdot 1,25 \cdot 8}{100}$$

1,25 . 8 . C = 100(13200 - C)

10C = 132000 - 100C

10C + 100C = 132000

110C = 132000

$$C = \frac{132000}{110} = 12000$$

• 2ª etapa: regime composto

C = 12000 (o capital é o mesmo do regime simples)

t = 2 anos

i = 15% ao ano = 15/100 = 0,15

M = C (1 + i)^t

M = 12000(1 + 0,15)^2

M = 12000(1,15)^2

M = 12000 . 1,3225

M = 15870

Resposta: *letra B.*

---

28. (BB CESGRANRIO 2015) Um microempresário precisa aumentar seu capital de giro e resolve antecipar 5 cheques de 10.000 reais cada um, todos com data de vencimento para dali a 3 meses. O gerente do banco informa que ele terá exatamente dois custos para realizar a antecipação, conforme descritos a seguir.

Custo 1 – Um desconto sobre o valor dos cheques a uma taxa de 4% ao mês. Esse desconto será diretamente proporcional ao valor dos cheques, ao tempo de antecipação e à taxa de desconto anunciados. Custo 2 – Custos operacionais fixos de 500 reais para antecipações de até 100 mil reais. Assim, comparando o valor de fato recebido pelo microempresário e o valor a ser pago após 3 meses (valor total dos cheques), o valor mais próximo da taxa efetiva mensal cobrada pelo banco, no regime de juros compostos, é de

(A) 5,2%
(B) 4,5%
(C) 4,7%
(D) 5,0%
(E) 4,3%

Resolução:

Comentário: a taxa efetiva é uma taxa que permite capitalizar o capital de tal forma que o montante encontrado seja equivalente ao valor nominal. A questão informou que o desconto é diretamente propocional, por isso, temos a seguinte situação: 50000 (total correspondente aos cinco cheques) . 0,04(4) . 3(número de meses) = 50000 . 0,04 . 3 = 6000 (valor descontado).

Valor líquido = 50000 - 6000 (valor descontado) - 500 (taxa administrativa) = 43500

 Cuidado:

Taxa efetiva no regime de juros compostos!!!

C = 43500

M = 50000

T = 3

M = C (1 + i)^t

$50000 = 43500(1 + i)^3$

$(1 + i)^3 = 50000/43500$

$(1 + i)^3 = 1,1494$

Obs.: o valor de $1,047^3 = 1,148$, logo $(1 + i)^3 = 1,047^3$

$1 + i = 1,047$

$I = 1,047 - 1$

$I = 0,047. 100 = 4,7\%$

Resposta: letra C.

----

29. (BB FCC 2011) Saulo aplicou R$ 45.000,00 em um fundo de investimento que rende 20% ao ano. Seu objetivo é usar o montante dessa aplicação para comprar uma casa que, na data da aplicação, custava R$ 135 000,00 e se valoriza à taxa anual de 8%. Nessas condições, a partir da data da aplicação, quantos anos serão decorridos até que Saulo consiga comprar tal casa?

Dado: (Use a aproximação: log 3 = 0,48)

(A) 15.

(B) 12.

(C) 10.

(D) 9.

(E) 6.

Resolução:

Comentário: As duas aplicação devem apresentar o mesmo valor final, ou seja, o mesmo montante.

• Caso 1:

$C = 45000$

$i = 20\%$ ao ano $= 20/100 = 0,2$

$t = t$

$M = C(1 + i)^t$

$M = 45000(1 + 0,2)^t$

$M = 45000 (1,2)^t$

• Caso 2:

$C = 135000$

$i = 8\%$ ao ano $= 8/100 = 0,08$

$t = t$

$M = C(1 + i)^t$

$M = 135000(1 + 0,08)^t$

$M = 135000\ (1,08)^t$

$M_1 = M_2$

$45000(1,2)^t = 135000(1,08)^t$

$(1,2)^t = \dfrac{135000}{45000} \cdot (1,08)^t$

$(1,2)^t = 3 \cdot (1,08)^t$

$\dfrac{(1,2)^t}{(1,08)^t} = 3$

$\left(\dfrac{1,2}{1,08}\right)^t = 3$

$\left(\dfrac{120:12=10}{108:12=9}\right)^t = 3$

$\left(\dfrac{10}{9}\right)^t = 3$

☑ **Dica:**

$\log a^m - \log b$

$a^m = b$

$\log a^m = \log b$

$\log\left(\dfrac{10}{9}\right)^t = \log^3$

$t \cdot \log^{\frac{10}{9}} = \log 3$

$t(\log 10 - \log 9) = \log 3$

Obs.: $\text{Log}^9 = \text{Log}^{3.3} = \log^3 + \log^3 = 0,48 + 0,48 = 0,96$

$\text{Log}^{10} = 1$

$t(1 - 0,96) = 0,48$

$0,04\ t = 0,48$

$t = \dfrac{0,48}{0,04} = \dfrac{48}{4} = 12$ meses

Resposta: letra B.

30. **(CESGRANRIO 2011) O valor, em reais, mais próximo do montante da aplicação de R$ 2.000,00 a juros compostos de taxa mensal de 4% por dois meses é**

(A) 2.040

(B) 2.080

(C) 2.160

(D) 2.163

(E) 2.180

Resolução:

C = 2000

i = 4% ao mês = 4/100 = 0,04

t = 2 meses

M= ?

$M = C(1 + i)^t$

$M = 2000(1 + 0,04)^2$

$M = 2000(1,04)^2$

$M = 2000 . 1,0816 = 2163,2$

Resposta: letra D.

12.4.3 Treinamento do concursando

31. **(CEF)** Um capital de R$ 2.000,00 foi aplicado à taxa de 3% a.m. por 60 dias, e o de R$ 1.200,00, à taxa de 2% a.m. por 30 dias. Se a aplicação foi a juros compostos:

(A) O montante total recebido foi de R$ 3.308,48

(B) O montante total recebido foi de R$ 3.361,92

(C) O montante total recebido foi de R$ 4.135,64

(D) A diferença positiva entre os montantes recebidos foi de R$ 897,80

(E) A diferença positiva entre os montantes recebidos foi de R$ 935,86

---

32. **(Banco de Brasil)** Se aplicarmos R$ 25.000,00 a juros compostos, rendendo a 7% a cada bimestre, quanto teremos após 3 anos?

(A) $25.000 (1,70)^8$

(B) $25.000 (1,70)^{18}$

Parte I – Cap. 12 – JUROS

(C)   25.000 (0,70)^3
(D)   25.000 (1,07)^{18}
(E)   25000 (0,70)^{18}

33. **(BACEN)** Um capital de R$ 4.000,00 aplicado a 2% ao mês, durante três meses, na capitalização composta, gera um montante de:
(A)   R$ 6.000,00
(B)   R$ 4.240,00
(C)   R$ 5.500,00
(D)   R$ 4.244,83
(E)   R$ 6.240,00

34. **(BC)** Um capital de R$ 1.000,00 foi aplicado a juros compostos, à taxa de 30% ao mês. O montante, após 2 meses, era:
(A)   R$ 1.600,00
(B)   R$ 1.630,00
(C)   R$ 1.670,00
(D)   R$ 1.690,00
(E)   R$ 1.720,00

35. **(BC)** Um capital de R$ 8.000,00 foi aplicado a juros compostos durante 2 meses, obtendo-se no final do prazo um montante de R$ 12.500,00. A taxa mensal de juros desse investimento está compreendida entre:
(A)   1% e 10%
(B)   10% e 20%
(C)   20% e 30%
(D)   30% e 40%
(E)   40% e 50%

36. **(BC)** Apliquei a metade de um capital "C" a juros compostos, à taxa de 40% ao bimestre durante 4 meses e a outra metade a juros simples, durante o mesmo prazo. Para que os montantes dos investimentos sejam iguais, a taxa mensal do segundo investimento deverá ser:
(A)   24%
(B)   23,5%
(C)   23%
(D)   22,5%
(E)   22%

37. (CEF) Um capital de R$ 2.500,00 esteve aplicado à taxa mensal de 2%, num regime de capitalização composta. Após um período de 2 meses, os juros resultantes dessa aplicação serão

(A) R$ 98,00
(B) R$ 101,00
(C) R$ 110,00
(D) R$ 114,00
(E) R$ 121,00

38. (CEF) Pretendendo guardar uma certa quantia para as festas de fim de ano, uma pessoa depositou R$ 2.000,00 em 05/06/97 e R$ 3.000,00 em 05/09/97. Se o banco pagou juros compostos à taxa de 10% ao trimestre, em 05/12/97 essa pessoa tinha um total de

(A) R$ 5.320,00
(B) R$ 5.480,00
(C) R$ 5.620,00
(D) R$ 5.680,00
(E) R$ 5.720,00

39. (CESGRANRIO – 2008 – Caixa – Escriturário) O gráfico a seguir representa as evoluções no tempo do Montante a Juros Simples e do Montante a Juros Compostos, ambos à mesma taxa de juros. M é dado em unidades monetárias e t, na mesma unidade de tempo a que se refere a taxa de juros utilizada. Analisando-se o gráfico, conclui-se que para o credor é mais vantajoso emprestar a juros

(A) compostos, sempre.
(B) compostos, se o período do empréstimo for menor do que a unidade de tempo.
(C) simples, sempre.
(D) simples, se o período do empréstimo for maior do que a unidade de tempo.
(E) simples, se o período do empréstimo for menor do que a unidade de tempo.

40. (CESGRANRIO) Qual é o investimento necessário, em reais, para gerar um montante de R$ 18.634,00, após 3 anos, a uma taxa composta de 10% a.a.?

(A) 14.325,00
(B) 14.000,00
(C) 13.425,00
(D) 12.000,00
(E) 10.000,00

GABARITO

1. D	2. E	3. D	4. D	5. C	6. C	7. B
8. E	9. Errado	10. D	11. D	12. B	13. C	14. A
15. D	16. B	17. C	18. A	19. B	20. E	21. A
22. Errado	23. E	24. C	25. B	26. C	27. B	28. C
29. B	30. D	31. D	32. D	33. D	34. D	35. C
36. A	37. B	38. E	39. E	40. B		

13

FUNÇÃO

13.1 NOÇÃO

A função é um dos conceitos mais importantes da Matemática e talvez o mais utilizado na prática. A função representa uma lei que associa dois conjuntos não vazios, por isso várias situações do cotidiano podem ser relacionadas por uma função. Exemplos: a compra do pão (quantidade *versus* valor), corrida de um táxi (distância *versus* valor cobrado).

O conceito matemático da função é:

A função é uma lei matemática que associa dois conjuntos não vazios.

Uma função f de X em Y:

$f : X \to Y$

relaciona com cada elemento x em X, um único elemento $y = f(x)$ em Y.

Nesse caso, o conjunto X é domínio e Y é imagem.

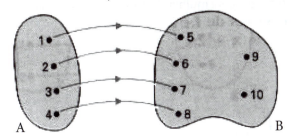

Vamos analisar alguns diagramas e suas relações.

O conjunto A = {1, 2, 3, 4}, o conjunto B = {5, 6, 7, 8, 9, 10}

Podemos observar que cada elemento de A está associado a um único elemento do conjunto B, logo, essa relação representa uma função.

Nesse caso o conjunto A é conjunto domínio (X) e o conjunto B (Y) é o contradomínio e o conjunto {5, 6, 7, 8} é o conjunto imagem.

Comentário:

O conjunto domínio é conjunto de partida da flecha.

O conjunto contradomínio é o conjunto de chegada da flecha.

O conjunto imagem são os elementos do contradomínio que se relacionam com conjunto domínio.

Vamos construir um conceito para nunca mais errar isso, ok?

Conjunto domínio = mulheres

Conjunto contradomínio = homens

As regras desse relacionamento são as seguintes:

As mulheres não podem trair nem ficar sozinhas.

Os homens podem trair e podem ficar sozinhos.

Vamos um teste!

Vamos analisar a seguinte relação.

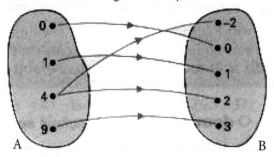

Nesse caso, não temos uma função, pois a mulher de número 4 está se relacionando com dois homens. Lembrem-se: as mulheres não podem trair.

Vamos analisar a seguinte relação.

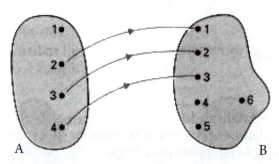

Nesse caso, não temos uma função, pois a mulher de número 1 está sozinha e as mulheres não podem ficar sozinhas.

13.2 VALOR NUMÉRICO DE UMA FUNÇÃO

Uma função é representada pela expressa f(x).

 Dica:

(x) = é o valor de Y para x = x.
F(7) = é valor de Y para x = 7.

 Exemplo:

Dada a função f(x) = 3x + 8. Determine f(3)

Resolução:

Para calcular F(3) basta colocar o número 3 no lugar do x.

f(x) = 3x + 8
f(3) = 3.3 + 8
f(3) = 9 + 8 = 17
Conclusão: para x = 3 temos y = 17

13.3 FUNÇÃO POLINOMIAL DO 1º GRAU

Definição: chama-se **função polinomial do 1º grau**, ou **função afim**, a qualquer função f de IR em IR dada por uma lei da forma f(x) = ax + b, onde a e b são números reais dados e a ≠ 0.

Na função f(x) = ax + b, o número **a** é chamado de coeficiente angular de x e o número **b** é chamado de termo constante.

Veja alguns exemplos de funções polinomiais do 1º grau:

f(x) = 5x - 3, onde a = 5 e b = -3
f(x) = -2x - 7, onde a = -2 e b = -7
f(x) = 11x, onde a = 11 e b = 0

13.3.1 Treinamento comentado

1. **(Unisinos-RS)** Suponha que o número de carteiros necessários para distribuir, em cada dia, as correspondências entre as residências de um bairro seja dado pela função $f(x) = \dfrac{22x}{500 + 2x}$, em que x é o número de residências e f(x) é o número de carteiros.

   Se foram necessários 6 carteiros para distribuir, em um dia, estas correspondências, o número de residências desse bairro que as receberam é:
   - (A) 300
   - (B) 340
   - (C) 400
   - (D) 420
   - (E) 500

Resolução:

Resumo: x é número de residências e f(x) é número de carteiros.

Objetivo: transformar a função em uma equação do 1º grau.

X = ? e f(x) = 6

$$f(x) = \frac{22x}{500 + 2x}$$

$$6 = \frac{22x}{500 + 2x}$$

$$22x = 6(500 + 2x)$$

$$22x = 3000 + 12x$$

$$22x - 12x = 3000$$

$$10x = 3000$$

$$x = \frac{3000}{10} = 300$$

Texto para as questões 2 e 3

Na produção de peças, uma indústria tem um custo fixo de R$ 8,00 mais custo variável de R$ 0,50 por unidade produzida. Sendo x o número de unidades produzidas:

2. Escreva a lei da função que fornece o custo total de peças;

Resolução:

 Dica:

O a é o valor variável de produção, ou seja, é valor de cada unidade e o b é valor fixo, que não se altera.

O valor de a é 0,50, pois é o fator de aumento por unidade e b = 8, pois b representa o valor fixo ou custo fixo.

F(x) = 0,50x + 8

3. Calcule o custo de 100 unidades;

F(x) = 0,50x + 8

F(100) = 050 . 100 + 8

F(100) = 50 + 8 = 58

13.4 CONSTRUÇÃO DO GRÁFICO

O gráfico de uma função polinomial do 1º grau, y = ax + b, com a ≠ 0, é uma reta.

Sempre que você observar que o gráfico é uma reta, então pode concluir que é uma questão sobre função polinomial do 1º grau. A questão não precisa dizer que função representa, ok? (Basta mostrar que o gráfico é uma reta).

Se o a > 0, a função é chamada de crescente, e se a < 0, a função é decrescente.

Caso 1: a > 0

Uma função é chamada de crescente quando os valores de x e y estão aumentando.

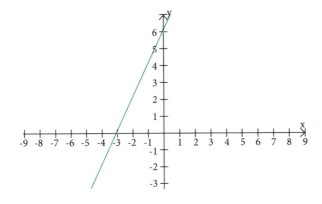

Caso 2: a < 0

Uma função é chamada de decrescente quando o valor de x aumenta e o de y diminui na mesma proporção.

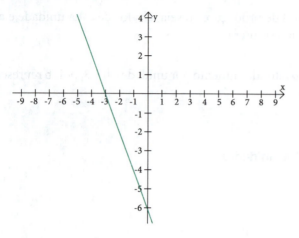

Não podemos esquecer que o gráfico da função afim $y = ax + b$ é uma reta.

Conceitos importantes!

O coeficiente de x, **a**, é chamado **coeficiente angular da reta** e, como veremos adiante, a está ligado à inclinação da reta em relação ao eixo Ox.

O termo constante, b, é chamado coeficiente linear da reta. Para $x = 0$, temos $y = a \cdot 0 + b = b$. Assim, o coeficiente linear é a ordenada do ponto em que a reta corta o eixo Oy.

 Se ligue!

Temos dois pontos especiais no gráfico de uma função polinomial do 1º grau.

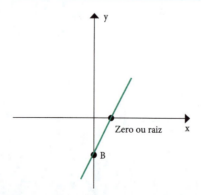

B: é o ponto onde a reta corta o eixo Y.

Zero ou raiz da função: é o ponto onde a reta corta o eixo X.

Zero ou raiz da função= -b/a

Obs.: o a não representa nenhum ponto do gráfico. O a é ângulo formado entre o gráfico (reta) e o eixo x, por isso é chamado de coeficiente angular.

Exemplo comentado

1) Encontre a lei da função dos gráficos abaixo:

a)

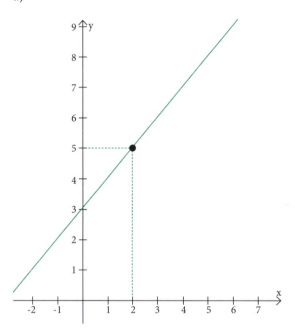

Resolução:

O gráfico fornece as seguintes conclusões:

Função polinomial do 1º grau, temos os seguintes pontos (2,5) e (0,3) e b =3 (ponto onde a reta toca o eixo Oy).

Obs.:

O ponto (2,5): é valor de x = 2 e y = 5.

O par ordenado é ponto (X, Y) e (x, y) ≠ (y, x)

O coeficiente angular pode ser encontrado pela fórmula: $a = \dfrac{y_2 - y_1}{x_2 - x_1}$

$a = \dfrac{5 - 3}{2 - 0} = \dfrac{2}{2} = 1$

A função polinomial do 1º grau tem a forma f(x) = ax + b. Logo, a função do gráfico é: f(x) = x + 3.

> ☑ **Dica especial:**
>
> Nesse exemplo temos o valor de b, pois b é o ponto onde a reta toca o eixo y.

Temos b = 3 e o ponto (2,5)

Quando temos o valor de b e um ponto, podemos utilizar a seguinte fórmula:

$$a = \frac{y - b}{x}$$

Aplicando na fórmula, temos:

$$a = \frac{5 - 3}{2} = \frac{2}{2} = 1$$

Essa fórmula podemos aplicar quando o valor de b é um ponto ou par ordenado.

b)

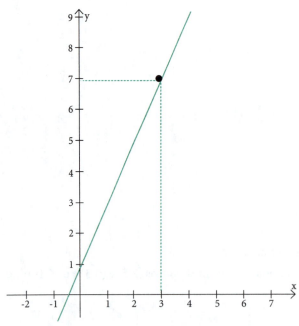

Resolução:

O gráfico fornece as seguintes conclusões:

Função polinomial do 1º grau, temos os seguintes pontos (3, 7) e (0, 1) e b = 1 (ponto onde a reta toca o eixo Oy).

O coeficiente angular pode ser encontrado pela fórmula: $a = \dfrac{y_2 - y_1}{x_2 - x_1}$

$a = \dfrac{7-1}{3-0} = \dfrac{6}{3} = 2$

A função polinomial do 1º grau tem a forma $f(x) = ax + b$. Logo, a função do gráfico é: $f(x) = 2x + 1$

13.4.1 Treinamento comentado

A depreciação de um equipamento industrial ocorre segundo uma função do 1º grau. O equipamento vale hoje R$ 8.000,00 e daqui a 6 anos, R$ 5.000,00. Coloque (C) para afirmação correta e (E) para afirmação errada.

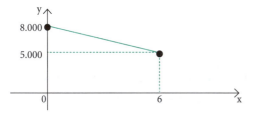

4 (   ) o gráfico acima representa a depreciação do equipamento.

5 (   ) a função que representa a depreciação do equipamento é y = -500x + 8.000.

6 (   ) a função que representa a depreciação do equipamento é crescente.

7 (   ) daqui a 5 anos o valor do equipamento será de R$ 5.000,00.

8 (   ) daqui a 2 anos o valor do equipamento será de R$ 7.000,00.

9 (   ) daqui a 15 anos o equipamento não terá valor.

Resolução:

Resumo do texto: o equipamento vale hoje R$ 8.000,00 e daqui a 6 anos, R$ 5.000,00.

Conclusão: b = 8000 (valor de hoje, logo, x = 0) e temos os pontos (0,8000) e (6,5000).

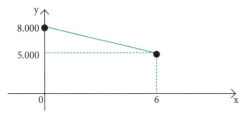

4. **O gráfico acima representa a depreciação do equipamento.**

O gráfico está correto; pois a reta é decrescente, toca o eixo Oy no ponto 8.000 e possui o ponto (6, 5.000).

Resposta: *item correto.*

---

5. **A função que representa a depreciação do equipamento é y = -500x + 8.000.**

A função tem a forma f(x) = ax + b ou y = ax + b.

Pontos: (0, 8000) e (6, 5000)

$$a = \frac{5000 - 8000}{6 - 0} = -\frac{3000}{6} = -500$$

b = 8000

Resposta: *item correto.*

---

6. **A função que representa a depreciação do equipamento é crescente.**

A função é decrescente, pois o valor de a é negativo.

Resposta: *item errado.*

---

7. **Daqui a 5 anos o valor do equipamento será de R$ 5.000,00.**

f(x) = -500x + 8000

f(5) = -500.5 + 8000

f(5) = -2500 + 8000

f(5) = 5500

Resposta: *item errado.*

---

8. **Daqui a 2 anos o valor do equipamento será de R$ 7.000,00.**

f(x) = -500x + 8000

f(2) = -500 . 2 + 8000

f(2) = -1000 + 8000

f(2) = 7000

Resposta: *item correto.*

PARTE I – Cap. 13 – FUNÇÃO

9. **Daqui a 15 anos o equipamento não terá valor.**

f(x) = -500x + 8000

f(15) = -500 . 15 + 8000

f(15) = -7500 + 8000

f(15) = 500

Resposta: *item errado.*

(CESPE) No Brasil, a estabilidade econômica e a competição global mudaram a pauta das negociações entre patrões e empregados. Bom para todo mundo. Nos últimos anos, o número de greves no país caiu bem abaixo dos picos alcançados nas décadas anteriores e ficou maior a taxa de participação do setor público no total de paralisações. Esses números estão representados nas tabelas abaixo.

número de paralisações						
1989	1990	1995	1996	2004	2005	2006
2.193	1.952	1.056	1.258	302	299	300

localização das greves	1996	2005
em empresas privadas	69%	45%
em estatais e no governo	31%	55%

Acerca das informações do texto acima, julgue o item que se segue.

10. **Em um sistema de coordenadas cartesianas xOy, em que, no eixo Ox, representam-se os anos e, no eixo Oy, os números de paralisações ocorridas em cada ano, o gráfico resultante corresponde a uma função polinomial no intervalo 1989 ≤ X ≥ 2006.**

( ) Certo   ( ) Errado

Resolução:

Função polinomial do 1º grau possui uma relação linear, ou seja, a diferença dos valores de y é constante. Exemplo:

X	1	2	3	4
Y	5	7	9	11

Podemos observar na relação acima que sempre que x aumenta uma unidade o valor de y aumenta duas unidades, logo, possuem uma relação linear (crescimento ou decrescimento constante).

Nos dados fornecidos pela questão devemos ter cuidado, pois os valores de x (tempo) aumentam de forma desproporcional.

2193 - 1952 = 241

1258 - 1056 = 202

Entre 1898 e 1990 o aumento foi de 241 e entre 1995 e 1996 foi de 202, veja que o x aumentou uma unidade e o y não manteve o padrão. Podemos concluir que a tabela anterior não representa uma função polinomial do 1º grau.

Resposta: item errado.

11. (PETROBRAS CESGRANRIO 2010) A função geradora do gráfico abaixo é do tipo y = mx + n

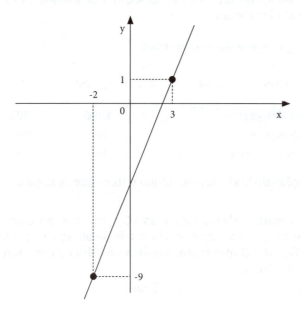

Então, o valor de m³ + n é
(A) 2
(B) 3
(C) 5
(D) 8
(E) 13

Resolução:

Analisando o gráfico, temos os seguintes pontos (3, 1) e (-2, -9).

Nesse caso, devemos aplicar a fórmula $= \dfrac{y_2 - y_1}{x_2 - x_1}$

$m = \dfrac{-9 - 1}{-2 - 3} = \dfrac{-10}{-5} = 2$

Agora, escolhemos um ponto e substituímos na expressão $y = mx + n$
Temos $m = 2$ e o ponto $(3, 1)$

> **Dica:**
> $(3, 1)$: o valor de $x = 3$ e $y = 1$

$y = mx + n$
$1 = 2 . 3 + n$
$1 = 6 + n$
$-n = 6 - 1$
$-n = 5 \, (-1)$
$n = -5$

A questão pediu o valor de $m^3 + n$
$m = 2$ e $n = -5$
$m^3 + n$
$2^3 + (-5) = 8 - 5 = 3$

Resposta: letra B.

13.4.2 Treinamento do concursando

12. **(VUNESP)** Por uma mensagem dos Estados Unidos para o Brasil, via fax, a Empresa de Correios e Telégrafos (ECT) cobra R$ 1,37 pela primeira página e R$ 0,67 por página que segue, completa ou não. Qual o número mínimo de mensagens para que o preço ultrapasse o valor de R$ 10,00:
(A) 8
(B) 10
(C) 12
(D) 14
(E) 16

13. (CESGRANRIO) O gráfico abaixo apresenta o preço de custo de determinado tipo de biscoito produzido por uma pequena fábrica, em função da quantidade produzida.

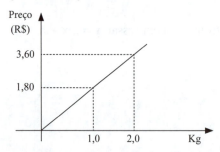

Se o preço final de cada pacote equivale a 8/5 do preço de custo, um pacote de 0,5kg é vendido, em reais, por:

(A) 0,90
(B) 1,20
(C) 1,24
(D) 1,36
(E) 1,44

---

14. (CESGRANRIO) O gráfico abaixo relaciona a quantidade, em quilogramas, de gás carbônico lançado no ar por um caminhão a diesel, em função da distância percorrida, em quilômetros.

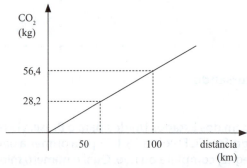

Para transportar melões de Mossoró, no Rio Grande do Norte, até a capital paulista, um caminhão percorre aproximadamente 2.780 km. Qual é, em kg, a quantidade aproximada de CO_2 emitida pelo caminhão durante essa viagem?

(A) 784
(B) 868
(C) 959
(D) 1.246
(E) 1.568

15. **(BB FCC)** Seja y = 12,5x − 2000 uma função descrevendo o lucro mensal y de um comerciante na venda de x unidades de um determinado produto. Se, em um determinado mês, o lucro auferido foi de R$ 20000,00, significa que a venda realizada foi, em número de unidades, de
   (A) 1.440
   (B) 1.500
   (C) 1.600
   (D) 1.760
   (E) 2.000

13.5 FUNÇÃO POLINOMIAL DO 2º GRAU OU QUADRÁTICA

Definição: chama-se função quadrática, ou função polinomial do 2º grau, qualquer função f de IR em IR dada por uma lei da forma $f(x) = ax^2 + bx + c$, onde a, b e c são números reais e $a \neq 0$.

Vejamos alguns exemplos de funções quadráticas:

$f(x) = 3x^2 - 4x + 1$, onde a = 3, b = -4 e c = 1

$f(x) = x^2 - 1$, onde a = 1, b = 0 e c = -1

$f(x) = 2x^2 + 3x + 5$, onde a = 2, b = 3 e c = 5

$f(x) = -x^2 + 8x$, onde a = 1, b = 8 e c = 0

$f(x) = -4x^2$, onde a = -4, b = 0 e c = 0

Gráfico

O gráfico de uma função polinomial do 2º grau, $y = ax^2 + bx + c$, com $a \neq 0$, é uma curva chamada de **parábola**.

Observação:

Ao construir o gráfico de uma função quadrática $y = ax^2 + bx + c$, notaremos sempre que:

Se **a > 0**, a parábola tem a **concavidade voltada para cima**;

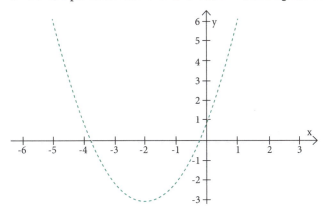

Se **a < 0**, a parábola tem a **concavidade voltada para baixo**;

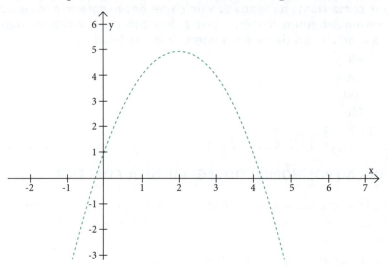

> 💡 **Se ligue!**
>
> A função polinomial do 2º grau não pode ser chamada de crescente ou decrescente. O nosso problema é que o gráfico da função cresce em uma parte e decresce em outra, por isso a função não pode ser classificada em crescente ou decrescente.

13.5.1 Zero e equação do 2º grau

Chamam-se zeros ou raízes da função polinomial do 2º grau $f(x) = ax^2 + bx + c$, $a \neq 0$, os números reais x tais que $f(x) = 0$.

Então as raízes da função $f(x) = ax^2 + bx + c$ são as soluções da equação do 2º grau $ax^2 + bx + c = 0$, as quais são dadas pela chamada fórmula de Bhaskara:

$$x = \frac{-b \pm \sqrt{b^2 - 4 \cdot a \cdot c}}{2 \cdot a}$$

Temos: $f(x) = 0 \Rightarrow ax^2 + bx = c = 0 \Rightarrow x = \dfrac{-b \pm \sqrt{b^2 - 4 \cdot a \cdot c}}{2 \cdot a}$

Observação:

A quantidade de raízes reais de uma função quadrática depende do valor obtido para o radicando $\Delta = b^2 - 4 \cdot a \cdot c$, chamado discriminante, a saber:

quando Δ é positivo, há duas raízes reais e distintas;

quando Δ é zero, há só uma raiz real;

quando Δ é negativo, não há raiz real.

13.5.2 Coordenadas do vértice da parábola

Quando a > 0, a parábola tem concavidade voltada para cima e um ponto de mínimo **V**; quando a < 0, a parábola tem concavidade voltada para baixo e um ponto de máximo **V**.

Em qualquer caso, as coordenadas de V são $\left(-\dfrac{b}{2a}, \dfrac{\Delta}{4a}\right)$. Veja os gráficos:

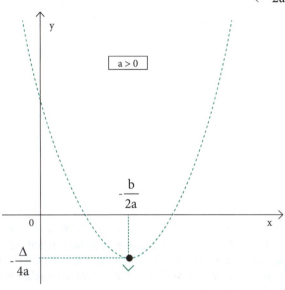

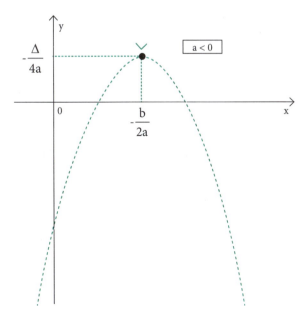

Dica:

Ponto do vértice (Xv, Yv). Xv é o valor de x do vértice e Yv o valor de y do vértice.

Se a > 0, então Xv representa o ponto de mínimo e Yv o valor mínimo.

Se a < 0, então Xv representa o ponto de máximo e Yv o valor máximo.

Sempre que a questão pedir o valor máximo ou mínimo, então calcularemos o Yv.

$Xv = -\dfrac{b}{2a}$ e $Yv = -\dfrac{\Delta}{4a}$

Não se esqueça:
$\Delta = b^2 - 4ac$

13.5.3 Treinamento comentado

16. (CEF) Uma certa indústria fabrica um único tipo de produto, que é vendido ao preço unitário de x reais. Considerando que a receita mensal dessa indústria, em reais, é calculada pela expressão R(x) = 80 000x - 8.000x², então, para que seja gerada uma receita mensal de R$ 200.000,00, cada unidade do produto fabricado deve ser vendida por:

(A) R$ 6,00
(B) R$ 5,50
(C) R$ 5,00
(D) R$ 4,50
(E) R$ 4,00

Resolução:

Nesse caso, a questão quer saber que valor de x terá uma receita de 200.000,00.

80000x - 8000x² = 200000

Podemos dividir todos os termos da equação por 1000, pois ambos os termos são divisíveis por 1000.

80000x - 8000x² = 200000 (: 1000)

80x - 8x² = 200

-8x² + 80x - 200 = 0 (. -1)

8x² - 80x + 200 = 0

Podemos dividir todos os termos da equação por 8, pois ambos os termos são divisíveis por 8.

$8x^2 - 80x + 200 = 0$ (:8)

$x^2 - 10x + 25 = 0$

$x_1 = x_2 = 5$

Resposta: letra C.

----

17. (PUC – MG) O valor máximo da função $f(x) = -x^2 + 2x + 2$ é:

(A) 2
(B) 3
(C) 4
(D) 5
(E) 6

Resolução:

A questão pediu o valor máximo, logo, devemos calcular o Yv.

$f(x) = -x^2 + 2x + 2$

$a = -1, b = 2$ e $c = 2$

$\Delta = b^2 - 4ac$

$\Delta = (2)^2 - 4 \cdot (-1) \cdot 2$

$\Delta = 4 + 8$

$\Delta = 12$

$Yv = -\dfrac{\Delta}{4a} = \dfrac{-12}{4 \cdot (-1)} = \dfrac{-12}{-4} = 3$

Resposta: letra B.

----

18. Um jogador de futebol chuta uma bola que descreve uma trajetória de acordo com a função $y = -2x^2 + 16x$, onde y é a altura, em metros, e x é a distância horizontal percorrida pela bola, também em metros. Qual a altura máxima atingida pela bola e a distância horizontal do ponto de partida até o ponto onde a bola toca o chão pela primeira vez?

(A) 32m e 4m
(B) 32m e 8m
(C) 256m e 4m
(D) 8m e 2m
(E) 256m e 2m

Resolução:

A questão fez dois pedidos, o valor máximo (Yv) e o ponto onde a bola toca no solo.

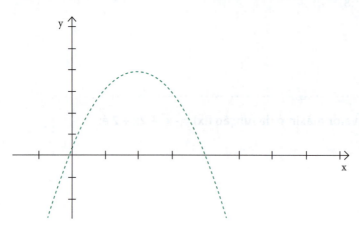

$y = -2x^2 + 16x$

O valor de c é zero, por isso, a parábola corta o eixo Oy no ponto 0.

O c representa onde a parábola corta o eixo Oy.

Vamos calcular a altura máxima.

$y = -2x^2 + 16x$

$a = -2, b = 16$ e $c = 0$

$\Delta = b^2 - 4ac$

$\Delta = (16)^2 - 4 \cdot (-2) \cdot 0$

$\Delta = 256 + 0$

$\Delta = 256$

$Yv = -\dfrac{\Delta}{4a} = \dfrac{-256}{4 \cdot (-2)} = \dfrac{-256}{-8} = 32$ m

Agora, vamos encontrar as raízes da função, ou seja, o ponto onde a bola toca o chão.

$-2x^2 + 16x = 0$

$x_1 = 0$

ou

$x_2 = -\dfrac{b}{2a} = \dfrac{-16}{-2} = 8m$

Resposta: letra B.

19. (FCC 2010) O gráfico a seguir representa a função f, de domínio real, dada pela lei f(x) = ax² + bx + c.

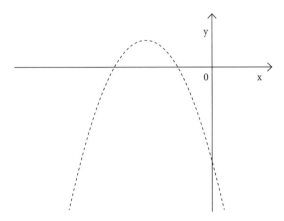

(A) a < 0, b < 0 e c < 0
(B) a < 0, b < 0 e c > 0
(C) a < 0, b > 0 e c < 0
(D) a < 0, b > 0 e c > 0
(E) a > 0, b < 0 e c < 0

Resolução:

O valor de a é negativo, ou seja, a < 0, pois a concavidade da parábola está para baixo.

O valor de c é negativo, ou seja, c < 0, pois a parábola está tocando o eixo OY no local onde y é negativo.

Essas observações foram tranquilas e, agora, qual o valor de b?

O valor de b será definido pelo Xv (x do vértice)

Temos as seguintes relações:

Se a e b tiverem sinais iguais, o Xv será negativo.

Se a e b tiverem sinais diferentes, o Xv é será positivo.

Xv = - b/2a

Analisando, podemos observar que o vértice (ponto de mudança de direção do gráfico) está no local onde o X é negativo, então podemos concluir que Xv é negativo.

Se Xv é negativo, então a e b têm o mesmo sinal.

Conclusão final:

a < 0, b < 0 e c < 0

Resposta: *letra A.*

13.5.4   Treinamento do concursando

20. **(CEFET – PR)** O maior valor que y pode de assumir na expressão y= -x^2 + 2x é:
    - (A) 1
    - (B) 2
    - (C) 3
    - (D) 4
    - (E) 5

21. Uma bola é lançada de uma certa altura h, expressa em metros, com a trajetória na forma h = -3t^2 + 18t + 21, sendo o tempo t expresso em segundos. Qual a altura máxima atingida pela bola?
    - (A) 16m
    - (B) 32m
    - (C) 48m
    - (D) 64m
    - (E) 80m

22. **(FGV – SP)** O custo para se produzir x unidades de um produto é dado por C = 2x^2 - 100x + 5000. O valor do custo mínimo é:
    - (A) 3.250
    - (B) 3.750
    - (C) 4.000
    - (D) 4.500
    - (E) 4.950

23. **(TRE)** O cientista Galileu Galilei (1564-1642) estudou a trajetória de corpos lançados do chão sob certo ângulo, e percebeu que eram parabólicas. A causa disso, como sabemos, é a atração gravitacional da terra agindo e puxando de volta o corpo para o chão. Em um lançamento desse tipo, a altura y atingida pelo corpo em relação ao chão variou em função da distância horizontal x ao ponto de lançamento, de acordo com a seguinte equação:

$$Y = \frac{5x}{2} - \frac{5x^2}{4} \text{ (x e y em metros)}$$

A altura máxima em relação ao chão atingida pelo corpo foi:

- (A) $\dfrac{25}{4}$

- (B) $\dfrac{5}{2}$ m

- (C) $\dfrac{5}{4}$ m

(D) 2,0 m
(E) 1,0 m

13.6 RESUMO

O conceito básico de uma função é uma lei que associa todo elemento do primeiro conjunto a único elemento do conjunto y.

Chama-se função polinomial do 1º grau, ou função afim, a qualquer função f de IR em IR dada por uma lei da forma f(x) = ax + b, onde a e b são números reais dados e a ≠ 0.

O número a é chamado de coeficiente angular de x e o número b é chamado coeficiente linear (termo constante).

Se o a > 0, a função é chamada de crescente

a > 0

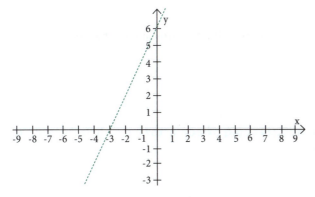

e se a < 0, a função é decrescente.

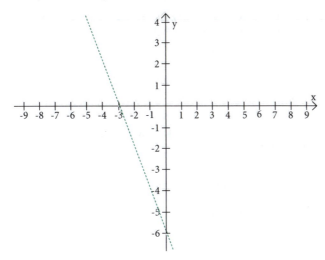

Função polinomial do 2º grau, qualquer função f de IR em IR dada por uma lei da forma $f(x) = ax^2 + bx + c$, onde a, b e c são números reais e $a \neq 0$.

Se **a > 0**, a parábola tem a **concavidade voltada para cima**;

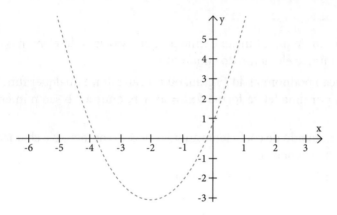

Se **a < 0**, a parábola tem a **concavidade voltada para baixo**;

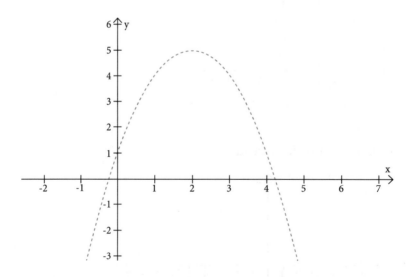

Coordenadas do vértice da parábola: $\left(-\dfrac{b}{2a} , \dfrac{\Delta}{4a} \right)$.

Xv: ponto de mínimo ou ponto de máximo.

Yv: valor mínimo ou valor máximo.

13.7 TREINAMENTO FINAL DO CAPÍTULO

24. (FCC) Durante um treinamento da guarda municipal, uma bola foi lançada verticalmente para cima a partir do solo. A relação entre a altura h da bola em relação ao solo (em metros) e o tempo t (em segundos) respeita a equação $h(t) = -5t^2 + 10t$. Depois de quantos segundos, contados a partir do lançamento, a bola retorna ao solo?
- (A) 3,5
- (B) 3,0
- (C) 2,5
- (D) 2,0
- (E) 1,5

25. (FCC) Para ajudar a proteger o centro ecológico municipal, foram coletados dados e construído o gráfico de uma função de segundo grau que relaciona o número de visitantes (n) ao desgaste do solo, por área (A), do parque.

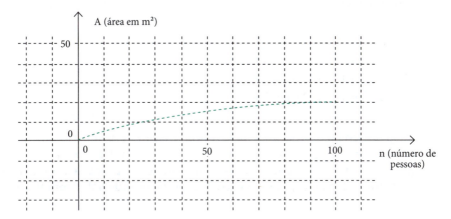

O domínio da função é de zero a 100 pessoas, e o vértice da parábola que representa a função, tem abscissa 100. Qual das equações abaixo representa a função?
- (A) $A(n) = -0,002n^2 + 0,4n$
- (B) $A(n) = 0,002n^2 - 0,4n$
- (C) $A(n) = -0,02n^2 + 0,4n$
- (D) $A(n) = 0,02n^2 - 0,4n$
- (E) $A(n) = -0,2n^2 + 4n$

26. **(FCC)** Depois de várias observações, um agricultor deduziu que a função que melhor descreve a produção (y) de um bem é uma função do segundo grau $y = ax^2 + bx + c$, em que x corresponde à quantidade de adubo utilizada. O gráfico correspondente é dado pela figura abaixo.

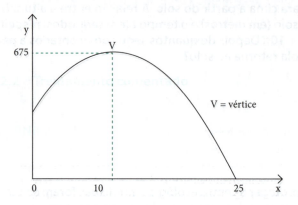

Tem-se, então, que:

(A) $a = -3, b = 60$ e $c = 375$
(B) $a = -3, b = 75$ e $c = 300$
(C) $a = -4, b = 90$ e $c = 240$
(D) $a = -4, b = 105$ e $c = 180$
(E) $a = -6, b = 120$ e $c = 150$

---

27. **(CESGRANRIO)** O Programa de Fazendas Marinhas da Ilha Grande oferece treinamento para o cultivo de moluscos no litoral sul do Rio de Janeiro. Os gráficos abaixo apresentam o custo da semente e o preço de venda, depois do cultivo, de vieiras, um molusco dotado de grande valor comercial.

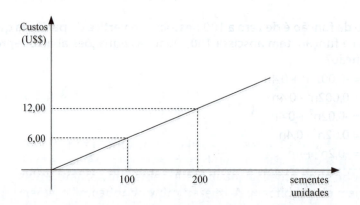

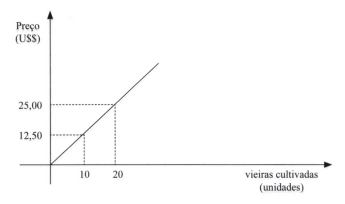

Um fazendeiro investiu U$ 50.000,00 na montagem de uma fazenda marinha, mais U$ 9.000,00 em sementes de vieira. Se todas as vieiras cultivadas forem vendidas, todos os custos serão cobertos e o fazendeiro lucrará, em dólares,

(A) 137.500,00
(B) 128.500,00
(C) 97.500,00
(D) 82.250,00
(E) 40.250,00

28. **(CESGRANRIO)** O Gráfico I apresenta a variação na cotação do barril tipo leve americano, durante cinco dias do mês de julho.

Gráfico I – PETRÓLEO
(barril tipo leve americano)

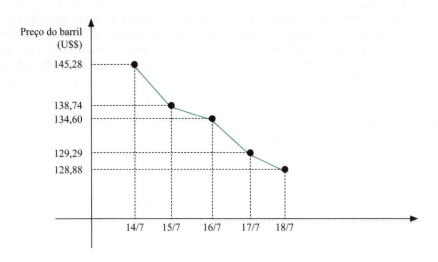

Observe, agora, o Gráfico II, no qual a variação na cotação do barril tipo leve americano, no mesmo período, é considerada linear, constituindo uma função de 1º grau.

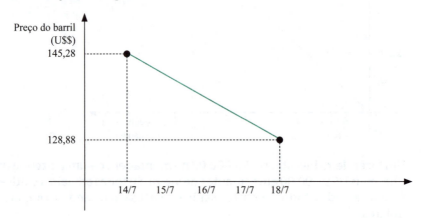

Se a variação na cotação do barril tipo leve americano tivesse ocorrido como apresentado no Gráfico II, o preço do barril no dia 16/7 seria x dólares mais alto. Pode-se concluir que x é igual a

(A) 1,98
(B) 2,08
(C) 2,28
(D) 2,48
(E) 2,68

Texto para as questões 29 a 33.

(CESPE) Em Economia, a demanda por x unidades de um produto ao preço unitário de p unidades monetárias (u.m.) é dada por uma equação envolvendo essas variáveis, chamada equação de demanda. Também a oferta de x unidades de um produto ao preço unitário de p u.m. é dada por uma equação, chamada equação de oferta. Considerando que as equações de oferta e de demanda de um certo produto são dadas por p - 2x = 1 e 2p + x = 12, respectivamente, julgue os itens subsequentes.

29. A quantidade demandada deverá ser menor que 12 unidades, se o preço unitário for maior ou igual a 1 u.m.
    ( ) Certo   ( ) Errado

---

30. Se nenhuma quantidade do produto for oferecida, então o preço por unidade deverá ser maior que 2 u.m.
    ( ) Certo   ( ) Errado

---

31. O preço do produto tende a subir, se a demanda aumentar de 6 para 10 unidades.

( ) Certo ( ) Errado

32. O preço de equilíbrio, isto é, quando a oferta e a demanda coincidem, ocorre quando apenas duas unidades são disponíveis.

( ) Certo ( ) Errado

33. O gráfico abaixo pode representar corretamente as equações de oferta e demanda consideradas.

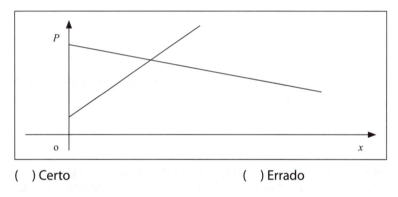

( ) Certo ( ) Errado

Texto para as questões 34 a 38.

(CESPE) Um fabricante de inseticida doméstico produz x litros de seu produto ao custo de C(x) reais. O gráfico a seguir representa o custo de produção em função da quantidade de litros produzida.

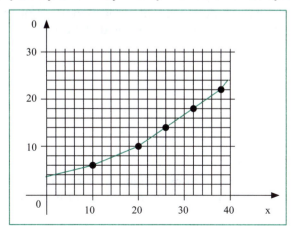

Com base nessa situação, julgue os itens seguintes.

34. O custo de produção de 12 litros de inseticida é maior que R$ 8,00.
    ( ) Certo   ( ) Errado

35. O custo fixo de produção é igual a R$ 4,00.
    ( ) Certo   ( ) Errado

36. O custo médio para a produção de 30 litros de inseticida é inferior a R$ 0,60 por litro.
    ( ) Certo   ( ) Errado

37. Se vender a R$ 0,50 o litro de seu produto, o fabricante terá lucro acima de R$ 1,00 na produção e venda de 26 litros.
    ( ) Certo   ( ) Errado

38. Por ser a função custo crescente, independentemente do preço de venda do litro do produto, é mais vantajoso para o fabricante produzir 20 litros em vez de 30 litros.
    ( ) Certo   ( ) Errado

39. (FCC 2010) Para testar a capacidade operacional de dois agentes legislativos, um mesmo texto de 50 páginas foi encaminhado a cada um para digitação.
    Na figura abaixo, as curvas I e II descrevem os respectivos desempenhos dos agentes Adrien e Régine ao longo da digitação de tal texto.

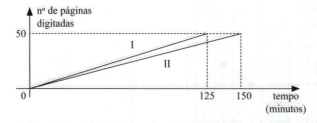

Considerando que eles iniciaram juntos a digitação e que cada página tinha 30 linhas, então, de acordo com as informações do gráfico, é correto afirmar que

PARTE I – Cap. 13 – FUNÇÃO

313

(A) a capacidade operacional de Régine foi maior que a de Adrien.

(B) Adrien digitou, em média, 12 linhas por minuto.

(C) decorridos 60 minutos do início da digitação, um dos agentes havia digitado 5 páginas a mais do que o outro.

(D) Régine digitou, em média, 9 linhas por minuto.

(E) decorridos 60 minutos do início da digitação, o número de páginas digitadas por Adrien era igual a 125% do número digitado por Régine.

40. **(SESC_SE ADVISE 2010)** **Duas empresas A e B dispõem de ônibus com 60 lugares. Para uma excursão para Guarabira-PB, a empresa A cobra uma taxa fixa de R$ 400,00 mais R$ 25,00 por passageiro, enquanto a empresa B cobra uma taxa fixa de R$ 250,00 mais R$ 29,00 por passageiro. O número mínimo de excursionistas para que o contrato com a empresa A fique mais barato do que o contrato da empresa B é:**

(A) 37

(B) 41

(C) 38

(D) 39

(E) 40

GABARITO

1. A	2. 0,50x + 8	3. 58	4. Certo	5. Certo	6. Errado
7. Errado	8. Certo	9. Errado	10. Errado	11. B	12. D
13. E	14. E	15. D	16. C	17. B	18. B
19. A	20. A	21. C	22. B	23. C	24. D
25. A	26. A	27. B	28. D	29. Certo	30. Errado
31. Errado	32. Certo	33. Certo	34. Errado	35. Certo	36. Certo
37. Errado	38. Errado	39. B	40. C		

14

SEQUÊNCIAS NUMÉRICAS

14.1 SEQUÊNCIAS NUMÉRICAS

A sequência numérica pode ser representada de três formas.

1ª) Por fórmula de recorrência.

São dadas duas regras: uma para identificar o primeiro termo (a_1) e a outra para calcular cada termo a partir do antecedente (a_{n-1})

Exemplo:

Determine o quarto termo da sequência que obedece a seguinte fórmula de recorrência:

$a_1 = 4$ e $a_n = a_{n-1} + 3$

Resolução:

$a_1 = 4$

$a_2 = a_1 + 3 = 4 + 3 = 7$

$a_3 = a_2 + 3 = 7 + 3 = 10$

$a_4 = a_3 + 3 = 10 + 3 = 13$

2ª) Expressando cada termo em função de uma posição.

Exemplo:

Escreva os três primeiros termos da sequência que obedecem a lei $a_n = 2^n$

Resolução:

$a_1 = 2^1 = 2$

$a_2 = 2^2 = 4$

$a_3 = 2^3 = 8$

3ª) Expressando a sequência a partir de uma lei de formação.

> **Exemplo:**
>
> Escreva a sequência dos números primos em ordem crescente.
> S = {2, 3, 5, 7, 11...}

14.1.1 Treinamento comentado

1. **(FCC)** Considere que a sucessão de figuras abaixo obedece a uma lei de formação.

     ...

O número de circunferências que compõem a 100ª figura dessa sucessão é
- (A) 5.151
- (B) 5.050
- (C) 4.950
- (D) 3.725
- (E) 100

Resolução:

Essa sequência de circunferência é chamada de números triangulares.

Fórmula: $T_n = \dfrac{n(n+1)}{2}$

Na questão queremos o 100º número da figura.

$T_{100} = \dfrac{100(100+1)}{2} = \dfrac{\cancel{100} \cdot 101}{\cancel{2}} = 50 \cdot 101 = 5050$

Resposta: letra B.

Parte I – Cap. 14 – SEQUÊNCIAS NUMÉRICAS

2. **(FCC)** Considere que os termos da sucessão (0, 1, 3, 4, 12, 13, ...) obedecem a uma lei de formação. Somando o oitavo e o décimo termos dessa sucessão obtém-se um número compreendido entre

(A) 150 e 170

(B) 130 e 150

(C) 110 e 130

(D) 90 e 110

(E) 70 e 90

Resolução:

1º) 0

2º) 0 + 1 = 1

3º) 1 . 3 = 3

4º) 3 + 1 = 4

5º) 4 . 3 = 12

6º) 12 + 1 = 13

7º) 13 . 3 = 39

8º) 39 + 1 = 40

9º) 40 . 3 = 120

10º) 120 + 1 = 121

Resposta: 121 + 40 = 161

Resposta: *letra A.*

----

3. **(FCC)** Em relação à disposição numérica seguinte, assinale a alternativa que preenche a vaga assinalada pela interrogação:

2   8   5   6   8   ?   11

(A) 1

(B) 4

(C) 3

(D) 29

(E) 42

Resolução:

Temos duas sequências:

2 - 5 - 8 - 11. Essa sequência aumenta de três em três.

8 - 6 - ?   Essa sequência diminui de dois em dois.

Resposta: 4

Resposta: letra B.

----

4.   (CEF CESGRANRIO)

$$\begin{cases} a_1 = 2 \\ a_2 = 3 \\ a_n = a_{n-1} - a_{n-2} \end{cases}$$

Qual é o 70º termo da sequência de números (a_n) definida acima?

(A)   2

(B)   1

(C)   -1

(D)   -2

(E)   -3

Resolução:

$a_1 = 2$

$a_2 = 3$

$a_3 = a_2 - a_1 = 3 - 2 = 1$

$a_4 = a_3 - a_2 = 1 - 3 = -2$

$a_5 = a_4 - a_3 = -2 - 1 = -3$

$a_6 = a_5 - a_4 = -3 - (-2) = -3 + 2 = -1$

$a_7 = a_6 - a_5 = -1 - (-3) = -1 + 3 = 2$

2, 3, 1, -2, -3, -1, 2, 3, 1...

Podemos observar que a sequência mantém o padrão a cada 6 termos.

70 |6

10 11

4

O 4º termo da sequência é -2.

Resposta: letra D.

Parte I – Cap. 14 – SEQUÊNCIAS NUMÉRICAS

14.1.2 Treinamento do concursando

5. **(NCE)** Na série de Fibonacci, cada termo a partir do terceiro é igual à soma de seus dois termos precedentes. Sabendo-se que os dois primeiros termos, por definição, são 0 e 1, o sexto termo da série é:

   (A) 2
   (B) 3
   (C) 4
   (D) 5
   (E) 6

6. **(FCC)** Considere a sequência: (16, 18, 9, 12, 4, 8, 2, X)

   Se os termos dessa sequência obedecem a uma lei de formação, o termo X deve ser igual a

   (A) 12
   (B) 10
   (C) 9
   (D) 7
   (E) 5

7. **(FCC)** Abaixo, apresentam-se as três primeiras linhas de uma tabela composta por mais de 20 linhas. O padrão de organização observado mantém-se para a tabela toda.

1	2	4	8	16
1	3	9	27	81
1	4	16	64	256
.	.	.	.	.
.	.	.	.	.
.	.	.	.	.

   Nessa tabela, o número localizado na 7ª linha e 3ª coluna é

   (A) 64
   (B) 49
   (C) 36
   (D) 8
   (E) 7

8. **(FCC)** Assinale a alternativa que completa a série seguinte: 9, 16, 25, 36, ...
   (A) 45
   (B) 49
   (C) 61
   (D) 63
   (E) 72

---

9. **(FCC)** Assinale a alternativa que substitui a letra x.

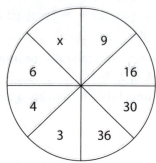

   (A) 29
   (B) 7
   (C) 6
   (D) 5
   (E) 3

14.2 PROGRESSÕES ARITMÉTICAS

14.2.1 Definição

Progressão aritmética é toda sequência em que cada termo, a partir do segundo, é igual ao antecedente somado de uma constante razão.

 Exemplos:

   a) (3, 5, 7, 9, 11, 13...) razão = 2
   b) (8, 4, 0, -4, -8, -12 ...) razão = -4

14.2.2 Cálculo da razão

A razão é a diferença de um termo da P.A. pelo termo anterior.
$r = a_n - a_{n-1}$

Parte I – Cap. 14 – SEQUÊNCIAS NUMÉRICAS

321

📝 **Exemplos:**

1) Quanto vale a razão de cada P.A.?

a) (5, 8, 11, 14, ...)

b) (7, 4, 1, -2, ...)

Resolução:

a) (5, 8, 11, 14, ...)

$r = 8 - 5 = 3$ ou $r = 11 - 8 = 3$ ou $r = 14 - 11 = 3$

b) (7, 4, 1, -2, ...)

$r = 4 - 7 = -3$

14.2.3   Fórmula do termo geral de uma P.A.

$a_n = a_1 + (n - 1) . r$ ou a $n = a_1 + (k - 1) . r$

Sendo:

a_1 o primeiro termo

n o número de termos

r a razão

a_n o enésimo termo

14.2.4   Treinamento comentado

10. **Dada a P.A. (-8, -5, -2, 1, ...). Determine o vigésimo termo.**

$r = -5 - (-8) = -5 + 8 = 3$

$a_1 = -8$

$a_{20} = ?$

$a_n = a_1 + (n - 1) . r$

$a_{20} = a_1 + (20 - 1) . r$

$a_{20} = -8 + (20 - 1) . 3$

$a_{20} = -8 + 19 . 3$

$a_{20} = -8 + 57$

$a_{20} = 49$

11. **(CESGRANRIO)** "O consumo de eletricidade para a produção de alumínio é altamente intensivo, porém, vem decrescendo sistematicamente. Enquanto que, em 1950, a indústria consumia 24.000kwh/t, as modernas fundições de hoje consomem 13.000kwh/t."
Balanço mineral brasileiro – 2001, disponível em <http://www.dnpm.gov.br> (adaptado).
Considere que o consumo de eletricidade para a produção de alumínio tenha decrescido em progressão aritmética, década após década, chegando a 13.000kwh/t em 2000. Desse modo, o consumo de eletricidade para a produção de alumínio na década de 1980, em kwh/t, era:
(A) 22.000
(B) 19.400
(C) 18.600
(D) 17.400
(E) 15.600

Resolução:

1950: $a_1 = 24000$

1960: a_2

1970: a_3

1980: a_4

1990: a_5

2000: $a_6 = 13000$

Vamos primeiro encontrar a razão

$a_6 = a_1 + (6 - 1) \cdot r$

$13000 = 24000 + 5r$

$-5r = 24000 - 13000$

$-5r = 11000(-1)$

$5r = -11000$

$r = -\dfrac{11000}{5} = -2200$

 Dica:

A razão de termos não consecutivos pode ser encontrada a partir da seguinte regra:

$R = \dfrac{\text{Número Final - Número Inicial}}{\text{Posição Final - Posição Inicial}}$

$R = \dfrac{13000 - 24000}{6 - 1} = \dfrac{-11000}{5} = -2200$

PARTE I – Cap. 14 – SEQUÊNCIAS NUMÉRICAS

Agora, vamos encontra o a_4.

$a_4 = a_1 + (4 - 1) . (-2200)$

$a_4 = 24000 + 3 . (-2200)$

$a_4 = 24000 - 6600$

$a_4 = 17400$

Resposta: letra D.

14.3 SOMA DOS "N" PRIMEIROS TERMOS DE UMA P.A.

$$S_n = \frac{(a_1 + a_n) . n}{2}$$

14.3.1 Treinamento comentado

12. **(UNEB)** **Um pai fez depósitos mensais na caderneta de poupança de seu filho. No primeiro mês o depósito foi de R$ 10,00, no segundo mês foi de R$ 15,00, no terceiro mês foi de R$ 20,00 e assim por diante, depositando R$ 5,00 a mais do que havia depositado no mês anterior. Feito o 24º depósito, o total depositado por ele era:**

(A) R$ 1.630,00

(B) R$ 1.620,00

(C) R$ 16.150,00

(D) R$ 1.610,00

(E) R$ 1.600,00

Resolução:

A questão pediu o montante depositado após o 24º depósito, logo, a soma dos 24 primeiros termos da P.A.

$$S_{24} = \frac{(a_1 + a_{24}) . 24}{2}$$

Temos o valor de a_1, mas precisamos calcular o termo a_{24}.

$a_1 = 10$ (1º depósito)

$r = 5$ (aumento do depósito)

$a_{24} = a_1 + (24 - 1) . 5$

$a_{24} = 10 + 23 . 5$

$a_{24} = 10 + 115$

$a_{24} = 125$

$S_{24} = \dfrac{\left(a_1 + a_{24}\right) . 24^{:2}}{2^{:2}}$

$S_{24} = (10 + 125) . 12$

$S_{24} = 135 . 12$

$S_{24} = 1620$

Resposta: letra B.

---

13. **(FCC) Uma pessoa tomou emprestada a quantia de R$ 1.200,00 e vai devolvê-la com juros que totalizam R$ 750,00. O pagamento será feito em 10 prestações, sendo cada uma delas maior que a anterior em R$ 10,00. O valor da primeira prestação deverá ser:**

   (A)   R$ 130,00

   (B)   R$ 140,00

   (C)   R$ 150,00

   (D)   R$ 160,00

   (E)   R$ 170,00

Resolução:

$S_{10} = 1200 + 750 = 1950$

$r = 10$ (aumento na prestação).

$S_{10} = \dfrac{\left(a_1 + a_{10}\right) . 10}{2}$

Nesse caso devemos olhar com cuidado, pois não temos o valor de a_1 nem de a_{10}. A solução é colocar a_{10} em função de a_1.

$a_{10} = a_1 + (10 - 1) . r$

$a_{10} = a_1 + 9 . 10$

$a_{10} = a_1 + 90$

$S_{10} = \dfrac{\left(a_1 + a_{10}\right) . 10^{:2}}{2^{:2}}$

$S_{10} = (a_1 + a_1 + 90) . 5$

$1950 = (2\,a_1 + 90) . 5$

PARTE I – Cap. 14 – SEQUÊNCIAS NUMÉRICAS

$1950 = 10 \, a_1 + 450$

$-10a_1 = 450 - 1950$

$-10a_1 = -1500(-1)$

$10a_1 = 1500$

$a_1 = \dfrac{1500}{10} = 150$

Resposta: *letra C.*

---

14. **(CESPE)** Considere a seguinte situação hipotética.

Em uma penitenciária que albergava 1.000 detentos, foi traçado um plano de fuga. Para que os fugitivos não fossem pegos pelos policiais que faziam a ronda do lado de fora, as fugas aconteceram em intervalos de 15 minutos, da seguinte forma: à 0 hora de domingo, 1 detento fugiu; 15 minutos depois, 3 detentos fugiram, à 0 hora e 30 minutos, outros 5 detentos fugiram, e assim sucessivamente. Quando restavam 424 detentos ainda dentro da penitenciária se preparando para a fuga, o plano foi descoberto e nenhum destes conseguiu se evadir.

Nessa situação, o último conjunto de detentos que conseguiu se evadir era formado por mais de 50 elementos.

Resolução:

$a_1 = 1$

$a_2 = 3$

$r = 3 - 1 = 2$

$a_n = a_1 + (n - 1) \cdot r$

$a_n = 1 + (n - 1) \cdot 2$

$S_n = 1000 - 424 = 576$

$S_n = \dfrac{\left(a_1 + a_n\right) \cdot n}{2}$

$576 = \dfrac{\left[1 + 1 + \left(n - 1\right)2\right] \cdot n}{2}$

$576 = \dfrac{\left(2 + 2n - 2\right)n}{2}$

$576 = \dfrac{2n^2}{2}$

$576 = n^2$

$n^2 = 576$

$n = \sqrt{576}$

$n = 24$

Agora vamos descobrir quantas pessoas tinha o grupo a_{24}.

$a_{24} = a_1 + (n - 1) \cdot r$

$a_{24} = 1 + (24 - 1) \cdot 2$

$a_{24} = 1 + 23 \cdot 2$

$a_{24} = 1 + 46$

$a_{24} = 47$

Resposta: *item errado.*

14.3.2 Treinamento do concursando

15. Em um restaurante, os preços de três pratos estão em progressão aritmética de razão R$ 12,00. Se o primeiro e o segundo prato custam juntos R$ 42,00, então o segundo e terceiro custam juntos:

    (A) R$ 54,00
    (B) R$ 60,00
    (C) R$ 66,00
    (D) R$ 68,00
    (E) R$ 70,00

---

16. **(FCC)** Tisiu ficou sem parceiro para jogar bola de gude; então pegou sua coleção de bolas de gude e formou uma sequência de "T" (a inicial de seu nome), conforme a figura:

    Supondo que o guri conseguiu formar 10 "T" completos, pode-se, seguindo o mesmo padrão, afirmar que ele possuía:

    (A) exatamente 41 bolas de gude.
    (B) menos de 220 bolas de gude.

(C) pelo menos 230 bolas de gude.
(D) mais de 300 bolas de gude.
(E) exatamente 300 bolas de gude.

17. **(CEF)** Uma pessoa abriu uma caderneta de poupança com um depósito inicial de R$ 120,00 e, a partir dessa data, fez depósitos mensais nessa conta em cada mês depositando R$ 12,00 a mais do que no mês anterior. Ao efetuar o 19º depósito, o total depositado era de
    (A) R$ 3.946,00
    (B) R$ 4.059,00
    (C) R$ 4.118,00
    (D) R$ 4.277,00
    (E) R$ 4.332,00

18. **(VUNESP)** Um estacionamento cobra R$ 4,00 pela 1ª hora. A partir da 2ª, cujo valor é de R$ 3,00, até a 12ª hora, cujo valor é de R$ 0,80, os preços caem em progressão aritmética. Se um automóvel ficar estacionado cinco horas nesse local, quanto gastará seu proprietário?
    (A) R$ 14,68
    (B) R$ 10,98
    (C) R$ 13,36
    (D) R$ 9,36
    (E) n. d. a.

19. **(CESGRANRIO)** O gráfico abaixo mostra as variações do "Risco-Brasil" nos dias 9, 10 e 11 de janeiro.

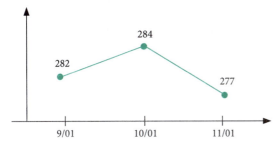

Segundo reportagem publicada no Jornal O Globo de 12 de janeiro de 2006, a confiança dos investidores estrangeiros no País vem aumentando e, em consequência, reduziu-se gradativamente o chamado "Risco-Brasil".

Se a variação linear observada de 10/01 para 11/01 se repetisse nos dias subsequentes, em que dia de janeiro o "Risco-Brasil" atingiria um valor inferior a 200 pontos centesimais?

(A) 21
(B) 22
(C) 23
(D) 24
(E) 25

---

20. **(CESGRANRIO)** "Modelo de Gestão do abastecimento está preparado para a expansão da Petrobras (...). A carga a ser processada nas refinarias da Petrobras no Brasil e no exterior deverá passar dos atuais 2 milhões de barris por dia para 2,5 milhões em 2012 (...)."

Notícia publicada em 07 maio 2008.

Disponível em: <http://www.agenciapetrobrasdenoticias.com.br/>.

Se, de 2008 a 2012, a carga processada diariamente pelas refinarias da Petrobras aumentar, anualmente, em progressão aritmética, quantos milhões de barris diários serão produzidos em 2011?

(A) 2,375
(B) 2,250
(C) 2,200
(D) 2,125
(E) 2,100

14.4 PROGRESSÕES GEOMÉTRICAS

14.4.1 Definição

Progressão geométrica é toda sequência em que cada termo, a partir do segundo, é igual ao anterior multiplicado por uma constante, chamada razão (q).

Exemplos:

(2, 4, 8, 16, ...) q = 2
(1, 1/2, 1/4, 1/8) q = 1/2

Se ligue!

Na P.G. as fórmulas do termo geral e a soma dos termos são independentes, diferente do que ocorre na P.A.

Parte I – Cap. 14 – SEQUÊNCIAS NUMÉRICAS

14.4.2 Cálculo da constante da P.G.

$$q = \frac{a_n}{a_{n-1}}$$

14.4.3 Fórmula do termo geral

$$a_n = a_1 \cdot q^{\,n-1} \text{ ou } a_n = a_k \cdot q^{\,n-k}$$

14.4.4 Treinamento comentado

21. Qual é o primeiro termo de uma P.G. de razão 2, sabendo-se que o sétimo termo é 64?

Resolução:

$a_1 = ?$

$r = 2$

$a_7 = 64$

$a_n = a_1 \cdot q^{\,n-1}$

$a_7 = a_1 \cdot q^{\,7-1}$

$64 = a_1 \cdot 2^6$

$64 = 64\, a^1$

$a_1 = 1$

---

22. Numa P.G. de seis termos, o primeiro é 2 e o último termo é 486, calcular a razão dessa P.G.

Resolução:

$a_1 = 2$

$a_6 = 486$

$q = ?$

$a_6 = a_1 \cdot q^{\,6-1}$

$486 = 2 \cdot q^5$

$2q^5 = 486$

$$q^5 = \frac{486}{2}$$

$$q^5 = 243$$

☑ **Dica:**

$$243 = 3^5$$

$$q^5 = 3^5$$

$$q = 3$$

---

23. **(CESPE)** Em algumas experiências com animais, é importante que as idades deles sejam conhecidas tão exatamente quanto possível. Além disso, tanto quanto for possível, essas experiências devem ser feitas com animais de diferentes idades.

A partir dessas informações, considere que, em determinada experiência, diversos animais tenham sido escolhidos de modo que as suas idades formassem uma progressão geométrica. Sabendo-se que o animal mais jovem escolhido para a experiência tinha 2 semanas de vida e o quinto animal mais jovem tinha 162 semanas de vida, é correto concluir que a razão da progressão geométrica formada pelas idades dos animais escolhidos para a experiência é igual a

(A) 32.

(B) 17.

(C) 3.

(D) 2.

Resolução:

$$a^1 = 2$$

$$a^5 = 162$$

$$a_5 = a_1 \cdot q^{5-1}$$

$$162 = 2 \cdot q^4$$

$$2q^4 = 162$$

$$q^4 = \frac{162}{2}$$

$$q^4 = 81$$

$$q^4 = 3^4$$

PARTE I – **Cap. 14** – SEQUÊNCIAS NUMÉRICAS

$q = 3$

Resposta: *letra C.*

14.5   SOMA DOS "N" PRIMEIROS TERMOS DE UMA P.G.

$$S^n = \frac{a_1\left(q^n - 1\right)}{q - 1}, \text{ com } q \neq 1$$

14.6   SOMA DOS INFINITOS TERMOS DE UMA P.G.

$$S_n = \frac{a_1}{1 - q}, \text{ com } q \neq 1$$

14.6.1   Treinamento comentado

24.   Calcular a soma dos 10 primeiros termos da P.G. (3, 6, 12, ...).

Resolução:

$a_1 = 3$

$q = \dfrac{6}{3} = 2$

$S_n = \dfrac{a_1\left(q^n - 1\right)}{q - 1}$

$S_{10} = \dfrac{1\left(2^{10} - 1\right)}{2 - 1}$

$S_{10} = 3(1024 - 1)$

$S_{10} = 3 \cdot 1023$

$S_{10} = 3069$

---

25.   **(TRT/SC – 05)** Numa plantação de eucaliptos, as árvores são atacadas por uma praga, semana após semana. De acordo com observações feitas, uma árvore adoeceu na primeira semana; outras duas, na segunda semana; mais quatro, na terceira semana e, assim por diante, até que, na décima semana, praticamente toda a plantação ficou doente, exceto sete árvores. Pode-se afirmar que o número total de árvores dessa plantação é:

(A)   menor que 824

(B)   igual a 1.024

(C) igual a 1.030
(D) igual a 1.320
(E) maior que 1.502

Resolução:

$a_1 = 1$

$a_2 = 2$

$q = \dfrac{2}{1} = 2$

$S_n = \dfrac{a_1\left(q^n - 1\right)}{q - 1}$

$S_{10} = \dfrac{1\left(2^{10} - 1\right)}{2 - 1}$

$S_{10} = 1(1024 - 1)$

$S_{10} = 1 \cdot 1023 = 1023$

1023 (doentes) + 7 (não adoeceram) = 1030

Resposta: letra C.

14.6.2 Treinamento do concursando

26. Em um determinado jogo, o prêmio pago ao acertador é 10 vezes o valor da aposta. José resolve, então, jogar e apostar R$ 2,00 na 1ª vez, e nas rodadas seguintes aposta sempre o dobro da aposta anterior. José acerta somente na 8ª vez e não joga mais. Considerando-se o montante que José investiu até a 8ª jogada e o que ganhou, o seu lucro, em reais, foi de:
    (A) 256
    (B) 510
    (C) 1.350
    (D) 2.050
    (E) 2.560

-----

27. No dia 1º de dezembro, uma pessoa enviou pela internet uma mensagem para x pessoas. No dia 2, cada uma das x pessoas que recebeu a mensagem no dia 1º enviou-a para outras duas novas pessoas. No dia 3, cada pessoa que recebeu a mensagem no dia 2 também a enviou para outras duas novas pessoa. E assim sucessivamente. Se, do dia 1º até o final do 6 de dezembro, 756 pessoas haviam recebido a mensagem, o valor de x é:

(A) 12
(B) 24
(C) 52
(D) 63
(E) 126

28. (CESGRANRIO) Mauro fez quatro depósitos mensais em sua caderneta de poupança, sempre dobrando o valor em relação ao mês anterior. Se, ao todo, Mauro depositou R$ 300,00, o valor, em reais, depositado no último mês foi

(A) 80,00
(B) 120,00
(C) 140,00
(D) 160,00
(E) 200,00

14.7 RESUMO

Fórmulas da P.A.:

Razão: $r = a_n - a_{n-1}$

Fórmula do termo geral de uma P.A.: $a_n = a_1 + (n-1) \cdot r$ ou $a_n = a_1 + (k-1) \cdot r$

Soma dos "n" primeiros termos de uma P.A.: $S_n = \dfrac{(a_1 + a_n) \cdot n}{2}$

Fórmulas da P.G.:

Cálculo da constante da P.G.: $q = \dfrac{a_n}{a_{n-1}}$

Fórmula do termo geral: $a_n = a_1 \cdot q^{n-1}$ ou $a_n = a_k \cdot q^{n-k}$

Soma dos "n" primeiros termos de uma P.G.: $S_n = \dfrac{a_1(q^n - 1)}{q - 1}$

Soma dos infinitos termos de uma P.G.: $Sn = \dfrac{a_1}{1 - q}$

14.8 TREINAMENTO FINAL DO CAPÍTULO

29. (CESGRANRIO CEF 2008)

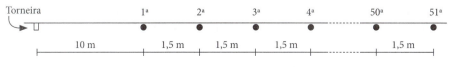

Em um caminho retilíneo há um canteiro formado por 51 roseiras, todas enfileiradas ao longo do caminho, como ilustrado. A distância entre quaisquer duas roseiras consecutivas é 1,5 m. Nesse caminho, há ainda uma torneira a 10,0 m da primeira roseira.

Gabriel decide molhar todas as roseiras desse caminho. Para isso, utiliza um regador que, quando cheio, tem capacidade para molhar 3 roseiras.

Dessa forma, Gabriel enche o regador na torneira, encaminha-se para a 1ª roseira, molha-a, caminha até a 2ª roseira, molha-a e, a seguir, caminha até a 3ª roseira, molhando-a também, esvaziando o regador. Cada vez que o regador fica vazio, Gabriel volta à torneira, enche o regador e repete a rotina anterior para as três roseiras seguintes. No momento em que acabar de regar a última das roseiras, quantos metros Gabriel terá percorrido ao todo desde que encheu o regador pela primeira vez?

(A) 1.666,0
(B) 1.581,0
(C) 1.496,0
(D) 833,0
(E) 748,0

---

30. **(CESGRANRIO)** Nos últimos seis anos, o brasileiro vem trocando o cheque pelo "dinheiro de plástico" e, cada vez mais, efetua pagamentos utilizando cartões de crédito e de débito. O gráfico abaixo apresenta o número de transações efetuadas com cartões no Brasil, de 2000 a 2006.

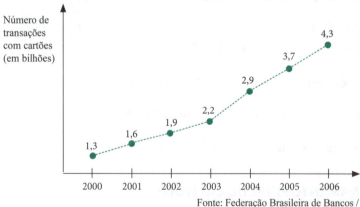

Fonte: Federação Brasileira de Bancos / Associação Brasileira de Empresas de Cartões de Crédito.

Os dados acima mostram um aumento linear no número de transações, de 2000 a 2003. Se esse ritmo tivesse sido mantido nos anos seguintes, o número de transações com cartões teria sido, em 2006, *x* bilhões menor do que realmente foi. Pode-se concluir que *x* é igual a:

(A) 1,2

PARTE I – Cap. 14 – SEQUÊNCIAS NUMÉRICAS   335

(B)   1,6
(C)   2,2
(D)   2,7
(E)   3,1

31. **(CESGRANRIO)** Em 15 partidas que certo time de futebol disputou em um campeonato, houve *x* empates, *y* derrotas e *z* vitórias. Se *x*, *y* e *z* formam, nessa ordem, uma progressão aritmética de razão 2, quantos jogos esse time venceu?
(A)   5
(B)   6
(C)   7
(D)   8
(E)   9

32. **(CESGRANRIO)** A reciclagem de pneus vem aumentando no Brasil. Segundo dados da Associação Nacional das Empresas de Reciclagem de Pneus e Artefatos de Borracha, publicados na Revista Veja de 21 de janeiro deste ano, foram recicladas, no Brasil, 241 mil toneladas de pneus em 2006 e serão recicladas 280 mil toneladas em 2008. Se o aumento linear observado de 2006 para 2008 se mantiver nos próximos anos, quantos milhares de toneladas de pneus serão reciclados em 2014?
(A)   375
(B)   397
(C)   403
(D)   514
(E)   526

33. **(CESGRANRIO)** Uma sequência de números $(a_1, a_2, a_3, ...)$ é tal que a soma dos n primeiros termos é dada pela expressão $S_n = 3n^2 + n$.
O valor do 51º termo é
(A)   300
(B)   301
(C)   302
(D)   303
(E)   304

34. **(FCC)** Considere que a seguinte sequência de figuras foi construída segundo um certo critério.

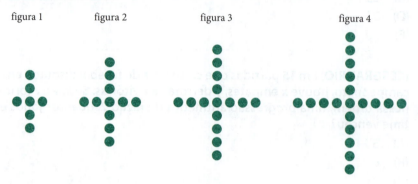

Se tal critério for mantido para obter as figuras subsequentes, o total de pontos da figura de número 15 deverá ser

(A) 69
(B) 67
(C) 65
(D) 63
(E) 61

---

35. **(FCC)** Observe a seguinte sequência de figuras formadas por "triângulos":

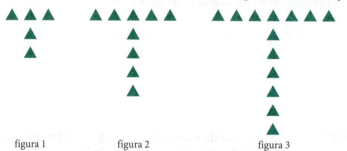

Continuando a sequência de maneira a manter o mesmo padrão, é correto concluir que o número de "triângulos" da figura 100 é

(A) 403
(B) 401
(C) 397
(D) 395
(E) 391

---

36. **(FCC)** A sucessão dos números naturais pares é escrita sem que os algarismos sejam separados, ou seja, da seguinte forma:

PARTE I – Cap. 14 – SEQUÊNCIAS NUMÉRICAS

0 2 4 6 8 1 0 1 2 1 4 1 6 1 8 2 0 2 2 2 4 2 6 2 8 ...

Nessa sucessão, o algarismo que deve ocupar a 127ª posição é o

(A) 0

(B) 2

(C) 4

(D) 6

(E) 8

37. **(CESGRANRIO)** "HBio" é um processo de produção de diesel, a partir de óleos vegetais, utilizado pela Petrobras. No final de 2007, a produção de diesel por esse processo era de 270 mil m³/ano. A expectativa é de que, em 2012, esta produção chegue a 1,05 milhão m³/ano. Supondo-se que tal expectativa se cumpra e que o aumento anual na produção "HBio" de diesel se dê linearmente, formando uma progressão aritmética, quantos milhões de m³ serão produzidos em 2009?

(A) 0,560

(B) 0,574

(C) 0,582

(D) 0,660

(E) 0,674

38. **(CESGRANRIO) Leia o texto abaixo para responder à questão 10.**

"A expectativa de vida do brasileiro aumentou (...), seguindo uma tendência mundial. (...) Para os brasileiros nascidos em 2004, a expectativa de vida é de 71,7 anos. (...) O aumento reflete melhorias nos serviços de saúde pública e de saneamento (...). Em 1980, a expectativa de vida no Brasil era de 62,6 anos.

(...) Os dados regionais mais uma vez confirmam as desigualdades entre as unidades da federação. Enquanto no primeiro colocado, o Distrito Federal, um bebê nascido em 2004 terá esperança de viver 74,6 anos, um bebê nascido em Alagoas, no mesmo ano, terá uma esperança bem abaixo da média nacional: 65,5 anos."

Se, de 1980 a 2004, a expectativa de vida dos brasileiros tivesse aumentado linearmente, um brasileiro nascido em 1990 teria uma expectativa de vida, em anos, de, aproximadamente:

(A) 65,9

(B) 66,4

(C) 67,1

(D) 67,3

(E) 68,1

GABARITO

1. B	2. A	3. B	4. D	5. D	6. D	7. A
8. B	9. C	10. 49	11. D	12. B	13. C	14. Errado
15. C	16. C	17. E	18. A	19. B	20. A	21. 1
22. 3	23. C	24. 3.069	25. C	26. D	27. A	28. D
29. B	30. A	31. C	32. B	33. E	34. D	35. B
36. B	37. C	38. B				

15

ANÁLISE COMBINATÓRIA

15.1 INTRODUÇÃO

O tema análise combinatória pode ser cobrado de forma direta, ou seja, o edital informa o tema, como nas bancas ESAF, CESGRANRIO e CESPE, ou de forma indireta, quando no conteúdo programático constar o tema raciocínio matemático.

Esse tópico sempre deixa as pessoas com medo, pois têm a impressão de um assunto difícil. Ainda me lembro da frase de meu professor da disciplina na Faculdade, ele disse: "Não tenho como ensinar análise combinatória, mas posso ensinar os conceitos fundamentais". Meu estimado professor tem razão, pois para aprender análise é necessário ter um conhecimento dos casos especiais.

Em minhas aulas, a pergunta clássica é: "– Como vou saber quando é arranjo, combinação, princípio fundamental de contagem ou permutação?" Nisso, poderei ajudar com algumas dicas e macetes de interpretação. Tenho certeza de que, depois desse capítulo, vocês irão desmitificar muitas coisas sobre análise combinatória. Por exemplo: arranjo não é necessário estudar, porque todas as questões de arranjo podem ser respondidas pelo princípio fundamental de contagem.

15.2 PRINCÍPIO FUNDAMENTAL DE CONTAGEM (PFC)

15.2.1 Definição

É o total de possibilidades de o evento ocorrer.

Princípio multiplicativo: $P_1 . P_2 . P_3 . ... . P_n$. (regra do "e").

É um princípio utilizado em sucessão de escolha, como ordem. Exemplo: você primeiro escolhe isso, depois aquilo e depois...

Princípio aditivo: $P_1 + P_2 + P_3 + ... + P_n$. (regra do "ou").

É o princípio utilizado quando podemos escolher uma coisa ou outra.

Fique tranquilo, durante as questões comentadas será mais fácil perceber quando utilizar um ou outro princípio.

15.2.2 Treinamento comentado

1. **(BNB 2002)** Apesar de todos os caminhos levarem a Roma, eles passam por diversos lugares antes. Considerando-se que existem três caminhos a seguir quando se deseja ir da cidade A para a cidade B, e que existem mais cinco opções da cidade B para Roma, qual a quantidade de caminhos que se pode tomar para ir de A até Roma, passando necessariamente por B?

   (A) Oito.
   (B) Dez.
   (C) Quinze.
   (D) Dezesseis.
   (E) Vinte.

Resolução:

Vamos observar que temos uma sucessão de escolhas:

Primeiro, de A para B e depois de B para Roma.

1ª possibilidade: 3 (A para B).

Obs.: o número 3 representa a quantidade de escolhas para a primeira opção.

2ª possibilidade: 5 (B para Roma).

Temos duas possibilidades: A para B depois B para Roma, logo, uma sucessão de escolhas.

Resultado: 3 . 5 = 15 possibilidades.

Resposta: letra C.

2. Uma fábrica produz três modelos de carros. Para cada modelo, o cliente deve escolher entre sete cores diferentes, cinco tipos de estofamento e vidros brancos ou verdes. Além disso, o cliente pode adquirir, opcional-mente, o limpador do vidro traseiro. A quantidade de maneiras distintas

PARTE I – Cap. 15 – ANÁLISE COMBINATÓRIA

em que esta fábrica pode montar carros para atender a todas as possíveis escolhas de seus clientes é:

(A)   60.

(B)   70.

(C)   140.

(D)   210.

(E)   420.

Resolução:

Temos uma sucessão de escolhas, logo, devemos o utilizar o princípio multiplicativo.

Obs.: vamos escolher o modelo depois as cores e depois...

1ª possibilidade: modelos = 3.

2ª possibilidade: cores = 7.

3ª possibilidade: estofamento = 5.

4ª possibilidade: vidros = 2.

5ª possibilidade: limpador de vidro = 2 (com ou sem limpador).

Resultado: 3 . 7 . 5 . 2 . 2 = 420 possibilidades.

Resposta: letra E.

----

3.   **(UNEB) Uma senhora idosa foi retirar dinheiro em um caixa automático, mas se esqueceu da senha. Lembrava que não havia o algarismo 0, que o primeiro algarismo era 8, o segundo era par, o terceiro era menor que cinco e o quarto e último era ímpar. Qual o maior número de tentativas que ela pode fazer, no intuito de acertar a senha?**

(A)   13.

(B)   60.

(C)   75.

(D)   78.

(E)   80.

Resolução:

1ª possibilidade: 8. Apenas um número = 1.

2ª possibilidade: par (2, 4, 6, 8) = 4.

3ª possibilidade: menor que cinco (1, 2, 3, 4) = 4.

3ª possibilidade: ímpar (1, 3, 5, 7, 9) = 5.

Resumo:

1	4	4	5
1ª possibilidade	2ª possibilidade	3ª possibilidade	4ª possibilidade

Resultado: 1 . 4 . 4 . 5 = 80 possibilidades.

👁 Fique esperto!

Você deve ter se perguntado o porquê de, na primeira possibilidade, o número ser 1 e não 8. Não se esqueça: as possibilidades representam a quantidade de elementos; como só temos um elemento, há apenas uma possibilidade.

Resposta: letra E.

----

4. **(CESGRANRIO INSS)** Para ter acesso a um arquivo, um operador de computador precisa digitar uma sequência de 5 símbolos distintos, formada por duas letras e três algarismos. Ele se lembra dos símbolos, mas não lembra da ordem em que eles aparecem. O maior número de tentativas diferentes que o operador pode fazer para acessar o arquivo é:

(A)   115.
(B)   120.
(C)   150.
(D)   200.
(E)   249.

Resolução:

Temos que ter cuidado! Ele sabe os elementos da sequência, mas não sabe a ordem. Não se esqueça: temos elementos distintos, logo, sem repetição.

5	4	3	2	1
1ª possibilidade	2ª possibilidade	3ª possibilidade	4ª possibilidade	5ª possibilidade

Na primeira possibilidade, temos cinco escolhas, porém, como os termos são distintos, cada casa diminui uma possibilidade.

Logo: 5 . 4 . 3 . 2 . 1 = 120.

Resposta: letra B.

PARTE I – Cap. 15 – ANÁLISE COMBINATÓRIA   **343**

5. **(Técnico do BACEN 2005)** Os clientes de um banco contam com um cartão magnético e uma senha pessoal de quatro algarismos distintos entre 1.000 e 9.999. A quantidade dessas senhas, em que a diferença positiva entre o primeiro algarismo e o último algarismo é 3, é igual a:

(A) 936.

(B) 896.

(C) 784.

(D) 768.

(E) 728.

Resolução:

A diferença positiva entre o primeiro e último algarismo é 3.

Suposição: primeiro algarismo sendo 3 e o último algarismo sendo 0.

1º algarismo, sendo o dígito 3, logo, uma escolha.

2º algarismo: 8 escolhas (não podemos escolher os dígitos 0 e 3, pois os dígitos são distintos).

3º algarismo: 7 escolhas (abatemos os dígitos 0, 3 e dígito do segundo algarismo).

4º algarismo: 1 escolha (dígito é 0).

Resultado: 1 . 8 . 7 . 1 = 56 escolhas.

Podemos ter as seguintes duplas: (3, 0), (1, 4), (4, 1), (5, 2), (2, 5), (6, 3), (7, 4), (4, 7), (8, 5), (5, 8), (6, 3), (3, 6), temos 13 duplas para assumir a primeira e última posição!

Não escolhemos a dupla (0,3), pois a senha deve começar com o dígito 1!

Para cada dupla temos 56 escolhas!

Resultado 56 . 13 = 728 possibilidades.

Resposta: letra E.

- -

(CESPE TRT-DF – 2005) Para a codificação de processos, o protocolo utiliza um sistema com cinco símbolos, sendo duas letras de um alfabeto com 26 letras e três algarismos, escolhidos entre os de 0 a 9. Supondo que as letras ocupem sempre as duas primeiras posições, julgue os itens que se seguem.

6) O número de processos que podem ser codificados por esse sistema é superior a 650.000.

7) O número de processos que podem ser codificados por esse sistema utilizando-se letras iguais nas duas primeiras posições do código é superior a 28.000.

8) O número de processos que podem ser codificados por esse sistema de modo que em cada código não haja repetição de letras ou de algarismos é superior a 470.000.

Resolução:

O nosso protocolo é formado por duas letras e três algarismos ($L_1L_2A_1A_2A_3$).

Algarismos = 10 (0, 1, 2 a 9).

Letras = 26 (fornecida pela questão).

Vamos resolver o item 6.

O número de processos que podem ser codificados por esse sistema é superior a 650.000.

Nessa questão não há restrição.

26	26	10	10	10
1ª Possibilidade	2ª Possibilidade	3ª Possibilidade	4ª Possibilidade	5ª Possibilidade

Resultado: 26 . 26 . 10 . 10 . 10 = 676000 possibilidades.

Resposta: item certo.

Vamos resolver o item 7.

O número de processos que podem ser codificados por esse sistema utilizando-se letras iguais nas duas primeiras posições do código é superior a 28.000.

Nesse item, temos a seguinte restrição: letras iguais. A segunda letra é igual à primeira, por isso não podemos escolher a segunda letra.

26	1	10	10	10
1ª Possibilidade	2ª Possibilidade	3ª Possibilidade	4ª Possibilidade	5ª Possibilidade

Resultado: 26 . 1 . 10 . 10 . 10 = 26000 possibilidades.

Resposta: item errado.

Vamos resolver o item 8.

O número de processos que podem ser codificados por esse sistema de modo que em cada código não haja repetição de letras ou de algarismos é superior a 470.000.

Nesse item, a restrição é não repetir elementos (letras e algarismos).

26	25	10	9	8
1ª Possibilidade	2ª Possibilidade	3ª Possibilidade	4ª Possibilidade	5ª Possibilidade

PARTE I – Cap. 15 – ANÁLISE COMBINATÓRIA

345

Resultado: 26 . 25 . 10 . 9 . 8 = 468000 possibilidades.

Resposta: item errado.

---

9. **(UEFS) Para garantir a segurança de seus moradores, a administração de um condomínio pensou em contratar vigilantes para ocuparem as cinco guaritas construídas na sua área. Devido aos altos custos, só é possível contratar quatro vigilantes, sendo que um deles deve ficar na guarita próxima à entrada do condomínio e que, nos demais postos, devem ficar, no máximo, um vigilante. Nessas condições, o número máximo de maneiras distintas para distribuir esses vigilantes é:**

(A) 24.
(B) 58.
(C) 72.
(D) 96.
(E) 120.

Resolução:

Temos quatro vigilantes e cinco guaritas, sendo obrigatório a guarita da entrada ter um vigilante.

Fique atento! Cada vez que escolhemos um vigilante, diminui uma possibilidade.

Vamos escolher a guarita D ficando vazia.

1ª possibilidade: entrada = 4 (vigilantes).

2ª possibilidade: guarita A = 3.

3ª possibilidade: guarita B = 2.

4ª possibilidade: guarita C = 1.

4	3	2	1
Entrada	Guarita A	Guarita B	Guarita C

Resultado: 4 . 3 . 2 . 1 = 24 possibilidades, porém esse resultado é quantidade de possibilidades ficando vazia a guarita D, mas a questão deixou livre a guarita que vai ficar vazia.

5ª possibilidade: guarita vazia (pode ser A ou B ou C ou D) = 4.

Resultado final: 4 . 3 . 2 . 1 . 4 = 96 possibilidades.

Resposta: letra E.

MATEMÁTICA FACILITADA – Bruno Villar

10. **(ESAF Fiscal Trabalho 98)** Três rapazes e duas moças vão ao cinema e desejam sentar-se, os cinco, lado a lado, na mesma fila. O número de maneiras pelas quais eles podem distribuir-se nos assentos de modo que as duas moças fiquem juntas, uma ao lado da outra, é igual a:

(A) 2.

(B) 4.

(C) 24.

(D) 48.

(E) 120.

Resolução:

Nesse caso, a nossa restrição é ficarem duas mulheres juntas.

Sem restrição, a resposta seria 5 . 4 . 3 . 2 . 1 = 120 possibilidades.

M_1	M_2	R_1	R_2	R_3
P_1		P_2	P_3	P_4

Vamos observar que uma posição ($P1$) será ocupada pelas duas mulheres, pois elas devem permanecer juntas.

1ª possibilidade: moça 1 = 2.

2ª possibilidade: moça 2 = 1.

3ª possibilidade: rapaz 1 = 3.

4ª possibilidade: rapaz 2 = 2.

5ª possibilidade: rapaz 3 = 1.

Resultado: 2 . 1 . 3 . 2 . 1 = 12 possibilidades, porém nessa ordem.

Temos quatro posições para permutar (trocar) entre si.

6ª possibilidade: posição = 4.

Resultado final: 12 . 4 = 48 possibilidades.

Resposta: letra D.

---

11. **(MPOG 2000 ESAF)** O número de maneiras diferentes que 3 rapazes e 2 moças podem sentar-se em uma mesma fila de modo que somente as moças fiquem todas juntas é igual a:

(A) 6.

(B) 12.

(C) 24.

(D) 36.

(E) 48.

PARTE I – **Cap. 15** – ANÁLISE COMBINATÓRIA   347

Resolução:

Você deve ter se perguntado, não é a mesma questão?

Não! O enunciado é o mesmo, porém a pergunta é diferente.

Nossa restrição é: *somente as moças ficarem todas juntas*; nesse caso, os rapazes não podem ficar todos juntos. Por isso teremos duas situações.

1ª situação:

R_1	M_1	M_2	R_2	R_3
P_1		P_2	P_3	P_4

1ª possibilidade: moça 1 = 2.

2ª possibilidade: moça 2 = 1.

3ª possibilidade: rapaz 1 = 3.

4ª possibilidade: rapaz 2 = 2.

5ª possibilidade: rapaz 3 = 1.

Resultado 1: 2 . 1 . 3 . 2 . 1 = 12 possibilidades.

2ª situação:

R_1	R_2	M_1	M_2	R_3
P_1	P_2	P_3		P_4

1ª possibilidade: moças 1 = 2.

2ª possibilidade: moça 2 = 1.

3ª possibilidade: rapaz 1 = 3.

4ª possibilidade: rapaz 2 = 2.

5ª possibilidade: rapaz 3 = 1.

Resultado 2: 2 . 1 . 3 . 2 . 1 = 12 possibilidades.

Temos 1ª situação ou 2ª situação. Regra do "ou" (soma).

Resultado final: 12 + 12 = 24 possibilidades.

Resposta: letra C.

----

12. **(ESAF AFRE MG 2005)** Sete modelos, entre elas Ana, Beatriz, Carla e Denise, vão participar de um desfile de moda. A promotora do desfile determinou que as modelos não desfilarão sozinhas, mas sempre em filas formadas por exatamente quatro das modelos. Além disso, a última de cada fila só poderá ser ou Ana, ou Beatriz, ou Carla ou Denise. Finalmente, Denise não poderá ser a primeira da fila. Assim, o número de diferentes filas que podem ser formadas é igual a:

(A) 420.

(B) 480.

(C) 360.

(D) 240.

(E) 60.

Resolução:

Nessa questão, temos duas restrições:

1ª) A última posição deve ser: Ana ou Beatriz ou Carla ou Denise.

2ª) Denise não pode ocupar a primeira posição.

1ª situação: Ana sendo a última.

5	5	4	1
Posição 1	Posição 2	Posição 3	Posição 4

A posição 1 não pode ser ocupada nem por Ana nem por Denise (restrição da questão), logo, cinco possibilidades.

A posição 2 não pode ser ocupada por Ana nem pela pessoa que ocupou a primeira posição; porém, pode ser ocupada por Denise. Por isso, cinco possibilidades.

A posição 3 não pode ser ocupada por Ana, nem pela pessoa da posição 1, nem pela pessoa da posição 2, logo, quatro possibilidades.

A posição 4 pode ser ocupada por Ana (nossa suposição), logo, apenas uma possibilidade.

Resultado 1 = 5 . 5 . 4 . 1 = 100 possibilidades.

2ª situação: Beatriz sendo a última.

5	5	4	1
Posição 1	Posição 2	Posição 3	Posição 4

A posição 1 não pode ser ocupada nem por Beatriz nem por Denise (restrição da questão), logo, 5 possibilidades.

A posição 2 não pode ser ocupada por Beatriz nem pela pessoa que ocupou a primeira posição; porém, pode ser ocupada por Denise, por isso, 5 possibilidades.

A posição 3 não pode ser ocupada por Beatriz, nem pela pessoa da posição 1, nem pela pessoa da posição 2, logo, 4 possibilidades.

A posição 4 pode ser ocupada por Beatriz (nossa suposição), logo, apenas uma possibilidade.

Resultado 2 = 5 . 5 . 4 . 1 = 100 possibilidades.

PARTE I – Cap. 15 – ANÁLISE COMBINATÓRIA

3ª situação: Carla sendo a última.

5	5	4	1
Posição 1	Posição 2	Posição 3	Posição 4

A posição 1 não pode ser ocupada nem por Carla nem por Denise (restrição da questão), logo, 5 possibilidades.

A posição 2 não pode ser ocupada por Carla nem pela pessoa que ocupou a primeira posição; porém, pode ser ocupada por Denise, por isso, 5 possibilidades.

A posição 3 não pode ser ocupada por Carla, nem pela pessoa da posição 1, nem pela pessoa da posição 2, logo, 4 possibilidades.

A posição 4 pode ser ocupada por Carla (nossa suposição), logo, apenas uma possibilidade.

Resultado 3 = 5 . 5 . 4 . 1 = 100 possibilidades.

4ª situação: Denise sendo a última.

6	5	4	1
Posição 1	Posição 2	Posição 3	Posição 4

A posição 1 não pode ser ocupada por Denise (restrição da questão), e como ela já está na última posição, logo, 6 possibilidades.

A posição 2 não pode ser ocupada por Denise nem pela pessoa que ocupou a primeira posição; logo, 5 possibilidades.

A posição 3 não pode ser ocupada por Denise nem pela pessoa da posição 1 nem pela pessoa da posição 2, logo, 4 possibilidades.

A posição 4 pode ser ocupada por Denise (nossa suposição), logo, apenas uma possibilidade.

Resultado 4 = 6 . 5 . 4 . 1 = 120 possibilidades.

Temos: 1ª situação ou 2ª situação ou 3ª situação ou 4ª situação.

Resultado final: 100 + 100 + 100 + 120 = 420 possibilidades.

Resposta: letra A.

----

13. **(CEFET-BA)** A travessia internacional mais alta do mundo está a 4.370 metros de altitude. Considerando os algarismos 0, 3, 4 e 7, se colorarmos em ordem crescente todos os algarismos, não nulos, de algarismos distintos, formados por esses algarismos, então a posição do número 4.370 é:

(A) 30.

(B) 36.

(C) 40.

(D) 41.

(E) 42.

Resolução:

Temos que contar as possibilidades.

1ª situação: um número de um algarismo.

Possibilidade: 3, 4, 7 = 3.

O 0 não conta, pois o número 07 é um número de um algarismo.

2ª situação: um número de dois algarismos.

3	3
1º algarismo	2º algarismo

O primeiro algarismo não pode ser 0, por isso, só temos as seguintes possibilidades: 3, 4, 7.

O segundo algarismo pode ser 0, e devemos excluir o algarismo que escolhemos para primeira posição, logo, 3 possibilidades.

Resultado 2 : 3 . 3 = 9 possibilidades.

3ª situação: um número de três algarismos.

3	3	2
1º algarismo	2º algarismo	3º algarismo

O primeiro algarismo não pode ser o zero, logo, 3 possibilidades.

O segundo algarismo pode contar o zero, porém, não podemos contar o algarismo da posição 1.

O terceiro algarismo não pode ser nem o primeiro algarismo nem o segundo algarismo, logo, 2 possibilidades.

Resultado 3 : 3 . 3 . 2 = 18 possibilidades.

4ª situação: número de quatro algarismos, menor que 4370.

Vamos começar com o número 3 na primeira posição, pois o número 3074 é menor que 4.370.

1	3	2	1
1º algarismo	2º algarismo	3º algarismo	4º algarismo

A primeira posição só pode ser ocupada pelo algarismo 3, logo, apenas uma possibilidade.

A segunda posição não pode ser ocupada pelo algarismo da primeira posição, logo, 3 possibilidades.

PARTE I – Cap. 15 – ANÁLISE COMBINATÓRIA

351

Na terceira posição, devemos excluir os dois algarismos anteriores, logo, 2 possibilidades.

Na quarta posição, devemos excluir os três algarismos anteriores, logo, 1 possibilidade.

Resultado 4 : 1 . 3 . 2 . 1 = 6 possibilidades.

Até agora, temos 3 + 9 + 18 + 6 = 36 possibilidades.

Começando com o algarismo 4, temos: 4037, 4073, 4307. Logo, temos mais três posições.

Números menores que 4370, temos 39 possibilidades, logo, o número 4370 estará na 40ª posição.

Resposta: letra C.

----

14. **(ESAF MPU 2004) Paulo possui três quadros de Gotuzo e três de Portinari e quer expô-los em uma mesma parede, lado a lado. Todos os seis quadros são assinados e datados. Para Paulo, os quadros podem ser dispostos em qualquer ordem, desde que os de Gotuzo apareçam ordenados entre si em ordem cronológica, da esquerda para a direita. O número de diferentes maneiras que os seis quadros podem ser expostos é igual a:**

(A) 20.

(B) 30.

(C) 24.

(D) 120.

(E) 360.

Resolução:

Temos 6 quadros, porém, os quadros de Gotuzo devem estar em ordem cronológica e podem estar juntos ou não.

Total de possibilidades: 6 . 5 . 4 . 3 . 2 . 1 = 720 possibilidades.

No caso da inversão da sequência dos quadros de Gotuzo, temos:

3	2	1
1ª posição	2ª posição	3ª posição

Temos 6 possibilidades de troca da sequência dos quadros de Gotuzo.

$\dfrac{720}{6}$ = 120 possibilidades para os quadros de Gotuzo estarem em ordem cronológica.

Conclusão: o resultado é igual a 120.

Resposta: letra D.

Texto para as questões 15 a 18

Supondo que André, Bruna, Cláudio, Leila e Roberto sejam, não necessariamente nesta ordem, os cinco primeiros classificados em um concurso, julgue os itens seguintes.

15. Existem 120 possibilidades distintas para essa classificação.

Resolução:

Escolha livre!

1ª posição: 5 (podemos escolher qualquer pessoa).

2ª posição: 4 (excluindo a pessoa escolhida para a primeira posição).

3ª posição: 3.

4ª posição: 2.

5ª posição: 1.

Resultado: 5 . 4 . 3 . 2 . 1 = 120 possibilidades.

Resposta: item certo.

- -

16. Com André em primeiro lugar, existem 20 possibilidades distintas para a classificação.

Resolução:

Restrição: André em primeiro lugar.

Escolha livre!

1ª posição: 1 (temos apenas uma opção).

2ª posição: 4 (excluindo a pessoa escolhida para a primeira posição).

3ª posição: 3.

4ª posição: 2.

5ª posição: 1.

Resultado: 1 . 4 . 3 . 2 . 1 = 24 possibilidades.

Resposta: item errado.

- -

PARTE I – Cap. 15 – ANÁLISE COMBINATÓRIA

353

17. Com Bruna, Leila e Roberto classificados em posições consecutivas, existem 36 possibilidades distintas para classificação.

Resolução:

Nesse caso temos 3 pessoas em posições consecutivas, sem ordem!

| P1 | P2 | P3 |

Temos apenas 3 posições, pois três pessoas devem ficar juntas.

1ª escolha: 3 posições.

2ª escolha: 2 pessoas para uma posição.

3ª escolha: 1 pessoa para uma posição.

4ª escolha: 3 . 2 . 1 (permuta entre Bruna, Leila e Roberto).

Resultado: 3 . 2 . 1 . 3 . 2 . 1 = 36 possibilidades.

Resposta: item certo.

----

18. O número de possibilidades distintas para a classificação com um homem em último lugar é 144.

Resolução:

Se o total de possibilidades é 120, então como o número de possibilidades pode ser 144?

Vamos ao cálculo.

1ª posição: 4 (considerando André sendo o último, por isso excluímos uma opção).

2ª posição: 3 (excluindo a pessoa escolhida para a primeira posição).

3ª posição: 2.

4ª posição: 1.

5ª posição: 1.

Resultado: 1 . 4 . 3 . 2 . 1 = 24 possibilidades.

Sendo André o último, temos 24 possibilidades. Teremos também para Cláudio 24 possibilidades e 24 possibilidades para Roberto sendo o último.

Resultado: 24 + 24 + 24 = 72.

Pode ser um "ou outro", regra do "ou" = soma.

Resposta: item errado.

----

19. (ABIN CESPE 2010) Considere que uma das técnicas de acompanhamento de investigado que se desloque por uma rua retilínea consista em manter um agente no mesmo lado da via que o investigado, alguns metros atrás deste, e dois outros agentes do lado oposto da rua, um caminhando exatamente ao lado do investigado e outro, alguns metros atrás. Nessa situação, há 10 maneiras distintas de 3 agentes previamente escolhidos se organizarem durante uma missão de acompanhamento em que seja utilizada essa técnica.

Resolução:

Temos que escolher 3 pessoas para três posições.

1ª posição (do mesmo lado da via) = 3 (total de agentes).
2ª posição (lado oposto na mesma direção) = 2 (pois já escolhemos um agente).
3ª posição (lado oposto, alguns metros atrás) = 1 (pois já escolhemos dois agentes).
Resultado = 3 . 2 . 1 = 6 possibilidades.

Resposta: item errado.

---

20. (CESGRANRIO 2011) Deseja-se identificar cinco vagas de um estacionamento para uso da diretoria de uma empresa, cada uma com uma cor. Entretanto, há restrições: as vagas estão dispostas linearmente e são adjacentes, só há três cores diferentes no almoxarifado e duas vagas consecutivas não podem ter a mesma cor.
De quantas maneiras essa identificação é possível?
(A)   15.
(B)   32.
(C)   48.
(D)   125.
(E)   243.

Resolução:

Restrição: duas vagas consecutivas não podem ter a mesma cor.

 Dica:

Quando a restrição for dois elementos consecutivos distintos então podemos utilizar a seguinte fórmula:
1ª possibilidade = n.
2ª possibilidade em diante = (n - 1).
Obs.: n: total de elementos.

PARTE I – Cap. 15 – ANÁLISE COMBINATÓRIA

n = 3

1ª possibilidade: 3 (n).

2ª possibilidade: 2 (n - 1).

3ª possibilidade: 2 (n - 1).

4ª possibilidade: 2 (n - 1).

5ª possibilidade: 2 (n - 1).

Resultado: 3 . 2 . 2 . 2 . 2 = 48.

Resposta: *letra C.*

---

21. **(BB CESGRANRIO 2012)** Para cadastrar-se em um site de compras coletivas, Guilherme precisará criar uma senha numérica com, no mínimo, 4 e, no máximo, 6 dígitos. Ele utilizará apenas algarismos de sua data de nascimento: 26/03/1980.

Quantas senhas diferentes Guilherme poderá criar se optar por uma senha sem algarismos repetidos?

(A) 16.870.

(B) 20.160.

(C) 28.560.

(D) 5.040.

(E) 8.400.

Resolução:

Elementos: 0, 1, 2, 3, 6, 8 e 9.

• 1º caso: 4 dígitos.

Obs.: sem repetição.

Possibilidade 1 = 7.

Possibilidade 2 = 6.

Possibilidade 2 = 5.

Possibilidade 2 = 4.

$R_1 = 7 . 6 . 5 . 4 = 840$

• 2º caso: 5 dígitos.

Obs.: sem repetição.

Possibilidade 1 = 7.

Possibilidade 2 = 6.

Possibilidade 3 = 5.

Possibilidade 4 = 4.

Possibilidade 5 = 3.

$R_2 = 7 . 6 . 5 . 4 . 3 = 2520$

- 3º caso: 6 dígitos.

Obs.: sem repetição.

Possibilidade 1 = 7.

Possibilidade 2 = 6.

Possibilidade 3 = 5.

Possibilidade 4 = 4.

Possibilidade 5 = 3.

Possibilidade 6 = 2.

$R_3 = 7 . 6 . 5 . 4 . 3 . 2 = 5040$

Resposta final = 840 + 2520 + 5040 = 8400.

Resposta: letra E.

A enorme quantidade de questões apresentadas teve como objetivo fortalecer o conceito do Princípio Fundamental de Contagem. Por isso, você está preparado para solucionar as questões propostas para o seu treinamento. Não se esqueça de ler com calma e observar as restrições!

Resumo das principais restrições:

1ª) "Elementos distintos".

Obs.: n: total de elementos.

$P = n(n - 1) (n - 2) (n - 3) ...$

2ª) Elementos iguais.

Obs.: n: total de elementos.

$P = n . 1 . 1 ... 1$

A primeira escolha é livre e a partir da segunda escolha, o resultado sempre será igual a 1.

3ª) Dois elementos consecutivos distintos.

Obs.: n: total de elementos.

$P = n(n - 1) (n - 1) ... (n - 1)$

A primeira escolha é livre e a partir da segunda escolha, o resultado sempre será igual a (n - 1).

PARTE I – Cap. 15 – ANÁLISE COMBINATÓRIA

15.2.3 Treinamento do concursando

22. **(VUNESP 2014)** Um jovem casal está planejando a construção de sua casa. Para isso, o casal precisa decidir se a casa terá 2 ou 3 dormitórios; se pedirão um empréstimo habitacional à Caixa Econômica, ao Banco do Brasil ou a um banco privado específico e, por fim, se construirão a casa no terreno que compraram a prazo ou se venderão esse terreno e comprarão outro. Quantas possibilidades de escolha o casal tem no total?

(A) 12
(B) 26
(C) 7
(D) 10
(E) 20

23. **(CESGRANRIO)** Ao se inscrever em determinado concurso, cada candidato recebia um número de inscrição composto de 6 dígitos numéricos. O primeiro dígito identificava a cidade onde era feita a inscrição e os demais correspondiam ao número de identificação do candidato. Por exemplo, na cidade identificada pelo dígito "2", o primeiro inscrito receberia o número de inscrição "2.00001", o do segundo seria "2.00002" e assim sucessivamente, até o número "2.99999". Seguindo esse critério, qual o número máximo de candidatos que poderiam se inscrever numa mesma cidade?

(A) 9.999.
(B) 59.049.
(C) 99.999.
(D) 531.441.
(E) 999.999.

24. **(CESGRANRIO)** Em certa universidade, o número de matrícula dos estudantes é formado por 7 dígitos, repetidos ou não. Os números seguem um padrão: o primeiro dígito não pode ser zero, o antepenúltimo indica em que semestre (primeiro ou segundo) foi iniciado o curso e os dois últimos, o ano da matrícula. Por exemplo, "4234.207" é um número de matrícula atribuído a um estudante que iniciou seu curso no segundo semestre de 2007. Se dois estudantes matriculados num mesmo ano devem ter, obrigatoriamente, números de matrícula diferentes, qual é o número máximo de estudantes que podem ser matriculados em 2008?

(A) 6.046.
(B) 9.000.
(C) 10.080.

(D) 18.000.
(E) 20.000.

25. **(UPENT 2014)** Na formatura dos 8 amigos, eles se encaminhavam juntos para a fila na qual receberiam seus anéis. O número possível de diferentes filas a serem formadas, de modo que dois desses amigos fiquem sempre juntos, é:
(A) 10.080.
(B) 5.040.
(C) 21.
(D) 8.
(E) 7.

26. **(CESGRANRIO 2008)** Pedrinho precisava inventar uma bandeira para representar seu grupo em um trabalho escolar. Ele criou uma bandeira simples, de quatro listras verticais, representada abaixo.

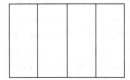

Pedrinho decidiu pintar sua bandeira utilizando as quatro cores da bandeira do Estado de Rondônia. De quantos modos essa bandeira poderá ser pintada, se duas listras seguidas devem, obrigatoriamente, ser de cores diferentes?
(A) 24.
(B) 48.
(C) 72.
(D) 96.
(E) 108.

27. **(QUADRIX 2014)** Um profissional deseja organizar 3 livros de História, 4 de Física e 2 de Biologia, de modo que fiquem enfileirados na prateleira da biblioteca, sendo que a única exigência é de que os da mesma área fiquem juntos. Qual é o número de possibilidades de esses livros serem organizados?
(A) 288.
(B) 1.728.
(C) 1.600.
(D) 1.550.
(E) 300.

PARTE I – Cap. 15 – ANÁLISE COMBINATÓRIA

28. (CESPE) Considere que as senhas dos clientes de um banco têm 8 dígitos, sem repetições, formadas pelos algarismos de 0 a 9. Nessa situação, o número máximo de senhas que podem ser cadastradas nesse banco é inferior a 2×10^6.

29. (CESPE) Considere que o BB oferece cartões de crédito Visa e Mastercard, sendo oferecidas 5 modalidades diferentes de cartão de cada uma dessas empresas. Desse modo, se um cidadão desejar adquirir um cartão Visa e um Mastercard, ele terá menos de 20 possíveis escolhas distintas.

30. (Oficial de Chancelaria 2002 ESAF) Chico, Caio e Caco vão ao teatro com suas amigas Biba e Beti, e desejam sentar-se, os cinco, lado a lado, na mesma fila. O número de maneiras pelas quais eles podem distribuir-se nos assentos de modo que Chico e Beti fiquem sempre juntos, um ao lado do outro, é igual a:
(A) 16.
(B) 24.
(C) 32.
(D) 46.
(E) 48.

31. (VUNESP 2014) Um jovem casal está planejando a construção de sua casa. Para isso, o casal precisa decidir se a casa terá 2 ou 3 dormitórios; se pedirão um empréstimo habitacional à Caixa Econômica, ao Banco do Brasil ou a um banco privado específico e, por fim, se construirão a casa no terreno que compraram a prazo ou se venderão esse terreno e comprarão outro.

Quantas possibilidades de escolha o casal tem no total?
(A) 12.
(B) 26.
(C) 7.
(D) 10.
(E) 20.

32. (Analista de Orçamento MARE 99 ESAF) Para entrar na sala da diretoria de uma empresa é preciso abrir dois cadeados. Cada cadeado é aberto por meio de uma senha. Cada senha é constituída por 3 algarismos distintos. Nessas condições, o número máximo de tentativas para abrir os cadeados é:
(A) 518.400.
(B) 1.440.

(C) 720.

(D) 120.

(E) 54.

---

33. **(CESPE)** Para aumentar a segurança no interior do prédio do TSE, foram distribuídas senhas secretas para todos os funcionários, que deverão ser digitadas na portaria para se obter acesso ao prédio. As senhas são compostas por uma sequência de três letras (retiradas do alfabeto com 26 letras), seguida de uma sequência de três algarismos (escolhidos entre 0 e 9). O número de senhas distintas que podem ser formadas sem que seja admitida a repetição de letras, mas admitindo-se a repetição de algarismos, é igual a:

(A) $26^3 \times 10 \times 9 \times 8$.

(B) $26^3 \times 10^3$.

(C) $26 \times 25 \times 24 \times 10 \times 9 \times 8$.

(D) $26 \times 25 \times 24 \times 10^3$.

---

34. **(ESAF 2013)** Os pintores Antônio e Batista farão uma exposição de seus quadros. Antônio vai expor 3 quadros distintos e Batista 2 quadros distintos. Os quadros serão expostos em uma mesma parede e em linha reta, sendo que os quadros de um mesmo pintor devem ficar juntos. Então, o número de possibilidades distintas de montar essa exposição é igual a:

(A) 5.

(B) 12.

(C) 24.

(D) 6.

(E 15.

---

35. **(ESAF ATA 2012)** Dos aprovados em um concurso público, os seis primeiros foram Ana, Bianca, Carlos, Danilo, Emerson e Fabiano. Esses seis aprovados serão alocados nas salas numeradas de 1 a 6, sendo um em cada sala e obedecendo a determinação de que na sala 1 será alocado um homem. Então, o número de possibilidades distintas de alocação desses seis aprovados é igual a:

(A) 720.

(B) 480.

(C) 610.

(D) 360.

(E) 540.

36. **(FCC BB 2010)** Na sala de reuniões de uma empresa há uma mesa de formato retangular com 8 cadeiras dispostas da forma como é mostrado na figura abaixo.

Sabe-se que, certo dia, seis pessoas reuniram-se nessa sala: o Presidente, o Vice-Presidente e 4 membros da Diretoria. Considerando que o Presidente e o Vice-Presidente sentaram-se nas cabeceiras da mesa, de quantos modos podem ter se acomodado nas cadeiras todas as pessoas que participaram da reunião?

(A) 720.
(B) 360.
(C) 120.
(D) 72.
(E) 36.

15.3 FATORIAL

O fatorial será muito utilizado nas questões de permutação e combinação.

15.3.1 Definição

Sendo n um número natural, chama-se de n! (lê-se: n fatorial) a expressão:
n! = n(n - 1) (n - 2) (n - 3) . .... . 2 . 1, como n ≥ 2.

 Exemplos:

5! = 5 . 4 . 3 . 2 . 1 = 120.
7! = 7 . 6 . 5 . 4 . 3 . 2 . 1 = 5.040.

Cuidado!
0! = 1
1! = 1

 Dica:

Dica 1:
Tenha cuidado: 2! = 2, pois 2 . 1 = 2. Agora 3! não é igual a 3, pois 3 . 2 . 1 = 6.

Dica 2:
Você não precisa desenvolver o número até 1.

> **Exemplo:**
>
> 5! = 5 . 4 . 3! Nesse caso, se parar antes de um, você deve colocar o fatorial.

15.3.2 Treinamento básico

1. Simplifique as expressões abaixo:

    a) $\dfrac{7!}{5!} = \dfrac{7 \cdot 6 \cdot \cancel{5!}}{\cancel{5!}} = 7 \cdot 6 = 42.$

    b) $\dfrac{10!}{7!} = \dfrac{10 \cdot 9 \cdot 8 \cdot \cancel{7!}}{\cancel{7!}} = 10 \cdot 9 \cdot 8 = 720.$

    c) $\dfrac{12!}{5!} = \dfrac{12 \cdot 11 \cdot 10 \cdot 9 \cdot 8 \cdot 7 \cdot 6 \cdot \cancel{5!}}{\cancel{5!}} = 12 \cdot 11 \cdot 10 \cdot 9 \cdot 8 \cdot 7 \cdot 6 = 39991680.$

    d) $\dfrac{10!}{6! \cdot 4!} = \dfrac{10 \cdot 9 \cdot 8 \cdot 7 \cdot \cancel{6!}}{\cancel{6!} \cdot 4 \cdot 3 \cdot 2 \cdot 1} = \dfrac{10 \cdot 9 \cdot 8 \cdot 7}{4 \cdot 3 \cdot 2 \cdot 1} = \dfrac{5040}{24} = 210.$

    Nesse caso da letra d, no denominador devemos conservar o termo maior e desenvolver o menor termo.

    2ª opção:

    $\dfrac{10 \cdot 9 \cdot 8 \cdot 7}{4 \cdot 3 \cdot 2 \cdot 1} = \dfrac{10^{:2} \cdot 9^{:3} \cdot 8^{:2} \cdot 7}{4^{:2} \cdot 3^{:2} \cdot 2^{:2}} = \dfrac{5 \cdot 3 \cdot 4 \cdot 7}{2 \cdot 1 \cdot 1} = \dfrac{420}{2} = 210$

    Esse processo é o *método da simplificação*; para simplificar, devemos dividir os termos por um mesmo número.

    e) $\dfrac{12!}{10! \cdot 2!} = \dfrac{12 \cdot 11 \cdot \cancel{10!}}{\cancel{10!} \cdot 2 \cdot 1} = \dfrac{12 \cdot 11}{2} = \dfrac{132}{2} = 66.$

    Vamos ver questões de princípio fundamental e fatorial.

15.3.3 Treinamento comentado

37. **(CESPE)** Considere que, para ter acesso à sua conta corrente via Internet, um correntista do BB deve cadastrar uma senha de 8 dígitos, que devem ser escolhidos entre os algarismos de 0 a 9. Se o correntista decidir que todos os algarismos de sua senha serão diferentes, então o número de escolhas distintas que ele terá para essa senha será igual a 8!

Parte I – Cap. 15 – ANÁLISE COMBINATÓRIA **363**

Resolução:

O correntista possui uma senha de 8 dígitos distintos.

10	9	8	7	6	5	4	3
1ª posição	2ª posição	3ª posição	4ª posição	5ª posição	6ª posição	7ª posição	8ª posição

1ª posição: 10 possibilidades (0 a 9 algarismos) e, como são elementos distintos, retira-se um elemento de cada posição posterior.

O resultado é: 10 . 9 . 8 . 7 . 6 . 5 . 4 . 3.

Agora, vamos comparar o resultado obtido com o resultado do enunciado.

10 . 9 . 8 . 7 . 6 . 5 . 4 . 3 = 8!

10 . 9 . 8̶ .̶ 7̶ .̶ 6̶ .̶ 5̶ .̶ 4̶ .̶ 3̶ = 8̶ .̶ 7̶ .̶ 6̶ .̶ 5̶ .̶ 4̶ .̶ 3̶ . 2 . 1. Cortando os termos iguais, obtemos o seguinte resultado: 10 . 9 = 2 . 1. Afirmativa errada.

Resposta: item errado.

(CESPE PF 2004) Conta-se na mitologia grega que Hércules, em um acesso de loucura, matou sua família. Para expiar seu crime, foi enviado à presença do rei Euristeu, que lhe apresentou uma série de provas a serem cumpridas por ele, conhecidas como *Os doze trabalhos de Hércules*. Entre esses trabalhos, encontram-se: matar o leão de Nemeia, capturar a corça de Cerineia e capturar o javali de Erimanto.

Considere que a Hércules seja dada a escolha de preparar uma lista colocando em ordem os doze trabalhos a serem executados, e que a escolha dessa ordem seja totalmente aleatória. Além disso, considere que somente um trabalho seja executado de cada vez. Com relação ao número de possíveis listas que Hércules poderia preparar, julgue os itens subsequentes.

---

38. O número máximo de possíveis listas que Hércules poderia preparar é superior a 12 × 10!

---

39. O número máximo de possíveis listas contendo o trabalho "matar o leão de Nemeia" na primeira posição é inferior a 240 × 990 × 56 × 30.

---

40. O número máximo de possíveis listas contendo os trabalhos "capturar a corça de Cerineia" na primeira posição e "capturar o javali de Erimanto" na terceira posição é inferior a 72 × 42 × 20 × 6.

---

41. O número máximo de possíveis listas contendo os trabalhos "capturar a corça de Cerineia" e "capturar o javali de Erimanto" nas últimas duas posições, em qualquer ordem, é inferior a 6! × 8!.

Resolução:

38. O número máximo de possíveis listas que Hércules poderia preparar é superior a 12 × 10!

Como não temos restrição, a escolha é livre. Não se esqueça! Não há repetição de tarefa, por isso cada posição diminui uma escolha.

12	11	10	9	8	7	6	5	4	3	2	1
P_1	P_2	P_3	P_4	P_5	P_6	P_7	P_8	P_9	P_{10}	P_{11}	P_{12}

Resultado: $12 . 11 . 10 . 9 . 8 . 7 . 6 . 5 . 4 . 3 . 2 . 1 = 12!$

Comparação: 12! é maior que 12 . 10!?

$\cancel{12} . 11 . \cancel{10!} > \cancel{12} . \cancel{10!}$. Cortando os termos comuns, temos: $11 > 1$.

Resposta: item certo.

39. O número máximo de possíveis listas contendo o trabalho "matar o leão de Nemeia" na primeira posição é inferior a 240 × 990 × 56 × 30.

A primeira posição é 1, pois tem que a primeira tarefa é de "matar o leão de Nemeia", logo, sobram apenas 11 posições.

1	11	10	9	8	7	6	5	4	3	2	1
P_1	P_2	P_3	P_4	P_5	P_6	P_7	P_8	P_9	P_{10}	P_{11}	P_{12}

Resultado: 11!

Comparando, 11! é inferior a 240 . 990 . 56 . 30.

$11 . 10 . 9 . 8 . 7 . 6 . 5 . 4 . 3 . 2 . 1 < 240 \times 990 \times 56 \times 30$.

$\cancel{990.56.30}.24 < 240.\cancel{990.56.30}$.

$24 < 240$.

Resposta: item certo.

40. O número máximo de possíveis listas contendo os trabalhos "capturar a corça de Cerineia" na primeira posição e "capturar o javali de Erimanto" na terceira posição é inferior a 72 × 42 × 20 × 6.

Temos duas posições definidas nessa ordem:

P_1: "capturar a corça de Cerineia".

P_3: "capturar o javali de Erimanto".

PARTE I – Cap. 15 – ANÁLISE COMBINATÓRIA

1	10	1	9	8	7	6	5	4	3	2	1
P_1	P_2	P_3	P_4	P_5	P_6	P_7	P_8	P_9	P_{10}	P_{11}	P_{12}

Resultado: 10!

$10! < 72 \times 42 \times 20 \times 6$.

$10 . 9 . 8 . 7 . 6 . 5 . 4 . 3 . 2 . 1 < 72 \times 42 \times 20 \times 6$.

$10 . \cancel{72} . \cancel{42} . \cancel{20} . 6 < \cancel{72 \times 42 \times 20 \times 6}$.

$10 < 1$

Resposta: *item errado.*

- -

41. **O número máximo de possíveis listas contendo os trabalhos "capturar a corça de Cerineia" e "capturar o javali de Erimanto" nas últimas duas posições, em qualquer ordem, é inferior a 6! × 8!**

Nesse caso, as restrições são os trabalhos "capturar a corça de Cerineia" e "capturar o javali de Erimanto", sem ordem. Por isso, temos que ter cuidado: pode ser CE ou EC.

10	9	8	7	6	5	4	3	2	1	2	1
P_1	P_2	P_3	P_4	P_5	P_6	P_7	P_8	P_9	P_{10}	P_{11}	P_{12}

Resposta: 10! . 2!.

O 10! é devido à restrição de duas posições e 2! é porque os dois últimos trabalhos não possuem ordem, por isso, duas possibilidades.

$10! . 2! < 6! . 8!$

Resposta: *item certo.*

- -

15.4 COMBINAÇÃO SEM REPETIÇÃO

15.4.1 Definição

Dados n elementos distintos, chama-se de *combinação simples* desses n elementos, tomados p a p, a qualquer agrupamento de p elementos distintos, escolhidos entre os n elementos dados e que diferem entre si pela natureza de seus elementos.

Fórmula:

$$C n, p = \frac{n!}{p!(n - p)!} \text{ com } n \geq p.$$

Exemplos:

(a) $C_{5,2} = \dfrac{5!}{2!(5 - 2)!} = \dfrac{5!}{2! . 3!} = \dfrac{5 . 4 . \cancel{3!}}{2 . 1 . \cancel{3!}} = \dfrac{20}{2} = 10.$

Método do concursando!

$$C_{5,2} = \frac{5 \cdot 4}{2!} = \frac{20}{2 \cdot 1} = \frac{20}{2} = 10.$$

Esse método ajuda muito! Vamos à dica:

☑ **Dica:**

n = 5 é base e o p = 2 (quantidade de casas que vamos andar).

Podemos resumir assim: $\dfrac{\text{p casa}}{\text{p!}}$.

(b) $C_{7,3} = \dfrac{7 \cdot 6 \cdot 5}{3!} = \dfrac{7 \cdot \cancel{6} \cdot 5}{3 \cdot 2 \cdot 1 = 6} = 7 \cdot 5 = 35$

(c) $C_{12,5} = \dfrac{11 \cdot 10 \cdot 9 \cdot 8}{5!} = \dfrac{12 \cdot 11 \cdot 10 \cdot 9 \cdot 8}{5 \cdot 4 \cdot 3 \cdot 2 \cdot 1} = \dfrac{12^{:2} \cdot 11 \cdot 10^{:5} \cdot 9^{:3} \cdot 8^{:4}}{5^{:5} \cdot 4^{:4} \cdot 3^{:3} \cdot 2^{:2}} = \dfrac{6 \cdot 11 \cdot 2 \cdot 3 \cdot 2}{1 \cdot 1 \cdot 1 \cdot 1} = 6 \cdot 11 \cdot 2 \cdot 3 \cdot 2 = 792$

(d) $C_{31,29}$.

Nesse caso, vamos simplificar o número, outro macete, pois para andar 29 casas a conta vai ser grande.

$C_{31,29} = C_{31,2}$

Para simplificar é só fazer n - p: 31 - 29 = 2. O resultado será o *p* da segunda combinação.

$$C_{31,2} = \frac{31 \cdot 30}{2 \cdot 1} = \frac{31 \cdot 30^{:2}}{2^{:2}} = \frac{31 \cdot 15}{1} = 31 \cdot 15 = 465.$$

☑ **Dica:**

$$C_{n,n} = 1 \qquad C_{n,1} = n \qquad C_{n,0} = 1$$

15.4.2 Combinação – Problemas envolvendo combinação

☑ **Dica:**

As questões que envolvem combinação estão relacionadas a duas coisas:

1ª: escolha de um grupo ou comissões.

2ª: escolha de grupo de elementos, sem ordem, ou seja, escolha de grupo de pessoas, coisas, objetos ou frutas.

PARTE I – **Cap. 15** – ANÁLISE COMBINATÓRIA

15.4.3 Treinamento comentado

Caso 1: Escolha de grupos

42. (ANA) O número de duplas que podem ser formadas a partir de 6 jogadores de tênis é:

(A) 12.

(B) 15.

(C) 27.

(D) 30.

(E) 36.

Resolução:

Temos 6 pessoas e queremos escolher uma dupla. Logo, essa questão é resolvida por combinação.

n = 6 (total de pessoas) e p = 2 (nossa escolha).

$$C_{6,2} = \frac{6 \cdot 5}{2} = \frac{6^{:2} \cdot 5}{2^{:2}} = 3 \cdot 5 = 15 \text{ possibilidades.}$$

Resposta: letra B.

- -

43. (CESPE BB 2007) Considere que o BB tenha escolhido alguns nomes de pessoas para serem usados em uma propaganda na televisão, em expressões do tipo Banco do Bruno, Banco da Rosa etc. Suponha, também, que a quantidade total de nomes escolhidos para aparecer na propaganda seja 12 e que, em cada inserção da propaganda na TV, sempre apareçam somente dois nomes distintos. Nesse caso, a quantidade de inserções com pares diferentes de nomes distintos que pode ocorrer é inferior a 70.

Resolução:

Temos 12 pessoas e queremos escolher uma dupla. Logo, essa questão é resolvida por combinação.

n = 12 (total de pessoas) e p = 2 (nossa escolha).

$$C_{12,2} = \frac{12 \cdot 1}{2 \cdot 1} = \frac{12^{:2} \cdot 11}{2^{:2}} = \frac{6 \cdot 11}{1} = 66 \text{ possibilidades.}$$

Resposta: item certo.

- -

44. Quantos triângulos podem ser formados a partir de 8 pontos distintos coplanares?

Resolução:

Pontos coplanares: são pontos no mesmo plano.

n = 8 e p = 3 (o triângulo é formado por 3 pontos).

$$C_{8,3} = \frac{8 \cdot 7 \cdot 6}{3!} = \frac{8 \cdot 7 \cdot 6}{3 \cdot 2 \cdot 1} = \frac{336}{6} = 56 \text{ possibilidades.}$$

Resposta: 56.

Caso 2: Escolha de grupos distintos

45. (Técnico de controle interno Piauí 2002 ESAF) Em um grupo de dança participam dez meninos e dez meninas. O número de diferentes grupos de cinco crianças que podem ser formados de modo que em cada um dos grupos participem três meninos e duas meninas, é dado por:

(A)   5.400.

(B)   6.200.

(C)   6.800.

(D)   7.200.

(E)   7.800.

Resolução:

São duas escolhas de grupos, de meninos e meninas (regra do "e" = multiplicação).

Na escolha do grupo dos meninos, temos: n = 10 (total) e p = 3 (escolha).

$$C_{10,3} = \frac{10 \cdot 9 \cdot 8}{3!} = \frac{10 \cdot 9 \cdot 8}{3 \cdot 2 \cdot 1} = \frac{720}{6} = 120.$$

Na escolha do grupo de meninas, temos: n = 10 e p = 2.

$$C_{10,2} = \frac{10 \cdot 9}{2!} = \frac{90}{2 \cdot 1} = \frac{90}{2} = 45.$$

Resultado total: 120 . 45 = 5.400.

Resposta: letra A.

---

46. 12 professores, sendo 4 de Matemática, 4 de Geografia e 4 de Inglês, participaram de uma reunião com o objetivo de formar uma comissão que tenha 9 professores, sendo 3 de cada disciplina. O número de formas distintas de se compor essa comissão é:

Parte I – Cap. 15 – ANÁLISE COMBINATÓRIA

(A) 12.
(B) 36.
(C) 48.
(D) 64.
(E) 108.

Resolução:

Temos que ter cuidado, pois temos a impressão de que são 12 pessoas para escolher 9, mas não é bem assim.

A comissão deve escolher 9 professores, sendo 3 de cada disciplina. Por isso, devemos calcular separado.

Matemática

n = 4 e p = 3.

C 4,3 = 4,1 = 4.

Obs.: 4 - 3 = 1. Utilizando o processo de redução.

Geografia

n = 4 e p = 3.

C 4,3 = 4,1 = 4.

Obs.: 4 - 3 = 1. Utilizando o processo de redução.

Inglês

n = 4 e p = 3

C 4,3 = 4,1 = 4.

Obs.: 4 - 3 = 1. Utilizando o processo de redução.

Temos um grupo de matemática "e" geografia "e" inglês (regra do "e").

Resultado final: 4 . 4 . 4 = 64 possibilidades.

Resposta: letra D.

- -

Caso 3: "Sucessão de escolhas de grupos"

47. (TRT/SC – 05) Em um edifício residencial, os moradores foram convocados para uma reunião, com a finalidade de escolher um síndico e quatro membros do conselho fiscal, sendo proibida a acumulação de cargos. A escolha deverá ser feita entre dez moradores. De quantas maneiras diferentes será possível fazer estas escolhas?

(A) 64.
(B) 126.
(C) 252.
(D) 640.
(E) 1.260.

Resolução:

Resumo do enunciado: 10 pessoas, um será síndico e 4, do conselho fiscal, não podendo ocorrer acumulação de cargos. Temos duas formas de sair.

• 1ª situação

Primeiro, escolhendo o síndico e depois o conselho.

Síndico: $n = 10$ e $p = 1$.

$C_{10,1} = 10$.

Conselho: $n = 9$ e $p = 4$. Pois a pessoa que foi escolhida não pode concorrer ao cargo do conselho fiscal.

$$C_{9,4} = \frac{9.8.7.6}{4!} = \frac{9.8.7.6}{4.3.2.1} = \frac{3024}{24} = 126.$$

A nossa escolha é um síndico e 4 conselheiros (regra do "e").

Resultado: $10 \cdot 126 = 1.260$ possibilidades.

Resposta: letra E.

 Dica:

Para o seu treinamento, a segunda situação seria primeiro escolher o conselho e depois o síndico.

48. **(CESPE) Considere que 7 tarefas devam ser distribuídas entre 3 funcionários de uma repartição de modo que o funcionário mais recentemente contratado receba 3 tarefas, e os demais, 2 tarefas cada um. Nessa situação, sabendo-se que a mesma tarefa não será atribuída a mais de um funcionário, é correto concluir que o chefe da repartição dispõe de menos de 120 maneiras diferentes para distribuir essas tarefas.**

Resolução:

Temos três escolhas:

O funcionário mais novo com 3 tarefas e o restante com 2 tarefas.

Parte I – Cap. 15 – ANÁLISE COMBINATÓRIA

1ª escolha: n = 7 e p = 3.

$$C_{7,3} = \frac{7 \cdot 6 \cdot 5}{3!} = \frac{7 \cdot 6 \cdot 5}{3 \cdot 2 \cdot 1} = \frac{210}{6} = 35 \text{ possibilidades.}$$

2ª escolha: n = 4 e p = 2.

O n ficou igual a 4, pois três tarefas foram escolhidas na primeira tarefa.

$$C_{4,2} = \frac{4 \cdot 3}{2!} = \frac{4 \cdot 3}{2 \cdot 1} = \frac{12}{2} = 6$$

3ª escolha: n = 2 e p = 2.

$$C_{2,2} = 1$$

Temos a 1ª escolha, depois a 2ª escolha e depois a 3ª escolha (regra do "e").

Resultado final: 35 . 6 . 1 = 210.

Resposta: item errado.

Caso 4: Expressão "pelo menos"

49. **Dispõe-se de oito tipos de frutas para fazer uma salada. Se cada salada é composta de cinco frutas diferentes, então o número de saladas diferentes que se pode preparar escolhendo pelo menos 5 frutas diferentes é:**

(A)   8.

(B)   56.

(C)   93.

(D)   120.

(E)   6.720.

Resolução:

A expressão pelo menos = mínimo. Por isso, quando dizemos *pelo menos cinco*, ou seja, *no mínimo cinco* escolhas, podemos escolher cinco ou seis ou sete ou oito (total).

Escolhendo 5 frutas.

$$C_{8,5} = C_{8,3} = \frac{8 \cdot 7 \cdot 6}{3!} = \frac{8 \cdot 7 \cdot 6}{3 \cdot 2 \cdot 1} = \frac{336}{6} = 56.$$

Escolhendo 6 frutas.

$$C_{8,6} = C_{8,2} = \frac{8 \cdot 7}{2!} = \frac{8 \cdot 7}{2 \cdot 1} = \frac{56}{2} = 28.$$

Escolhendo 7 frutas.

$$C_{8,7} = C_{8,1} = 8.$$

Escolhendo 8 frutas.

$C_{8,8} = 1$

Resultado: 56 + 28 + 8 + 1 = 93 possibilidades.

Resposta: letra C.

---

50. **(AFC 2005 ESAF)** Um grupo de dança folclórica formado por sete meninos e quatro meninas foi convidado a realizar apresentações de dança no exterior. Contudo, o grupo dispõe de recursos para custear as passagens de apenas seis dessas crianças. Sabendo-se que nas apresentações do programa de danças devem participar pelo menos duas meninas, o número de diferentes maneiras que as seis crianças podem ser escolhidas é igual a:

(A) 286.
(B) 756.
(C) 468.
(D) 371.
(E) 752.

Resolução:

No grupo deve ter pelo menos duas meninas, logo, no mínimo duas meninas.

O total de escolha é de 6 crianças, porém, devemos ter pelo menos duas meninas.

1ª possibilidade: 2 meninas e 4 meninos.

2ª possibilidade: 3 meninas e 3 meninos.

3ª possibilidade: 4 meninas e 2 meninos.

• **1ª possibilidade: 2 meninas e 4 meninos**

Meninas: n = 4 e p = 2.

$$C_{4,2} = \frac{4 \cdot 3}{2!} = \frac{4 \cdot 3}{2 \cdot 1} = \frac{12}{2} = 6$$

Meninos: n = 7 e p = 4.

$$C_{7,4} = C_{7,3} = \frac{7 \cdot 6 \cdot 5}{3!} = \frac{7 \cdot 6 \cdot 5}{3 \cdot 2 \cdot 1} = \frac{210}{6} = 35.$$

Resultado da 1ª possibilidade: 6 . 35 = 210.

• **2ª possibilidade: 3 meninas e 3 meninos**

Meninas: n = 4 e p = 3.

$$C_{4,3} = C_{4,1} = 4$$

Meninos: n = 7 e p = 3.

$$C_{7,3} = 35$$

PARTE I – Cap. 15 – ANÁLISE COMBINATÓRIA   373

Resultado da 2ª possibilidade: 4 . 35 = 140.

• **3ª possibilidade: 4 meninas e 2 meninos**

Meninas: n = 4 e p = 4.

$C_{4,4} = 1$

Meninos: n = 7 e p = 2.

$C_{7,2} = \dfrac{7 \cdot 6}{2!} = \dfrac{7 \cdot 6}{2 \cdot 1} = \dfrac{42}{2} = 21.$

Resultado da 3ª possibilidade: 1 . 21 = 21.

Resultado final: 210 + 140 + 21 = 371.

Resposta: letra D.

- -

   Depois dessa bateria de questões, o tema Combinação não será mais problema. Não se esqueça: "Combinação é uma escolha de um grupo, sem levar em consideração a ordem dos elementos envolvidos".

15.4.5 Treinamento do concursando

51. **(CESGRANRIO 2011)** Em uma loja, trabalham 8 funcionárias, dentre as quais Diana e Sandra. O gerente da loja precisa escolher duas funcionárias para trabalharem no próximo feriado. Sandra e Diana trabalharam no último feriado e, por isso, não podem ser escolhidas.

    Sendo assim, de quantos modos distintos esse gerente poderá fazer a escolha?

    (A)   15.
    (B)   28.
    (C)   32.
    (D)   45.
    (E)   56.

- -

52. Dispõe-se de oito tipos de frutas para fazer uma salada. Se cada salada é composta de cinco frutas diferentes, então o número de saladas diferentes que se pode preparar é:

    (A)   8.
    (B)   10.
    (C)   56.
    (D)   120.
    (E)   6.720.

53. (CESPE) Sabe-se que no BB há 9 vice-presidências e 22 diretorias. Nessa situação, a quantidade de comissões que é possível formar, constituídas por 3 vice-presidentes e 3 diretores, é superior a 10^5.

54. (CESGRANRIO) Certa pizzaria oferece aos clientes cinco tipos de cobertura (presunto, calabresa, frango, cebola e azeitona) para serem acrescentadas ao queijo. Os clientes podem escolher uma, duas ou três coberturas. João quer cebola em sua pizza, mas ainda não decidiu se colocará, ou não, outras coberturas. Considerando-se essas informações, de quantos modos distintos João poderá "montar" sua pizza?

(A) 10.

(B) 11.

(C) 15.

(D) 16.

(E) 24.

55. (CESGRANRIO) "A Bacia do Araguaia compreende municípios dos estados do Pará, Tocantins, Goiás e Mato Grosso, abrangendo (...) 168 municípios. Desses, 24 estão localizados na área de estudo."

Dos 24 municípios situados na área de estudo da Bacia do Araguaia, 2 localizam-se no Mato Grosso, 8, no Tocantins e os restantes, no Pará. Uma equipe técnica deverá escolher três municípios no Pará para visitar no próximo mês. De quantos modos distintos essa escolha poderá ser feita, sem que seja considerada a ordem na qual os municípios serão visitados?

(A) 56.

(B) 102.

(C) 364.

(D) 464.

(E) 728.

56. Um grupo consta de 20 pessoas, das quais 5 matemáticos. De quantas maneiras podemos formar comissões de 10 pessoas, de modo que todos os matemáticos participem da comissão?

(A) $C_{20,10}$

(B) $C_{15,10}$

(C) $C_{20,15}$

(D) $C_{15,5}$

(E) $C_{20,20}$

PARTE I – Cap. 15 – ANÁLISE COMBINATÓRIA   375

57. (CESPE) Considere a seguinte situação hipotética.

Para oferecer a seus empregados cursos de inglês e de espanhol, uma empresa contratou 4 professores americanos e 3 espanhóis.

Nessa situação, sabendo que cada funcionário fará exatamente um curso de cada língua estrangeira, um determinado empregado disporá de exatamente 7 duplas distintas de professores para escolher aqueles com os quais fará os seus cursos.

---

58. (CESPE) Uma empresa está oferecendo 2 vagas para emprego, sendo uma para pessoas do sexo feminino e a outra para pessoas do sexo masculino. Considerando-se que se candidataram às vagas 9 homens e 7 mulheres, então o número de opções distintas para a ocupação dessas vagas é igual a:

(A)   126.

(B)   63.

(C)   32.

(D)   16.

---

59. (FCC SEAD AP 2010) De quantas formas diferentes pode-se formar uma comissão composta por dois homens e duas mulheres, num grupo de 10 homens e 23 mulheres?

(A)   45.540.

(B)   11.385.

(C)   596.

(D)   298.

(E)   230.

15.5   COMBINAÇÃO COM REPETIÇÃO

É uma escolha de grupos, sem ordem, porém, podemos repetir elementos na hora de escolher.

☑ *Dica:*

Utilizamos a fórmula da combinação com repetição para encontrar a quantidade de soluções inteiras não negativas da equação linear $a_1x_1 + a_2x_2 + a_3x_3 + ... + a_nx_n = p$.

Fórmula: $CR_{(m,p)} = C_{(m+p-1,p)}$

CR: combinação com repetição.

n: nº elementos que se repetem.

p: classe (nº de elementos tomados).

Comentário: na combinação simples não é permitida a repetição de elementos na escolha do grupo.

Na combinação com repetição é permitida a repetição de elementos na escolha do grupo.

Você deve estar se perguntando como reconhecer uma questão de combinação com repetição, então vamos à ideia central.

Exemplo: o professor Carlos Henrique encontra-se em uma sorveteria. Ele resolve tomar um sorvete de duas bolas, porém, ele está confuso em relação à sua escolha, pois existem 15 sabores diferentes.

Caso 1: é permitido escolher duas bolas de sorvete do mesmo sabor. Logo, podemos afirmar que é uma questão de combinação com repetição de elementos.

Caso 2: se não for permitido escolher duas bolas do mesmo sabor, logo, poderemos afirmar que é uma questão de combinação sem repetição de elementos.

15.5.1 Treinamento comentado

60. De quantas maneiras uma oficina pode pintar cinco automóveis iguais, recebendo cada um, tinta de uma única cor, se a oficina dispõe apenas de três cores e não quer misturá-las?

Resolução:

Temos as cores A, B e C.

Possibilidade de escolhas:

AAAAA

AABBB

AABBC

Observe que podemos repetir a escolha de cores no grupo escolhido, porém, uma questão de combinação com repetição.

Temos cinco automóveis iguais e três cores, por isso podemos montar a seguinte equação:

$X_1 + X_2 + X_3 = 5$

X_1: quantidade utilizada de x_1.

X_2: quantidade utilizada de x_2.

X_3: quantidade utilizada de x_3.

N = 3 (elementos que serão escolhidos, que se repetem).

P = 5 (elementos tomados).

PARTE I – Cap. 15 – ANÁLISE COMBINATÓRIA

$CR_{3,5} = C_{3+5-1,\,5} = C_{7,5} = 21.$

Obs.: $C_{7,5} = C_{7,2} = \dfrac{8 \cdot 7}{2!} = \dfrac{8 \cdot 7}{2 \cdot 1} = \dfrac{56}{2} = 28$

Comentário: a grande dica da combinação com repetição é montar a equação linear, pois fica mais fácil a visualização do "n" e do "p".

N: elementos escolhidos, que podem ser repetidos (números variáveis da equação linear).

P: elementos utilizados.

Resposta: 28.

---

61. Qual é o número total de maneiras distintas de se distribuírem dez notas de R$ 10,00 entre três pessoas?

Resolução:

Temos três pessoas e 10 notas, quem será "n" e "p"?

Os elementos escolhidos serão as pessoas, logo, o valor de "n".

P = 10, pois temos 10 notas (elemento tomado).

$X_1 + X_2 + X_3 = 10$

X_1: quantidade de notas recebidas pela pessoa 1.

X_2: quantidade de notas recebidas pela pessoa 2.

X_3: quantidade de notas recebidas pela pessoa 3.

N = 3 (elementos que serão escolhidos, que se repetem).

P= 10 (elementos tomados).

$CR_{3,10} = C_{3 + 10 - 1,\,10} = C_{12,10}$

$C_{12,10} = C_{12,\,2} = \dfrac{12 \cdot 11}{2!} = \dfrac{12 \cdot 11}{2 \cdot 1} = \dfrac{132}{2} = 66$

Resposta: 66.

---

62. (CESGRANRIO 2010) O número de elementos do conjunto de soluções da equação x + y + z = 8, onde x, y e z são números naturais positivos, é:

(A)   13.

(B)   15.

(C)   17.

(D) 19.
(E) 21.

Resolução:

x + y + z = 8

 Cuidado:

A questão pediu a quantidade de soluções positivas, ou seja, não podemos utilizar o algarismo 0.

Uma forma de encontrar apenas soluções positivas é acrescentar +1 a cada variável.
x = 1 + a, y = 1 + b e z = 1 + c
x + y + z = 8
1 + a + 1 + b + 1 + c = 8
a + b + c = 8 - 3
a + b + c = 5

Agora, vamos tomar como base a seguinte equação linear: a + b + c = 5.

$CR_{3,5} = C_{3+5-1,5} = C_{7,5}$

$C_{7,5} = C_{7,2} = \dfrac{7 \cdot 6}{2!} = \dfrac{7 \cdot 6}{2 \cdot 1} = \dfrac{42}{2} = 21$

Resposta: *letra E.*

 Dica:

No caso de soluções inteiras positivas, deve-se utilizar a fórmula (acrescentar +1 a cada variável da equação linear), depois deve-se utilizar a fórmula da combinação com repetição.

63. **(CESGRANRIO BB 2010)** Uma loja vende barras de chocolate de diversos sabores.

Em uma promoção, era possível comprar três barras de chocolate com desconto, desde que estas fossem dos sabores ao leite, amargo, branco ou com amêndoas, repetidos ou não. Assim, um cliente que comprar as três barras na promoção poderá escolher os sabores de n modos distintos, sendo n igual a:

(A) 4.
(B) 10.

Parte I – Cap. 15 – ANÁLISE COMBINATÓRIA 379

(C) 12.

(D) 16.

(E) 20.

Resolução:

$X_1 + X_2 + X_3 + X_4 = 3$

N = 4 (podemos repetir os sabores escolhidos).

P = 3 (total de barras, logo, elementos tomados).

$CR_{4,3} = CR_{4+3-1,3} = C_{6,3}$

$C_{6,3} = \dfrac{6 \cdot 5 \cdot 4}{3!} = \dfrac{6 \cdot 5 \cdot 4}{3 \cdot 2 \cdot 1} = \dfrac{120}{6} = 20$

Resposta: letra E.

15.5.2 Treinamento do concursando

64. **(BB CESGRANRIO 2012)** Uma pessoa dispõe de balas de hortelã, de caramelo e de coco e pretende "montar" saquinhos com 13 balas cada, de modo que, em cada saquinho, haja, no mínimo, três balas de cada sabor. Um saquinho diferencia-se de outro pela quantidade de balas de cada sabor. Por exemplo, seis balas de hortelã, quatro de coco e três de caramelo compõem um saquinho diferente de outro que contenha seis balas de coco, quatro de hortelã e três de caramelo. Sendo assim, quantos saquinhos diferentes podem ser "montados"?

(A) 9.

(B) 12.

(C) 15.

(D) 4.

(E) 6.

---

65. **(CESGRANRIO 2010)** Um posto de combustível comprou 6 bombas (idênticas) de abastecimento, que serão pintadas, antes de sua instalação, com uma única cor, de acordo com o combustível a ser vendido em cada uma. O posto poderá vender etanol (cor verde), gasolina (cor amarela) e diesel (cor preta). De quantas maneiras as bombas podem ser pintadas, considerando a não obrigatoriedade de venda de qualquer tipo de combustível?

(A) 20.

(B) 28.

(C) 56.
(D) 216.
(E) 729.

66. **(CESPE 2009)** Com 3 marcas diferentes de cadernos, a quantidade de maneiras distintas de se formar um pacote contendo 5 cadernos será inferior a 25.

15.6 PERMUTAÇÃO

É a troca de posição de elementos de uma sequência.

15.6.1 Permutação sem repetição de elementos

$P_n = n!$

☑ **Dica:**

Todas as questões de permutação simples podem ser resolvidas pelo princípio fundamental de contagem (PFC).

TREINAMENTO BÁSICO

67. Quantos anagramas tem a palavra rato?

Resolução:

• 1ª opção:

Anagrama é a troca das letras de uma palavra.

A palavra rato não possui letras comuns, logo, 4 elementos distintos.

$P_4 = 4! = 4 . 3 . 2 . 1 = 24$ possibilidades.

Resposta: 24.

• 2ª opção:

4	3	2	1
1ª possibilidade	2ª possibilidade	3ª possibilidade	4ª possibilidade

Resultado: 4 . 3 . 2 . 1 = 24.

PARTE I – Cap. 15 – ANÁLISE COMBINATÓRIA

68. Quantos anagramas tem a palavra vida, começando por vogal?

Resolução:

Restrição: começar por vogal.

2	3	2	1
1ª possibilidade	2ª possibilidade	3ª possibilidade	4ª possibilidade

A 1ª possibilidade é igual a 2, pois temos duas vogais. Sobram 3 possibilidades, logo, temos:

$2 . P_3$

Resultado: $2.3.2.1 = 12$ *possibilidades.*

15.6.2 Permutação com elementos repetidos

Na permutação com elementos repetidos ocorrem permutações que não mudam o elemento, pois existe troca de elementos iguais. Por isso, o uso da fórmula é fundamental.

$$P_n^{\alpha,\beta,\chi} \quad \frac{n!}{\alpha! . \beta! . \chi! \dots}$$

n: total de elementos.

$\alpha, \beta, \chi \dots$ = repetição de cada elemento.

TREINAMENTO BÁSICO

69. Quantos anagramas tem a palavra concurso?

Resolução:

Concurso tem 8 elementos.

A letra O e C se repetem duas vezes.

$$P_8^{2,2} = \frac{8!}{2! . 2!} = 10.080$$

70. (CESPE) Considere que um decorador deva usar 7 faixas coloridas de dimensões iguais, pendurando-as verticalmente na vitrine de uma loja para produzir diversas formas. Nessa situação, se 3 faixas são verdes e indistinguíveis, 3 faixas são amarelas e indistinguíveis e 1 faixa é branca, esse decorador conseguirá produzir, no máximo, 140 formas diferentes com essas faixas.

Resolução:

Total: 7 faixas, sendo 3 verdes e 3 amarelas.

$$P_7^{3,3} = \frac{7!}{3! \cdot 3!} = \frac{7 \cdot 6 \cdot 5 \cdot 4 \cdot \cancel{3!}}{\cancel{3!} \cdot 3 \cdot 2 \cdot 1} = \frac{7 \cdot 6 \cdot 5 \cdot 4}{6} = \frac{840}{6} = 140$$

Resposta: item certo.

 Dica:

Existem duas perguntas clássicas sobre anagramas.

Caso 1: Total de anagramas

A fórmula utilizada é $P_n^{\alpha,\beta,\chi...} = \dfrac{n!}{\alpha! \cdot \beta! \cdot \chi!...}$.

71. Quantos anagramas são possíveis formar com a palavra Bahia?

Resolução:

A palavra Bahia tem 5 letras, com a letra A repetindo duas vezes.

$$P_5^2 = \frac{5!}{2!} = \frac{5 \cdot 4 \cdot 3 \cdot 2!}{2!} = 5 \cdot 4 \cdot 3 = 60.$$

 Dica:

Caso 2: Quantidade de repetições de determinada palavra

A fórmula utilizada é $\alpha! \, \beta, \chi!...$

72. Realizando a quantidade máxima de permutações com a palavra REPETIDAMENTE, incluindo as repetições, em quantos anagramas formados teremos a palavra REPETIDAMENTE?

Resolução:

O nosso objetivo é encontrar a quantidade de repetições da palavra REPETIDAMENTE.

PARTE I – Cap. 15 – ANÁLISE COMBINATÓRIA

A letra E: 3 repetições e a letra T: 2 repetições.

Resultado: 3! . 2! = 3 . 2 . 1 . 2 . 1 = 12.

Resposta: 12.

15.6.3 Permutação circular

A permutação circular é formada por pessoas em um formato circular. A fórmula é necessária, pois existem algumas permutações realizadas que são iguais.

ABAIXO

Casos de permutação circular:

1) Pessoas em um formato circular.

2) Pessoas sentadas em uma mesa quadrada (retangular) de 4 lugares.

$$P_c = \frac{n!}{n} \text{ ou } (n-1)!$$

13.6.4 Treinamento comentado

73. **(CESPE) Uma mesa circular tem seus 6 lugares, que serão ocupados pelos 6 participantes de uma reunião. Nessa situação, o número de formas diferentes para se ocupar esses lugares com os participantes da reunião é superior a 10^2.**

Resolução:

É um caso clássico de permutação circular.

$P_c = (6-1)! = 5! = 5 . 4 . 3 . 2 . 1 = 120$ possibilidades.

Resposta: item certo.

13.6.5 Treinamento comentado – Seção desafio

Texto para as questões 74 e 75

(ANAC 2009) Considerando que, para ocupar os dois cargos que compõem a diretoria de uma empresa, diretor e vice-diretor, existem 5 candidatos, julgue os itens subsequentes.

74. Se cada um dos candidatos for capaz de ocupar qualquer um dos dois cargos, o número possível de escolhas para a diretoria da empresa será igual a 10.

Resolução:

 Cuidado:
> Cada candidato pode ocupar qualquer cargo.

1ª escolha: escolha do diretor.
$C_{5,1} = 5$
2ª escolha: escolha do vice-diretor.

 Cuidado:
> Como uma pessoa já ocupou o cargo de diretor, logo, sobraram 4 candidatos.

$C_{4,1} = 4$
Resultado final = 5 . 4 = 20.

Resposta: item errado.

---

75. Se, dos 5 candidatos, 2 concorrem apenas ao cargo de diretor e os demais, apenas ao cargo de vice-diretor, o número possível de escolhas para a diretoria da empresa será igual 5.

Resolução:

 Cuidado:
> Apenas 2 candidatos podem ocupar o cargo de diretor e 3 candidatos o cargo de vice-diretor.

1ª escolha: escolha do diretor.
$C_{2,1} = 2$
2ª escolha: escolha do vice-diretor.
$C_{3,1} = 3$

Resultado final = 2 . 3 = 6.

Resposta: *item errado.*

 Se ligue!

A banca CESPE colocou como possibilidade de resposta a soma dos resultados. Tenha cuidado, nesse caso aplicamos a regra do "e" (primeira escolha e segunda escolha).

76. **(CESPE)** Os ramais de telefone em uma repartição têm 4 dígitos, formados com os algarismos 0, 1, ..., 9. Se esses números possuem pelo menos um dígito repetido, então a quantidade de números de ramais que é possível formar é superior a 4.000.

Resolução:

Assunto: princípio fundamental de contagem

 Cuidado:

A questão pediu pelo menos um dígito repetido, logo, podem ser um, dois, três ou quatro dígitos repetidos.

Vamos utilizar um processo complementar.

1º passo: calcular o total de possibilidades

10 (0 a 9)	10	10	10
Algarismo 1	Algarismo 2	Algarismo 3	Algarismo 4

Resultado total = 10 . 10 . 10 . 10 = 10.000.

2º passo: calcular o total de possibilidades sem repetição de dígitos.

10 (0 a 9)	9	8	7
Algarismo 1	Algarismo 2	Algarismo 3	Algarismo 4

Resultado = 10 . 9 . 8 . 7 = 5040.

Vamos analisar juntos!

Temos 10000 possibilidades de ramais e em 5040 ramais não há repetição de algarismos. Logo, em 4960 (10000 - 5040) ramais terá pelo menos um dígito repetido.

Resposta: *item certo.*

77. (ESAF AFT – 2010) O departamento de vendas de uma empresa possui 10 funcionários, sendo 4 homens e 6 mulheres. Quantas opções possíveis existem para se formar uma equipe de vendas de 3 funcionários, havendo na equipe pelo menos um homem e pelo menos uma mulher?

(A) 192.
(B) 36.
(C) 96.
(D) 48.
(E) 60.

Resolução:

Assunto: combinação.

Restrição: escolher pelo menos um homem e pelo menos uma mulher, logo, temos as seguintes opções:

I: um homem e duas mulheres.

II: dois homens e uma mulher.

Cálculo da primeira opção: um homem e duas mulheres.

Homens: $C_{4,1} = 4$

Mulheres: $C_{6,2} = \dfrac{6 \cdot 5}{2!} = \dfrac{30}{2 \cdot 1} = \dfrac{30}{2} = 15$

Resultado da primeira opção 4 . 15 = 60 possibilidades.

Cálculo da segunda opção: dois homens e uma mulher.

Homens: $C_{4,2} = \dfrac{4 \cdot 3}{2!} = \dfrac{12}{2 \cdot 1} = \dfrac{12}{6} = 6.$

Mulheres: $C_{6,1} = 6.$

Resultado da segunda opção 6 . 6 = 36.

Podemos escolher a primeira ou a segunda opção, logo, temos a regra do "ou".

Resultado final: 60 + 36 = 96.

Resposta: letra C.

- -

78. (ESAF AFRFB – 2009) Sabe-se que os pontos A, B, C, D, E, F e G são coplanares, ou seja, estão localizados no mesmo plano. Sabe-se, também, que destes sete pontos, quatro são colineares, ou seja, estão numa mesma reta. Assim, o número de retas que ficam determinadas por estes sete pontos é igual a:

(A) 16.
(B) 28.

(C) 15.
(D) 24.
(E) 32.

Resolução:

Assunto: combinação

☑ **Dica:**
A escolha de pontos geométricos é uma questão sobre combinação.
É necessário saber que dois pontos distintos, não alinhados, determinam uma reta.

De acordo com a questão, temos a seguinte figura:

Devemos contar todas as possibilidades para formar uma reta.
1º cálculo: quatro pontos são colineares, ou seja, estão na mesma reta, logo, temos uma reta.
2º cálculo: para cada ponto da reta temos três pontos fora da reta, logo, temos 4 . 3 = 12 duplas de pontos não alinhados, isto é, podemos formar 12 retas.
3º cálculo: temos três pontos coplanares, ou seja, no mesmo plano, ou seja, devemos escolher dois pontos desses três para formar uma reta.
$C_{3,2} = C_{3,1}$ = três duplas de pontos não alinhados, ou seja, podemos formar três retas.
Resultado final: 1 + 12 + 3 = 16.

Resposta: letra A.

---

79. **(ESAF AFRFB 2012)** Na prateleira de uma estante, encontram-se 3 obras de 2 volumes e 2 obras de 2 volumes, dispondo-se, portanto, de um total de 10 volumes. Assim, o número de diferentes maneiras que os volumes podem ser organizados na prateleira, de modo que os volumes de uma mesma obra nunca fiquem separados, é igual a
    (A) 3.260.
    (B) 3.840.
    (C) 2.896.
    (D) 1.986.
    (E) 1.842.

Resolução:

Tema: permutação sem repetição de elementos, pois temos uma permuta entre elementos de uma sequência.

Restrição: todos os volumes de uma obra devem ficar juntos.

1º cálculo: montando a fila com todas as obras juntas.

Três obras de dois volumes = 2! . 2! . 2!

2 volumes de 2 obras = 2!. 2!

Resultado: 2! . 2! . 2! . 2! . 2! . 2! = 2 . 2 . 2 . 2 . 2 = 32

2º cálculo: calculando a permutação da posição das obras na fila.

Temos 5 obras, logo, uma permutação sem repetição de 5 elementos.

$P_5 = 5!$

$P_5 = 5 . 4 . 3 . 2 . 1 = 120$

Resultado final = 32 . 120 = 3.840.

Resposta: letra B.

---

80. (ESAF ATA 2012) O número de centenas ímpares e maiores do que 300, com algarismos distintos, formadas pelos algarismos 1, 2, 3, 4 e 6, é igual a

(A) 15.
(B) 9.
(C) 18.
(D) 6.
(E) 12.

Resolução:

Tema: princípio fundamental de contagem.

Restrição: número ímpar de três algarismos distintos e maior que 300.

 Dica:
A maior restrição é ser ímpar.

Caso 1: final 1

Algarismo 1: três possibilidades (3, 4 e 6)

Algarismo 2: três possibilidades (2, 4 e 6, pois excluímos um elemento de A1 e outro de A3)

Algarismo 3 = uma possibilidade (final 1)
Resultado = 3 . 3 . 1 = 9

Caso 2: final 3
Algarismo 1: três possibilidades (4 e 6, pois o número deve ser maior que 300)
Algarismo 2: duas possibilidades (2 e 4, pois excluímos um elemento de A1 e outro de A3)
Algarismo 3 = uma possibilidade (final 3)
Resultado = 3 . 2 . 1 = 6

 Dica:

Podemos utilizar o caso 1 ou o 2.

Resultado final = 9 + 6 = 15.

Resposta: letra A.

---

81. **(ATA ESAF 2012)** Uma reunião no Ministério da Fazenda será composta por seis pessoas, a Presidenta, o Vice-Presidente e quatro Ministros. De quantas formas distintas essas seis pessoas podem se sentar em torno de uma mesa redonda, de modo que a Presidenta e o Vice-Presidente fiquem juntos?
    (A) 96
    (B) 360
    (C) 120
    (D) 48
    (E) 24

Resolução:

Tema: permutação circular

Restrição: duas pessoas devem ficar juntas, logo, vamos contar como um elemento único. Além disso, temos duas permutações entre essas pessoas (2!).

Total de permutações = 5

PC = (n - 1)!

PC = (5 - 1)! = 4! = 4 . 3 . 2 . 1 = 24

Resultado final = 24 . 2 = 48

Resposta: letra D.

• **Resumo Teórico**

O objetivo fundamental de uma questão sobre Análise Combinatória é observar se é uma escolha com ordem (Princípio Fundamental de Contagem ou Permutação) ou sem ordem (Combinação simples ou Combinação com Repetição).

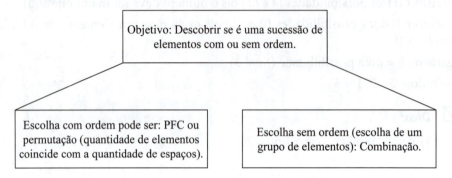

As principais restrições do Princípio Fundamental de contagem são:

1ª) "Elementos distintos"

Obs.: n: total de elementos

P = n (n - 1) (n - 2) (n - 3) ...

2ª) Elementos iguais

Obs.: n: total de elementos

P = n 1 . 1 . 1 ... 1

A primeira escolha é livre e a partir da segunda escolha, o resultado sempre será igual a 1.

3ª) Dois elementos consecutivos distintos

Obs.: n: total de elementos

P = n (n - 1) (n - 1) ... (n - 1)

A primeira escolha é livre e a partir da segunda escolha, o resultado sempre será igual a (n - 1).

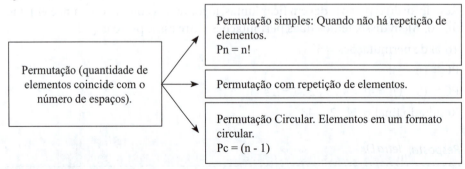

PARTE I – Cap. 15 – ANÁLISE COMBINATÓRIA

391

15.7 TREINAMENTO FINAL DO CAPÍTULO

82. **(CESPE)** Um trabalhador dispõe de 3 linhas de ônibus para ir de sua casa até o terminal de ônibus no centro da cidade e, a partir daí, ele dispõe de 5 linhas de ônibus para chegar ao seu local de trabalho.

Nessa situação, considerando-se que o trabalhador possua as mesmas opções para fazer o percurso de retorno do trabalho para casa e entendendo-se um trajeto de ida e volta ao trabalho desse trabalhador como uma escolha de quatro linhas de ônibus – de sua casa ao centro, do centro ao trabalho, do trabalho ao centro e do centro de volta para casa –, então o trabalhador dispõe de, no máximo, 30 escolhas distintas para o seu trajeto de ida e volta ao trabalho.

- -

83. **(CESPE)** Um juiz deve sortear 5 homens e 6 mulheres para formar o corpo de jurados no tribunal do júri, entre 10 homens e 13 mulheres convocados. Nessa situação, o número de possibilidades diferentes de se formar o corpo de jurados é inferior a 1.970.

- -

84. Dois casais devem posar, em fila, para uma fotografia. De quantos modos podem fazê-lo, se cada casal deve permanecer junto?
    - (A) 1.
    - (B) 2.
    - (C) 4.
    - (D) 6.
    - (E) 8.

- -

85. **(CGU ESAF 2006)** Ana precisa fazer uma prova de matemática composta de 15 questões. Contudo, para ser aprovada, Ana só precisa resolver 10 questões das 15 propostas. Assim, de quantas maneiras diferentes Ana pode escolher as questões?
    - (A) 2.800.
    - (B) 2.980.
    - (C) 3.006.
    - (D) 3.003.
    - (E) 3.005.

- -

86. **(CGU ESAF 2006)** Ágata é decoradora e precisa atender ao pedido de um excêntrico cliente. Ele – o cliente – exige que uma das paredes do quarto de

sua filha seja dividida em uma sequência de 5 listras horizontais pintadas de cores diferentes, ou seja, uma de cada cor. Sabendo-se que Ágata possui apenas 8 cores disponíveis, então o número de diferentes maneiras que a parede pode ser pintada é igual a:

(A) 6.720.

(B) 5.760.

(C) 4.320.

(D) 3.600.

(E) 56.

87. **(CESGRANRIO TRANSPETRO 2006)** Em um posto de observação foi montado um sinaleiro de formato pentagonal e em cada um de seus vértices foram colocadas duas lâmpadas de cores distintas, escolhidas entre 5 vermelhas e 5 verdes. Convenciona-se que, para a transmissão de uma mensagem, não pode ser acesa mais do que uma lâmpada por vértice, e que o número mínimo de vértices iluminados deve ser três.

Se, cada vez que um conjunto de lâmpadas é aceso, transmite-se uma mensagem, o total de mensagens que podem ser transmitidas por esse sinaleiro é:

(A) 192.

(B) 128.

(C) 64.

(D) 32.

(E) 16.

88. **(CESGRANRIO)** Um restaurante oferece cinco ingredientes para que o cliente escolha no mínimo 2 e no máximo 4 para serem acrescentados à salada verde. Seguindo esse critério, de quantos modos um cliente pode escolher os ingredientes que serão acrescentados em sua salada?

(A) 25.

(B) 30.

(C) 36.

(D) 42.

(E) 50.

89. **(FUNRIO)** O número de anagramas da palavra **CHUMBO** que começam pela letra **C** é:

(A) 120.

(B) 140.

(C) 160.

(D) 180.

(E) 200.

Parte I – Cap. 15 – ANÁLISE COMBINATÓRIA 393

90. **(FUNRIO)** A partir de um grupo de oito pessoas, quer-se formar uma comissão constituída de quatro integrantes. Nesse grupo, incluem-se Arthur e Felipe, que, sabe-se, não se relacionam um com o outro. Portanto, para evitar problemas, decidiu-se que esses dois, juntos, não deveriam participar da comissão a ser formada. Nessas condições, de quantas maneiras distintas se pode formar essa comissão?
   (A) 70.
   (B) 35.
   (C) 55.
   (D) 45.
   (E) 40.

91. **(FUNRIO)** Num avião, uma fila tem sete poltronas dispostas como na figura abaixo:

   Os modos de Pedro e Ana ocuparem duas poltronas dessa fila, de modo que não haja um corredor entre eles, são em número de:
   (A) 10.
   (B) 8.
   (C) 6.
   (D) 9.
   (E) 7.

92. **(CESPE)** De acordo com informações apresentadas no endereço eletrônico www.trtrio.gov.br/Administrativo, em fevereiro de 2008, havia 16 empresas contratadas para atender à demanda de diversos serviços do TRT/1ª Região, e a quantidade de empregados terceirizados era igual a 681.

   Com base nos dados do texto, a quantidade de maneiras distintas para se formar uma comissão de representantes dos empregados terceirizados, composta por um presidente, um vice-presidente e um secretário, de modo que nenhum deles possa acumular cargos, é:
   (A) inferior a 682.
   (B) superior a 682 e inferior a 104.
   (C) superior a 104 e inferior a 681×103.
   (D) superior a 681×103 e inferior a 341×106.
   (E) superior a 341×106.

93. **(ESAF MTE)** Quer-se formar um grupo de dança com 9 bailarinas, de modo que 5 delas tenham menos de 23 anos, que uma delas tenha exatamente

23 anos, e que as demais tenha idade superior a 23 anos. Apresentaram-se, para a seleção, quinze candidatas, com idades de 15 a 29 anos, sendo a idade, em anos, de cada candidata, diferente das demais. O número de diferentes grupos de dança que podem ser selecionados a partir deste conjunto de candidatas é igual a:

(A) 120.

(B) 1.220.

(C) 870.

(D) 760.

(E) 1.120.

Texto para as questões 94 a 96

Considerando que as equipes A, B, C, D e E disputem um torneio que premie as três primeiras colocadas, julgue os itens a seguir.

94. O total de possibilidades distintas para as três primeiras colocações é 58.

95. O total de possibilidades distintas para as três primeiras colocações com a equipe A em primeiro lugar é 15.

96. Se a equipe A for desclassificada, então o total de possibilidades distintas para as três primeiras colocações será 24.

97. (ESAF) Dez amigos, entre eles Mário e José, devem formar uma fila para comprar as entradas para um jogo de futebol. O número de diferentes formas que esta fila de amigos pode ser formada, de modo que Mário e José fiquem sempre juntos é igual a:

(A) 2! 8!.

(B) 0! 18!.

(C) 2! 9!.

(D) 1! 9!.

(E) 1! 8!.

98. (ESAF) Ana possui em seu *closet* 90 pares de sapatos, todos devidamente acondicionados em caixas numeradas de 1 a 90. Beatriz pede emprestado à Ana quatro pares de sapatos. Atendendo ao pedido da amiga, Ana retira do *closet* quatro caixas de sapatos. O número de retiradas possíveis que

Parte I – Cap. 15 – ANÁLISE COMBINATÓRIA

Ana pode realizar de modo que a terceira caixa retirada seja a de número 20 é igual a:

(A) 681.384.

(B) 382.426.

(C) 43.262.

(D) 7.488.

(E) 2.120.

99. **(ESAF)** Um grupo de estudantes encontra-se reunido em uma sala para escolher aleatoriamente, por sorteio, quem entre eles irá ao Simpósio de Matemática do próximo ano. O grupo é composto de 15 rapazes e de um certo número de moças. Os rapazes cumprimentam-se, todos e apenas entre si, uma única vez; as moças cumprimentam-se, todas e apenas entre si, uma única vez. Há um total de 150 cumprimentos. O número de moças é, portanto, igual a:

(A) 10.

(B) 14.

(C) 20.

(D) 25.

(E) 45.

100. **(ESAF 2005)** Pedro e Paulo estão em uma sala que possui 10 cadeiras dispostas em uma fila. O número de diferentes formas pelas quais Pedro e Paulo podem escolher seus lugares para sentar, de modo que fique ao menos uma cadeira vazia entre eles, é igual a:

(A) 80.

(B) 72.

(C) 90.

(C) 18.

(D) 56.

101. **(CESPE)** Para formar um grupo de investigação, um centro de pesquisas dispõe de 22 peritos com especialidades distintas. Se esse grupo de investigação deve ter 3 peritos, então a quantidade de maneiras distintas para se formar esse grupo é igual a:

(A) 1.540.

(B) 3.080.

(C) 8.000.

(D) 9.240.

102. (CESPE) Para cadastrar seus equipamentos, uma instituição usa códigos numéricos de 2 algarismos, de 3 algarismos e de 4 algarismos, não sendo permitidas repetições de algarismos. A partir dos algarismos de 0 a 9, o número de códigos distintos disponíveis para esse cadastramento é igual a:

(A) 11.100.

(B) 9.990.

(C) 5.850.

(D) 5.040.

---

103. (CESPE STJ 2008) Com relação à contagem, cada um dos próximos itens apresenta uma situação hipotética, seguida de uma assertiva a ser julgada.

Em um tribunal, os processos são protocolados com números de 6 algarismos de 0 a 9 e o primeiro algarismo refere-se ao número da sala onde o processo foi arquivado. Nessa situação, o total de processos que podem ser arquivados nas salas de números 4 e 5 é superior a 300.000.

---

104. (CESPE TRE-MG 2009) Considere a situação hipotética em que o presidente do Tribunal Regional Eleitoral (TRE) de determinada região pretenda constituir uma comissão de seis pessoas, da qual devam participar pelo menos duas mulheres. A comissão deve ser composta por técnicos judiciários de um quadro efetivo de doze servidores lotados na sede desse tribunal, dos quais cinco são mulheres. Nessa situação, se N for o número de diferentes comissões que podem ser constituídas de acordo com essas informações, é correto afirmar que:

(A) $N < 200$.

(B) $200 < N < 330$.

(C) $330 < N < 580$.

(D) $580 < N < 840$.

(E) $N > 840$.

---

105. (CESPE TRE 2009) Se, no departamento de recursos humanos de uma empresa em que trabalhem 5 homens e 4 mulheres, for preciso formar, com essa equipe, comissões de 4 pessoas com pelo menos 2 homens, a quantidade de comissões diferentes que poderão ser formadas será:

(A) superior ou igual a 200.

(B) superior ou igual a 170 e inferior a 200.

(C) superior ou igual a 140 e inferior a 170.

(D) superior ou igual a 110 e inferior a 140.

(E) inferior a 110.

PARTE I – Cap. 15 – ANÁLISE COMBINATÓRIA

106. (ESAF ATA 2012) Dos aprovados em um concurso público, os seis primeiros foram Ana, Bianca, Carlos, Danilo, Emerson e Fabiano. Esses seis aprovados serão alocados nas salas numeradas de 1 a 6, sendo um em cada sala e obedecendo a determinação de que na sala 1 será alocado um homem. Então, o número de possibilidades distintas de alocação desses seis aprovados é igual a

(A) 720.

(B) 480.

(C) 610.

(D) 360.

(E) 540.

---

107. (CESPE TRE 2009) Considere que um grupo de quatro indivíduos, em que dois deles são irmãos, tenha sido indicado para compor uma lista quádrupla, devendo ser definida a posição dos nomes desses indivíduos na lista. Sabendo que os nomes dos dois irmãos não podem aparecer em posições consecutivas nessa lista, o número de possíveis maneiras de se organizar a referida lista é igual a:

(A) 6.

(B) 8.

(C) 12.

(D) 14.

(E) 24.

---

108. (IDECAN) Para criar uma senha segura para o cofre, José usou um programa que gera, aleatoriamente, uma senha de forma que o

1º dígito é uma vogal maiúscula;

2º dígito é um algarismo par diferente de zero;

3º dígito é um algarismo ímpar;

4º dígito é uma letra minúscula de "c" a "j";

5º dígito é uma letra maiúscula ou minúscula de "m" a "p".

O número de possibilidades de senhas que este programa pode criar é:

(A) 4.800.

(B) 5.400.

(C) 5.800.

(D) 6.200.

(E) 6.400.

109. (VUNESP) De um grupo de 6 homens e 4 mulheres, deseja-se escolher 5 pessoas, incluindo, pelo menos, 2 mulheres. O número de escolhas distintas que se pode fazer é:

(A) 210.

(B) 186.

(C) 168.

(D) 120.

(E) 36.

GABARITO

1. C	2. E	3. E	4. B	5. E	6. Certo	7. Errado
8. Errado	9. E	10. D	11. C	12. A	13. C	14. D
15. Certo	16. Errado	17. Certo	18. Errado	19. Errado	20. C	21. E
22. A	23. C	24. D	25. A	26. E	27. B	28. Certo
29. Errado	30. E	31. A	32. A	33. D	34. C	35. B
36. A	37. Errado	38. Certo	39. Certo	40. Errado	41. Certo	42. B
43. Certo	44. 56	45. A	46. D	47. E	48. Errado	49. C
50. D	51. A	52. C	53. Certo	54. B	55. C	54. D
57. Errado	58. B	59. B	60. 28	61. 66	62. E	63. E
64. C	65. B	66. Certo	67. 24	68. 12	69. 10080	70. Certo
71. 60	72. 12	73. Certo	74. Errado	75. Errado	76. Certo	77. C
78. A	79. B	80. A	81. D	82. Errado	83. E	84. E
85. D	86. A	87. A	88. A	89. A	90. C	91. A
92. E	93. E	94. Errado	95. Errado	96. Certo	97. C	98. A
99. A	100. B	101. A	102. C	103. Errado	104. D	105. E
106. D	107. C	108. E	109. B			

16

PROBABILIDADE

16.1 INTRODUÇÃO

O estudo probabilístico tem como finalidade estudar um experimento aleatório. Entende-se como experimento aleatório todo experimento que pode ser repetido diversas vezes, sempre nas mesmas condições, e apresenta resultados equiprováveis, ou seja, resultados que possuem a mesma chance de ocorrência.

16.2 CONCEITOS INICIAIS

16.2.1 Experimento aleatório

É aquele experimento que, quando repetido em iguais condições, pode fornecer resultados diferentes, ou seja, são resultados explicados ao acaso. Quando se fala de tempo e possibilidades de ganho na loteria, a abordagem envolve cálculo de experimento aleatório.

16.2.2 Espaço amostral (E)

Definição: é o conjunto de todos os possíveis resultados de um experimento aleatório.

Exemplo:

Espaço amostral da moeda: {cara, coroa}.

Espaço amostral do baralho: {52 cartas}.

16.2.3 Evento

É o resultado desejado.

  Se ligue!

Evento: é a quantidade de resultados desejados.
O evento, no máximo, possui um valor igual ao espaço amostral.

16.2.3.1 Probabilidade de ocorrer um evento P (A).

$$P(A) = \frac{evento}{espaço\ amostral}$$

$0 \leq P(A) \leq 1$.

$P(A) = 0$ (evento impossível).

$P(A) = 1$ (evento certo).

$P(\overline{A}) = 1 - P(A)$.

$P(\overline{A})$ é a probabilidade de não ocorrer o evento A.

 Dica:

Existem três perguntas básicas para orientar o nosso percurso no momento do cálculo.

1ª pergunta: quantos elementos temos disponíveis? (Espaço amostral)
2ª pergunta: quantos elementos desejados temos à disposição? (Evento)
3ª pergunta: quantos sorteios serão realizados?
O número de sorteios indicará a fórmula que deve ser utilizada.

1 sorteio
- Probabilidade Inicial: Quando temos apenas um desejo.
  Ex.: Desejo sair um número par.
- Probabilidade da União (regra do "ou"): Quando temos dois ou mais desejos.
  Ex.: Desejo um número par ou um múltiplo de 5.

PARTE I – Cap. 16 – PROBABILIDADE

| 2 sorteios ou mais | Probabilidade de eventos independentes (regra do "e"): Uma sucessão de escolha com ordem. Ex.: Vamos sortear três pessoas e todas as pessoas sorteadas serão homens. |
| | Distribuição binominal das probabilidades: Uma sucessão de escolhas sem ordem. Ex.: Vamos sortear três pessoas, sendo dois homens e uma mulher. |

16.2.4 Treinamento comentado

1. **(CEF)** A tabela abaixo apresenta dados parciais sobre a folha de pagamento de um banco:

Faixa salarial, em reais	Número de empregados
300 – 500	52
500 – 700	30
700 – 900	25
900 – 1100	20
1.100 – 1.300	16
1.300 – 1.500	13
Total	156

Um desses empregados foi sorteado para receber um prêmio. A probabilidade de esse empregado ter seu salário na faixa de R$ 300,00 a R$ 500,00 é:

(A) 1/3.

(B) 2/5.

(C) 1/2.

(D) 3/5.

(E) 7/10.

Resolução:

1º degrau: descobrir o espaço amostral e o evento.

Espaço amostral: 156 (total de funcionários).

Evento: 52 (pessoas na faixa salarial de R$ 300 a 500).

$$P(A) = \frac{52}{156} = \frac{52^{:52}}{156^{:52}} = \frac{1}{3}.$$

Resposta: letra A.

2. Uma urna contém 50 bolinhas, numeradas de 1 a 50. Retira-se uma bolinha ao acaso. Determine a probabilidade de retirar uma bola contendo um múltiplo de 15.

Resolução:

Espaço amostral: 50.

Evento: 3 (múltiplos de 15 são 15, 30 ou 45).

$$P(A) = \frac{3}{50}$$

Resposta: 3/50 = 0,06.

---

3. **(PETROBRAS 2010)** Para que a população de um país permaneça estável, sem aumentar nem diminuir, a taxa de fecundidade (número de filhos por mulher) deve ser de 2,1. A tabela abaixo apresenta a taxa de fecundidade de alguns países em 2009.

País	Taxa de fecundidade (filhos por mulher)
África do Sul	2,51
Alemanha	1,32
Angola	5,64
Arábia Saudita	3,04
Argentina	2,22
Áustria	1,39
Brasil	1,83
Colômbia	2,40
Estados Unidos	2,08
Etiópia	5,21
Irlanda	1,95
França	1,88
Peru	2,53
Suiça	1,46
Venezuela	2,50

Escolhe-se, ao acaso, um dos países listados nessa tabela. A probabilidade de que, no país escolhido, a população esteja aumentando é, aproximadamente,

(A) 25,0%.

(B) 33,3%.

Parte I – **Cap. 16** – PROBABILIDADE

(C) 41,7%.

(D) 53,3%.

(E) 50,0%.

Resolução:

Espaço amostral: 15 (total de países).

Evento: 8 (países com taxa de fecundidade superior a 2,1).

$P(A) = \dfrac{8}{15} = 0,5333 \cdot 100 = 53,33\%.$

Resposta: letra D.

---

4. **(MPOG – 2010)** As apostas na Mega-Sena consistem na escolha de 6 a 15 números distintos, de 1 a 60, marcados em volante próprio. No caso da escolha de 6 números tem-se a aposta mínima e no caso da escolha de 15 números, tem-se a aposta máxima. Como ganha na Mega-Sena quem acerta todos os seis números sorteados, o valor mais próximo da probabilidade de um apostador ganhar na Mega-Sena ao fazer a aposta máxima é o inverso de:

(A) 20.000.000.

(B) 3.300.000.

(C) 330.000.

(D) 100.000.

(E) 10.000.

Resolução:

1° passo: encontrar o espaço amostral.

Temos 60 números e vamos escolher 6.

$C_{60,6} = 50.063.860.$

2° passo: encontrar o evento.

Temos 15 números e podemos escolher 6.

$C_{15,6} = 5005$

$P(A) = \dfrac{5005}{50063860} \cong \dfrac{1}{10000}$

A questão pediu o inverso do número.

O inverso de 10.000 é 1/10.000

Resposta: letra E.

5. **(ESAF MPOG – 2010)** Um viajante, a caminho de determinada cidade, deparou-se com uma bifurcação onde estão três meninos e não sabe que caminho tomar. Admita que estes três meninos, ao se lhes perguntar algo, um responde sempre falando a verdade, um sempre mente e o outro mente em 50% das vezes e consequentemente fala a verdade nas outras 50% das vezes. O viajante perguntou a um dos três meninos escolhido ao acaso qual era o caminho para a cidade e ele respondeu que era o da direita. Se ele fizer a mesma pergunta a um outro menino escolhido ao acaso entre os dois restantes, qual a probabilidade de ele também responder que é o caminho da direita?

(A) 1.
(B) 2/3.
(C) 1/2.
(D) 1/3.
(E) 1/4.

Resolução:

Temos a seguinte situação:

1 menino fala a verdade, 1 menino sempre mente e outro 50% das vezes fala a verdade e 50% mente.

Verdade	Mente	50%
Direita	Esquerda	Direita (falou a verdade dessa vez)
Direita	Esquerda	Esquerda (mentiu dessa vez)
Esquerda	Direita	Esquerda (falou a verdade)
Esquerda	Direita	Direita (mentiu dessa vez)

O único cuidado é com o menino que 50% das vezes fala a verdade e 50% mente, por isso temos essas possibilidades de resposta.

1ª hipótese: 1º menino diz a verdade.

O menino que sempre mente vai dizer esquerda.

O menino que 50% das vezes fala a verdade e as outra 50% mente pode dizer: direita (falando a verdade) ou esquerda (se mentir dessa vez).

A probabilidade de o segundo menino dizer a verdade é $\dfrac{1}{2} \cdot \dfrac{1}{2} = \dfrac{1}{4} = 0{,}25$

 Dica:

1/2 (temos dois meninos e vamos escolher) e 1/2 (o menino tem 50% de dizer a verdade).

PARTE I – **Cap. 16** – PROBABILIDADE
405

2ª hipótese: 1º menino sempre mente.

O menino que sempre diz a verdade vai dizer esquerda.

O menino que 50% das vezes fala a verdade e as outra 50% mente pode dizer: esquerda (falando a verdade) ou direita (se mentir dessa vez).

A probabilidade de o segundo menino dizer a verdade é $\frac{1}{2} \cdot \frac{1}{2} = \frac{1}{4} = 0,25$

☑ **Dica:**

> 1/2 (temos dois meninos e vamos escolher) e 1/2 (o menino tem 50% de dizer a verdade).

3ª hipótese: 1º menino 50% fala a verdade e 50% mente.

O primeiro mentiu dessa vez, então o menino que sempre diz a verdade vai dizer esquerda e o que sempre mente vai dizer a direita.

O primeiro falou a verdade, dessa vez, então o menino que sempre diz a verdade vai dizer direita e o que sempre mente vai dizer esquerda.

Temos 4 possibilidades de resposta nesse caso e duas delas dizem direita.

$P(A) = \frac{1}{2} = 0,5$

Probabilidade final = $\frac{1}{3} \cdot (0,25 + 0,25 + 0,5) = \frac{1}{3}$

1/3 probabilidade de sortear o primeiro menino (0,25 + 0,25 + 0,5) = 1 (probabilidade de dizer direita).

Resposta: letra A.

16.3 PROBABILIDADE DA UNIÃO DE DOIS EVENTOS: REGRA DA ADIÇÃO OU REGRA DO "OU"

Nesse caso, há um sorteio e duas chances; você ganha com uma possibilidade ou com a outra. Por isso, *regra do "ou"*.

Dados os eventos A e B; a probabilidade de que ocorram A ou B é igual a:

a) se os eventos forem não mutuamente exclusivos (A ∩ B possuem elementos comuns).

P (A U B) = P(A) + P (B) - P(A ∩ B).

b) se os eventos forem mutuamente exclusivos (disjuntos).

P (A U B) = P(A) + P (B).

Se ligue!

Quando temos um sorteio e uma escolha, então utilizamos a regra da probabilidade inicial.

Quando temos um sorteio e duas ou mais escolhas, então utilizamos a probabilidade da união.

16.3.1 Treinamento comentado

6. Em uma urna, há 12 bolas verdes, 18 bolas amarelas, 20 bolas brancas e 15 bolas pretas. Retirando-se uma bola ao acaso, determine a probabilidade de retirar uma bola branca ou preta.

Resolução:

Espaço amostral: 12 + 18 + 20 + 15 = 65 bolas (total de bolas).

Evento: 20 + 15 = 35 (branca ou preta).

P (A ∪ B) = P (A) + P (B). Não temos elementos comuns.

$P(A \cup B) = \dfrac{35}{65} = \dfrac{35^{:5}}{65^{:5}} = \dfrac{7}{13}$.

Resposta: 7/13.

(CESPE) Em um concurso público, registrou-se a inscrição de 100 candidatos. Sabe-se que 30 desses candidatos inscreveram-se para o cargo de escriturário, 20, para o cargo de auxiliar administrativo, e apenas 10 candidatos se inscreveram para os dois cargos. Os demais candidatos inscreveram-se em outros cargos.

Julgue os itens a seguir, considerando que um candidato seja escolhido aleatoriamente nesse conjunto de 100 pessoas.

7. A probabilidade de que o indivíduo escolhido seja candidato ao cargo de auxiliar administrativo é superior a 1/4.

---

8. A probabilidade de que o indivíduo escolhido seja candidato ao cargo de escriturário ou ao cargo de auxiliar administrativo é igual a 1/2.

PARTE I – **Cap. 16** – PROBABILIDADE   **407**

Resolução:

Espaço amostral: 100.

Evento auxiliar: 20.

Evento escriturário: 30.

Evento auxiliar e escriturário: 10 (elementos comuns).

7. **A probabilidade de que o indivíduo escolhido seja candidato ao cargo de auxiliar administrativo é superior a 1/4.**

$$P(A) = \frac{20}{100} = \frac{20^{:20}}{100^{:20}} = \frac{1}{5}.$$

Resposta: *item errado.*

----

8. **A probabilidade de que o indivíduo escolhido seja candidato ao cargo de escriturário ou ao cargo de auxiliar administrativo é igual a 1/2.**

$P(A \cup B) = P(A) + P(B) - P(A \cap B).$

$$P(A \cup B) = \frac{30}{100} + \frac{20}{100} - \frac{10}{100} = \frac{40}{100} = \frac{40^{:20}}{100^{:20}} = \frac{2}{5}.$$

Resposta: *item errado.*

----

9. **(ESAF)** **Quando Lígia para em um posto de gasolina, a probabilidade de ela pedir para verificar o nível do óleo é 0,28; a probabilidade de ela pedir para verificar a pressão dos pneus é de 0,11 e a probabilidade de ela pedir ambos, óleo e pneus, é 0,04. Portanto, a probabilidade de Lígia parar em um posto de gasolina e não pedir nem para verificar o nível de óleo e nem para verificar a pressão dos pneus é igual a:**
  (A) 0,25.
  (B) 0,35.
  (C) 0,45.
  (D) 0,15.
  (E) 0,65.

Resolução:

Vamos utilizar a probabilidade complementar; nesse caso, ela pedir uma coisa ou outra.

P (A ∩ B) = 0,28 + 0,11 - 0,04 = 0,35.

A chance de acontecer pelo menos um pedido é 0,35. A probabilidade de não acontecer nenhum desses pedidos é 1 - 0,35 = 0,65.

Resposta: letra E.

---

10. (CESGRANRIO) Pedro está jogando com seu irmão e vai lançar dois dados perfeitos. Qual a probabilidade de que Pedro obtenha pelo menos 9 pontos ao lançar esses dois dados?

(A) 7/36
(B) 5/18
(C) 5/9
(D) 1/4
(E) 1/9

Resolução:

O espaço amostral é igual a 6 . 6 = 36 (multiplicação das possibilidades).

Evento: pelo menos 9 = soma 9 ou soma 10 ou soma 11 ou soma 12.

 Cuidado:

(5, 6) é diferente de (6, 5)

Soma 9: 4 possibilidades
(3, 6) (6, 3) (4, 5) (5, 4)

Soma 10: 3 possibilidades
(6, 4) (4, 6) (5, 5)

Soma 11: 2 possibilidades
(6, 5) (5, 6)

Soma 12: 1 possibilidade
(6, 6)

Total dos eventos possíveis = 4 + 3 + 2 + 1 = 10

$$P(A \cup B \cup C \cup D) = \frac{10:2}{36:2} = \frac{5}{18}$$

Resposta: letra B.

PARTE I – **Cap. 16** – PROBABILIDADE

16.4 PROBABILIDADE DE DOIS EVENTOS SUCESSIVOS P (A ∩ B)

Essa regra é utilizada quando temos dois ou mais sorteios e a ordem dos sorteios é conhecida.

Exemplo: sortear dois meninos, ou seja, o primeiro sorteio é um menino e segundo sorteio é um menino.

16.4.1 Regra da multiplicação ou regra do "e"

$$P (A \cap B) = P(A) \cdot P(B)$$

16.4.2. Treinamento comentado

11. Se uma moeda não viciada é lançada duas vezes, qual a probabilidade de que ambos os resultados sejam cara?

Resolução:

1º sorteio:

Espaço amostral: 2 (cara ou coroa).

Evento: 1 (cara).

$P (A) = \dfrac{1}{2}$

2º sorteio:

Espaço amostral: 2 (cara ou coroa).

Evento: 1 (cara).

$P (B) = \dfrac{1}{2}$

$P (A \cap B) = \dfrac{1}{2} \cdot \dfrac{1}{2} = \dfrac{1}{4}.$

Resposta: $\dfrac{1}{4}.$

12. **(CESPE)** Considere que a prova objetiva de um concurso tenha 5 questões de múltipla escolha, com 4 opções cada uma. Considere também que as questões sejam independentes e que um candidato responda a todas elas aleatoriamente. Nessa situação, a probabilidade de ele acertar todas as questões é inferior a 0,05%.

Resolução:

Serão cinco sorteios, sendo o espaço amostral de cada igual a quatro (total de opções) e o evento será 1.

$$P\,(A \cap B) = \frac{1}{4} \cdot \frac{1}{4} \cdot \frac{1}{4} \cdot \frac{1}{4} \cdot \frac{1}{4} = \frac{1}{1024} = 0,09\%.$$

Resposta: item errado.

---

13. **Uma urna tem 30 bolas, sendo 10 vermelhas e 20 azuis. Se sortearmos 2 bolas, 1 de cada vez, qual será a probabilidade de a primeira ser vermelha e a segunda ser azul?**

Resolução:

Nesse caso, sorteios sucessivos, como a questão não mencionou, é considerado sem reposição.

1º sorteio: uma bola vermelha.

Espaço amostral: 30 (total de bolas).

Evento: 10 (vermelhas).

$$P\,(A) = \frac{10}{30} = \frac{10^{:10}}{30^{:10}} = \frac{1}{3}$$

2º sorteio: uma bola azul.

Espaço amostral: 29 (como é sem reposição, por isso a redução de 30 para 29).

Evento: 20 (azuis).

$$P\,(B) = \frac{20}{29}.$$

$$P(A \cap B) = \frac{1}{3} \cdot \frac{20}{29} = \frac{20}{87}.$$

Resposta: $\frac{20}{87}.$

---

14. **(BNB) Um globo contém 9 bolas numeradas com algarismos distintos de 1 a 9. Sorteia-se, ao acaso, com reposição, três bolas do globo. Qual a probabilidade de que o resultado do sorteio seja a sequência 3, 3, 3?**

(A)   3.

(B)   1/27.

(C)   1/729.

(D)   3/103.

(E)   0,009.

PARTE I – **Cap. 16** – PROBABILIDADE

Resolução:

São três sorteios e ambos, tanto o evento como o espaço amostral, são iguais.

1º sorteio.

Espaço amostral = 9.

Evento = 1 (bola 3).

$P(A) = \dfrac{1}{9}$

Como 1º sorteio = 2º sorteio = 3º sorteio,

Resultado: $\dfrac{1}{9} \cdot \dfrac{1}{9} \cdot \dfrac{1}{9} = \dfrac{1}{729}$.

Resposta: letra C.

----

15. **(ESAF MRE 2002)** Em um grupo de cinco crianças, duas delas não podem comer doces. Duas caixas de doces serão sorteadas para duas diferentes crianças (uma caixa para cada). A probabilidade de que as duas caixas de doces sejam sorteadas exatamente para duas crianças que podem comer doces é:

    (A) 0,10.
    (B) 0,20.
    (C) 0,25.
    (D) 0,30.
    (E) 0,60.

Resolução:

Vão acontecer dois sorteios. Como as caixas são para crianças distintas, ocorrerá uma redução do espaço amostral.

1º sorteio: uma criança que come doce.

Espaço amostral: 5 (total de crianças).

Evento: 3 (crianças que comem doce).

$P(A) = \dfrac{3}{5}$

2º sorteio: uma criança que come doce.

Espaço amostral: 4 (pois uma criança foi sorteada).

Evento: 2 (por suposição, uma criança que come doce foi sorteada).

$$P(B) = \frac{2}{4} = \frac{1}{2}$$

$$P(A \cap B) = \frac{3}{5} = \frac{1}{2} = \frac{3}{10} \text{ ou } 0,3.$$

Resposta: letra D.

---

16. **(ESAF MPOG 2002)** Um juiz de futebol possui três cartões no bolso. Um é todo amarelo, o outro é todo vermelho e o terceiro é vermelho de um lado e amarelo do outro. Num determinado jogo, o juiz retira, ao acaso, um cartão do bolso e mostra, também ao acaso, uma face do cartão a um jogador. Assim, a probabilidade de a face que o juiz vê ser vermelha e de a outra face, mostrada ao jogador, ser amarela é igual a:

(A) 1/6.

(B) 1/3.

(C) 2/3.

(D) 4/5.

(E) 5/6.

Resolução:

Evento: a face que o juiz vê ser vermelha e a outra face, mostrada ao jogador, ser amarela.

Temos três cartões, logo:

Primeiro cartão e depois o cartão vermelho e amarelo.

1º evento: P (A).

Espaço amostral: 3 (todas de cartões).

Evento: 1 (cartão vermelho e amarelo).

$$P(B) = \frac{1}{3}$$

2º evento: P (B).

Espaço amostral: 2 (vermelho e amarelo ou amarelo ou vermelho).

Evento: 1.

$$P(B) = \frac{1}{2}$$

$$P(A \cap B) = \frac{1}{3} \cdot \frac{1}{2} = \frac{1}{6}$$

Resposta: letra A.

PARTE I – Cap. 16 – PROBABILIDADE   413

17. (PETROBRAS 2010) Paulo e Raul pegaram 10 cartas de baralho para brincar: A, 2, 3, 4, 5, 8, 9, 10, J e Q, todas de copas. Paulo embaralhou as 10 cartas, colocou-as aleatoriamente sobre a mesa, todas voltadas para baixo, e pediu a Raul que escolhesse duas. Considerando-se que todas as cartas têm a mesma chance de serem escolhidas, qual a probabilidade de que, nas duas cartas escolhidas por Raul, esteja escrita uma letra (A, J ou Q)?
 (A) 1/10.
 (B) 3/10.
 (C) 1/15.
 (D) 2/15.
 (E) 1/45.

Resolução:

 Dica:

   Temos dois sorteios!
   Obs.: sem reposição de elementos.

1º sorteio:
Espaço amostral: 10 (total de cartas).
Evento: 3 (total de figuras).
$P(A) = \dfrac{3}{10}$

2º sorteio:
Espaço amostral: 9 (total de cartas – a carta do primeiro sorteio).
Evento: 3 (total de figuras – carta do primeiro sorteio).
$P(B) = \dfrac{2}{9}$
$P(A \cap B) = \dfrac{3}{10} \cdot \dfrac{2}{9} = \dfrac{6:6}{90:6} = \dfrac{1}{15}$

Resposta: letra C.

------

18. (CESGRANRIO) "A Bacia do Araguaia compreende municípios dos estados do Pará, Tocantins, Goiás e Mato Grosso, abrangendo (...) 168 municípios. Desses, 24 estão localizados na área de estudo."
Nota Técnica DEA 01/09. Análise socioambiental do atendimento ao PA/MT/TO, p. 16 (Adaptado). Disponível em: <http://www.epe.gov.br/MeioAmbiente>.

Escolhendo-se ao acaso dois municípios da Bacia do Araguaia, a probabilidade de que ambos estejam localizados na área de estudo é:

(A) 1/49.
(B) 1/84.
(C) 2/335.
(D) 7/511.
(E) 23/1.169.

Dica:

Temos dois sorteios!

Obs.: sem reposição de elementos.

1º sorteio:

Espaço amostral: 168 (total de municípios).

Evento: 24 (total de municípios da bacia de estudo).

$$P(A) = \frac{24}{168} = \frac{24:24}{168:24} = \frac{1}{7}$$

2º sorteio:

Espaço amostral: 167 (total de municípios – primeiro sorteio).

Evento: 23 (total de municípios – carta do primeiro sorteio).

$$P(B) = \frac{23}{167}$$

$$P(A \cap B) = \frac{1}{7} \cdot \frac{23}{169} = \frac{23}{1183}$$

Resposta: letra E.

---

19. **(ESAF APO – 2010)** Em uma urna existem 200 bolas misturadas, diferindo apenas na cor e na numeração. As bolas azuis estão numeradas de 1 a 50, as bolas amarelas estão numeradas de 51 a 150 e as bolas vermelhas estão numeradas de 151 a 200. Ao se retirar da urna três bolas escolhidas ao acaso, com reposição, qual a probabilidade de as três bolas serem da mesma cor e com os respectivos números pares?

(A) 10/512.
(B) 3/512.
(C) 4/128.
(D) 3/64.
(E) 1/64.

PARTE I – **Cap. 16** – PROBABILIDADE

Resolução:

Resumo do enunciado: temos que sortear, com reposição, três bolas de mesma cor, sendo o número das bolas pares.

1º sorteio: a probabilidade das bolas serem azuis e contendo números pares.

Espaço amostral = 200 (total de bolas).

Evento = 25 (de 1 a 50, temos 25 bolas pares).

$$P\,(A) = \frac{25}{200} \cdot \frac{25}{200} \cdot \frac{25}{200} = \frac{1}{8} \cdot \frac{1}{8} \cdot \frac{1}{8} = \frac{1}{512}$$

✓ **Dica:**

$\dfrac{25}{200} = \dfrac{1}{8}$ (esse é o resultado da simplificação por 25).

2º sorteio: a probabilidade das bolas serem amarelas e contendo números pares.

Espaço amostral = 200 (total de bolas).

Evento = 50 (de 51 a 150, temos 25 bolas pares).

$$P(B) = \frac{50}{200} \cdot \frac{50}{200} \cdot \frac{50}{200} = \frac{2}{8} \cdot \frac{2}{8} \cdot \frac{2}{8} = \frac{8}{512}$$

✓ **Dica:**

$\dfrac{50}{200} = \dfrac{2}{8}$ (simplificando por 25; dessa forma mantemos o mesmo denominador).

3º sorteio: a probabilidade das bolas serem vermelhas e contendo números pares.

Espaço amostral = 200 (total de bolas).

Evento = 25 (de 151 a 200, temos 25 bolas pares).

$$P\,(A) = \frac{25}{200} \cdot \frac{25}{200} \cdot \frac{25}{200} = \frac{1}{8} \cdot \frac{1}{8} \cdot \frac{1}{8} = \frac{1}{512}$$

✓ **Dica:**

$\dfrac{25}{200} = \dfrac{1}{8}$ (esse é o resultado da simplificação por 25).

Temos três opções de resultado, logo, regra do "ou".

$$P\,(A \cup B \cup C) = \frac{1}{512} + \frac{8}{512} + \frac{1}{512} = \frac{10}{512}$$

Resposta: letra A.

16.5 PROBABILIDADE CONDICIONAL

Antes da realização de um experimento, é necessário que você já tenha alguma informação sobre o evento que deseja observar. Nesse caso, o espaço amostral se modifica e o evento tem a sua probabilidade de ocorrência alterada.

$$P(A/B) = \frac{P(A \cap B)}{P(B)}$$

> **Dica:**
>
> *Probabilidade condicional* – P(A/B) – será a probabilidade de ocorrência de um evento "A", sabendo-se que já ocorreu o evento "B".

16.5.1 Treinamento comentado

20. **(ESAF MPU/2004)** Carlos sabe que Ana e Beatriz estão viajando pela Europa. Com as informações que dispõe, ele estima corretamente que a probabilidade de Ana estar hoje em Paris é 3/7, que a probabilidade de Beatriz estar hoje em Paris é 2/7, e que a probabilidade de ambas, Ana e Beatriz, estarem hoje em Paris é 1/7. Carlos então recebe um telefonema de Ana, informando que ela está hoje em Paris. Com a informação recebida pelo telefonema de Ana, Carlos agora estima corretamente que a probabilidade de Beatriz também estar hoje em Paris é igual a:
    (A) 1/7.
    (B) 5/7.
    (C) 1/3.
    (D) 4/7.
    (E) 2/3.

Resolução:

Aqui, temos um caso de probabilidade condicional, pois queremos a probabilidade de Beatriz estar em Paris, sabendo que Ana já se encontra lá.

P (B) (evento já ocorrido): Ana estar hoje em Paris é 3/7. P (B): evento já ocorrido. Ana e Beatriz estarem hoje em Paris é 1/7. P (A ∩ B).

$$P(A/B) = \frac{P(A \cap B)}{P(B)} = \frac{1/7}{3/7} = \frac{1}{3}.$$

Resposta: letra C.

21. (ESAF SERPRO 2001) Há apenas dois modos, mutuamente excludentes, de Genésio ir para Genebra participar de um congresso: ou de navio ou de avião. A probabilidade de Genésio ir de navio é de 40% e de ir de avião é de 60%. Se ele for de navio, a probabilidade de chegar ao congresso com dois dias de atraso é de 8,5%. Se ele for de avião, a probabilidade de chegar ao congresso com dois dias de atraso é de 1%. Sabe-se que Genésio chegou com dois dias de atraso para participar do congresso em Genebra. A probabilidade de ele ter ido de avião é:
(A) 5%.
(B) 8%.
(C) 10%.
(D) 15%.
(E) 18%.

Resolução:

Como queremos saber a probabilidade de ele ir de avião, sabendo que chegou atrasado, temos uma probabilidade condicional.

$$P(A/B) = \frac{P(A \cap B)}{P(B)}$$

P (B): chegar atrasado.

P (A ∩ B): ir de avião e chegar atrasado.

Descobrindo P (B).

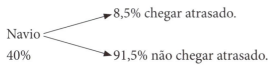

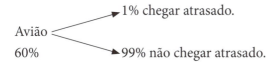

Conclusões:

Navio e atrasado: 40%.8,5% = 0,34.

Navio e não chegar atrasado: 40%.91,5% = 0,366.

Avião e atrasado: 60%.1% = 0,06.

Avião e não chegar atrasado = 60%.99% = 0,594.

P (B) = 0,34 + 0,06 = 0,40 (chegar atrasado pode ser avião ou navio).

P (A ∩ B) = 0,06 (ir de avião e chegar atrasado).

P (A/B) = $\dfrac{P(A \cap B)}{P(B)} = \dfrac{0,06}{0,04} = 0,15$ ou 15%.

Resposta: *letra C.*

---

22. (ESAF SERPRO 2001) O gerente de marketing de uma fábrica de *software* planeja colocar no mercado um novo programa de análise de dados. Historicamente, 40% dos programas novos lançados pela fábrica são bem-sucedidos. Antes do lançamento no mercado a fábrica tem por norma realizar uma pesquisa de mercado que resulta num relatório com uma conclusão favorável ou desfavorável ao novo produto.

No passado, 80% dos programas bem-sucedidos receberam relatórios favoráveis e 30% dos programas malsucedidos também receberam relatórios favoráveis. O novo programa de análise de dados que a firma pretende lançar no mercado recebeu relatório favorável. Assinale a opção que corresponde à probabilidade de que seja bem-sucedido.

(A) 32%.
(B) 64%.
(C) 80%.
(D) 12%.
(E) 24%.

Resolução:

Resumo do enunciado:

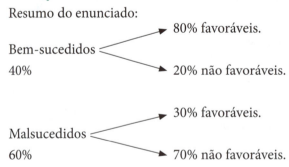

Conclusão total:

Bem-sucedidos e favoráveis: 40%.80% = 0,32.

Bem-sucedidos e não favoráveis: 40%.20% = 0,08.

Malsucedidos e favoráveis: 60%.30% = 0,18.

Malsucedidos e não favoráveis: 60%.70% = 0,42.

Parte I – Cap. 16 – PROBABILIDADE

Total de favoráveis: 0,32 + 0,18 = 0,50 (P (B)).

Bem-sucedido e favorável: 0,32.

$$P\ (A/B) = \frac{P\left(A \cap B\right)}{P\left(B\right)} = \frac{0,32}{0,50} = 0,64.$$

Resposta: letra B.

---

23. **(ESAF AFC/STN – 2008)** Marco estuda em uma universidade na qual, entre as moças de cabelos loiros, 18 possuem olhos azuis e 8 possuem olhos castanhos; entre as moças de cabelos pretos, 9 possuem olhos azuis e 9 possuem olhos castanhos; entre as moças de cabelos ruivos, 4 possuem olhos azuis e 2 possuem olhos castanhos. Marisa seleciona aleatoriamente uma dessas moças para apresentar para seu amigo Marco. Ao encontrar com Marco, Marisa informa que a moça selecionada possui olhos castanhos.

    Com essa informação, Marco conclui que a probabilidade de a moça possuir cabelos loiros ou ruivos é igual a:

    (A)   0.

    (B)   10/19.

    (C)   19/50.

    (D)   10/50.

    (E)   19/31.

Resolução:

Resumo: foi selecionada uma moça de olhos castanhos, qual a probabilidade de ela ter cabelos loiros ou ruivos?

Cabelos loiros: 18 olhos azuis e 8 olhos castanhos.

Cabelos pretos: 9 olhos azuis e 9 olhos castanhos.

Cabelos ruivos: 4 olhos azuis e 2 olhos castanhos.

Foi selecionada uma mulher de olhos castanhos, logo, o espaço amostral é 8 + 9 + 2 = 19.

O evento é mulher loira ou ruiva, logo, o evento é 8 + 2 = 10.

$$P\ (A) = \frac{10}{19}.$$

Resposta: letra B.

16.5.2 Treinamento do concursando

24. **(Analista MPU/2004)** Carlos diariamente almoça um prato de sopa no mesmo restaurante. A sopa é feita de forma aleatória por um dos três cozinheiros que lá trabalham: 40% das vezes a sopa é feita por João; 40% das vezes por José, e 20% das vezes por Maria. João salga demais a sopa 10% das vezes; José o faz em 5% das vezes, e Maria 20% das vezes. Como de costume, um dia qualquer Carlos pede a sopa e, ao experimentá-la, verifica que está salgada demais. A probabilidade de que essa sopa tenha sido feita por José é igual a?

    (A) 0,15.
    (B) 0,25.
    (C) 0,30.
    (D) 0,20.
    (E) 0,40.

25. **(AFC – STN – 2000 ESAF)** Uma companhia preocupada com sua produtividade costuma oferecer cursos de treinamento a seus operários. A partir da experiência, verificou-se que um operário, recentemente admitido, que tenha frequentado o curso de treinamento tem 82% de probabilidade de cumprir sua quota de produção. Por outro lado, um operário, também recentemente admitido, que não tenha frequentado o mesmo curso de treinamento, tem apenas 35% de probabilidade de cumprir com sua quota de produção. Dos operários recentemente admitidos, 80% frequentaram o curso de treinamento. Selecionando-se, aleatoriamente, um operário recentemente admitido na companhia, a probabilidade de que ele não cumpra sua quota de produção é:

    (A) 11,70%.
    (B) 27,40%.
    (C) 35%.
    (D) 83%.
    (E) 85%.

26. **(AFC – SFC – 2001 ESAF)** Há apenas dois modos, mutuamente excludentes, de Ana ir para o trabalho: ou de carro ou de metrô. A probabilidade de Ana ir de carro é de 60% e de ir de metrô é de 40%. Quando ela vai de carro, a probabilidade de chegar atrasada é de 5%. Quando ela vai de metrô a probabilidade de chegar atrasada é de 17,5%. Em um dado dia, escolhido aleatoriamente, verificou-se que Ana chegou atrasada ao seu local de trabalho. A probabilidade de ela ter ido de carro nesse dia é:

    (A) 10%.

(B) 30%.
(C) 40%.
(D) 70%.
(E) 82,5%.

---

27. **(SERPRO 96)** Uma clínica especializada trata apenas de três tipos de doentes: dos que sofrem de problemas cardíacos, dos que têm cálculo renal e dos hipertensos. Temos que 50% dos pacientes que procuram a clínica são cardíacos, 40% são portadores de cálculo renal e apenas 10% são hipertensos. Os problemas cardíacos são curados em 80% das vezes, os problemas de cálculo renal em 90% das vezes e os hipertensos em 95% das vezes. Um enfermo saiu curado da clínica. Qual a probabilidade de que ele sofresse de cálculo renal?
    (A) 43,1%.
    (B) 42,1%.
    (C) 45,1%.
    (D) 44,1%.
    (E) 46,1%.

16.6 DISTRIBUIÇÃO BINOMIAL DAS PROBABILIDADES

É o cálculo da probabilidade de uma série de um mesmo evento, que possui uma relação de sucesso e fracasso. A quantidade de acontecimentos desejados é inferior ao total de lançamentos ou sorteios.

Exemplos:

1º: lançam-se 7 moedas. Determine a probabilidade de sair 4 caras.

Nesse caso temos 7 sorteios, porém, queremos 4 caras. Logo, queremos o seguinte resultado 4 caras (sucesso) e 3 coroas (fracasso).

2º: um casal pretende ter quatro filhos. Qual a probabilidade de nascerem dois meninos?

Nesse caso, temos quatro filhos, porém queremos dois meninos (sucesso) e duas meninas (fracasso).

Fórmula: P(de "s" eventos sucesso) = $\left[C_{n,s} \right] \times \left[P(S)^s \right] \times \left[P(F)^F \right]$

C n,s: combinação de n tomada a p.

S: sucesso.

F: fracasso.

16.6.1 Treinamento comentado

28. Uma moeda honesta será lançada sete vezes. Qual a probabilidade de se verificar exatamente cinco vezes o resultado cara?

Resolução:

$n = 7$ resultados.

$S = 5$ (sucessos).

$F = 2$ (fracassos).

Probabilidade do sucesso: $\dfrac{1}{2}$ (sair cara na moeda).

Probabilidade do fracasso: $\dfrac{1}{2}$ (sair coroa na moeda).

$$C_{7,5} = C_{7,2} = \frac{7 \cdot 6}{2!} = \frac{42}{2 \cdot 1} = 21.$$

$$P \text{ (5 caras)} = C_{7,5} \cdot \left(\frac{1}{2}\right)^{5} \cdot \left(\frac{1}{2}\right)^{2} = 21 \cdot \frac{1}{32} \cdot \frac{1}{4} = \frac{21}{128} = 0,1640 \text{ ou } 16,40\%.$$

Resposta: 16,4%.

---

29. **(ATA – MF – 2009/ESAF)** Ao se jogar um dado honesto três vezes, qual o valor mais próximo da probabilidade de o número 1 sair exatamente uma vez?
- (A) 35%.
- (B) 17%.
- (C) 7%.
- (D) 42%.
- (E) 58%.

Resolução:

Sorteio: 3.

Sucesso: 1 (sair um número 1).

Fracasso: 2 (sair um número diferente de 1).

A probabilidade de sair o número 1 no dado é: 1/6.

A probabilidade de sair um número diferente de 1 é $1 - 1/6 = 5/6$.

$C_{2,1} = 2.$

$C_{2,1} \cdot P\,(S)^{1} \cdot P\,(F)^{2}$

PARTE I – Cap. 16 – PROBABILIDADE

$$3 \cdot \frac{1}{6} \cdot \left(\frac{5}{6}\right)^{2} = 3 \cdot \frac{1}{6} \cdot \frac{25}{36} = \frac{75}{216} = 0,3472 \text{ ou } 34,72\%.$$

Resposta: letra A.

16.6.2 Treinamento do concursando

30. (ESAF) Na população brasileira verificou-se que a probabilidade de ocorrer determinada variação genética é de 1%. Ao se examinar ao acaso três pessoas desta população, qual o valor mais próximo da probabilidade de exatamente uma pessoa examinada possuir esta variação genética?

(A) 0,98%.

(B) 1%.

(C) 2,94%.

(D) 1,30%.

(E) 3,96%.

31. (Anal. Orçamento MARE 99 ESAF) São lançadas 4 moedas distintas e não viciadas. Qual é a probabilidade de resultar exatamente 2 caras e 2 coroas?

(A) 25%.

(B) 37,5%.

(C) 42%.

(D) 44,5%.

(E) 50%.

16.6.3 Treinamento comentado – Seção desafio

32. (ESAF 2009) Três amigas participam de um campeonato de arco e flecha. Em cada tiro, a primeira das amigas tem uma probabilidade de acertar o alvo de 3/5, a segunda tem uma probabilidade de acertar o alvo de 5/6, e a terceira tem uma probabilidade de acertar o alvo de 2/3. Se cada uma das amigas der um tiro de maneira independente dos tiros das outras duas, qual a probabilidade de pelo menos dois dos três tiros acertarem o alvo?

(A) 90/100.

(B) 50/100.

(C) 71/100.

(D) 71/90.

(E) 60/90.

Resolução:

Resumo: a questão pede a probabilidade de pelo menos duas acertarem, ou seja, podem ser duas ou três acertar.

Amiga 1: 3/5 para acertar e 2/5 para errar.

Amiga 2: 5/6 para acertar e 1/6 para errar.

Amiga 3: 2/3 para acertar e 1/3 para errar.

No caso de dois acertos, temos três possibilidades:

1ª possibilidade: amiga 1 errar e as demais acertarem.

$\dfrac{2}{5} \cdot \dfrac{5}{6} \cdot \dfrac{2}{3} = \dfrac{2 \cdot 2}{6 \cdot 3} = \dfrac{4}{9}$ simplificando por 2, temos: $\dfrac{2}{9}$

2ª possibilidade: amiga 2 errar e as demais acertarem.

$\dfrac{3}{5} \cdot \dfrac{1}{6} \cdot \dfrac{2}{3} = \dfrac{1 \cdot 2}{5 \cdot 6} = \dfrac{2}{30}$ simplificando por 2, temos: $\dfrac{1}{15}$

3ª possibilidade: amiga 3 errar e as demais acertarem.

$\dfrac{3}{5} \cdot \dfrac{5}{6} \cdot \dfrac{1}{3} = \dfrac{1}{6}$

No caso de três acertos, temos apenas uma possibilidade:

$\dfrac{3}{5} \cdot \dfrac{5}{6} \cdot \dfrac{2}{3} = \dfrac{2}{6} = \dfrac{1}{3}$

O resultado final é a soma das possibilidades: $\dfrac{2}{9} + \dfrac{1}{15} + \dfrac{1}{6} + \dfrac{1}{3} = \dfrac{20+6+15+30}{90} = \dfrac{71}{90}$

Obs.: o M.M.C. de (3, 6, 9, 15) = 90.

Resposta: letra D.

---

33. **(ESAF 2009) Para acessar a sua conta nos caixas eletrônicos de determinado banco, um correntista deve utilizar sua senha constituída por três letras, não necessariamente distintas, em determinada sequência, sendo que as letras usadas são as letras do alfabeto, com exceção do W, totalizando 25 letras.**

    Essas 25 letras são então distribuídas aleatoriamente, três vezes, na tela do terminal, por cinco teclas, em grupos de cinco letras por tecla, e, assim, para digitar sua senha, o correntista deve acionar, a cada vez, a tecla que contém a respectiva letra de sua senha. Deseja-se saber qual o valor mais próximo da probabilidade de ele apertar aleatoriamente em sequência três das cinco teclas à disposição e acertar ao acaso as teclas da senha.

    (A) 0,001.

    (B) 0,0001.

PARTE I – Cap. 16 – PROBABILIDADE

(C)   0,000125.

(D)   0,005.

(E)   0,008.

Resolução:

A tecla é de cinco letras e teremos cinco teclas em cada tentativa.

A senha é uma sequência de três letras.

Nesse caso, temos três sorteios, logo, regra do "e".

1ª tentativa: $\dfrac{1}{5}$.

Temos cinco teclas (espaço amostral) e uma tecla tem a letra desejada.

2ª tentativa: $\dfrac{1}{5}$.

Temos cinco teclas (espaço amostral) e uma tecla tem a letra desejada.

3ª tentativa: $\dfrac{1}{5}$.

Temos cinco teclas (espaço amostral) e uma tecla tem a letra desejada.

Resultado final: $\dfrac{1}{5} \cdot \dfrac{1}{5} \cdot \dfrac{1}{5} = \dfrac{1}{125} = 0,008$.

Resposta: letra E.

- -

34. **(TSE) Para se ter uma ideia do perfil dos candidatos ao cargo de Técnico Judiciário, 300 estudantes que iriam prestar o concurso foram selecionados ao acaso e entrevistados, sendo que, entre esses, 130 eram homens. Como resultado da pesquisa, descobriu se que 70 desses homens e 50 das mulheres entrevistadas estavam cursando o ensino superior. Se uma dessas 300 fichas for selecionada ao acaso, a probabilidade de que ela seja de uma mulher que, no momento da entrevista, não estava cursando o ensino superior é igual a:**

(A)   0,40.

(B)   0,42.

(C)   0,44.

(D)   0,46.

Resolução:

Espaço amostral: 300 (total de pessoas).

Evento: 120 (mulher não cursando ensino superior).

São 130 homens, logo 300 - 130 = 170 mulheres no total.

Dessas 170 mulheres, sendo 50 cursando ensino superior, então 170 - 50 = 120.

$$P(A) = \frac{120}{300} = \frac{12}{30} = 0,4.$$

Resposta: letra A.

---

35. **(CESPE)** Se, entre as 16 empresas contratadas para atender aos serviços diversos do TRT, houver 4 empresas que prestem serviços de informática e 2 empresas que cuidem da manutenção de elevadores, e uma destas for escolhida aleatoriamente para prestar contas dos custos de seus serviços, a probabilidade de que a empresa escolhida seja prestadora de serviços de informática ou realize a manutenção de elevadores será igual a:

   (A) 0,125.
   (B) 0,250.
   (C) 0,375.
   (D) 0,500.

Resolução:

Espaço amostral: 16 (total de empresas).

Evento: uma empresa prestadora de serviços de informática ou que realize a manutenção de elevadores.

Nesse caso, não temos elementos comuns.

$P(A \cup B) = P(A) + P(B).$

$$P(A \cup B) = \frac{2}{16} + \frac{4}{16} = \frac{6}{16} = 0,375.$$

Resposta: letra C.

(CESPE 2009) Texto para a questão 36.
Considerando que Ana e Carlos candidataram-se a empregos em uma empresa e sabendo que a probabilidade de Ana ser contratada é igual a 2/3 e que a probabilidade de ambos serem contratados é 1/6, julgue o item subsequente.

---

36. A probabilidade de Ana ser contratada e de Carlos não ser contratado é igual a 1/2.

PARTE I – Cap. 16 – PROBABILIDADE

Resolução:

A probabilidade de Ana é 2/3.

A probabilidade de ambos é 1/6.

A probabilidade de ambos (Ana e Carlos) é resultado do produto das probabilidades.

$P(A \cap C) = P(A) . P(C).$

$\dfrac{1}{6} = \dfrac{2}{3} . P(C).$

$\dfrac{2}{3} . P(C) = \dfrac{1}{6}.$

$P(C) = \dfrac{1}{6} . \dfrac{2}{3} = \dfrac{1}{6} . \dfrac{3}{2} = \dfrac{3}{12} = \dfrac{1}{4}$

Obs.: divisão de fração: conserva a primeira e multiplica pelo inverso da segunda fração.

Probabilidade de Ana ser contratada $= \dfrac{2}{3}.$

Probabilidade de Carlos ser contratado $= \dfrac{1}{4}$, logo, a probabilidade de não ser contratado será: $\dfrac{3}{4}.$

A probabilidade de Ana ser e Carlos não ser: $\dfrac{2}{3} . \dfrac{3}{4} = \dfrac{6}{12} = \dfrac{1}{2}.$

Resposta: item certo.

- -

37. **(ATA-MF – 2009) Ao se jogar um determinado dado viciado, a probabilidade de sair o número 6 é de 20%, enquanto as probabilidades de sair qualquer outro número são iguais entre si. Ao se jogar este dado duas vezes, qual o valor mais próximo da probabilidade de um número par sair duas vezes?**

   (A)   20%.
   (B)   27%.
   (C)   25%.
   (D)   23%.
   (E)   50%.

Resolução:

Resumo: a probabilidade de sair o número 6 é de 20%, logo, sobram 80% para sair os outros números.

A questão informa que a probabilidade dos outros números, diferentes de 6, é igual, então, a probabilidade de sair 1, 2, 3, 4, ou 5 é 80%: 5 = 16% para cada número.

A probabilidade de sair um número par é igual a 52%; pois temos 16% para o número 2, 16% para o número 4 e 20% para o número 6.

P (A) = 52% (sortear um número par).

P (B) = 52% (sortear um número par).

P (A ∩ B) = 52% . 52% = $\frac{52}{100} \cdot \frac{52}{100} = \frac{2704}{1000} = \frac{27,04}{100} = 27,04\%$.

Resposta: letra B.

---

38. (ATA ESAF 2012) Sorteando-se um número de uma lista de 1 a 100, qual a probabilidade de o número ser divisível por 3 ou por 8?
(A) 41%
(B) 44%
(C) 42%
(D) 45%
(E) 43%

Resolução:

Tema: Probabilidade da União.

 Dica:
Teremos que calcular o P(A), o P(B) e o P(A ∩ B).

1ª etapa: P(A)
Espaço amostral = 100
Evento = 33 (temos 33 múltiplos de 3, no intervalo de 1 a 100)
P(A) = 33/100

2ª etapa: P(B)
Espaço amostral = 100
Evento = 12 (temos 12 múltiplos de 8, no intervalo de 1 a 100)
P(A) = 12/100

3ª etapa: P(A ∩ B)

 Dica:
O M.M.C. de 3 e 8 = 24, ou seja, todos os múltiplos de 24 foram contabilizados nos dois conjuntos.

Espaço amostral = 100
Evento = 4 (temos 4 múltiplos de 24, no intervalo de 1 a 100)
P(A ∩ B) = 4/100
P(A U B) = P(A) + P(B) - P(A ∩ B)
P(A U B) = 33/100 + 12/100 - 4/100 = 41/100 = 41%

Resposta: letra A.

 Dica:

Quantos múltiplos de 3 temos no intervalo de 1 a 100?

100 : 3 = 33,33

Utilizamos o valor inteiro, sem aproximação.

Resultado: 33 múltiplos de 3.

Essa dica serve para qualquer múltiplo.

39. (ATA ESAF 2012) Uma caixa contém 3 bolas brancas e 2 pretas. Duas bolas serão retiradas dessa caixa, uma a uma e sem reposição, qual a probabilidade de serem da mesma cor?
(A) 55%
(B) 50%
(C) 40%
(D) 45%
(E) 35%

Resolução:

Tema: probabilidade de eventos independentes.

Comentário: serão sorteadas duas bolas de mesma cor, logo, podemos retirar duas brancas ou duas pretas.

• Caso 1: 2 bolas brancas

Resumo: 2 sorteios, sem reposição. Espaço amostral = 5 e Evento = 3.

P(A ∩ B) = P(A) . P(B)

P(A ∩ B) = 3/5 . 2/4 = 6/20 (simplificando por 2) = 3/10

• Caso 2: 2 bolas pretas

Resumo: 2 sorteios, sem reposição. Espaço amostral = 5 e Evento = 2.

$P(A \cap B) = P(A) \cdot P(B)$

$P(A \cap B) = 2/5 \cdot 1/4 = 2/20$ (simplificando por 2) $= 1/10$

No final, devemos somar os resultados, pois temos duas opções.

$3/10 + 1/10 = 4/10 = 40\%$

Resposta: letra C.

RESUMO TEÓRICO

Espaço amostral: total de elementos.

Evento: quantidade de elementos que satisfazem o nosso desejo.

 Dica:

Não se esqueça de observar o número de sorteios.

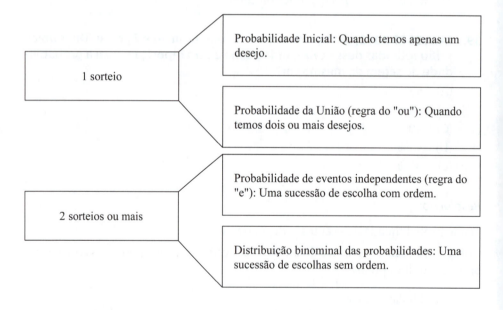

16.7 TREINAMENTO FINAL DO CAPÍTULO

40. (PETROBRAS) Segundo uma reportagem publicada na Revista Veja de 11 de janeiro de 2006, um instituto internacional especializado no estudo do *stress* ouviu 1.200 brasileiros para saber se há relação entre cansaço e uso

PARTE I – Cap. 16 – PROBABILIDADE

431

frequente de equipamentos eletrônicos. O quadro abaixo apresenta os percentuais de respostas "SIM" e "NÃO", referentes a algumas das perguntas feitas aos entrevistados. Quando o uso de eletrônicos é reduzido você:

Nº da pergunta		Pergunta	SIM	NÃO
I	I	fica menos tenso?	68%	32%
II	II	fica menos ansioso?	38%	62%
III	III	tem menos insônia?	22%	78%
IV	IV	apresenta melhoria na concentração?	18%	82%

Considere que todos os entrevistados que responderam "SIM" à pergunta IV tenham respondido "SIM" também à pergunta III. Sorteando-se ao acaso um dos entrevistados, a probabilidade de que a pessoa sorteada tenha respondido "SIM" à pergunta III e "NÃO" à pergunta IV será de:

(A) 1/25.

(B) 4/25.

(C) 3/10.

(D) 1/5.

(E) 3/5.

---

41. **(CESGRANRIO)** Em uma pesquisa, 8.500 pessoas responderam à seguinte pergunta: "Existe amizade entre homem e mulher?". Desse total, 6.035 responderam "sim, eu até tenho"; 2.040 responderam "não existe" e as demais responderam "sim, mas eu não tenho". Escolhendo-se ao acaso uma das pessoas entrevistadas, qual a probabilidade de que ela tenha respondido "sim, mas eu não tenho"?

(A) 5%.

(B) 8%.

(C) 12%.

(D) 16%.

(E) 24%.

---

42. **(TFC 1995)** Um casal pretende ter quatro filhos. A probabilidade de nascerem dois meninos e duas meninas é:

(A) 3/8.

(B) 1/2.

(C) 6/8.

(D) 8/6.

(E) 8/3.

43. **(TRT-SC)** As probabilidades de três jogadores marcarem um gol cobrando um pênalti são, respectivamente, 1/2, 2/5 e 5/6. Se cada um bater um único pênalti, a probabilidade de todos *errarem* é igual a:

(A) 3%.
(B) 5%.
(C) 17%.
(D) 20%.
(E) 25%.

44. Um número é escolhido ao acaso dentre os números 1, 2, 3,..., 300. A probabilidade de que o número escolhido seja divisível por 3 ou por 5 é:

(A) 1/15.
(B) 1/5.
(C) 1/3.
(D) 7/15.
(E) 8/15.

45. Dois dados não viciados são lançados simultaneamente. A probabilidade condicional de que tenha ocorrido pelo menos uma face 6, dado que a soma obtida foi 9, é:

(A) 1/9.
(B) 1/6.
(C) 11/36.
(D) 1/3.
(E) 1/2.

46. **(CESGRANRIO)** Bruno e Carlos pegaram cinco cartas do mesmo baralho, numeradas de 1 a 5, para uma brincadeira de adivinhação.

Bruno embaralhou as cartas e, sem que Carlos visse, as colocou lado a lado, com os números voltados para baixo. Eles combinaram que Carlos deveria virar duas das cinco cartas simultaneamente e somar os números obtidos. A probabilidade de que a soma obtida fosse maior ou igual a 7 era de:

(A) 10%.
(B) 20%.
(C) 30%.
(D) 40%.
(E) 50%.

PARTE I – Cap. 16 – PROBABILIDADE

47. (ESAF) Uma urna possui 5 bolas azuis, 4 vermelhas, 4 amarelas e 2 verdes. Tirando-se simultaneamente 3 bolas, qual o valor mais próximo da probabilidade de que as 3 bolas sejam da mesma cor?

(A) 11,53%.

(B) 4,24%.

(C) 4,50%.

(D) 5,15%.

(E) 3,96%.

48. (VUNESP) Uma urna contém 3 bolas pretas e 2 brancas. Duas bolas são retiradas da urna, sem reposição. A probabilidade de a segunda bola ser branca é de:

(A) 0,25.

(B) 0,30.

(C) 0,40.

(D) 0,50.

(E) 0,60.

49. (VUNESP) Em um lote de 20 peças, 5 são defeituosas. Sorteando-se 3 peças desse lote, ao acaso, sem reposição, a probabilidade de que nenhuma delas seja defeituosa é, aproximadamente, de:

(A) 0,412.

(B) 0,399.

(C) 0,324.

(D) 0,298.

(E) 0,247.

50. (VUNESP) As estatísticas de anos passados mostram que 80% dos alunos de um curso são aprovados e 20% vão para recuperação. Dos alunos que vão para recuperação, apenas 40% conseguem ser aprovados. Sabendo-se que um aluno foi aprovado, a probabilidade de ele ter ido para recuperação é de:

(A) 4/25.

(B) 2/13.

(C) 1/11.

(D) 2/5.

(E) 2/3.

51. (VUNESP) A probabilidade de que não chova no feriado é de 40% e a de que não ocorra congestionamento é de 30%. A probabilidade de que chova e ocorra congestionamento é de 80%; então, a probabilidade de que chova ou de que ocorra congestionamento é:

(A) 100%.

(B) 90%.

(C) 70%.

(D) 50%.

(E) 30%.

52. Em uma sala de aula estão 4 meninas e 6 meninos. Três das crianças são sorteadas para constituírem um grupo de dança. A probabilidade de as três crianças escolhidas serem do mesmo sexo é:

(A) 0,10.

(B) 0,12.

(C) 0,15.

(D) 0,20.

(E) 0,24.

53. (FCC) A tabela abaixo apresenta o consumo médio mensal de 100 residências em um bairro servido pela SERGAS.

Consumo (m^3)	Número de residências
10	28
15	53
20	11
25	x
Total	100

Escolhendo-se uma dessas residências ao acaso, a probabilidade de que o seu consumo médio mensal de gás natural seja de 25 m^3 é:

(A) 2/25.

(B) 7/100.

(C) 3/50.

(D) 1/20.

(E) 1/25.

54. (CESPE 2009) Nas eleições majoritárias, em certo estado, as pesquisas de opinião mostram que a probabilidade de os eleitores votarem no candidato X à presidência da República ou no candidato Y a governador do estado é igual a 0,7; a probabilidade de votarem no candidato X é igual a 0,51 e a

PARTE I – Cap. 16 – PROBABILIDADE

probabilidade de votarem no candidato Y é igual a 0,39. Nessa situação, a probabilidade de os eleitores desse estado votarem nos candidatos X e Y é igual a:

(A) 0,19.
(B) 0,2.
(C) 0,31.
(D) 0,39.
(E) 0,5.

55. **(Quadrix 2014)** Em um cesto há 6 bolas de gude, sendo 3 brancas e 3 vermelhas. Retiram-se sucessivamente 3 bolas desse cesto. Qual a probabilidade de as 3 bolas retiradas serem da mesma cor?

(A) 2/10
(B) 1/10
(C) 3/1
(D) 1/20
(E) 1/6

56. **(FCC 2011)** Em um escritório trabalham 10 funcionários: 5 do sexo feminino e 5 do sexo masculino. Dispõe-se de 10 fichas numeradas de 1 a 10, que serão usadas para sortear dois prêmios entre esses funcionários e, para tal, cada mulher receberá uma ficha numerada de 1 a 5, enquanto que cada homem receberá uma numerada de 6 a 10. Se, para o sorteio, as fichas das mulheres forem colocadas em uma urna M e as dos homens em uma urna H, então, ao sortear-se uma ficha de cada urna, a probabilidade de que em pelo menos uma delas esteja marcado um número ímpar é de:

(A) 24%.
(B) 38%.
(C) 52%.
(D) 68%.
(E) 76%.

57. **(CESGRANRIO 2012)** Uma moeda não tendenciosa é lançada até que sejam obtidos dois resultados consecutivos iguais.

Qual a probabilidade de a moeda ser lançada exatamente três vezes?

(A) 1/3.
(B) 1/2.
(C) 3/4.
(D) 1/8.
(E) 1/4.

58. **(ESAF ATA 2009)** Ao se jogar um determinado dado viciado, a probabilidade de sair o número 6 é de 20%, enquanto as probabilidades de sair qualquer outro número são iguais entre si. Ao se jogar este dado duas vezes, qual o valor mais próximo da probabilidade de um número par sair duas vezes?

(A) 20%.

(B) 27%.

(C) 25%.

(D) 23%.

(E) 50%.

59. **(PETROBRAS 2010)** Paulo e Raul pegaram 10 cartas de baralho para brincar: A, 2, 3, 4, 5, 8, 9, 10, J e Q, todas de copas. Paulo embaralhou as 10 cartas, colocou-as aleatoriamente sobre a mesa, todas voltadas para baixo, e pediu a Raul que escolhesse duas. Considerando-se que todas as cartas têm a mesma chance de serem escolhidas, qual a probabilidade de que, nas duas cartas escolhidas por Raul, esteja escrita uma letra (A, J ou Q)?

(A) 1/10.

(B) 3/10.

(C) 1/15.

(D) 2/15.

(E) 1/45.

60. **(CETRO 2015)** Durante a realização de um Congresso, foram distribuídos, aleatoriamente, 15 envelopes, sendo que, em apenas 3 deles, havia uma mensagem informando que o portador do envelope receberia um prêmio no término do Congresso. Ao escolher 3 pessoas quaisquer que receberam o envelope, é correto afirmar que a probabilidade de que, pelo menos, 1 seja premiada é igual a

(A) 4/5.

(B) 17/20.

(C) 44/91.

(D) 47/91.

(E) 51/97.

Parte I – Cap. 16 – PROBABILIDADE

GABARITO

1. A	2. 0,06	3. D	4. E	5. A	6. 7/13	7. Errado
8. Errado	9. E	10. B	11. 1/4	12. Errado	13. 20/87	14. C
15. D	16. A	17. C	18. E	19. A	20. C	21. C
22. B	23. B	24. E	25. B	26. B	27. B	28. 16,4%
29. A	30. C	31. B	32. D	33. E	34. A	35. C
36. Certo	37. B	38. A	39. C	40. A	41. A	42. A
43. B	44. D	45. E	46. D	47. E	48. C	49. B
50. C	51. D	52. D	53. A	54. B	55. B	56. E
57. D	58. B	59. C	60. D			

17

GEOMETRIA

17.1 INTRODUÇÃO

As principais bancas de concursos que cobram o tema geométrico são CESPE e ESAF. A banca CESPE tem como hábito exigir do candidato questões sobre volume, área e casos envolvendo triângulos, que pode ser uma razão trigonométrica ou um triângulo inscrito numa circunferência. A banca ESAF tem como hábito cobrar questões envolvendo relações métricas no triângulo retângulo e as fórmulas de polígonos regulares.

17.1.1 Sistema métrico decimal

O conhecimento do sistema métrico decimal é fundamental para resolver algumas questões de geometria. Não se esqueça de memorizar as tabelas e o processo de transformação de medidas.

Caso 1: Medidas de comprimento

A medida fundamental de comprimento é o metro. Além do metro, existem ainda os seus múltiplos e submúltiplos, cujos nomes são formados com o uso dos prefixos: quilo, hecto, deca, deci, centi e mili. Observe o quadro:

Múltiplos			Unidade Fundamental	Submúltiplos		
quilômetro	hectômetro	decâmetro	metro	decímetro	centímetro	milímetro
Km	hm	dam	m	dm	cm	mm
1.000m	100m	10m	1m	0,1m	0,01m	0,001m

Dica:

Cada casa multiplica por 10. (————▶)
Cada casa divide por 10. (◀————)

 Exemplo:

Transforme 1,5 hm em cm:

km	hm	dam	m	dm	cm	mm

De hm para cm temos quatro casas. ————▶
1,5 . 10.000 = 15.000 cm.

Os múltiplos do metro são utilizados para medir grandes distâncias, enquanto os submúltiplos, para pequenas distâncias. Para medidas milimétricas, em que se exige precisão, utilizamos: mícron (μ) = 10^{-6} m.

Para distâncias astronômicas, utilizamos o ano-luz (distância percorrida pela luz em um ano): ano-luz = 9,5 10^{12} km.

O pé, a polegada, a milha e a jarda são unidades não pertencentes ao sistema métrico decimal, são utilizadas em países de língua inglesa. Observe as igualdades abaixo:

Pé	=	30,48 cm
Polegada	=	2,54 cm
Jarda	=	91,44 cm
Milha terrestre	=	1.609 m
Milha marítima	=	1.852 m

Caso 2: Medidas de tempo

O sol foi o primeiro relógio do homem: o intervalo de tempo natural decorrido entre as sucessivas passagens do sol sobre um dado meridiano dá origem ao dia solar.

As medidas de tempo não pertencem ao sistema métrico decimal.

Quadro de unidades

\multicolumn{3}{c}{Múltiplos}		
minutos	hora	dia
min	h	d
60 s	60 min = 3.600 s	24 h = 1.440 min = 86.400 s

São submúltiplos do segundo:
décimo de segundo.
centésimo de segundo.
milésimo de segundo.

Cuidado:

Nunca escreva 2,40 h como forma de representar 2 h 40 min. Pois o sistema de medidas de tempo não é decimal.
Observe:

$$2{,}40h = 2h + \frac{40}{100}h = 2h \text{ e } 24 \text{ minutos}$$

$$\frac{40}{100} \cdot 60 \text{ minutos} = 24 \text{ minutos}$$

Caso 3: Medidas de massa

A unidade fundamental de massa chama-se **quilograma**.

Apesar de o quilograma ser a unidade fundamental de massa, utilizamos na prática o **grama** como unidade principal de massa.

Múltiplos e submúltiplos do grama

Múltiplos			Unidade principal	Submúltiplos		
quilograma	hectograma	decagrama	grama	decigrama	centigrama	miligrama
kg	hg	dag	g	dg	cg	mg
1.000g	100g	10g	1g	0,1g	0,01g	0,001g

Observe que cada unidade de volume é dez vezes maior que a unidade imediatamente inferior. Exemplos: 1 dag = 10 g.   1 g = 10 dg.

☑ **Dica:**

(———→) Cada casa multiplica por 10.
(←———) Cada casa divide por 10.

Caso 4: Medidas de área

A unidade fundamental de superfície chama-se *metro quadrado*.

O metro quadrado (m²) é a medida correspondente à superfície de um quadrado com 1 metro de lado.

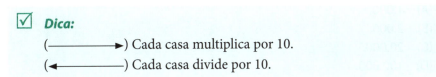

☑ **Dica:**
(⟶) Cada casa multiplica por 100.
(⟵) Cada casa divide por 100.

Caso 5: Medidas de volume

A unidade fundamental de volume chama-se **metro cúbico**. O metro cúbico (m^3) é medida correspondente ao espaço ocupado por um cubo com 1 m de aresta.

Múltiplos e submúltiplos do metro cúbico

Múltiplos			Unidade Fundamental	Submúltiplos		
quilômetro cúbico km^3	hectômetro cúbico hm^3	decâmetro cúbico dam^3	metro cúbico m^3	decímetro cúbico dm^3	centímetro cúbico cm^3	milímetro cúbico mm^3
$1.000.000.000 m^3$	$1.000.000 m^3$	$1.000 m^3$	$1 m^3$	$0,001 m^3$	$0,000001 m^3$	$0,000000001 m^3$

Mudando de volume para capacidade:

$1 cm^3 = 1$ ml.
$1 dm^3 = 1$ l.
$1 m^3 = 1000$ l.

17.1.2 Treinamento comentado

1. **(INSS)** Um terreno de 1 km^2 será dividido em 5 lotes, todos com a mesma área. A área de cada lote, em m^2, será de:
   (A) 1.000.
   (B) 2.000.
   (C) 20.000.
   (D) 100.000.
   (E) 200.000.

Resolução:

| km^2 | hm^2 | dam^2 | m^2 | dm^2 | cm^2 | mm^2 |

⟶ Cada casa multiplica por 100.

De km^2 para m^2 temos três casas.

$1 . 1.000.000 = 1.000.000 m^2$

$1.000.000 : 5 = 200.000 m^2$

Resposta: letra E.

PARTE I – **Cap. 17** – GEOMETRIA

443

2. **(TRT-4ª Região – 2006)** Sabe-se que enchendo 72 garrafas, cada uma com capacidade de 0,80 l, é possível engarrafar todo o líquido de um reservatório. Se o volume de cada garrafa fosse 900 cm³, o número de garrafas utilizadas seria:

(A) 640.

(B) 90.

(C) 86.

(D) 64.

(E) 48.

Resolução:

0,8 l = 800 ml.

900 cm³ = 900 ml.

72 . 800 = 57600 (quantidade total de ml).

$X = \dfrac{57600}{900} = 64.$

Resposta: *letra D.*

17.1.3   Treinamento do concursando

3. **(TRE 2002 PI)** O volume de uma caixa d'água é de 2,760m³. Se a água nela contida está ocupando os 3/5 de sua capacidade, quantos decalitros de água devem ser colocados nessa caixa para enchê-la completamente?

(A) 331,2.

(B) 184.

(C) 165,6.

(D) 110,4.

(E) 55,2.

4. **(FCC)** Numa casa de material para construção há 80 caixas de azulejos, com 50 unidades em cada caixa. Se cada azulejo ocupa uma área de 500 cm², quantos metros quadrados há nas 80 caixas?

(A) 100 m².

(B) 150 m².

(C) 120 m².

(D) 160 m².

(E) 200 m².

5. **(FCC)** Uma transfusão de sangue é programada para que o paciente receba 25 gotas de sangue por minuto. Se a transfusão se estendeu por 2 horas e 12 minutos, e cada gota injeta 0,1 ml de sangue, quantos ml de sangue o paciente recebeu?

(A) 330.

(B) 530.

(C) 880.

(D) 1.900.

(E) 3.300.

---

6. **(INFRAERO)** A dose diária recomendada de um remédio líquido é de 40 gotas. Uma gota desse medicamento pesa 5×10^{-2} gramas. Então, num frasco contendo 80 gramas desse remédio, temos medicamento suficiente para um tratamento de no máximo:

(A) 40 dias.

(B) 30 dias.

(C) 20 dias.

(D) 15 dias.

(E) 10 dias.

---

7. Um quintal pode ser ladrilhado com 200 ladrilhos de 250 cm² de área, cada um. Quantas lajotas de 400 cm², cada uma, são necessárias para recobrir o mesmo quintal?

(A) 135.

(B) 125.

(C) 120.

(D) 112.

(E) 100.

---

8. Pedro possui um terreno de 800 m² e quer construir nele um canteiro que ocupe 20% da metade da área do terreno. Para isso contratou um jardineiro que cobrou R$ 25,00 por m² de canteiro construído. Quanto Pedro gastará, em reais?

(A) 2.400,00.

(B) 2.300,00.

(C) 2.250,00.

(D) 2.120,00.

(E) 2.000,00.

17.2 PROBLEMAS GEOMÉTRICOS

17.2.1 Conceitos primitivos

Os entes primitivos da geometria são: ponto, reta e plano. Eles são definidos por meio de conceitos primitivos. Utilizamos a ideia de conceito primitivo para aquele objeto que sabemos o que é, mas não sabemos definir corretamente, apenas é possível fornecer uma noção.

Reta: é uma linha formada por infinitos pontos, que segue uma única direção, não curvas ou ângulos.

Plano: é um conjunto de infinitos pontos composto de duas dimensões.

17.2.2 Representação (notação)

→ Pontos serão representados por letras latinas maiúsculas; ex.: A, B, C, ...
→ Retas serão representados por letras latinas minúsculas; ex.: a, b, c, ...
→ Planos serão representados por letras gregas minúsculas; ex.:

17.2.3 Representação gráfica

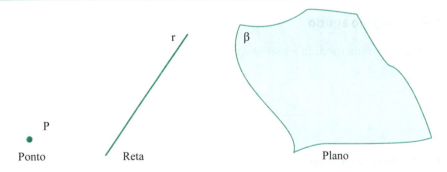

17.3 POSTULADOS OU AXIOMA

Postulados primitivos da geometria: qualquer postulado ou axioma é aceito sem que seja necessária a prova, contanto que não exista a contraprova.

Os principais são:

Axioma (incidência). Dados dois pontos distintos, existe uma única reta que os contém.

Axioma (distinção da reta e do ponto). Toda reta possui pelo menos dois pontos distintos.

Axioma (distinção da reta e do plano). Existem pelo menos três pontos não colineares.

O axioma apresentado garante que "plano é mais do que uma reta". Também pode ser enunciado como "dado uma reta, existe pelo menos um ponto não pertencente à reta").

Axioma (existência e unicidade dos paralelos). Dado uma reta e um ponto fora dela, existe uma única reta paralela à reta dada, passando pelo ponto dado.

17.4 ÂNGULOS

17.4.1 Definição

Ângulo é o nome da região formada por duas semirretas de mesma origem.

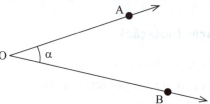

AÔB ou ângulo α

17.4.2 Ângulo agudo

É aquele cuja medida é menor que a de um ângulo reto.

17.4.3 Ângulo obtuso

É aquele cuja medida é maior que a de um ângulo reto e menor que a de um raso.

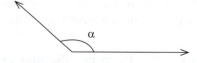

Ângulos complementares: â + ê = 90º
O complemento de um ângulo â é: 90 - â
Ângulos suplementares: â + ê = 180º
O suplemento de um ângulo â: é 180º - â
Ângulos opostos pelo vértice

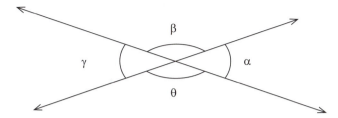

α e γ são opostos pelo vértice.
θ e β são opostos pelo vértice.
Dois ângulos opostos pelo vértice têm medidas iguais, ou seja, são congruentes.

17.4.4 Ângulos formados por duas retas paralelas interceptadas por uma transversal

Duas retas paralelas r e s, interceptadas por uma transversal, determinam oito ângulos, assim denominados:

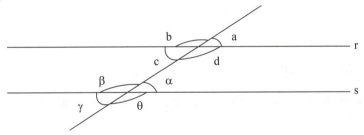

Ângulos correspondentes são congruentes, ou seja, iguais.
Conclusão: $a = α, b = β, c = γ, d = θ$.
Ângulos opostos pelos vértices são congruentes, ou seja, iguais.
Conclusão: $a = c, b = d, α = γ, β = θ$.
Ângulos alternos são congruentes, ou seja, iguais.
Alternos internos: $c = α, d = β$.
Alternos externos: $a = γ, b = θ$.
Ângulos colaterais internos: $c + β = 180°, d + α = 180°$
Ângulos colaterais externos: $a + θ = 180°, b + γ = 180°$

17.4.5 Teorema de Tales

O Teorema de Tales pode ser determinado pela seguinte lei de correspondência:
"Feixes de retas paralelas cortadas ou intersectadas por segmentos transversais formam segmentos de retas proporcionalmente correspondentes".

Para compreender melhor o teorema, observe o esquema representativo a seguir:

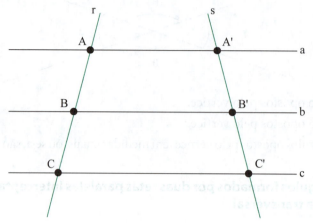

Pela proporcionalidade existente no Teorema, temos a seguinte situação:
$$\frac{AB}{BC} = \frac{A'B'}{B'C'}$$

17.4.5.1 Treinamento básico

1. Aplicando a proporcionalidade existente no Teorema de Tales, determine o valor de x.

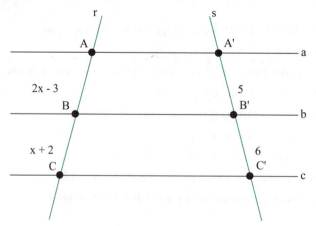

Resolução:
$$\frac{2x-3}{x+2} = \frac{5}{6}$$
$6(2x - 3) = 5(x + 2)$

$12x - 18 = 5x + 10$

$12x - 5x = 10 + 18$

$7x = 28$

$x = 28/7 = 4$

Resposta: x = 4.

17.5 TRIÂNGULOS

Os triângulos são polígonos de três lados.

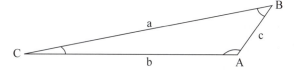

17.5.1 Relações dos lados de um triângulo

☑ *Dica:*

Qualquer lado é menor que a soma dos outros lados.

$a < b + c$

$b < a + c$

$c < a + b$

Relações do triângulo:

Ângulos

*A soma dos ângulos internos é igual a 180°

17.5.2 Classificação de acordo com os lados

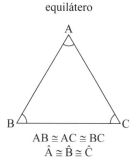
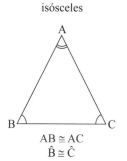
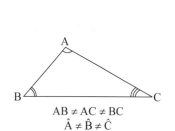

Equilátero – todos os lados iguais

Área = $\dfrac{l^2\sqrt{3}}{4}$

h = $\dfrac{l\sqrt{3}}{2}$ (altura do triângulo equilátero)

Isósceles – dois lados iguais
Escaleno – todos os lados diferentes

17.5.3 Classificação de acordo com ângulos

Acutângulo – um ângulo agudo
Obtusângulo – um ângulo obtuso
Retângulo – um ângulo reto

 Dica:

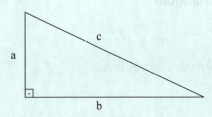

$a^2 = b^2 + c^2$ (teorema de Pitágoras)

17.5.4 Cálculo da área de um triângulo

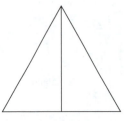

A = $\dfrac{\text{base} \times \text{altura}}{2}$ (regra clássica)

☑ Dica:

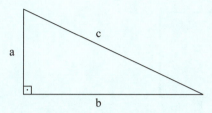

A = a metade do produto dos catetos.

$A = \dfrac{a \cdot b}{2}$

No triângulo equilátero (todos os lados iguais)

$A = \dfrac{l^2 \sqrt{3}}{4}$

$h = \dfrac{l\sqrt{3}}{2}$ (altura do triângulo equilátero).

Fórmula de Heron (em função dos lados)

$A = \sqrt{p(p-a)(p-b)(p-c)}$, sendo

$p = \dfrac{a+b+c}{2}$

Em função do seno de dois lados

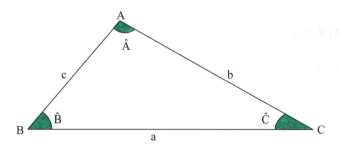

Considerando o ângulo Â, iremos utilizar o sen Â e os lados b e c.

$A = \dfrac{b \cdot c \cdot \text{sen } \hat{A}}{2}$

17.6 QUADRADO

É uma figura que possui 4 lados iguais e lados opostos paralelos.

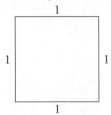

L = lado.
A = L²
Perímetro = 4L
Diagonal = L√2

17.7 RETÂNGULO

É uma figura que possui 4 lados e os lados opostos são iguais.

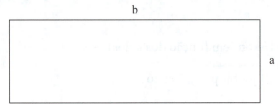

A = a . b
Perímetro = 2a + 2b
Diagonal = $\sqrt{a^2 + b^2}$

17.8 TRAPÉZIO

É uma figura que possui quatro lados e um par de lados opostos paralelos (bases do trapézio).

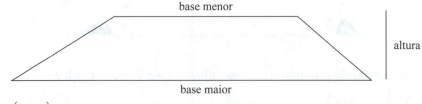

$A = \dfrac{(b + B) \cdot h}{2}$

17.9 LOSANGO

Um losango é todo paralelogramo (quadrilátero convexo que possui dois pares de lados paralelos) que possui os seus quatro lados congruentes entre si (os lados têm medidas iguais).

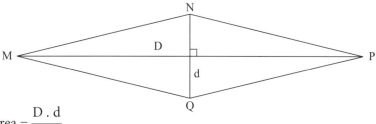

Área = $\dfrac{D \cdot d}{2}$

D: diagonal maior

d: diagonal menor

17.10 CIRCUNFERÊNCIA

É um conjunto de pontos equidistantes a um ponto central; este ponto central é chamado de centro da circunferência.

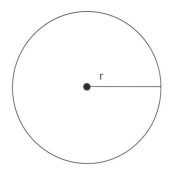

D: diâmetro

R: raio

C: comprimento da circunferência (é a medida da linha que forma a circunferência)

π = 3,14159....

17.10.1 Relação

D = 2r

C = 2r. π

Comentário: não existe área da circunferência.

Área do Círculo

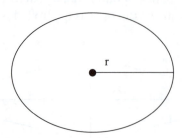

$A = r^2 \cdot \pi$

17.11 POLÍGONOS REGULARES

Definição: um polígono diz-se regular se tiver todos os seus lados e ângulos iguais, sejam eles internos ou externos. Todo polígono regular pode ser inscrito em uma circunferência.

Os principais polígonos regulares são:

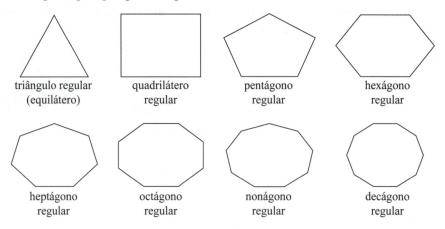

Soma dos ângulos internos (S_{ai})

$S_{ai} = (n - 2) \, 180°$

Obs.: n: número de lados.

Soma dos ângulos externos (Sae)

$Sae = 360°$

Ângulo interno (*ai*)

$a_i = \dfrac{(n - 2)180°}{n}$

☑ *Dica:*

Os ângulos internos são iguais.

Ângulo externo (*ae*)

$$ae = \frac{360°}{n}$$

☑ *Dica:*

Os ângulos externos são iguais.

Número de diagonais de um Polígono Regular (D)

$$D = \frac{n(n-3)}{2}$$

Número de diagonais de cada vértice de um polígono regular (D_v)

$$D_v = (n-3)$$

17.11.1 Cálculo da área de um polígono regular

$$\text{Área} = \frac{p \cdot a}{2}$$

P: perímetro

A: apótema (é um segmento perpendicular que liga o centro geométrico da figura ao ponto médio de um determinado lado, sendo perpendicular ao lado).

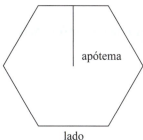

Apótema: $a = \dfrac{r}{2}$ (metade do raio).

17.12 PRINCIPAIS POLÍGONOS INSCRITOS

Polígonos inscritos na circunferência: significa que eles estão dentro da circunferência. Podemos dizer também que a circunferência circunscreve o polígono.

17.12.1 Triângulo equilátero inscrito numa circunferência

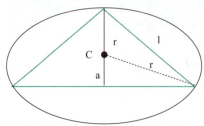

Apótema: $\dfrac{L\sqrt{3}}{6}$

Raio: $\dfrac{2}{3}h$ (2/3 da altura) ou $\dfrac{l\sqrt{3}}{3}$

Lado: $r\sqrt{3}$

A área do triângulo equilátero inscrito numa circunferência, em função do raio r, é:

$A = \dfrac{3r^2\sqrt{3}}{4}$

17.12.2 Quadrado inscrito numa circunferência

Apótema: $\dfrac{r\sqrt{2}}{2}$

Lado: $r\sqrt{2}$

Raio: $\dfrac{L\sqrt{2}}{2}$

17.12.3 Hexágono inscrito na circunferência

Apótema: $\dfrac{r\sqrt{3}}{2}$

Raio: l (lado do hexágono)

Área do hexágono: $6 \cdot \dfrac{L\sqrt{3}}{4}$

Triângulo Equilátero	Quadrado	Hexágono
Apótema: $\dfrac{r}{2}$	Apótema: $\dfrac{r\sqrt{2}}{2}$	Apótema: $\dfrac{r\sqrt{3}}{2}$
Raio: $\dfrac{L\sqrt{3}}{3}$	Raio: $\dfrac{L\sqrt{2}}{2}$	Raio: L

Podemos observar um padrão no apótema.

Todos os termos são divididos por 2 e seguimos a sequência: r - r√2 - r√3

O padrão do raio é a redução do denominador de 1 em 1 e o número segue a sequência: L√3 - L√2 - L

17.13 PRINCIPAIS POLÍGONOS CIRCUNSCRITOS

A circunferência está dentro dos polígonos.

 Dica:

Nos polígonos circunscritos a uma circunferência, apótema = raio.

Triângulo Equilátero	Quadrado	Hexágono
Apótema: $\dfrac{h}{2}$ ou $\dfrac{L\sqrt{3}}{6}$	Apótema: $\dfrac{L}{2}$	Apótema: $\dfrac{L\sqrt{3}}{2}$

17.14 ÁREA E VOLUME DAS PRINCIPAIS FIGURAS ESPACIAIS

17.14.1 Cubo

Um paralelepípedo retângulo com todas as arestas congruentes (a = b = c) recebe o nome de cubo. Dessa forma, as seis faces são quadrados.

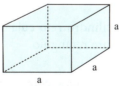

Área da base = l^2 (a base é um quadrado)

Área lateral: AL = $4a^2$ (são 4 quadrados laterais)

Área total: $6a^2$

Volume: V = a . a . a = a^3

17.14.2 Paralelepípedo retângulo

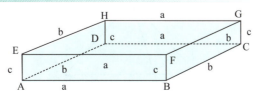

Área da base: a . b
Área lateral = ac + bc + ac + bc = 2ac + 2bc = AL = 2(ac + bc)
Área total: AT = 2(ab + ac + bc)
Volume: a . b . c
Obs.: c = h (altura do paralelepípedo)

17.14.3 Cilindro

Área da base (AB): área do círculo de raio r: Ab = πr^2
Área lateral (AL) = 2 . π . r . h

Se ligue!

Pode-se observar a área lateral de um cilindro fazendo a sua planificação:

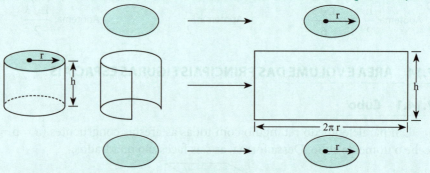

Assim, a área lateral do cilindro reto cuja altura é h e cujos raios dos círculos das bases são r e um retângulo.

Área total (AT): soma da área lateral com as áreas das bases
AT = Al + 2AB = 2 . π . r . h + 2π . r^2 = 2 . π . r(h + r)
Volume: V = A_b . h = π . r^2h

17.14.4 Tetraedro

É uma figura formada por quatro triângulos.

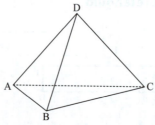

Área total: At = $a^2\sqrt{3}$

Volume: V = $\dfrac{a^3\sqrt{2}}{12}$

17.14.5 Cone

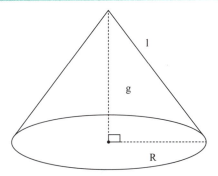

Áreas do cone circular reto

Área da base (Ab) = $A_B = \pi R^2$

Área lateral: Al = $\pi R g$

Área total: $\pi R(g + R)$

Volume: $V_{Cone} = \dfrac{1}{3} \cdot r^2 \cdot \pi \cdot h$

 Se ligue!

Volume do tronco de cone: V = $\dfrac{\pi h(r^2 + rR + R^2)}{3}$

R: raio da circunferência maior

r: raio da circunferência menor

17.14.6 Esfera

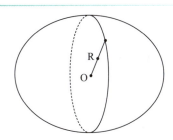

Área total: $4\pi r^2$

Volume: $\dfrac{4\pi r^3}{3}$

17.15 RAZÕES TRIGONOMÉTRICAS

17.15.1 Catetos e hipotenusa

Em um triângulo chamamos o lado oposto ao ângulo reto de hipotenusa e os lados adjacentes de catetos.

Observe a figura:

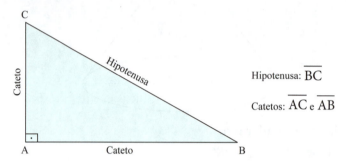

17.15.2 Seno, cosseno e tangente

Considere um triângulo retângulo *BAC*:

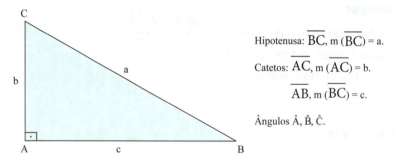

Tomando por base os elementos desse triângulo, podemos definir as seguintes razões trigonométricas:

• Seno de um ângulo agudo é a razão entre a medida do cateto oposto a esse ângulo e a medida da hipotenusa.

$$\text{Seno} = \frac{\text{medida do cateto oposto}}{\text{medida da hipotenusa}}$$

Assim:

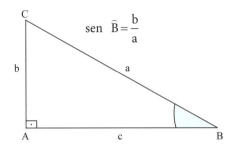
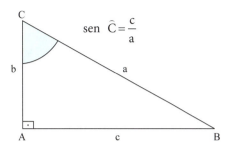

- **Cosseno** de um ângulo agudo é a razão entre a medida do cateto adjacente a esse ângulo e a medida da hipotenusa.

$$\text{Cosseno} = \frac{\text{medida do cateto adjacente}}{\text{medida da hipotenusa}}$$

Assim:

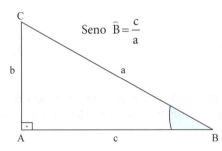
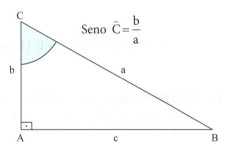

Tangente

- **Tangente** de um ângulo agudo é a razão entre a medida do cateto oposto e a medida do cateto adjacente a esse ângulo.

$$\text{Tangente} = \frac{\text{medida do cateto oposto}}{\text{medida do adjacente}}$$

Assim:

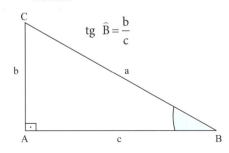
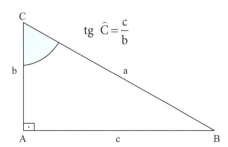

Resumindo

	0°	30°	45°	60°	90°
SENO	0	1/2	$\dfrac{\sqrt{2}}{2}$	$\dfrac{\sqrt{3}}{2}$	1
COS	1	$\dfrac{\sqrt{3}}{2}$	$\dfrac{\sqrt{2}}{2}$	1/2	0
TAN	0	$\dfrac{\sqrt{3}}{3}$	1	$\sqrt{3}$	∞

17.16   TREINAMENTO COMENTADO

9.   **(CESGRANRIO) Em um terreno de 800 m² será construída uma casa que ocupará uma área retangular de 25 m de comprimento por 15 m de largura. A área livre do terreno, em m², será de:**

(A)   575.
(B)   525.
(C)   475.
(D)   425.
(E)   375.

Resolução:

A área da casa é um retângulo, a área dessa figura é obtida por meio do produto dos lados.

Área da casa = 25 . 15 = 375 m².

Área livre = 800 - 375 = 425 m².

Resposta: letra D.

10. (CESGRANRIO)

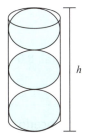

Uma bola de borracha perfeitamente esférica tem 2,6 cm de raio. A altura mínima h, em cm, de uma embalagem cilíndrica na qual é possível acomodar 3 bolas, como mostra a figura acima, é de:
- (A) 7,8.
- (B) 9,8.
- (C) 12,6.
- (D) 14,6.
- (E) 15,6.

Resolução:

A altura de cada bola é o dobro do raio.

Altura da bola: 2 . 2,6 = 5,2.

A altura do cilindro: 3 . altura da bola.

A altura do cilindro = 3 . 5,2 = 15,6.

Resposta: letra E.

---

11. (CESGRANRIO) Uma seringa de forma cilíndrica tem 8 cm de comprimento e 1,6 cm de diâmetro. A quantidade, em mililitros, de remédio líquido que essa seringa contém quando cheia até 50% de sua capacidade é, aproximadamente, de:
- (A) 2.
- (B) 4.
- (C) 8.
- (D) 12.
- (E) 16.

Resolução:

A nossa figura é um cilindro e possui as seguintes medidas:

D = 2 r.

R = 0,8 cm.

h = 8 cm.

V = π . r² . h (o volume do cilindro é o produto da área da base com a altura, h)
V = 3,14 . (0,8)² . 8
V = 16,07

O volume é a metade da capacidade total: 8,035 = 8 (valor aproximado).

Resposta: letra C.

---

12. (ESAF AFRB 2009) Um projétil é lançado com um ângulo de 30° em relação a um plano horizontal. Considerando que a sua trajetória inicial pode ser aproximada por uma linha reta e que sua velocidade média, nos cinco primeiros segundos, é de 900 km/h, a que altura em relação ao ponto de lançamento este projétil estará exatamente cinco segundos após o lançamento?

(A) 0,333 km.
(B) 0,625 km.
(C) 0,5 km.
(D) 1,3 km.
(E) 1 km.

Resolução:

Temos a seguinte figura:

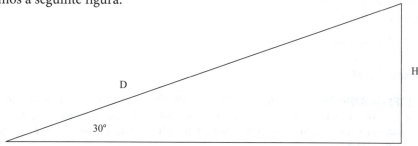

D = distância percorrida pelo projétil.
H = altura do projétil em relação ao solo.
900 Km/h: 3,6 = 250 m/s.

☑ **Dica:**
Km/h para transformar em m/s basta dividir por 3,6.

250 m/s, logo, a cada 1 segundo o projétil percorre 250 metros.
D = 250 . 5 = 1.250 m ou 1,25 Km.

Sen 30° = $\dfrac{h}{1250}$

$\dfrac{1}{2} = \dfrac{h}{1250}$

$2h = 1{,}25$

$H = \dfrac{1{,}25}{2} = 0{,}625 \text{ km}.$

Resposta: letra B.

---

13. (ESAF 2010) Um círculo está inscrito em um triângulo equilátero que, por sua vez, está inscrito em outro círculo. Determine a razão entre a área do círculo maior e a área do círculo menor.
(A) $\sqrt{3}$.
(B) 2.
(C) 3.
(D) $\sqrt{2}$.
(E) 4.

Resolução:

A partir das informações do texto, temos a seguinte figura:

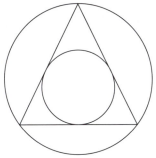

Precisamos encontrar o raio do círculo maior (R) e o raio do círculo menor (r). Agora, temos o seguinte desenho dos raios.

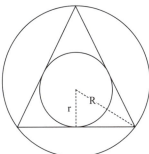

A partir dessa figura, podemos montar a seguinte relação:

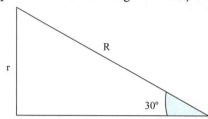

Obs.: o triângulo formado pelos raios e pela metade do lado do triângulo é retângulo e possui um ângulo de 30°, pois o triângulo do enunciado é equilátero.

$\text{Sen } 30° = \dfrac{r}{R}$

$\dfrac{1}{2} = \dfrac{r}{R}$

$R = 2r$

Para finalizar, vamos calcular a razão entre as áreas.

$\dfrac{\pi R^2}{\pi(r^2)} = \dfrac{\pi(2r)^2}{\pi(r^2)} = \dfrac{\pi 4(r^2)}{\pi(r^2)} = 4$

Resposta: letra E.

---

14. **(ESAF CGU 2008)** Um quadrilátero convexo circunscrito a uma circunferência possui os lados a, b, c e d, medindo (4 x -9), (3 x +3), 3 x e 2 x, respectivamente. Sabendo-se que os lados a e b são lados opostos, então o perímetro do quadrilátero é igual a:
    (A) 25.
    (B) 30.
    (C) 35.
    (D) 40.
    (E) 50.

Resolução:

☑ **Dica:**

Para resolver essa questão devemos utilizar o teorema do quadrilátero circunscrito.

Teorema do quadrilátero circunscrito: um quadrilátero está circunscrito a uma circunferência se e somente se a soma das medidas dos lados opostos é igual à soma das medidas dos outros dois lados.

a + b = c + d

PARTE I – Cap. 17 – GEOMETRIA

$4x - 9 + 3x + 3 = 2x + 3x$

$4x + 3x - 3x - 2x = 9 - 3$

$2x = 6$

$x = \dfrac{6}{2} = 3$

Lado a = 4 . 3 - 9 = 12 - 9 = 3

Lado b = 3 . 3 + 3 = 9 + 3 = 12

Lado c = 3 . 3 = 9

Lado d = 2 . 3 = 6

Agora, para finalizar, precisamos encontrar o perímetro (soma dos lados).

P = 3 + 12 + 9 + 6 = 30.

Resposta: letra B.

---

15. **(CESGRANRIO)** Uma torta de chocolate foi dividida em 12 fatias iguais, das quais foram consumidas 4 fatias. Sendo a torta um cilindro reto de 30 cm de diâmetro e 6 cm de altura, qual é, em cm³, o volume correspondente às fatias que sobraram?

(A)   450 π.

(B)   900 π.

(C)   1.350 π.

(D)   1.800 π.

(E)   3.600 π.

Resolução:

V cilindro = raio² . altura . π.

Raio = 15 cm (o raio é a metade do diâmetro).

Altura = 6 cm.

$V = 15^2 . 6\pi = 225 . 6\pi = 1.350\pi$ (volume total).

A torta foi dividida em 12 fatias iguais, logo, 1.350 π/12 = 112,5π (volume de cada fatia).

Obs.: sobraram 8 fatias.

R = 112,5 π . 8 = 900 π.

Resposta: letra B.

16. **(CESGRANRIO)** Na figura abaixo, temos o triângulo equilátero MAR, de área S, e o retângulo ABCH, de área 11S/6.

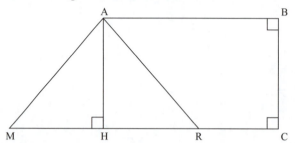

Observe que o segmento AH é uma das alturas do triângulo MAR.
A área do trapézio ABCR é:
(A) 2 S/3.
(B) 3 S/5.
(C) 7 S/4.
(D) 5 S/4.
(E) 4 S/3.

Resolução:

Área do retângulo ABCH = 11 S/6.

Área do triângulo equilátero = S.

Área do trapézio = área do retângulo - a metade da área do triângulo equilátero.

A área do trapézio ABCR = 11 S/6 - S/2 = 8 S/6 (simplificando por 2) 4 S/3.

Obs.: no triângulo equilátero altura = mediana (segmento que liga o vértice ao ponto médio do lado aposto).

Resposta: letra E.

---

17. **(ESAF AFT 2006)** Em um polígono de n lados, o número de diagonais determinadas a partir de um de seus vértices é igual ao número de diagonais de um hexágono. Desse modo, n é igual a:
(A) 11.
(B) 12.
(C) 10.
(D) 15.
(E) 18.

PARTE I – Cap. 17 – GEOMETRIA

Resolução:

O número de diagonais de um polígono é $D = \dfrac{n(n-3)}{2}$.

O hexágono possui 6 lados.

$D = \dfrac{6(6-3)}{2} = \dfrac{6 \cdot 3}{2} = \dfrac{18}{2} = 9$

O número de diagonais de cada lado é $(n-3)$.

$d = (n-3)$

$9 = n-3$

$9+3 = n$

$12 = n$

$N = 12$

Resposta: letra B.

---

18. **(AFT – 2010/ESAF)** Quando se faz alguns lados de um polígono tenderem a zero ele degenera naturalmente em um polígono de menor número de lados podendo até eventualmente degenerar em um segmento de reta. Dessa maneira, considere um quadrilátero com duas diagonais iguais e de comprimento $5\sqrt{2}$ cada uma. Sendo A a área desse quadrilátero, então:

   (A) $A = 25$.
   (B) $25 \le A \le 50$.
   (C) $5\sqrt{2} < A \le 25$.
   (D) $0 \le A \le 25$.
   (E) $A \ge 25$.

Resolução:

As duas diagonais são iguais, logo, temos um quadrado.

$D = l\sqrt{2}$

$D =$ diagonal e $l =$ lado do quadrado.

$5\sqrt{2} = l\sqrt{2}$

$L = 5$.

Área do quadrado é l^2.

$A = 5^2 = 25$.

Conclusão: o maior valor da área desse quadrilátero é 25 u.a (u.a: unidade de área).

Resposta: letra D.

19. (ESAF AFRFB 2014) Um polígono regular possui 48 diagonais que não passam pelo seu centro. A partir desta informação, pode-se concluir que o número de lados desse polígono é igual a:

(A)   12.
(B)   36.
(C)   24.
(D)   48.
(E)   22.

Resolução:

Diagonal é um segmento de reta que liga dois vértices não consecutivos ou dois vértices não pertencentes a uma mesma face de um poliedro.

☑ *Dica:*

Se liga na legenda!
D: total de diagonais.
Dc: total de diagonais que passam pelo centro.
Dp: total de diagonais que não passam pelo centro.

Fórmulas:

$$D = \frac{n(n-3)}{2}$$

$$D = Dc + Dp$$

$$Dc = \frac{n}{2}$$

Obs.: Dp = 48

$$\frac{n(n-3)}{2} = \frac{n}{2} + 48$$

☑ *Dica:*

Temos uma equação de primeiro grau, por isso é necessário colocar no mesmo denominador e depois cortar o denominador.

$$\frac{n(n-3)}{2} = \frac{n+96}{2}$$

☑ *Dica:*

As equações estão no mesmo denominador, por isso podemos cortar.

PARTE I – Cap. 17 – GEOMETRIA

$n(n - 3) = n + 96$

$n^2 - 3n = n + 96$

$n^2 - 3n - n = 96$

$n^2 - 4n - 96 = 0$

$n^2 - 4n - 96 = 0$

$a = 1, b = -4$ e $c = -96$

1ª etapa: $\Delta = b^2 - 4ac$

$\Delta = (-4)^2 - 4(1)(-96)$

$\Delta = 16 + 384 = 400$

2ª etapa: Fórmula de Bhaskara

$X = \dfrac{-b \pm \sqrt{\Delta}}{2a}$

$X = \dfrac{-(-4) \pm \sqrt{400}}{2 \cdot 1}$

$X = \dfrac{4 \pm 20}{2}$

$X_1 = \dfrac{4 + 20}{2} = \dfrac{24}{2} = 12$

$X_2 = \dfrac{4 - 20}{2} = \dfrac{-16}{2} = -8$

Resolvendo a equação $n^2 - 4n - 96 = 0$, temos as seguintes raízes $n_1 = 12$ e $n_2 = -8$ (não podemos ter quantidade negativa para o número de lados).

O número de lados do polígono regular é igual a 12.

Resposta: letra A.

- -

20. **(ATRFB 2009) Em uma superfície plana horizontal, uma esfera de 5 cm de raio está encostada em um cone circular reto em pé com raio da base de 5 cm e 5 cm de altura. De quantos cm é a distância entre o centro da base do cone e o ponto onde a esfera toca na superfície?**

(A) 5

(B) $5\sqrt{2}$

(C) $5 + 5\sqrt{2}/2$

(D) 7,5

(E) 10

Resolução:
Primeiro vamos visualizar a figura gerada pelas informações do texto.

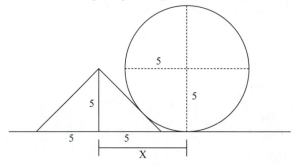

☑ **Dica:**

x é a distância entre o centro da base do cone e ponto onde a esfera toca o chão.

Podemos formar o seguinte triângulo:

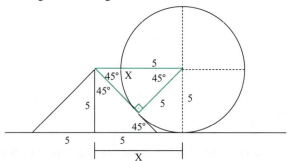

Temos dois triângulos: o triângulo AHC e o triângulo BDE (cor em destaque). Devemos observar que o triângulo em destaque é semelhante ao triângulo AHC pelo caso ângulo – lado – ângulo

 Dica:

Observe o desenho abaixo, que demonstra a semelhança entre eles:

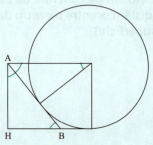

☑ Dica:

Temos o seguinte triângulo retângulo:

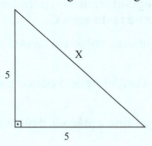

$X^2 = 5^2 + 5^2$

$X^2 = 25 + 25$

$X^2 = 50$

$X^2 = \sqrt{50}$

☑ Dica:

$50 = 2 \cdot 5^2$

$X^2 = \sqrt{2 \cdot 5^2}$

☑ Dica:

O número 5 sai da raiz, pois o expoente é igual ao índice da raiz.

$X = 5\sqrt{2}$

Resposta: letra D.

Texto para a questão 21

Desde dezembro de 2009, uma aeronave não tripulada sobrevoa e monitora as fronteiras do Brasil com o Paraguai, o Uruguai e a Argentina na região de Foz do Iguaçu. Ao todo, serão 6 estações equipadas com 2 aeronaves cada, operadas pela Polícia Federal, somando investimento da ordem de US$ 655,6 milhões.

Segurança pública com cidadania. Equipe CGPLAN/MJ, agosto/2010 (com adaptações).

Considere que tenham sido sugeridos os seguintes critérios para a escolha das rotas de voo da aeronave mencionada no texto acima.

- Se a rota passar pelo Brasil ou pelo Paraguai, então ela deverá passar pelo Uruguai;
- Se a rota passar pelo Paraguai, então ela não deverá passar pela Argentina;
- Se a rota passar pelo Uruguai e pela Argentina, então ela deverá passar pelo Paraguai.

Suponha, também, que as estações A, B e C tenham sido construídas em pontos equidistantes, de modo que a distância de uma dessas três estações para outra seja de 150 km.

Com referência às informações contidas no texto acima e às considerações hipotéticas que a ele se seguem, e considerando 1,73 como valor aproximado para $\sqrt{3}$, julgue o item seguinte.

21. Supondo que uma nova estação, D, seja instalada em um ponto equidistante das estações A, B e C, então a distância da estação D para as estações A, B e C será inferior a 87 km.

Resolução:

Resumo: suponha, também, que as estações A, B e C tenham sido construídas em pontos equidistantes, de modo que a distância de uma dessas três estações para outra seja de 150 km. Podemos concluir a seguinte figura:

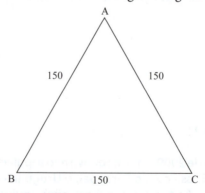

Resumo: a estação D deve ser equidistante as três estações.

Para que isso aconteça é necessário que o ponto D esteja dentro do triângulo.

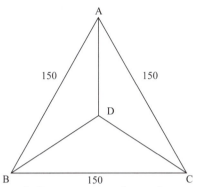

Como calcular a distância de D aos outros vértices?

A questão exigiu um conhecimento específico de geometria plana, principalmente de circunferência e triângulo equilátero inscrito na circunferência.

O ponto D representa o centro da circunferência que circunscreve o triângulo (a mesma ideia de triângulo inscrito na circunferência). Essa visualização é a forma mais simples para resolver a questão.

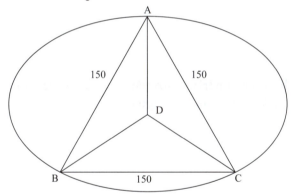

O raio da circunferência de um triângulo equilátero inscrito numa circunferência é igual a 2/3 da altura do triângulo equilátero.

Obs.: altura de um triângulo equilátero: $h = \dfrac{l\sqrt{3}}{2}$

$R = \dfrac{2}{3} \cdot \dfrac{l\sqrt{3}}{2} = \dfrac{l\sqrt{3}}{3}$

Obs.: se temos dois em cima e embaixo, então podemos simplificar: esse caso representa o corte (sumiço) do número 2.

L = 150 e $\sqrt{3} = 1{,}73$ (valor fornecido no texto da questão)

$R = \dfrac{150\sqrt{3}}{3} = 50\sqrt{3} = 50 \cdot 1{,}73 = 86{,}5$.

Resposta: item certo.

22. **(ESAF ATRFB 2012)** Uma esfera foi liberada no ponto A de uma rampa. Sabendo-se que o ponto A está a 2 metros do solo e que o caminho percorrido pela esfera é exatamente a hipotenusa do triângulo retângulo da figura abaixo, determinar a distância que a esfera percorreu até atingir o solo no ponto B.

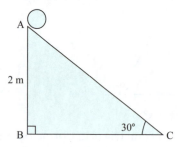

(A) 5 metros
(B) 3 metros
(C) 4 metros
(D) 6 metros
(E) 7 metros

Resolução:

Temos um ângulo de 30°, um triângulo retângulo e cateto oposto ao ângulo é igual a 2. A distância de AB corresponde à hipotenusa.

$$\text{Seno} = \frac{\text{cateto oposto}}{\text{hipotenusa}}$$

$$\text{Sen}30° = \frac{2}{x}$$

$$\frac{1}{2} = \frac{2}{x}$$

X = 2 . 2 = 4 metros.

Resposta: letra C.

---

23. **(DNIT ESAF 2012)** Suponha que um avião levanta voo sob um ângulo de 30°. Depois de percorrer 2.800 metros em linha reta sob o mesmo ângulo da decolagem, a altura em que o avião está do solo em relação ao ponto em que decolou é igual a:

(A) 1.400 metros
(B) 1.500 metros

(C) 1.650 metros
(D) 1.480 metros
(E) 1.340 metros

Resolução:

Comentário: podemos montar a seguinte figura:

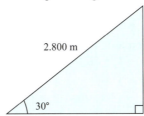

Podemos utilizar a fórmula do seno, pois a altura corresponde ao cateto oposto do triângulo retângulo e a hipotenusa possui 2800m.

Sen 30° = h/2800

1/2 = h/2800

2h = 2800

h = 2800/2 = 1400

Resposta: letra A.

---

24. **(AFRFB ESAF 2012)** Os catetos de um triângulo retângulo medem, respectivamente, z metros e w - 2 metros. Sabendo-se que o ângulo oposto ao cateto que mede w - 2 metros é igual a um ângulo de 45°, então o perímetro desse triângulo, em metros, é igual a

(A) $z\sqrt{2}$ (w - 2).
(B) z w (2 - $\sqrt{2}$).
(C) z w (2 + $\sqrt{2}$).
(D) (z + w) (z + w $\sqrt{2}$).
(E) z (2 + $\sqrt{2}$).

Resolução:

Se o triângulo é retângulo e um lado possui um ângulo de 45°, então esse triângulo é retângulo – isósceles, ou seja, os catetos têm a mesma medida. Logo, podemos concluir que os catetos medem z e a hipotenusa é igual a x (valor desconhecido).

• 1ª etapa: encontrar o valor de x (hipotenusa).

 Dica:

Iremos utilizar o Teorema de Pitágoras.
$X^2 = z^2 + z^2$
$X^2 = 2z^2$
$X = z\sqrt{2}$

• 2ª etapa: calcular o perímetro.
$z + z + z\sqrt{2} = 2z + z\sqrt{2}$ (colocando o z em evidência) $= z(2 + \sqrt{2})$.

Resposta: letra E.

17.17 TREINAMENTO FINAL DO CONCURSANDO

Texto para as questões de 25 a 29

(CESPE) Considere uma sala na forma de um paralelepípedo retângulo, com altura igual a 3 m e julgue os itens que se seguem.

25. Se as medidas dos lados do retângulo da base são 3 m e 5 m, então o volume da sala é superior a 44 m³.
    ( ) Certo   ( ) Errado

26. Se as medidas dos lados do retângulo da base são 4 m e 5 m, então a área total do paralelepípedo é inferior a 93 m².
    ( ) Certo   ( ) Errado

27. Se as medidas dos lados do retângulo da base são 6 m e 8 m, então a medida da diagonal desse retângulo é inferior a 9 m.
    ( ) Certo   ( ) Errado

PARTE I – Cap. 17 – GEOMETRIA

28. Supondo que o perímetro do retângulo da base seja igual a 26 m e que as medidas dos lados desse retângulo sejam números inteiros, então a área máxima possível para o retângulo da base é superior a 41 m².

( ) Certo   ( ) Errado

29. Se as medidas dos lados do retângulo da base são 3 m e 4 m, então a medida da diagonal do paralelepípedo é inferior a 6 m.

( ) Certo   ( ) Errado

30. (CESGRANRIO) Um terreno retangular de 1.000 m² é tal que seu comprimento mede 15 m a mais do que sua largura. O perímetro desse terreno, em metros, é:

(A) 40.
(B) 65.
(C) 130.
(D) 220.
(E) 400.

31. (CESGRANRIO) Um aquário de forma cúbica estava parcialmente cheio de água quando uma pedra de 750 cm³ de volume foi colocada em seu interior. Assim, o nível da água subiu 0,3 cm. Qual é, em cm, a medida da aresta desse aquário?

(A) 30.
(B) 40.
(C) 50.
(D) 60.
(E) 70.

32. (CESGRANRIO) Se um terreno retangular tem 51 m² de área e 6 m de largura, então seu perímetro, em metros, é:

(A) 30,5.
(B) 29,5.
(C) 29.
(D) 28,5.
(E) 28,0.

33. **(CESGRANRIO)** Um livro de 350 páginas tem 2 cm de espessura. Dentre os valores abaixo, o que representa com mais precisão a espessura aproximada de cada página, em milímetros, é:
   (A)   0,046.
   (B)   0,057.
   (C)   0,066.
   (D)   0,070.
   (E)   0,082.

---

34. **(CESGRANRIO)** Vinte caixas iguais, em forma de paralelepípedo, estão empilhadas, como mostra a figura.

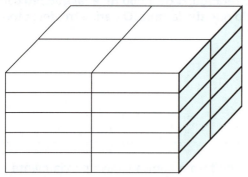

Se a pilha de caixas tem 50 cm de altura, 60 cm de comprimento e 40 cm de largura, quais são, em cm, as dimensões de cada caixa?
   (A)   4, 5 e 6.
   (B)   5, 10 e 20.
   (C)   5, 20 e 30.
   (D)   6, 6 e 10.
   (E)   10, 20 e 30.

---

35. **(FCC)** Numa região na área rural foram delimitados cinco terrenos retangulares, todos com a mesma largura de 200 m. Os comprimentos dos terrenos são diretamente proporcionais a 5, 6, 7, 8 e 9, respectivamente, e a soma das medidas dos dois menores comprimentos é de 2.200 m.

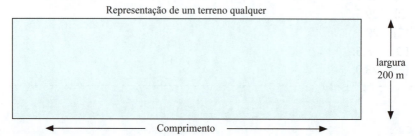

Qual é, em km, a soma das medidas de todos os lados dos cinco terrenos?
(A) 16.
(B) 15.
(C) 14.
(D) 9.
(E) 6.

36. **(CESGRANRIO)**

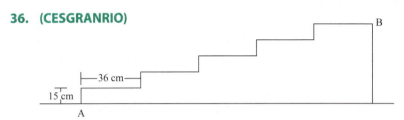

A figura acima representa a planta de uma escada de cinco degraus, construída na portaria de um prédio. A distância, em metros, entre os pontos A e B, marcados na figura, é:
(A) 0,75.
(B) 1,44.
(C) 1,69.
(D) 1,80.
(E) 1,95.

37. **(TJ SP VUNESP 2011)** A figura compara as alturas, medidas em metros, de dois painéis decorativos triangulares, fixados em uma parede, que simulam árvores de Natal. Sabendo-se que a soma das medidas das alturas dos dois painéis é igual a 4 m, e que em cada painel foram instaladas 200 lampadazinhas coloridas por metro quadrado, pode-se concluir que o número de lâmpadas instaladas no painel de maior altura foi igual a:

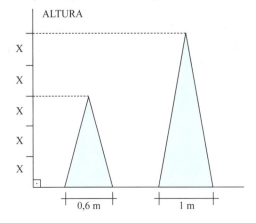

(A) 200.

(B) 250.

(C) 275.

(D) 300.

(E) 325.

Texto para as questões 38 a 40

Três caixas de água têm os seguintes formatos: paralelepípedo retângulo, com altura de 1 m e base quadrangular de 2 m de lado; cilíndrico, com altura de 1 m e base circular de raio igual a 1 m; e cone invertido, com base circular de 1 m de raio e altura igual a 3 m. Com referência a essas informações, tomando 3,14 como o valor aproximado da constante n e desprezando a espessura das paredes das caixas, julgue os itens subsequentes.

38. A caixa com o formato cônico tem um volume de 3,14 m^3.

( ) Certo   ( ) Errado

39. A caixa com a maior capacidade é a que tem o formato de um paralelepípedo retângulo.

( ) Certo   ( ) Errado

40. A caixa com o formato cilíndrico tem capacidade menor que a caixa com formato cônico.

( ) Certo   ( ) Errado

41. (FDC AGERIO 2015) A medida externa de uma caixa d'água cúbica é de 1,50 m de lado. Sabendo que a espessura das paredes mede 5 cm e que a caixa encontra-se 80% cheia, o volume de água, em m^3, na caixa é, aproximadamente, de:

(A) 0,86.

(B) 1,12.

(C) 1,96.

(D) 2,20.

(E) 3,05.

42. **(UFBA – 2014)** Uma empresa de entregas só aceita trabalhar com caixas retangulares que satisfaçam as seguintes condições:
- se a largura for menor do que 50 cm, a altura deve ser menor do que 20 cm.
- se o comprimento for maior do que 50 cm, a largura deve ser menor do que 40 cm.
- se a altura for menor do que 25 cm, o comprimento deve ser menor do que 30 cm.

Desse modo, é correto concluir que essa empresa só aceita trabalhar com caixas retangulares de, no máximo, meio metro de comprimento.

( ) Certo ( ) Errado

43. **(IDECAN COREN – MA 2013)** As figuras a seguir apresentam perímetros de mesma medida.

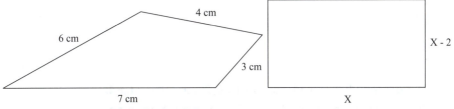

Se a segunda figura é um retângulo, então sua área é igual a:
(A) 20cm².
(B) 24cm².
(C) 28cm².
(D) 30cm².
(E) 32cm².

44. **(FGV PM – MA 2012)** Uma quadra de esportes tem a forma de um retângulo de 30 m por 20 m. Essa quadra foi ampliada com uma faixa de 3 m de largura construída em toda a volta como mostra a figura abaixo.

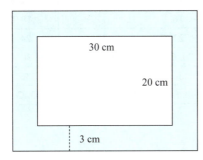

A área da quadra aumentou em:
- (A) 24%.
- (B) 32%.
- (C) 48%.
- (D) 56%.
- (E) 68%.

45. **(FGV PM – MA 2012)** A figura abaixo mostra uma viga *AB* de 4 m de comprimento presa no ponto *A* a uma parede vertical. A viga é mantida na posição horizontal pelo cabo de aço PQ de forma que *P* está fixo na parede, *AP* é vertical e *Q* está no meio da viga *AB*. Sabe-se que o ângulo *APQ* mede 40º.

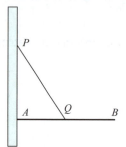

Dados: sen (40º) = 0,64, cos (40º) = 0,77, tg (40º) = 0,84.

A distância entre os pontos *A* e *P* é de aproximadamente:
- (A) 1,68m.
- (B) 2,38m.
- (C) 2,56m.
- (D) 2,75m.
- (E) 3,08m.

GABARITO

1. E	2. D	3. D	4. E	5. A	6. A
7. B	8. E	9. D	10. E	11. C	12. B
13. E	14. B	15. B	16. E	17. B	18. D
19. A	20. D	21. Certo	22. C	23. A	24. E
25. Certo	26. Errado	27. Errado	28. Certo	29. Certo	30. C
31. C	32. C	33. B	34. E	35. A	36. E
37. B	38. Certo	39. Certo	40. Errado	41. D	42. Certo
43. B	44. D	45. B			

PARTE II

MATEMÁTICA FINANCEIRA

Os assuntos básicos foram apresentados na parte 1, que foram: razão, proporção, divisão proporcional, regra de três, porcentagem e juros.

Nessa parte, iremos abordar os pontos cobrados em concursos que exigem conhecimento de Matemática Financeira.

No anexo teremos um resumo de todas as fórmulas financeiras.

1

TAXAS

Nesse capítulo, o leitor deve ter bastante atenção, pois são conceitos muito importantes e são utilizados nos cálculos dos regimes de capitalização (simples ou compostos).

1.1 TAXA EQUIVALENTE

A taxa equivalente é a taxa que aplicada a um mesmo capital em um determinado intervalo de tempo produz o mesmo montante.

Obs.: em juros simples taxas proporcionais são iguais à taxa equivalente.

$Ieq = (1 + i)^T - 1$

☑ *Dica:*

Quando o cálculo é de um período menor para um período maior deve se utilizar a seguinte fórmula:

$Ieq = (1 + i)^{1/T} - 1$

Quando o cálculo é de um período maior para um período menor deve se utilizar a seguinte fórmula:

$Ieq = (1 + i)^{1/T} - 1$

Obs.: $(1 + i)^{1/T} = \sqrt[T]{1+i}$

1.2 TREINAMENTO COMENTADO

1. **(CESGRANRIO 2011)** A taxa anual equivalente à taxa composta trimestral de 5% é
   - (A) 19,58%
   - (B) 19,65%
   - (C) 19,95%
   - (D) 20,00%
   - (E) 21,55%

Resolução:

Objetivo: encontrar uma taxa equivalente anual a uma taxa trimestral de 5%.

5% ao trimestre – ano (período menor para um período maior)

$I = 5\% = 5/100 = 0,05$

$t = 4$ (um ano = quatro trimestres)

$Ieq = (1 + i)^T - 1$

$Ieq = (1 + 0,05)^4 - 1$

$Ieq = (1,05)^4 - 1$

$Ieq = 1,2155 - 1$

$Ieq = 0,2155$ (resultado na forma decimal)

$0,2155 \cdot 100 = 21,55\%$

Resposta: letra E.

Comentário: a taxa de 5% ao trimestre é proporcional a uma taxa de 20% ao ano, logo, a taxa a encontrar será superior a 20%. Temos apenas uma alternativa que apresenta um valor superior a 20%.

----

2. **(CESPE)** Uma empresa solicita um empréstimo ao banco no regime de capitalização composta à base de 44% ao bimestre. A taxa equivalente composta mensal é de:
   - (A) 12%
   - (B) 20%
   - (C) 22%
   - (D) 24%
   - (E) 26%

Resolução:

Objetivo: encontrar uma taxa equivalente mensal a uma taxa de 44% ao bimestre.

44% ao bimestre – mês (período maior para um período menor)

I = 44% = 44/100 = 0,44

t = 2 (um bimestre = dois meses)

Ieq = $(1 + i)^{1/T} - 1$

Ieq = $(1 + 0,44)^{1/2} - 1$

Ieq = $(1,44)^{1/2} - 1$

Obs.: $(1,44)^{\frac{1}{2}} = \sqrt{1,44} = \sqrt{\frac{144}{100}} = \frac{\sqrt{144}}{\sqrt{100}} = \frac{12}{10} = 1,2$

Ieq = 1,2 - 1

Ieq = 0,2 (resultado na forma decimal)

0,2 . 100 = 20% ao mês.

Resposta: letra B.

1.3 TAXA EFETIVA

Quando o período da taxa coincide com o período da capitalização, a mesma é denominada efetiva. Caso o período da taxa seja diferente da taxa real, utilizamos a fórmula de taxa equivalente.

Ier = $(1 + i)^k - 1$

 Exemplo:

A taxa de 10% ao mês é igual à taxa de 21% ao bimestre.

1.4 TAXA NOMINAL

Quando o período da taxa não coincide com o período da capitalização, a taxa é dita nominal.

Ex.: 120% a.a., com capitalização mensal.

24% a.b., com capitalização mensal.

No cálculo da taxa nominal deve se usar taxas proporcionais. Exemplo:

120% a.a. com capitalização mensal. Na verdade, a taxa real é de 10%.

Comentário: a taxa e o tempo devem, obrigatoriamente, estar no mesmo período da capitalização.

Se a taxa apresentar um período diferente do período da capitalização, então deve se transformar a taxa para o período da capitalização utilizando o conceito de taxa proporcional. Esse é único caso, no regime de capitalização composta, que é permitida a aplicação do cálculo de taxa proporcional.

1.5 TREINAMENTO COMENTADO

3. **(CEF CESGRANRIO 2008)** Qual a taxa efetiva semestral, no sistema de juros compostos, equivalente a uma taxa nominal de 40% ao quadrimestre, capitalizada bimestralmente?
   - (A) 75,0%
   - (B) 72,8%
   - (C) 67,5%
   - (D) 64,4%
   - (E) 60,0%

Resolução:

• 1ª etapa: realizar a taxa nominal

40% ao quadrimestre com capitalização bimestral.

Obs.: 1 quadrimestre = 2 bimestres

40/2 = 20% ao bimestre

• 2ª etapa: taxa equivalente (regime composto)

20% ao bimestre --- semestre

$I = 20\% = 20/100 = 0,2$

$T = 3$ (um semestre = três bimestres)

$Ieq = (1 + i)^T - 1$

$Ieq = (1 + 0,2)^3 - 1$

$Ieq = (1,2)^3 - 1$

$Ieq = 1,728 - 1$

$Ieq = 0,728$ (resultado na forma decimal)

$0,728 . 100 = 72,8\%$

Resposta: letra B.

PARTE II – Cap. 1 – TAXAS

491

4. **(CESPE BRB 2011) Se o capital de R$ 5.000,00 for aplicado por 3 anos à taxa de juros compostos de 12% ao ano com capitalização trimestral, o juro auferido por essa aplicação, em reais, ao final do período, será igual a 5000 × (1,04¹² - 1).**

Resolução:

Comentário: é uma questão sobre a aplicação da fórmula de juros, no regime composto.

Antes de iniciar o cálculo deve se realizar a transformação da taxa para o período da capitalização.

Taxa nominal: 12% ao ano com capitalização trimestral.

12% ao ano------- trimestre

1 ano = 4 trimestres

12/4 = 3% ao trimestre (conceito de taxa proporcional)

C = 5000

i = 3% ao mês = 3/100 = 0,03

t = 12 trimestres

$J = C\,[(1+i)^t - 1]$

$J = 5000[(1+0,03)^{12} - 1]$

$J = 5000[(1,03)^{12} - 1]$

Resposta: item errado.

----

5. **(ESAF) Qual o valor mais próximo da taxa equivalente à taxa nominal de 24% ao ano com capitalização mensal?**
   (A) 12,616% ao semestre.
   (B) 24% ao ano.
   (C) 12% ao semestre.
   (D) 4,803% ao bimestre.
   (E) 5,75% ao trimestre.

Resolução:

O primeiro passo é resolver a taxa nominal.

24% ao ano com capitalização mensal, que corresponde a uma taxa efetiva de 24/12 = 2% ao mês.

As alternativas B e D podem ser excluídas, pois apresentam valores proporcionais e no regime compostos os valores são diferentes da taxa proporcionais. Exemplo: 2% ao mês no regime composto é superior a 12% ao semestre, no regime composto.

A alternativa C também pode ser excluída, pois o valor é abaixo do valor proporcional, ou seja, 2% ao mês em um trimestre vai render um valor superior a 6%.

Vamos testar a alternativa A, ok?

(A) 12,616% ao semestre.

2% ao mês para semestre (menor para o maior)

$I = 2\% = 0,02$

$T = 6$ (1 semestre = 6%)

$Ieq = (1 + i)^T - 1$

$Ieq = (1 + 0,02)^6 - 1$

$Ieq = (1,02)^6 - 1$

$Ieq = 1,1261 - 1$

$Ieq = 0,1261 \cdot 100 = 12,61\%$ ao semestre.

Resposta: letra A.

1.6 RELAÇÃO ENTRE TAXAS

I_a: taxa aparente é a taxa cobrada nas operações financeiras.

i_i: taxa inflacionária é a taxa da inflação do período da operação financeira.

i_r: taxa real é o ganho real na operação, retirando as perdas com a inflação.

$(1 + i_a) = (1 + i_i)(1 + i_r)$

Obs.: as taxas devem ser transformadas para a forma decimal.

1.7 TREINAMENTO COMENTADO ESPECIAL

6. **(BB CESGRANIO 2010)** Um investimento obteve variação nominal de 15,5% ao ano. Nesse mesmo período, a taxa de inflação foi de 5%. A taxa de juros real anual para esse investimento foi

    (A) 0,5%.

    (B) 5,0%.

    (C) 5,5%.

    (D) 10,0%.

    (E) 10,5%

PARTE II – Cap. 1 – TAXAS

Resolução:

ia = 15,5% = 15,5/100 = 0,155

ii = 5% = 5/100 = 0,05

ir = ?

$1+ir = \dfrac{1+ia}{1+ii}$

$1+ir = \dfrac{1+0,155}{1+005}$

$1+ir = \dfrac{1,155}{1,05}$

1 + ir = 1,1

ir = 1,1 - 1

ir = 0,1 (resultado na forma decimal)

0,1 . 100 = 10%

Resposta: letra D.

- -

7. **(CESPE 2010) Em um ano em que a taxa de inflação foi de 6,2% ao ano, para ganhar 11% de juros reais, uma financeira deve cobrar a taxa nominal anual de 17,2% ao ano.**

Resolução:

A taxa cobrada é a taxa aparente.

$i_i = 6,2\% = 6,2/100 = 0,062$

$i_r = 11\% = 11/100 = 0,11$

$(1 + i_a) = (1 + i_i)(1 + i_r)$

$(1 + i_a) = (1 + 0,062)(1 + 0,11)$

$(1 + i_a) = (1,062)(1,11)$

$(1 + i_a) = 1,17882$

$i_a = 1,17882 - 1$

$i_a = 0,17882$ (resultado na forma decimal)

$i_a = 0,17882 . 100 = 17,88\%$

Comentário: a taxa aparente sempre será superior à soma da taxa inflacionária com a taxa real, por isso, sem calcular pode se afirmar que o item está errado.

Resposta: item errado.

- -

8. **CESPE CEF 2010)** Um cliente tomou R$ 20.000,00 emprestados de um banco que pratica juros compostos mensais, e, após 12 meses, pagou R$ 27.220,00. Nesse caso, considerando 1,026 como valor aproximado para $1{,}361^{1/12}$, é correto afirmar que a taxa de juros nominal, anual, praticada pelo banco foi igual a

(A) 30,2%.
(B) 31,2%.
(C) 32,2%.
(D) 33,3%.
(E) 34,2%.

Resolução:

• 1ª etapa: encontrar a taxa da operação.

Obs.: regime composto

C = 20000

M = 27220

T = 12 meses

I = ?

 Dica:

$1{,}361^{1/12} = \sqrt[12]{1{,}361} = 1{,}026$

$i = \sqrt[r]{\dfrac{M}{C}} - 1$

$i = \sqrt[12]{\dfrac{27220}{20000}} - 1$

$i = \sqrt[12]{1{,}361} - 1$

i = 1,026 - 1

i = 0,026 (resultado na forma decimal)

0,026 . 100 = 2,6% ao mês.

• 2ª etapa: encontrar a taxa nominal anual.

 Dica:

No cálculo da taxa nominal deve se utilizar o conceito de taxa proporcional.

PARTE II – Cap. 1 – TAXAS

Obs.: 1 ano = 12 meses

2,6 . 12 = 31,2% ao ano.

Resposta: *letra B.*

---

9. **(CEF CESPE 2010)** Se a quantia de R$ 5.000,00, investida pelo período de 6 meses, produzir o montante de R$ 5.382,00, sem se descontar a inflação verificada no período, e se a taxa de inflação no período for de 3,5%, então a taxa real de juros desse investimento no período será de

(A) 4,5%.

(B) 4%.

(C) 3,5%.

(D) 3%.

(E) 2,5%.

Resolução:

• 1ª etapa: encontrar a taxa aparente, ou seja, a taxa utilizada na operação financeira.

C = 5000

M = 5382

J = 5382 - 5000 = 382

T = 1 (tempo total da aplicação)

Comentário: o tempo é igual a 1, pois o objetivo é encontrar a taxa, que em 6 meses, gerou esse rendimento. Não se esqueça de que quando temos apenas uma capitalização você pode utilizar o regime de capitalização simples ou o regime de capitalização composto.

$$J = \frac{C.\,i.\,t}{100}$$

$$382 = \frac{5000i\,.\,1}{100}$$

382 = 50i

50 i = 382

$$i = \frac{382}{50} = 7,64\%$$

• 2ª etapa: encontrar a taxa real de juros.

ia = 7,64% = 7,64/100 = 0,0764

ii = 3,5% = 3,5/100 = 0,035

ir = ?

$$1 + ir = \frac{1 - ia}{1 + ii}$$

$$1 + ir = \frac{1 + 0,0764}{1 + 0,035}$$

$$1 + ir = \frac{1,0764}{1,035}$$

1 + ir = 1,04

ir = 1,04 - 1

ir = 0,04 (resultado na forma decimal)

0,04 . 100 = 4%

Resposta: letra B.

1.8 RESUMO

Taxa equivalente: a taxa equivalente é a taxa que aplicada a um mesmo capital em um determinado intervalo de tempo produz o mesmo montante.

Obs.: em juros simples taxas proporcionais são iguais à taxa equivalente.

Quando o cálculo é de um período menor para um período maior deve se utilizar a seguinte fórmula:

$Ieq = (1 + i)^T - 1$

Quando o cálculo é de um período maior para um período menor deve se utilizar a seguinte fórmula:

$Ieq = (1 + i)^{1/T} - 1$

Taxa efetiva: quando o período da taxa coincide com o período da capitalização, a mesma é denominada efetiva.

Taxa nominal: quando o período da taxa não coincide com o período da capitalização, a taxa é dita nominal.

Relação entre taxas

I_a: taxa aparente é a taxa cobrada nas operações financeiras.

i_i: taxa inflacionária é a taxa da inflação do período da operação financeira.

i_r: taxa real é ganho real na operação, retirando as perdas com a inflação.

$(1 + i_a) = (1 + i_i)(1 + i_r)$

PARTE II – Cap. 1 – TAXAS

497

1.9 TREINAMENTO FINAL DO CAPÍTULO

10. **(FCC 2008)** Se uma dívida, contraída a juros compostos e a uma taxa fixa, aumentou 125% em 2 anos, a taxa anual de juros cobrada foi de
    (A) 25%
    (B) 27,5%
    (C) 45%
    (D) 47,5%
    (E) 50%

11. **(FCC 2010)** A taxa nominal de 10% ao ano com capitalização semestral corresponde à taxa efetiva, ao ano, de
    (A) 9,76%
    (B) 10,00%
    (C) 10,20%
    (D) 10,25%
    (E) 10,50%

12. **(FCC 2010)** Um investidor aplicou o capital de R$ 24.000,00, resgatando todo o montante após um ano. Sabe-se que a taxa real de juros desta aplicação e a taxa de inflação do período correspondente foram iguais a 10% e 2,5%, respectivamente. O montante resgatado pelo investidor foi de
    (A) R$ 27.060,00
    (B) R$ 27.000,00
    (C) R$ 26.460,00
    (D) R$ 26.400,00
    (E) R$ 25.800,00

13. **(BB FCC 2013)** Certo capital foi aplicado por um ano à taxa de juros de 6,59% a.a. Se no mesmo período a inflação foi de 4,5%, a taxa real de juros ao ano dessa aplicação foi, em %, de
    (A) 2,2.
    (B) 1,9.
    (C) 2,0.
    (D) 2,1.
    (E) 1,8.

MATEMÁTICA FACILITADA – *Bruno Villar*

14. **(CESGRANRIO 2011)** Uma aplicação financeira é realizada em período com inflação de 2,5%. Se a taxa real foi de 5,6%, a taxa aparente da aplicação no período foi de
    (A) 3,02%
    (B) 3,10%
    (C) 8,10%
    (D) 8,24%
    (E) 8,32%

15. **(BB CESGRANRIO 2012)** Um investimento rende a taxa nominal de 12% ao ano com capitalização trimestral.
    A taxa efetiva anual do rendimento correspondente é, aproximadamente,
    (A) 12,55%
    (B) 13%
    (C) 13,43%
    (D) 12%
    (E) 12,49%

16. **(FCC 2015)** Um investidor aplicou um capital de R$ 10.000,00 e resgatou o total de R$ 13.600,00 ao fim de 1 semestre. Se, nesse período, a taxa real de juros foi de 32%, então, dos valores seguintes, o que mais se aproxima da taxa de inflação do período é
    (A) 3%
    (B) 2,5%
    (C) 4,5%
    (D) 4%
    (E) 3,5%

GABARITO

1. E	2. B	3. B	4. Errado	5. A	6. D	7. Errado	8. B
9. B	10. E	11. D	12. A	13. C	14. D	15. A	16. A

2

DESCONTO

2.1 NOÇÃO

O desconto é formado por três elementos básicos, são eles:

Desconto (D): é o valor pago pela antecipação de um título com valor futuro.

Valor Nominal (N): é o valor futuro do título.

O valor nominal também pode ser chamado de valor de um título ou valor de face ou valor de letra.

Valor Atual (VA): é o valor de hoje (valor presente).

VA = N - D

 Se ligue!
No cálculo do desconto devemos observar o regime da capitalização e a modalidade adotada (desconto comercial ou desconto racional).

2.2 DESCONTO SIMPLES

Esse cálculo é baseado pelo regime de capitalização simples.

2.3 DESCONTO COMERCIAL OU *"POR FORA"* SIMPLES

Definição: o desconto comercial é calculado sobre o valor nominal do título.

☑ **Dica:**

Quando a questão não informa a modalidade do desconto, então deve se observar o tipo de taxa adotada, por exemplo: "taxa de desconto" corresponde à modalidade de desconto comercial.

Obs.: o tempo e a taxa devem estar no mesmo período de referência. A transformação, se necessário, segue a mesma regra utilizada no capítulo de juros.

Fórmulas:

$$D_c = \frac{N \cdot i \cdot t}{100}$$

Dc: desconto comercial

N: valor nominal

i: taxa

t: tempo

$Va_c = N(1 - it)$

Va_c: valor atual comercial

Obs.: nessa fórmula, a taxa utilizada será na forma decimal.

2.3.1 Treinamento comentado

1. **(FGV 2011)** Um título com valor de R$ 15.000,00 a vencer em 4 meses é descontado no regime de juros simples a uma taxa de desconto "por fora" de 6,25% ao mês. O valor presente do título é igual a
   - (A) R$ 9.750.
   - (B) R$ 12.000.
   - (C) R$ 11.769.
   - (D) R$ 10.850.
   - (E) R$ 11.250.

Resolução:

A questão informou uma taxa de desconto "por fora", ou seja, desconto comercial.

N = 15000

t = 4 meses

i = 6,25% ao mês

Vac = ?

PARTE II – Cap. 2 – DESCONTO

• 1ª etapa: encontrar o desconto

Comentário: a fórmula mais rápida é o desconto e também é mais fácil de calcular.

$$Dc = \frac{N \cdot i \cdot t}{100}$$

$$Dc = \frac{15000 \cdot 6,25 \cdot 4}{100}$$

$Dc = 150 \cdot 6,25 \cdot 4 = 3750$

• 2ª etapa: encontrar o valor atual

$Va_c = N - D_C$

$Va_c = 15000 - 3750 = 11250$

Resposta: letra E.

---

2. **(CEF CESPE 2010)** Se, ao descontar uma promissória com valor de face de R$ 5.000,00, seu detentor receber o valor de R$ 4.200,00, e se o prazo dessa operação for de 2 meses, então a taxa mensal de desconto simples por fora será igual a

(A) 5%.

(B) 6%.

(C) 7%.

(D) 8%.

(E) 9%.

Resolução:

$N = 5000$ (valor de face)

$Vac = 4200$ (valor de hoje)

$D = 5000 - 4200 = 800$

$t = 2$ meses

$$Dc = \frac{N \cdot i \cdot t}{100}$$

$$800 = \frac{500 \cdot i \cdot 2}{100}$$

$800 = 50i \cdot 2$

$800 = 100i$

$100i = 800$

$i \dfrac{800}{100} = 8\%$ ao mês

Resposta: letra D.

---

3. **(FCC BB 2011)** Uma duplicata no valor de R$ 6.900,00 foi resgatada 3 meses antes de seu vencimento. Considerando que a taxa anual de desconto comercial simples foi de 48%, então, se o valor atual dessa duplicata era X reais, é correto afirmar que

(A) $X \leq 5700$.

(B) $5700 \leq X \leq 5800$.

(C) $5800 \leq X \leq 5900$.

(D) $5900 \leq X \leq 6000$.

(E) $X > 6000$.

Resolução:

N = 6900

t = 3 meses

i = 48% ao ano = 48/12 = 4% ao mês.

• 1ª etapa: encontrar o desconto comercial

$Dc = \dfrac{N \cdot i \cdot t}{100}$

$Dc = \dfrac{6900 \cdot 4 \cdot 3}{100}$

$Dc = 69 \cdot 4 \cdot 3 = 828$

• 2ª etapa: encontrar o valor atual

Vac = 6900 - 828

Vac = 6072

Resposta: letra E.

---

4. **(BB FCC 2011)** Uma duplicata foi descontada em R$ 700,00, pelos 120 dias de antecipação. Se foi usada uma operação de desconto comercial simples, com a utilização de uma taxa anual de desconto de 20%, o valor atual do título era de:

(A) R$ 7.600,00.

(B) R$ 8.200,00.

(C) R$ 9.800,00.
(D) R$ 10.200,00.
(E) R$ 10.500,00.

Resolução:

Dc = 700

i = 20% ao ano

t = 120 dias = 4 meses

 Dica:

A taxa na forma mensal vai apresentar uma dízima periódica, por isso é melhor transformar o período do tempo para o período da taxa.

Mês   ano
12   1
4   x

12x = 4

$X = \dfrac{4:4}{12:4} = \dfrac{1}{3}$ de ano

- 1ª etapa: encontrar o valor nominal.

$Dc = \dfrac{N \cdot i \cdot t}{100}$

$700 = \dfrac{N \cdot 20 \cdot 1}{100 \cdot 3}$

Comentário: quando temos capital ou tempo fracionário podemos colocar o denominador do elemento multiplicando por 100.

20N = 700 . 100 . 3

20N = 280000

$N = \dfrac{210000}{20} = 10500$

- 2ª etapa: encontrar o valor atual

Va = N - D

Va = 10500 - 700

Va = 9800

Resposta: letra C.

5. **(FCC)** Necessitando de recursos para o capital de giro, uma empresa comercial descontou uma duplicata no valor de R$ 50.000,00, que vencia em 90 dias, segundo uma operação de desconto comercial simples. A taxa de desconto cobrada pela instituição financeira foi de 3% a.m., "por fora". Na data da liberação dos recursos, a instituição cobrou, adicionalmente, uma taxa de abertura de crédito de 2% sobre o valor nominal. Com base nessas informações, o valor descontado foi, em reais,
    (A) 4.500.
    (B) 5.410.
    (C) 45.500.
    (D) 44.590.
    (E) 44.500.

Resolução:

Resumo: temos dois cálculos a serem realizados: desconto comercial e a "taxa administrativa".

Se ligue!
Alguns autores chamam o desconto comercial acrescido de uma taxa de administrativa de desconto bancário.

- 1ª etapa: desconto comercial.

N = 50000

i = 3% ao ano

t = 90 dias = 3 meses

$$Dc = \frac{N \cdot i \cdot t}{100}$$

$$Dc = \frac{50000 \cdot 3 \cdot 3}{100}$$

Dc = 5000 . 9 = 4500

2ª etapa: taxa administrativa

2% de 50.000

$$\frac{2}{100} \cdot 50000 = \frac{100000}{100} = 1.000$$

VA = 50000 - 4500 - 1000 = 44500

Resposta: letra E.

PARTE II – **Cap. 2** – DESCONTO
505

2.3.2 Treinamento do Concursando

6. **(BB CESGRANRIO 2010)** Um título com valor de face de R$ 1.000,00, faltando 3 meses para seu vencimento, é descontado em um banco que utiliza taxa de desconto bancário, ou seja, taxa de desconto simples "por fora", de 5% ao mês. O valor presente do título, em reais, é

(A) 860,00.
(B) 850,00.
(C) 840,00.
(D) 830,00.
(E) 820,00.

7. **(CESGRANRIO)** Uma empresa desconta um título de valor nominal R$ 20.000,00 e vencimento em 28 de dezembro em um banco que adota o desconto comercial simples de taxa de 4,5% ao mês. Se a antecipação ocorre no dia 10 do mesmo mês, o valor creditado na conta da empresa é igual a

(A) R$ 19.100,00
(B) R$ 19.280,00
(C) R$ 19.460,00
(D) R$ 19.540,00
(E) R$ 19.620,00

8. **(ESAF 2013)** Um título de valor nominal igual a R$ 15.000,00 foi descontado 6 meses antes do seu vencimento. O desconto pela antecipação do título foi de acordo com o sistema de desconto comercial simples a uma taxa de 10% ao trimestre. O valor ao qual o título foi descontado é igual a:

(A) R$ 6.000,00
(B) R$ 13.000,00.
(C) R$ 10.000,00.
(D) R$ 9.000,00
(E) R$ 12.000,00.

2.4 DESCONTO RACIONAL OU "POR DENTRO" SIMPLES

Definição: o desconto racional é calculado sobre o valor atual do título.

 Dica:

Quando a questão não informa a modalidade do desconto, então deve se observar o tipo de taxa adotada, por exemplo: "taxa de juros" corresponde à modalidade de desconto racional.

Fórmulas:

$$D_a = \frac{VA \cdot i \cdot t}{100}$$

D_a: desconto racional

Va: valor atual

i: taxa

t: tempo

$$Va_r = \frac{N}{(1 + i \cdot t)}$$

Va_r: valor atual racional

Obs.: nessa fórmula, a taxa utilizada será na forma decimal.

2.4.1 Treinamento comentado

9. **(CESPE 2009)** Considerando que um título de valor nominal de R$ 6.000,00 tenha sido descontado 5 meses antes do seu vencimento, a uma taxa de desconto simples de 4% ao mês, julgue o seguinte item.

Se tiver sido utilizado o desconto racional (por dentro), então o valor do desconto foi inferior a R$ 950,00.

( ) Certo ( ) Errado

Resolução:

N = 6000

i = 4% ao mês = 4/100 = 0,04

t = 5 meses

• 1ª etapa: encontrar o valor atual

Comentário: na fórmula do valor atual racional devemos utilizar a taxa na forma decimal.

$$Va_r = \frac{N}{(1 + i \cdot t)}$$

PARTE II – **Cap. 2** – DESCONTO

$$Va_r = \frac{6000}{\left(1 + 0,04 \cdot 5\right)}$$

$$Va_r = \frac{6000}{\left(1 + 0,2\right)}$$

$$Va_r = \frac{6000}{1,2} = 5000$$

• 2ª etapa: encontrar o desconto racional

Var = N - Dr

Var = 6000 - 5000 = 1000

Resposta: item errado.

----

10. **(CESGRANRIO) Um título sofreu desconto racional simples 3 meses antes do seu vencimento. A taxa utilizada na operação foi 5% ao mês. Se o valor do desconto foi R$ 798,00, é correto afirmar que o valor de face desse título, em reais, era**

   (A)   menor do que 5.400,00.
   (B)   maior do que 5.400,00 e menor do que 5.600,00.
   (C)   maior do que 5.600,00 e menor do que 5.800,00.
   (D)   maior do que 5.800,00 e menor do que 6.000,00.
   (E)   maior do que 6.000,00.

Resolução:

Dr = 798

I = 5% ao mês

t = 3 meses

Comentário: com essas informações de valores podemos utilizar a fórmula do desconto racional, porém, o valor encontrado será o valor atual e não se esqueça de que o nosso objetivo é encontrar o valor nominal.

$$D_r = \frac{VA \cdot i \cdot t}{100}$$

$$798 = \frac{VA \cdot 5 \cdot 3}{100}$$

$$15Va = 79800$$

$$Va = \frac{79800}{15} = 5320$$

Agora, podemos encontrar o valor nominal.

N = D + VA

N = 798 + 5320 = 6118

Resposta: letra E.

---

11. **(FUNIVERSA 2009)** Calcule o prazo de uma operação de desconto simples racional, efetuada em um título de R$ 8.560,00, a uma taxa mensal de 3%, sabendo que o valor do desconto foi de R$ 560,00.

(A) 2 meses.

(B) 2 meses e 10 dias.

(C) 2 meses e 15 dias.

(D) 2 meses e 24 dias.

(E) 3 meses.

Resolução:

N = 8560

D = 560

Var = 8560 - 560 = 8000

i = 3% ao mês

$$D_a = \frac{VA \cdot i \cdot t}{100}$$

$$560 = \frac{8000 \cdot 3 \cdot t}{100}$$

560 = 80 . 3t

560 = 240t

240t = 560

$$t = \frac{560}{240} = 2,3333$$

Obs.: 0,333... = 3/9 = 1/3

$$\frac{1}{3} \text{ de mês} = \frac{1}{3} \cdot 30 = \frac{30}{3} = 10 \text{ dias}$$

t = 2 meses e 10 dias.

Resposta: letra B.

Parte II – Cap. 2 – DESCONTO

509

12. **(BB FCC 2010)** Um título descontado 2 meses antes de seu vencimento, segundo uma operação de desconto racional simples e com a utilização de uma taxa de desconto de 18% ao ano, apresenta um valor atual igual a R$ 21.000,00. Um outro título de valor nominal igual ao dobro do valor nominal do primeiro título é descontado 5 meses antes de seu vencimento, segundo uma operação de desconto comercial simples e com a utilização de uma taxa de desconto de 2% ao mês. O valor atual deste segundo título é de

(A) R$ 42.160,80.
(B) R$ 41.529,60.
(C) R$ 40.664,40.
(D) R$ 39.799,20.
(E) R$ 38.934,00.

Resolução:

• 1ª etapa: encontrar o valor nominal da primeira aplicação, no regime de desconto racional simples.

$Va = 21000$

$t = 2$ meses

$i = 18\%$ o ano $= 18/12 = 1,5\%$ ao mês

$$D_a = \frac{VA \cdot i \cdot t}{100}$$

$$Dr = \frac{21000 \cdot 1,5 \cdot 2}{100}$$

$Dr = 210 \cdot 1,5 \cdot 2 = 630$

$N = Va + D$

$N = 21000 + 630 = 21630$

• 2ª etapa: encontrar o valor atual do segundo título, no regime de desconto comercial simples.

$N = 2 \cdot 21630 = 43260$ (o dobro do valor nominal da primeira aplicação)

$i = 2\%$ ao mês $= 2/100 = 0,02$

$t = 5$ meses

$$Dc = \frac{N \cdot i \cdot t}{100}$$

$$Dc = \frac{43260 \cdot 2 \cdot 5}{100}$$

$$Dc = \frac{432600}{100}$$

Dc = 4326

Va = 43260 - 4326 = 38964

Resposta: letra E.

2.4.2 Treinamento do concursando

13. **(ESAF)** Uma pessoa possui um financiamento (taxa de juros simples de 10% ao mês). O valor total dos pagamentos a serem efetuados, juros mais principal, é de R$ 1.400,00. As condições contratuais preveem que o pagamento desse financiamento será efetuado em duas parcelas. A primeira parcela, no valor de setenta por cento do total de pagamentos, será paga ao final do quarto mês, e a segunda parcela, no valor de trinta por cento do valor total dos pagamentos, será paga ao final do décimo primeiro mês. O valor que mais se aproxima do valor do financiamento é:
    - (A) R$ 816,55
    - (B) R$ 900,00
    - (C) R$ 945,00
    - (D) R$ 970,00
    - (E) R$ 995,00

14. **(FCC SEFAZ PI 2015)** Três meses antes de seus vencimentos, dois títulos foram descontados em um banco, com taxa de desconto de 48% ao ano. Sabe-se que o valor nominal do primeiro título era o dobro do valor nominal do segundo. Para o primeiro, utilizou-se a operação de desconto comercial simples e, para o segundo, a de desconto racional simples. Se a soma dos descontos foi igual a R$ 1.215,00, então, o módulo da diferença entre os dois valores líquidos recebidos foi
    - (A) R$ 3.965,00
    - (B) R$ 9.285,00
    - (C) R$ 3.035,00
    - (D) R$ 3.500,00
    - (E) R$ 3.830,00

15. **(FCC SEFAZ PE 2014)** Um título de valor nominal R$ 1.196,00 vai ser descontado 20 dias antes do vencimento, à taxa mensal de desconto simples de 6%. O módulo da diferença entre os dois descontos possíveis, o racional e o comercial, é de
    - (A) R$ 12,08

(B) R$ 18,40
(C) R$ 0,96
(D) R$ 1,28
(E) R$ 1,84

---

16. **(FCC SEFAZ RJ 2014)** Um título é descontado em um banco 5 meses antes de seu vencimento com a utilização do desconto comercial simples a uma taxa de desconto de 36% ao ano. Caso este título tivesse sido descontado com a utilização do desconto racional simples, também a uma taxa de desconto de 36% ao ano, o correspondente valor atual superaria o valor atual anterior em R$ 517,50. O valor do desconto apurado com a utilização da operação de desconto racional simples é:
    (A) R$ 3.500,00
    (B) R$ 3.300,00
    (C) R$ 3.350,00
    (D) R$ 3.400,00
    (E) R$ 3.450,00

2.5 RELAÇÃO ENTRE O DESCONTO COMERCIAL E DESCONTO RACIONAL

$$Dc = Dr\,(1 + i \cdot t)$$

Obs.: i: na forma decimal.

Comentário: essa fórmula é utilizada quando queremos calcular uma modalidade de desconto em função da outra modalidade. É necessário saber o tempo e a taxa de utilizada, porém, só podemos utilizar essa fórmula no regime de capitalização simples.

 Se ligue!

Já tem um tempo que essas questões não são cobradas, porém, é importante conhecer a fórmula.

2.5.1 Treinamento comentado

17. **(CONTADOR-PE)** Uma nota promissória é resgatada dois meses antes do seu vencimento com um desconto simples de R$ 330,00 a uma taxa de 5% ao mês. Calcule o valor do desconto caso este fosse um desconto racional simples à mesma taxa:
    (A) R$ 360,00
    (B) R$ 330,00

(C)   R$ 300,00

(D)   R$ 270,00

(E)   R$ 240,00

Resolução:

Temos o valor do desconto comercial, a taxa e o tempo, por isso, podemos utilizar a fórmula da relação entre as taxas.

Dc = 330

i = 5% ao mês = 5/100 = 0,05

t = dois meses

Dr = ?

$$Dr = \frac{Dc}{\left(1 + i \cdot t\right)}$$

$$Dr = \frac{330}{\left(1 + 0,05 \cdot 2\right)}$$

$$Dr = \frac{330}{1 + 0,1}$$

$$Dr = \frac{330}{1,1} = 300$$

Resposta: *letra C.*

2.6 TAXA EFETIVA DE DESCONTO SIMPLES

Taxa efetiva de desconto é a taxa de juros que, aplicada sobre o valor descontado do título, produz montante igual ao seu valor nominal.

Se o desconto for racional simples, a taxa de desconto já é efetiva.

Se o desconto for desconto comercial simples, a taxa deve ser calculada a partir da seguinte fórmula:

$$Ief = \frac{ic}{1 - ic \cdot t}$$

Ic = taxa de desconto comercial (forma decimal)

PARTE II – Cap. 2 – DESCONTO

2.6.1 Treinamento comentado

(CESPE 2010) Considerando que uma promissória de valor nominal de R$ 5.000,00 tenha sido descontada 5 meses antes do seu vencimento, em um banco cuja taxa de desconto comercial simples (por fora) é de 5% ao mês, julgue o item subsequente.

18. A taxa efetiva mensal dessa operação foi inferior a 6%.

( ) Certo   ( ) Errado

Resolução:

Objetivo: encontrar a taxa efetiva de desconto

ic = 5% ao mês = 5/100 = 0,05

t = 5 meses

$$Ief = \frac{ic}{1 - ic \cdot t}$$

$$Ief = \frac{0,05}{1 - 0,05 \cdot 5}$$

$$Ief = \frac{0,05}{1 - 0,25}$$

$$Ief = \frac{0,05}{0,75} = \frac{5}{75} = 0,0666 \text{ (forma decimal)}$$

$0,0666 \cdot 100 = 6,66\%$ ao mês.

Resposta: item errado.

- -

19. **(CEF)** Em suas operações de desconto de duplicatas, um banco cobra uma taxa mensal de 2,5% de desconto simples comercial. Se o prazo de vencimento for de 2 meses, a taxa mensal efetiva nessa operação, cobrada pelo banco, será de, aproximadamente,

(A) 5,26%

(B) 3,76%

(C) 3,12%

(D) 2,75%

(E) 2,63%

Resolução:

Objetivo: encontrar a taxa efetiva de desconto.

ic = 2,5% ao mês = 2,5/100 = 0,025

t = 2 meses

$$Ief = \frac{ic}{1 - ic \cdot t}$$

$$Ief = \frac{0,025}{1 - 0,025.2}$$

$$Ief = \frac{0,025}{1 - 0,05}$$

$$Ief = \frac{0,025}{0,95} = 0,0263 \text{ (resultado na forma decimal)}$$

0,0263 . 100 = 2,63% ao mês

Resposta: letra E.

2.6.2 Treinamento do concursando

20. **Uma duplicata com vencimento para daqui a 4 meses foi descontada a taxa de desconto comercial de 5% a.m. Determine o valor da taxa efetiva de desconto.**

   (A) 6,00% a.m.

   (B) 6,25% a.m.

   (C) 7,00% a.m.

   (D) 7,25% a.m.

   (E) 8,00% a.m.

2.7 DESCONTO COMPOSTO

2.7.1 Desconto racional ou *"por dentro"* composto

Obs.: é a mesma definição do regime simples, porém, o calculado é baseado numa relação exponencial.

Não se esqueça!

A expressão "taxa de juros" corresponde ao desconto racional.

Fórmulas:
$$VA = \frac{N}{(1+i)^t}$$

 Dica:
Va = N (1 + i)⁻ᵗ
dr = N - VA

2.7.1.1 Treinamento comentado

21. (CESGRANRIO) Um título, cujo valor de face é R$ 29.040,00, sofre desconto racional composto dois meses antes do seu vencimento. Se a taxa utilizada na operação é de 10% ao mês, o valor do desconto, em reais, é
(A) 5.808,00
(B) 5.040,00
(C) 4.912,00
(D) 4.840,00
(E) 4.784,00

Resolução:

N = 29.040
i = 10% = 10/100 = 0,1
t = 2 meses
D = ?

- 1ª etapa: encontrar o valor atual

$$Var = \frac{N}{(1+i)^r}$$

$$Var = \frac{29040}{(1+0,1)^2}$$

$$Var = \frac{29040}{(1,1)^2}$$

$$Var = \frac{29040}{1,21} = 24000$$

- 2ª etapa: encontrar o desconto

D = N - VA

D = 29040 - 24000

D = 5040

Resposta: *letra B.*

---

22. **(CESPE 2008)** Um indivíduo descontou um título de valor nominal igual a R$ 60.000,00, 6 meses antes de seu vencimento, à taxa de juros compostos de desconto racional (ou por dentro) de 3% ao mês. Nessa situação, considerando 1,19 como valor aproximado para $1,03^6$, o valor do desconto é superior a R$ 9.500,00.

Resolução:

N = 60000

t = 6 meses

i = 3% ao mês = 3/100 = 0,03

- 1ª etapa: encontrar o valor atual

$$Var = \frac{N}{\left(1+i\right)^r}$$

$$Var = \frac{60000}{\left(1+0,03\right)^6}$$

$$Var = \frac{60000}{\left(1,03\right)^6}$$

$$Var = \frac{60000}{1,19} = 50420,16$$

- 2ª etapa: encontrar o desconto

D = N - VA

D = 60000 - 50420,16

D = 9579,84

Resposta: *item certo.*

PARTE II – **Cap. 2** – DESCONTO

23. **(CESPE 2008)** Considerando-se 0,94 como valor aproximando para $1,03^{\boxtimes 2}$, é correto afirmar que o valor do desconto racional obtido ao se quitar um título de R$ 12.000,00, 4 meses antes do vencimento e à taxa de juros de 3% ao mês, no regime de juros compostos, será superior a R$ 1.300,00.

Resolução:

N = 12000

t = 4 meses

i = 3% ao mês = 3/100 = 0,03

- 1ª etapa: encontrar o valor atual

Comentário: observe que o valor fornecido foi $(1+i)^{-t}$, por isso, vamos utilizar a seguinte forma:

Va = N $(1 + i)^{-t}$

Va = $12000(1 + 0,03)^{-4}$

Va = $12000(1,03)^{-4}$

Obs.: $(1,03)^{-4} = (1,03)^{-2} \cdot (1,03)^{-2}$

$(1,03)^{-4} = 0,94 \cdot 0,94 = 0,8836$

Va = 12000 . 0,8836

Va = 10603,20

- 2ª etapa: encontrar o desconto

D = N - VA

D = 12000 - 10603,20

D = 1396,80

Resposta: *item certo.*

2.7.1.2   Treinamento do concursando

24. **(ESAF)** Um título no valor de face de R$ 1.000,00 deve ser descontado três meses antes do seu vencimento. Calcule o valor mais próximo do desconto racional composto à taxa de desconto de 3% ao mês.

(A)   R$ 92,73

(B)   R$ 84,86

(C)   R$ 87,33

(D)   R$ 90,00

(E)   R$ 82,57

----

25. (ESAF AFRFB) O valor nominal de uma dívida é igual a 5 vezes o desconto racional composto, caso a antecipação seja de dez meses. Sabendo-se que o valor atual da dívida (valor de resgate) é de R$ 200.000,00, então o valor nominal da dívida, sem considerar os centavos, é igual a:

(A) R$ 230.000,00

(B) R$ 250.000,00

(C) R$ 330.000,00

(D) R$ 320.000,00

(E) R$ 310.000,00

---

26. (ESAF) Um título é descontado quatro meses antes do seu vencimento a uma taxa de desconto de 5% ao mês, sendo o valor do desconto racional composto calculado em R$ 4.310,00. Marque o valor mais próximo do valor nominal do título.

(A) R$ 20.000,00

(B) R$ 24.309,00

(C) R$ 21.550,00

(D) R$ 25.860,00

(E) R$ 15.690,00

2.7.2 Desconto comercial ou "por fora" composto

☑ **Dica:**

É a mesma definição do regime simples, porém, o cálculo é realizado pelo modelo exponencial.

☑ **Dica:**

A expressão "taxa de desconto" corresponde ao desconto comercial.

$VA = N (1 - i)^t$

$dc = N - VA$

2.7.2.1 Treinamento especial

27. (CESGRANRIO) Uma duplicata no valor de R$ 7.000,00 foi descontada dois meses antes do seu vencimento, a uma taxa de desconto composta de 2,5% ao mês. O valor do desconto cobrado pelo banco, em reais, foi.

(A) 345,63
(B) 369,17
(C) 370,01
(D) 371,99
(E) 471,33

Resolução:

 Dica:

A questão não informou a modalidade, porém, utilizou a expressão "taxa de desconto", que corresponde a desconto comercial.

N = 7000

i = 2,5% = 2,5/100 = 0,025

t = 2 meses

- 1ª etapa: encontrar o valor atual

VA = N $(1 - i)^t$

Vac = 7000 $(1 - 0{,}025)^2$

Vac = 7000 $(0{,}975)^2$

Vac = 7000 . 0,950625

Vac = 6654,37

- 2ª etapa: encontrar o desconto comercial

D = N - VA

Dc = 7000 - 6654,37

Dc = 345,63

Resposta: letra A.

---

28. **(FGV 2010)** Um título com três anos até o vencimento tem valor futuro de R$ 10.000,00. Sabendo-se que um banco apresenta uma taxa de desconto composto comercial de 50% ao ano, o valor presente desse título é:
    (A) R$ 1.250,00.
    (B) R$ 2.000,00.
    (C) R$ 3.333,33.
    (D) R$ 4.000,00.
    (E) R$ 5.000,00.

Resolução:

N = 10000

i = 50% ao ano = 50/100 = 0,5

t = 3 anos

Vac = N (1 - i)^t

Vac = 10000(1 - 0,5)^3

Vac = 10000(0,5)^3

Vac = 10000 . 0,125

Vac = 1250

Resposta: letra A.

---

29. (CESGRANRIO 2009) Empresa Deltamática Ltda. descontou no banco um título no valor de R$ 18.000,00, com prazo de vencimento de 3 meses, a uma taxa de desconto composto de 2% ao mês. O valor líquido liberado pelo banco, em reais, foi de

(A)   16.861,40
(B)   16.941,45
(C)   16.941,77
(D)   17.123,56
(E)   17.899,99

Resolução:

 Dica:

A questão não informou a modalidade, porém, utilizou a expressão "taxa de desconto", que corresponde a desconto comercial.

N = 18000

i = 2% = 2/100 = 0,02

t = 3 meses

Vac = N (1 - i)^t

Vac = 18000(1 - 0,02)^3

Vac = 18000(0,98)^3

Vac = 18000 . 0,941192

Vac = 16941,45

Resposta: letra B.

---

30. (CEF CESGRANRIO 2008) Um título de valor nominal R$ 24.200,00 será descontado dois meses antes do vencimento, com taxa composta de desconto de 10% ao mês. Sejam D o valor do desconto comercial composto e d o valor do desconto racional composto, a diferença D - d, em reais, vale

(A) 399,00
(B) 398,00
(C) 397,00
(D) 396,00
(E) 395,00

Resolução:

• 1ª etapa: encontrar o desconto comercial composto (D)

N = 24200

i = 10% = 10/100 = 0,1

t = 2 meses

$Vac = N (1 - i)^t$

$Vac = 24200(1 - 01)^2$

$Vac = 24200(0,9)^2$

Vac = 24200 . 0,81

Vac = 19602

Dc = N - Va

Dc = 24200 - 19602

Dc = 4598

• 2ª etapa: encontrar o desconto racional composto (d)

N = 24200

i = 10% = 10/100 = 0,1

t = 2 meses

$Var = \dfrac{N}{\left(1+i\right)^r}$

$Var = \dfrac{24200}{\left(1+0,1\right)^2}$

$$Var = \frac{24200}{(1,1)^2}$$

$$Var = \frac{24200}{1,21} = 20000$$

Dr(d) = 24200 - 20000 = 4200

• 3ª etapa: encontrar o valor de D - d

D = 4598

D = 4200

4598 - 4200 = 388 (D - d)

Resposta: letra B.

2.7.2.2 Treinamento do concursando

31. **(FCC SEFAZ SP 2014)** Um agente deseja descontar hoje um título com vencimento para daqui a 30 dias e tem as seguintes opções:

    Banco I: taxa de 3% ao mês, operação de desconto simples racional.

    Banco II: taxa de 3% ao mês, operação de desconto simples comercial.

    Banco III: taxa de 4% ao mês, operação de desconto composto racional.

    Banco IV: taxa de 3,5% ao mês, operação de desconto simples racional.

    Para obter o maior valor líquido, ele deve optar pelo Banco

    (A) III ou IV.
    (B) IV.
    (C) III.
    (D) II.
    (E) I.

2.8 TREINAMENTO FINAL DO CAPÍTULO

32. **(FGV 2016)** Suponha um título de R$ 500,00, cujo prazo de vencimento se encerra em 45 dias.

    Se a taxa de desconto "por fora" é de 1% ao mês, o valor do desconto simples será igual a

    (A) R$ 7,00.

PARTE II – Cap. 2 – DESCONTO

523

(B) R$ 7,50.

(C) R$ 7,52.

(D) R$ 10,00.

(E) R$ 12,50.

---

33. **(FCC 2014)** Um título será descontado em um banco 4 meses antes de seu vencimento. Se for utilizada a operação de desconto racional simples, a uma taxa de desconto de 24% ao ano, então o valor atual do título será de R$ 30.000,00. Se for utilizada a operação de desconto comercial simples, também a uma taxa de desconto de 24% ao ano, o correspondente valor do desconto será, em R$, de

(A) 2.592,00.

(B) 2.890,00.

(C) 2.658,00.

(D) 2.756,00.

(E) 2.600,00.

---

34. **(FUNCAB 2013)** Marcos antecipou o pagamento de uma dívida em oito meses. Sabendo que devia R$ 65.000,00 e que foi aplicada uma taxa de desconto comercial simples de 3% ao mês no ato do pagamento, determine o desconto recebido por Marcos.

(A) R$ 15.356,00

(B) R$ 15.375,00

(C) R$ 15.650,00

(D) R$ 15.500,00

(E) R$ 15.600,00

---

35. **(IADES)** Uma empresa comercial realizou uma operação de desconto com taxa mensal de 1,20% ao mês, de um título com valor de face de R$ 250.000,00 e antecedência de 45 dias do seu vencimento. O banco utilizou o método dos juros simples para apurar a quantia a ser creditada e chegou ao valor de

(A) R$ 243.500,00.

(B) R$ 245.500,00.

(C) R$ 247.500,00.

(D) R$ 249.500,00.

(E) R$ 251.500,00.

GABARITO

1. E	2. D	3. E	4. C	5. E	6. B	7. C
8. E	9. Errado	10. E	11. B	12. E	13. B	14. C
15. E	16. E	17. C	18. Errado	19. E	20. B	21. B
22. Certo	23. Certo	24. B	25. B	26. B	27. A	28. A
29. B	30. B	31. E	32. B	33. A	34. E	35. B

3

EQUIVALÊNCIA DE CAPITAIS

3.1 NOÇÃO

Dois ou mais capitais, se aplicados à mesma taxa, serão equivalentes numa certa época, se nessa época, os valores atuais forem iguais.

Data focal é data utilizada para comparar os capitais.

Observação:

1) Se o capital tiver numa data depois da data focal, utiliza-se a fórmula de desconto.

2) Se o capital tiver numa data antes da data focal, utiliza-se a fórmula de montante.

3) Utilizar a modalidade de desconto informada na questão.

> **Se ligue!**
>
> A equivalência de capitais é o método utilizado para avaliar uma situação financeira. A taxa interna de retorno (TIR) é uma aplicação da equivalência de capitais no regime composto.

3.2 EQUIVALÊNCIA DE CAPITAIS (REGIME SIMPLES)

> **Cuidado:**
>
> A data focal não é livre, por isso, é necessário utilizar a data focal da questão, se a questão não informar a data focal, deve se utilizar a data focal = 0. A escolha da data focal zero é uma convenção.

3.2.1 Treinamento comentado

1. **(CESGRANRIO)** Uma dívida feita hoje, de R$ 5.000,00, vence daqui a 9 meses a juros simples de 12% a.a. Sabendo-se, porém, que o devedor pretende pagar R$ 2.600,00 no fim de 4 meses e R$ 1.575,00 um mês após, quanto faltará pagar, aproximadamente, em reais, na data do vencimento? (Considere que a existência da parcela muda a data focal)

   (A)   1.000,00
   (B)   1.090,00
   (C)   1.100,00
   (D)   1.635,00
   (E)   2.180,00

Resolução:

Comentário: a questão não informou a data focal, então iremos utilizar a data focal 0.

O desconto será o desconto racional (taxa de juros).

A dívida será igual aos pagamentos realizados na data focal zero.

Valor 1 (dívida): valor = 5000 (valor está na data focal)

Valor 2: (1º pagamento): valor = 2600, no tempo 4 (o valor está depois da data focal, logo, um desconto de 4 meses)

N = 2600, i = 12% ao ano = 12/12 = 1% ao mês = 0,01 e tempo = 4

$$Va2 = \frac{N}{(1+i \cdot t)}$$

$$Va2 = \frac{2600}{1+0,01 \cdot 4} = \frac{2600}{1+0,04} = \frac{2600}{1,04} = 2500$$

Valor 3: (2º pagamento): valor = 1.575, no tempo 5 (o valor está depois da data focal, logo, um desconto de 5 meses)

N = 1575, i = 12% ao ano = 12/12 = 1% ao mês = 0,01 e tempo = 5

$$Va3 = \frac{N}{(1+i \cdot t)}$$

$$Va3 = \frac{1575}{1+0,01 \cdot 5} = \frac{1575}{1+0,05} = \frac{1575}{1,05} = 1500$$

Valor 4: (3º pagamento, que representa a quitação da dívida); valor x e tempo = 9 (vencimento da dívida).

N = x, i = 12% ao ano = 12/12 = 1% ao mês = 0,01 e tempo = 9

PARTE II – Cap. 3 – EQUIVALÊNCIA DE CAPITAIS

$$Va4 = \frac{N}{(1+i \cdot t)}$$

$$Va4 = \frac{x}{1+0,01 \cdot 9} = \frac{x}{1+0,09} = \frac{x}{1,09}$$

Montando a equação, temos:

V1 = V2 + V3 + V4

$$5000 = 2500 + 1500 + \frac{x}{1,09}$$

$$5000 = 4000 + \frac{x}{1,09}$$

$$5000 - 4000 = \frac{x}{1,09}$$

$$1000 = \frac{x}{1,09}$$

x = 1000 . 1,09

x = 1090

Resposta: letra B.

---

2. **(CESGRANRIO)** Um equipamento está sendo vendido a prazo, da seguinte forma: R$ 500,00 de entrada no ato da compra, mais duas parcelas, sendo a primeira, no valor de R$ 440,00, a ser paga em 30 dias após a compra, e a segunda, no valor de R$ 180,00, a ser paga em 60 dias após a compra. A taxa de juros simples praticada no mercado é de 10% a.m. O valor à vista desse equipamento é, em reais, de
    (A) 535,00
    (B) 580,00
    (C) 1.050,00
    (D) 1.100,00
    (E) 1.120,00

Resolução:

Valor à vista = entrada + duas parcelas.

A data focal será a data zero e o desconto será o desconto racional (taxa de juros)

Entrada = 500 (valor na data focal)

1ª prestação: 440, no tempo 1 (desconto, pois o valor está depois da data focal)

N = 440, t = 1 e i = 10% ao mês = 10/100 = 0,1

$$Va4 = \frac{N}{(1+i \cdot t)}$$

$$Va1 = \frac{440}{1+0,1 \cdot 1} = \frac{440}{1+0,1} = \frac{440}{1,1} = 400$$

2ª prestação: 180, no tempo 2 (desconto, pois o valor está depois da data focal)

N = 180, t = 2 e i = 10% ao mês = 10/100 = 0,1

$$Va2 = \frac{N}{(1+i \cdot t)}$$

$$Va2 = \frac{180}{1+0,1 \cdot 2} = \frac{180}{1+0,2} = \frac{180}{1,2} = 150$$

Valor à vista = 500 + 400 + 150 = 1050

Resposta: letra C.

3.2.2 Treinamento do concursando

3. **(ESAF AFRFB)** Edgar precisa resgatar dois títulos. Um no valor de R$ 50.000,00, com prazo de vencimento de dois meses, e outro de R$ 100.000,00, com prazo de vencimento de três meses. Não tendo condições de resgatá-los nos respectivos vencimentos, Edgar propõe ao credor substituir os dois títulos por um único, com vencimento em quatro meses. Sabendo-se que a taxa de desconto comercial simples é de 4% ao mês, o valor nominal do novo título, sem considerar os centavos, será igual a:

    (A) R$ 159.523,00

    (B) R$ 159.562,00

    (C) R$ 162.240,00

    (D) R$ 162.220,00

    (E) R$ 163.230,00

4. **(ESAF)** Indique qual o capital hoje equivalente ao capital de R$ 4.620,00, que vence dentro de cinquenta dias, mais o capital de R$ 3.960,00, que vence dentro de cem dias e mais o capital de R$ 4.000,00, que venceu há vinte dias, à taxa de juros simples de 0,1% ao dia.

    (A) R$ 10.940,00

    (B) R$ 11.080,00

    (C) R$ 12.080,00

    (D) R$ 12.640,00

    (E) R$ 12.820,00

3.3 EQUIVALÊNCIA DE CAPITAIS (REGIME COMPOSTO)

No regime composto, a principal característica é que a data focal é livre, ou seja, para qualquer data focal escolhida os valores serão equivalentes. Não se esqueça de que no regime simples se mudarmos a data focal, então a equivalência irá apresentar valores diferentes. Essa liberdade de escolha permite escolher duas opções de cálculo:

1ª opção: escolher uma data focal e transportar os valores para a data focal escolhida;

2ª opção: transportar o saldo devedor até o pagamento e realizar a diferença do saldo devedor do período menos o pagamento realizado. Agora, essa opção só é interessante quando temos o valor inicial e queremos saber o valor do último.

Comentário: a equivalência de capitais no regime composto é base do cálculo da taxa interna de retorno.

3.4 TREINAMENTO COMENTADO

5. **(BB CESGRANRIO 2012)** Uma loja oferece um aparelho celular por R$ 1.344,00 à vista. Esse aparelho pode ser comprado a prazo, com juros de 10% ao mês, em dois pagamentos mensais iguais: um, no ato da compra, e outro, um mês após a compra.
O valor de cada um dos pagamentos mensais é, em reais, de
   (A) 719,00
   (B) 739,20
   (C) 806,40
   (D) 704,00
   (E) 705,60

Resolução:

Comentário: temos dois valores no tempo 0 e um valor no tempo 1, por isso, acho melhor escolher a data focal 1, pois dessa forma vamos utilizar apenas a fórmula de montante.

Data focal = 1

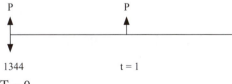

$T = 0$

$T = 0$ --------- 1344 (montante de 1 mês)

$T = 0$ ---------p (montante de 1 mês)

T = 1 ----------p (o valor está na própria data focal, por isso, não sofrerá alteração no valor)

Comentário: os valores das prestações serão iguais a 1344, em uma mesma data focal.

Taxa = 10% = 0,1

- 1ª etapa: encontrar M_1

C = 1344

t = 1

i = 10% = 10/100 = 0,1

$M = C (1 + i)^t$

$M^1 = 1344(1+ 0,1)^1$

- 2ª etapa: encontrar M_2

C = p

t = 1

i = 10% = 10/100 = 0,1

$M = C (1 + i)^t$

$M^1 = p(1 + 0,1)^1$

- 3ª etapa: resolver a expressão $M_1 = M_2 + p$

$M_1 = M_2 + p$

$1344(1 + i)^1 = p(1 + i)^1 + p$

$1344(1 + 0,1)^1 = p(1 + 0,1)^1 + p$

$1344(1,1)^1 = p(1,1)^1 + p$

$1344 . 1,1 = 1,1p + p$

$1478,4 = 2,1p$

$2,1p = 1478,4$

$P = \dfrac{1478,4}{2,1} = 704$

Resposta: letra D.

----

6. **(BB CESGRANRIO 2012)** João tomou um empréstimo de R$ 900,00 a juros compostos de 10% ao mês. Dois meses depois, João pagou R$ 600,00 e, um mês após esse pagamento, liquidou o empréstimo.

O valor desse último pagamento foi, em reais, de aproximadamente,

(A) 429,00

(B) 489,00

PARTE II – **Cap. 3** – EQUIVALÊNCIA DE CAPITAIS

531

(C) 538,00

(D) 240,00

(E) 330,00

Resolução:

Comentário: no regime composto, a data focal é livre, por isso, podemos utilizar a seguinte técnica:

Transportar o saldo devedor até o próximo pagamento e depois realizar a subtração do saldo devedor (montante) do pagamento realizado. Nesse caso, a diferença encontrada será capitalizada até a data do próximo pagamento, encontrando assim o pagamento final – valor que zera a dívida.

• 1ª etapa: tempo 0 para 2

C = 900

i = 10% = 0,1

T = 2 (tempo 0 para o tempo 2, temos 2 capitalizações)

$M = C(1 + i)^t$

$M = 900 (1 + 0,1)^2$

$M = 900 (1,1)^2 = 900 . 1,21 = 1089$

Obs.: teve um pagamento de R$ 600,00

Valor devido = 1089 - 600 = 489

• 2ª etapa: tempo 2 para o tempo 3

C = 489

i = 10% = 0,1

T = 1 (tempo 2 para o tempo 3, temos apenas 1 capitalização)

$M = C(1 + i)^t$

$M = 489 (1 + 0,1)^1$

$M = 489 (1,1)^1 = 489 . 1,1 = 537,9$ (aproximadamente R$ 538)

Resposta: *letra C.*

3.5 TREINAMENTO DO CONCURSANDO

7. **(FCC)** Dois títulos cujos valores nominais são R$ 16.500,00 e R$ 26.620,00, vencíveis no fim de 1 ano e 3 anos, respectivamente, serão substituídos por um único título equivalente, vencendo no final de 2 anos. Adotando a operação do desconto racional composto à taxa de juros compostos de 10% ao ano, o valor nominal deste único título é

(A) R$ 47.432,00
(B) R$ 44.770,00
(C) R$ 44.165,00
(D) R$ 42.350,00
(E) R$ 39.200,00

8. **Um trator pode ser comprado à vista por um preço V, ou pago em três parcelas anuais de R$ 36.000,00, a primeira no ato da compra. Nesse caso, incidem juros compostos de 20% a.a sobre o saldo devedor. Nessas condições, o preço V é:**
(A) R$ 75.000,00
(B) R$ 88.000,00
(C) R$ 91.000,00
(D) R$ 95.000,00
(E) R$ 97.000,00

9. **Fabiano tomou um empréstimo de R$ 300,00 a juros compostos mensais de 5%. Entretanto, dois meses após, Fabiano pagou R$ 150,00 e, um mês após esse pagamento, liquidou seu débito. O valor desse último pagamento foi:**
(A) R$ 189,00
(B) R$ 195,00
(C) R$ 195,78
(D) R$ 189,78
(E) R$ 199,98

10. **Dois títulos cujos valores nominais são R$ 16.500,00 e R$ 26.620,00, vencíveis no fim de 1 ano e 3 anos, respectivamente, serão substituídos por um único título equivalente, vencendo no final de 2 anos. Adotando a operação do desconto racional composto à taxa de juros compostos de 10% ao ano, o valor nominal deste único título é**
(A) R$ 47.432,00
(B) R$ 44.770,00
(C) R$ 44.165,00
(D) R$ 42.350,00
(E) R$ 39.200,00

GABARITO

| 1. B | 2. C | 3. A | 4. C | 5. D | 6. C | 7. D | 8. C | 9. D | 10. D |

4

TAXA INTERNA DE RETORNO (TIR) DE UM FLUXO DE CAIXA

4.1 FLUXO DE CAIXA

Um fluxo de caixa representa uma série de pagamentos ou recebimentos que se estima ocorrer em um mesmo intervalo de tempo.

4.2 TAXA INTERNA DE RETORNO (TIR) DE UM FLUXO DE CAIXA

A taxa interna de retorno é a taxa que torna o VPL (Valor Presente Líquido) do fluxo de caixa igual a zero, ou seja, é a taxa que faz com que o valor atual dos pagamentos se iguale ao valor atual dos recebimentos.

Comentário: a taxa interna de retorno é calculada utilizando o conceito de equivalência de capitais no regime composto, sendo os valores negativos (saída) iguais aos valores positivos (entradas) em uma determinada data focal, essa escolha da data focal é livre.

4.3 TREINAMENTO COMENTADO

1. **(CEF CESGRANRIO 2008) A tabela abaixo apresenta o fluxo de caixa de um certo projeto.**

Período (anos)	0	1	2
Valor (milhares de reais)	-410	P	P

Para que a taxa interna de retorno anual seja 5%, o valor de P, em milhares de reais, deve ser

(A)   216,5
(B)   217,5
(C)   218,5
(D)   219,5
(E)   220,5

Resolução:

Comentário: a taxa interna de retorno é taxa que zera o fluxo de caixa, ou seja, os pagamentos são iguais ao recebimento.

Pagamento = 410 (tempo 0)

Recebimento = P (tempo 1) + P (tempo 2)

1º passo: escolher uma data focal

Comentário: a data focal escolhida será igual a 2, pois dessa forma iremos utilizar apenas a fórmula de montante.

Valor 1: $C = 410$, $t = 2$ (tempo 0 para o tempo 2) e $i = 5\% = 5/100 = 0,05$

$M = C(1 + i)^t$

$M = 410(1 + 0,05)^2$

$M = 410(1,05)^2$

$M = 410 . 1,1025$

$M_1 = 452,025$

Valor 2: $C = P$, $t = 1$ (tempo 1 para o tempo 2) e $i = 5\% = 5/100 = 0,05$

$M = C(1 + i)^t$

$M = P(1 + 0,05)^1$

$M = P(1,05)^1$

$M_2 = 1,05P$

Valor 3: $V3 = P$ (o valor está na data focal, por isso, não altera o valor)

$M1 = M2 + V3$

$452,025 = 1,05p + p$

$452,025 = 2,05p$

$2,05p = 452,025$

$p = \dfrac{452,025}{2,05} = 220,5$

Resposta: *letra E.*

PARTE II – Cap. 4 – TAXA INTERNA DE RETORNO (TIR) DE UM FLUXO DE CAIXA

2. (CEF CESGRANRIO 2008) A tabela abaixo apresenta o fluxo de caixa de um certo projeto.

Valor (Milhares de reais)	-50	35	22
Período (anos)	0	1	2

A taxa interna de retorno anual é igual a
- (A) 10%
- (B) 12%
- (C) 15%
- (D) 18%
- (E) 20%

Resolução: O cálculo da taxa interna de retorno é o pior cálculo, pois a melhor opção é sair testando as alternativas, e com isso verificar qual valor permite a equivalência entre saída e entrada.

Se escolhermos a data focal zero iremos utilizar apenas a fórmula de desconto e se utilizarmos a data focal igual a 2 iremos utilizar apenas a fórmula de montante. Lembre-se: você pode escolher qualquer data focal.

Data focal escolhida = 2

Valor (Milhares de reais)	-50	35	22
Período (anos)	0	1	2

Valor 1 (saída): C = 50, t = 2 (tempo 0 para o tempo 2) e i = ?

$M = C(1 + i)^t$

$M = 50(1 + i)^2$

Valor 2 (entrada): C = 35, t = 1 (tempo 1 para o tempo 2) e i = ?

$M = C(1 + i)^t$

$M = 35(1 + i)^1$

Valor 3 (entrada): V3 = 22 (valor está na data focal)

$V_1 = V_2 + V_3$

$50(1 + i)^2 = 35(1 + i)^1 + 22$

Agora, iremos testar as alternativas.

Teste 1: (A) i = 10% = 10/100 = 0,1

$50(1 + i)^2 = 35(1 + i)^1 + 22$

$50(1 + 0,1)^2 = 35(1 + 0,1)^1 + 22$

$50(1,1)^2 = 35(1,1) + 22$

$50.1,21 = 38,5 + 22$

60,5 = 60,5 (valores iguais, por isso, é a resposta correta)

Resposta: letra A.

---

3. **(BB CESGRANRIO 2012)** O investimento necessário para montar uma pequena empresa é de R$ 10.000,00. Esse investimento renderá R$ 6.000,00 no final do primeiro ano, e R$ 5.500,00 no final do segundo. Depois desses dois anos, o dono dessa empresa pretende fechá-la.

    A taxa interna de retorno (TIR), anual, desse projeto é
    (A) 5%
    (B) 10%
    (C) 15%
    (D) 1%
    (E) 1,5%

Resolução:

A taxa interna de retorno é uma taxa que zera o fluxo de caixa, ou seja, entrada é igual à saída.

 Dica:
Devemos sair pela resposta.

Teste 1: (A) i = 5% = 0,05

Data focal = 0

T = 0 --- 10000

T = 1 --- 6000 (desconto de 1 mês)

T = 2 --- 5500 (desconto de 2 meses)

$$10000 = \frac{6000}{(1+0,05)^1} + \frac{5500}{(1+0,05)^2}$$

$$10000 = \frac{6000}{(1,05)^1} + \frac{5500}{(1,05)^2}$$

$$1000 = 5714,28 + \frac{5500}{(1,1025)}$$

10000 = 5714,28 + 4988,66

10000 ≠ 10702,94 (temos valores diferentes)

PARTE II – Cap. 4 – TAXA INTERNA DE RETORNO (TIR) DE UM FLUXO DE CAIXA

Teste 2: (B) i = 10% = 0,1

Data focal = 0

T = 0 --- 10000

T = 1 --- 6000 (desconto de 1 mês)

T = 2 --- 5500 (desconto de 2 meses)

$$10000 = \frac{6000}{(1+0,1)^1} + \frac{5500}{(1+0,1)^2}$$

$$10000 = \frac{6000}{(1,1)^1} + \frac{5500}{(1,1)^2}$$

$$1000 = 5454,54 + \frac{5500}{(1,21)}$$

10000 = 5454,54 + 4545,46

10000 = 10000 (valores iguais)

Resposta: letra B.

---

4. **(BB FCC 2010)**Uma máquina com vida útil de 3 anos é adquirida hoje (data 0) produzindo os respectivos retornos: R$ 0,00 no final do primeiro ano, R$ 51.480,00 no final do segundo ano e R$ 62.208,00 no final do terceiro ano. O correspondente valor para a taxa interna de retorno encontrado foi de 20% ao ano. Então, o preço de aquisição da máquina na data 0 é de

(A) R$ 86.100,00.

(B) R$ 78.950,00.

(C) R$ 71.750,00.

(D) R$ 71.500,00.

(E) R$ 71.250,00.

Resolução:

Comentário: o objetivo é encontrar o preço de aquisição no tempo 0, por isso, vamos utilizar a data focal igual a 0. Você deve estar se perguntando: posso escolher outra data focal?

Pode! Cuidado!

Escolhendo uma data focal diferente de zero, o valor da aquisição será transportado para a data focal escolhida, ou seja, vai encontrar o valor na sua data focal. A questão pediu na data focal 0, por isso utilizei essa data focal. Se for escolher uma data diferente de zero, então deverá transportar o resultado final para data 0, ou seja, será um caminho mais longo.

Valor 1: 51480 - tempo = 2 anos (final do ano)

Obs.: a fórmula utilizada será a de desconto, pois o valor está depois da data focal.

N = 51480

t = 2 anos

i = 20% = 20/100 = 0,2

$$Va1 = \frac{N}{(1+i)^t}$$

$$Va1 = \frac{51480}{(1+0,2)^2}$$

$$Va1 = \frac{51480}{(1,2)^2} = \frac{51480}{1,44} = 35750$$

Valor 2: 62.208 - tempo = 3 anos (final do ano)

Obs.: a fórmula utilizada será a de desconto, pois o valor está depois da data focal

N = 62208

t = 3 anos

i = 20% = 20/100 = 0,2

$$Va2 = \frac{N}{(1+i)^t}$$

$$Va2 = \frac{62208}{(1+0,2)^3}$$

$$Va\,2 = \frac{62208}{\left(1,2\right)^3}$$

$$Va2 = \frac{62208}{1,728} = 36000$$

Preço de aquisição: 0 + 35.750 + 36000 = 71750

Resposta: letra C.

---

5. **(CEF CESPE 2010)** Uma instituição financeira capta investimentos oferecendo a taxa interna de retorno de 5% ao mês. Se, ao investir determinada quantia, um investidor fez duas retiradas, uma no valor de R$ 10.500,00 um mês após a data do depósito, e outra, no valor restante de R$ 11.025,00, dois meses após o depósito, então o valor investido foi igual a

   (A) R$ 18.000,00.

   (B) R$ 18.500,00.

PARTE II – **Cap. 4** – TAXA INTERNA DE RETORNO (TIR) DE UM FLUXO DE CAIXA

(C)   R$ 19.000,00.

(D)   R$ 19.500,00.

(E)   R$ 20.000,00.

Resolução:

Temos um depósito inicial = x e duas retiradas, uma de R$ 10000,00 no tempo 1 e outra de R$ 11025,00 no tempo 2.

A data focal escolhida será igual a 0, para encontrar o valor inicial investido.

Valor 1 (valor inicial) = x (valor está na data focal)

Valor 2 (1ª retirada): 10500 - tempo 1

Obs.: a fórmula utilizada será a de desconto, pois o valor está depois da data focal.

N = 105000

t = 1 (tempo 0 para o tempo 1)

i = 5% ao mês = 5/100 = 0,05

$$Va2 = \frac{N}{(1+i)^t}$$

$$Va2 = \frac{10500}{(1+0,05)^1}$$

$$Va\,2 = \frac{10500}{(1,05)} = 10000$$

Valor 3 (2ª retirada): 11025 - tempo 2

Obs.: a fórmula utilizada será a de desconto, pois o valor está depois da data focal.

N = 11025

t = 2 (tempo 0 para o tempo 2)

i = 5% ao mês = 5/100 = 0,05

$$Va3 = \frac{N}{(1+i)^t}$$

$$Va3 = \frac{11025}{(1+0,05)^2}$$

$$Va\,3 = \frac{11025}{(1,05)^2} = \frac{11025}{1,1025} = 10000$$

Valor inicial = V2 + V3

Valor inicial = 10000 + 10000 = 20000

Resposta: *letra E.*

4.4 TREINAMENTO FINAL DO CAPÍTULO

6. **(CESGRANRIO)** O instrumento que permite equalizar o valor presente de um ou mais pagamentos (saídas de caixa) com o valor presente de um ou mais recebimentos (entradas de caixa) é a(o)

(A) taxa de retorno sobre o investimento
(B) taxa interna de retorno
(C) lucratividade embutida
(D) valor médio presente
(E) valor futuro esperado

---

7. **(CESGRANRIO)**

I – Um fluxo de caixa representa o movimento de entradas e desembolsos de capitais ao longo de um universo temporal.

II – Taxa Interna de Retorno (TIR) de um fluxo de caixa é aquela para a qual a soma das entradas de capital é igual à soma dos desembolsos quando a comparação é efetuada em uma mesma data.

III – Dois fluxos de caixa são equivalentes se têm as mesmas entradas de capital.

Está correto o que se afirma em

(A) II, apenas.
(B) I e II, apenas.
(C) I e III, apenas.
(D) II e III, apenas.
(E) I, II e III.

8. **(FCC SEFAZ PI 2015)** No fluxo de caixa abaixo, a taxa interna positiva de retorno é de 20% ao ano.

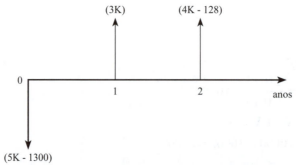

O valor de K é

Parte II – Cap. 4 – TAXA INTERNA DE RETORNO (TIR) DE UM FLUXO DE CAIXA

541

(A) R$ 3.896,00
(B) R$ 5.000,00
(C) R$ 117,84
(D) R$ 260,00
(E) R$ 714,00

9. **(FCC TCE PR)** A taxa interna de retorno (TIR) anual do projeto representado pelo fluxo de caixa abaixo é igual a 8%.

Ano	Fluxo de Caixa (R$)
0	-38500,00
1	X
2	2X

O valor de X é igual a
(A) R$ 13.500,00.
(B) R$ 14.580,00.
(C) R$ 14.904,00.
(D) R$ 15.746,40.
(E) R$ 16.096,00.

10. **(BB FCC)** Uma máquina com vida útil de 3 anos é adquirida hoje (data 0) produzindo os respectivos retornos: R$ 0,00 no final do primeiro ano, R$ 51.480,00 no final do segundo ano e R$ 62.208,00 no final do terceiro ano. O correspondente valor para a taxa interna de retorno encontrado foi de 20% ao ano. Então, o preço de aquisição da máquina na data 0 é de
(A) R$ 71.250,00.
(B) R$ 71.500,00.
(C) R$ 71.750,00.
(D) R$ 78.950,00.
(E) R$ 86.100,00

GABARITO

1. E	2. A	3. B	4. C	5. E	6. B	7. B	8. B	9. B	10. C

5

RENDAS

5.1 INTRODUÇÃO

Rendas certas são pagamentos ou recebimento iguais e consecutivos efetuados através do regime de capitalização composta. Estão divididas em:

1. Amortização (valor atual)   2. Capitalização (valor futuro)

O ←————————— n   o ————————→ n

Classificação das rendas em relação ao pagamento:

1.1) Postecipada (modelo básico da Tabela Price ou sistema francês)

1.2) Antecipada

5.2 CÁLCULO DO VALOR ATUAL DE UMA SÉRIE DE PAGAMENTOS

5.2.1 Caso 1: Renda postecipada

Conceito: o pagamento será efetuado no final do primeiro período e, portanto, o vencimento da última prestação, tendo a renda "n" prestações, ocorrerá ao fim de "n" períodos.

Com a tabela : $VA = P . a_{n]\,i}$

Onde:

VA = valor da atual,

P = prestação ou anuidade,

n = quantidade de parcelas, e

i = taxa.

a n] i: fator de valor atual de uma série de pagamentos (tabela 1 no anexo de tabelas financeiras).

☑ **Dica:**
Dica de cálculo quando a questão não fornece o valor do fator de valor atual de uma série de pagamentos.

Caso 1: quando a questão fornece o valor do $(1+i)^n$

$$a_{n\rceil i} = \frac{(1+i)^n - 1}{(1+i)^n \cdot i}$$

Caso 2: quando a questão fornece o valor do $(1+i)^{-n}$

$$a_{n\rceil i} = \frac{1 - (1+i)^{-n}}{i}$$

O caso 2 é mais exigido em prova.

5.2.1.1 Treinamento comentado

1. **(CEF FCC 2004)** O preço à vista de um computador é R$ 2.200,00. Ele pode ser comprado a prazo com uma entrada de R$ 368,12 e o restante pago em 5 parcelas mensais, iguais e consecutivas, a primeira delas vencendo ao completar 30 dias data da compra. Se, no financiamento, os juros são compostos à taxa de 3% ao mês, o valor de cada uma das prestações será
   - (A) R$ 380,00
   - (B) R$ 390,00
   - (C) R$ 400,00
   - (D) R$ 410,00
   - (E) R$ 420,00

☑ **Dica:**

$an = \dfrac{(1+i)n^{-1}}{i \cdot (1+i)^n}$ de uma série de pagamentos, à taxa de 3%

n	a_n
1	0,9709
2	1,9135
3	2,8286
4	3,7171
5	4,5797
6	5,4172
7	6,2303
8	7,0197
9	7,7861
10	8,5302

PARTE II – Cap. 5 – RENDAS

Resolução:

Va = 2200 – 368,12 = 1831,88 (valor atual da série de pagamentos)

Obs.: temos uma falsa renda antecipada, pois a o valor da entrada é diferente das parcelas, por isso abatemos do valor à vista a entrada paga.

n = 5 (total de parcelas)

i = 3% ao mês

$a_{5]3}$ = 4,5797 (valor correspondente à linha 5 da tabela fornecida)

$$PP = \frac{Va}{a_{n]i}} = \frac{1831,88}{a_{5]3}} = \frac{1831,88}{4,5797} = 400$$

Resposta: letra C.

----

2. **(SEFAZ-RJ 2010/FGV)** Uma empresa parcela a venda de seus produtos, que podem ser financiados em duas vezes, por meio de uma série uniforme de pagamentos postecipada. A taxa de juros efetiva cobrada é de 10% ao mês no regime de juros compostos e o cálculo das parcelas é feito considerando--se os meses com 30 dias.

   Se um indivíduo comprar um produto por R$ 1.000,00, o valor de cada prestação mensal será:
   (A) R$ 525,68.
   (B) R$ 545,34.
   (C) R$ 568,24.
   (D) R$ 576,19.
   (E) R$ 605,00.

Resolução:

Va = 1000

n = 2

i = 10% (10/100 = 0,1)

Precisamos encontrar o valor do a 2]10

$$a_{n]i} = \frac{(1+i)^n - 1}{(1+i)^n \cdot i}$$

$$a_{2]10} = \frac{(1+0,1)^2 - 1}{(1+0,1)^2 \cdot 0,1} = \frac{(1,1)^2 - 1}{(1,1)^2 \cdot 0,1} = \frac{1,21 - 1}{1,21 \cdot 0,1} = \frac{0,21}{0,121} = \frac{210}{121} = 1,7355$$

$$P = \frac{Va}{a_{n]i}} = \frac{1000}{a_{2]10}} = \frac{1000}{1,7355} = 576,20$$

Resposta: letra D.

MATEMÁTICA FACILITADA – *Bruno Villar*

3. **(TCE-AC CESPE 2009)** Uma pessoa comprou um veículo pagando uma entrada, no ato da compra, de R$ 3.500,00, e mais 24 prestações mensais, consecutivas e iguais a R$ 750,00. A primeira prestação foi paga um mês após a compra e o vendedor cobrou 2,5% de juros compostos ao mês. Considerando 0,55 como valor aproximado para $1,025^{-24}$, é correto afirmar que o preço à vista, em reais, do veículo foi

(A) inferior a 16.800.

(B) superior a 16.800 e inferior a 17.300.

(C) superior a 17.300 e inferior a 17.800.

(D) superior a 17.800 e inferior a 18.300.

(E) superior a 18.300.

Resolução:

Va = ?

P = 750

I = 2,5% (2,5/100 = 0,025)

Precisamos encontrar o valor do $a_{24] \, 2,5}$

Obs.: temos o valor do $(1,025)^{-24}$

$$a_{n] \, i} = \frac{1 - (1+i)^n}{i}$$

$$a_{24] \, 2,5} = \frac{1 - (1+0,025)^{-24}}{0,025} = \frac{1 - (1,025)^{-24}}{0,025} = \frac{1 - 0,55}{0,025} = \frac{0,45}{0,025} = \frac{450}{25} = 18$$

$VA = P \cdot a_{n] \, i}$

$Va = 750 \cdot a_{24] \, 2,5}$

$Va = 750 \cdot 18 = 13500$ (valor financiado)

Valor à vista = entrada + valor financiado

Valor à vista = 3500 + 13500 = 17000

Resposta: letra B.

Instruções ao candidato:

A solução das questões poderá ser apoiada pelo uso das tabelas a seguir, nas quais se encontram resultados de cálculos de fórmulas da Matemática Financeira, em especial referentes a juros compostos para pagamento único e para séries de pagamentos iguais. O candidato deverá escolher a alternativa mais próxima do resultado obtido. Quando for necessário converter unidades de tempo, deve-se considerar que um ano tem 12 meses ou 360 dias, e um mês tem 30 dias.

Parte II – Cap. 5 – RENDAS

547

Série de pagamentos iguais (anuidades ordinárias ou postecipadas)

Fator de valor presente de uma anuidade ordinária

$$\frac{(1+i)^n - 1}{i(1+i)^n} = \sum_{t=1}^{n} \frac{1}{(1+i)^t}$$

n	Taxa de juros no período				
	1,00%	**2,00%**	**3,00%**	**4,00%**	**5,00%**
1	0,9901	0,9804	0,9709	0,9615	0,9524
2	1,9704	1,9416	1,9135	1,8861	1,8594
3	2,9410	2,8839	2,8286	2,7751	2,7232
4	3,9020	3,8077	3,7171	3,6299	3,5460
5	4,8534	4,7135	4,5797	4,4518	4,3295
6	5,7955	5,6014	5,4172	5,2421	5,0757
7	6,7282	6,4720	6,2303	6,0021	5,7864
8	7,6517	7,3255	7,0197	6,7327	6,4632
9	8,5660	8,1622	7,7861	7,4353	7,1078
10	9,4713	8,9826	8,5302	8,1109	7,7217
11	10,3676	9,7868	9,2526	8,7605	8,3064
12	11,2551	10,5753	9,9540	9,3851	8,8633

Fator de recuperação de capital

$$\frac{i(1+i)^n}{(1+i)^n - 1} = \left(\sum_{t=1}^{n} \frac{1}{(1+i)^t} \right)^{-1}$$

n	Taxa de juros no período				
	1,00%	**2,00%**	**3,00%**	**4,00%**	**5,00%**
1	1,0100	1,0200	1,0300	1,0400	1,0500
2	0,5075	0,5150	0,5226	0,5302	0,5378
3	0,3400	0,3468	0,3535	0,3603	0,3672
4	0,2563	0,2626	0,2690	0,2755	0,2820
5	0,2060	0,2122	0,2184	0,2246	0,2310
6	0,1725	0,1785	0,1846	0,1908	0,1970
7	0,1486	0,1545	0,1605	0,1666	0,1728
8	0,1307	0,1365	0,1425	0,1485	0,1547
9	0,1167	0,1225	0,1284	0,1345	0,1407
10	0,1056	0,1113	0,1172	0,1233	0,1295
11	0,0965	0,1022	0,1081	0,1141	0,1204
12	0,0888	0,0946	0,1005	0,1066	0,1128

4. (FMP-RS) Uma loja financia a compra de um eletrodoméstico no valor à vista de R$ 1.300,00, em três prestações mensais iguais, sem entrada, isto é, a primeira das prestações com vencimento um mês após a compra. Sabendo-se que a taxa de juros utilizada é de 5% ao mês, o valor da prestação é

(A) R$ 454,63.

(B) R$ 477,36.

(C) R$ 498,33.

(D) R$ 501,63.

(E) R$ 3.540,16.

Resolução:

Resumo:

Va = 1.300

n = 3 (número de parcelas)

i: 5% (percentual cobrado)

$a_{3 \rceil 5}$ = 2,7232 (valor retirado da tabela 1- Fator de valor atual)

$$P = \frac{Va}{a_{n \rceil i}} = \frac{13.000}{a_{3 \rceil 5}} = \frac{1.300}{2,7232} = 477,36$$

Resposta: letra B.

---

5. (CESGRANRIO CEF 2012 ENGENGHEIRO) Um bem, cujo preço à vista é R$ 30.000,00, é vendido com uma entrada de 10%, e o restante, em 72 prestações mensais iguais, sendo a primeira paga um mês após a compra. Se os juros são de 12% ao ano, capitalizados mensalmente, o valor das prestações é, em reais, aproximadamente, de

Dado: Valores resultantes de $(1 + i)^n$					
n	-72	-71	70	71	72
1%	0,49	0,49	2,01	2,03	2,05
2%	0,24	0,25	4,00	4,08	4,16
i 10%	0,00	0,00	789,75	868,72	955,59
12%	0,00	0,00	2.787,80	3.122,34	3.497,02

(A) 420,00

(B) 529,00

(C) 588,00

(D) 2.471,00

(E) 3.240,00

Parte II – **Cap. 5** – RENDAS

Resolução:

Valor atual = valor à vista - entrada

Va = 30000 - 10% de 30000 = 30000 - 3000 = 27000

N = 72 e i = 1% ao mês

Obs.: 12% ao ano, com capitalização mensal, logo, temos uma taxa nominal. 12/12 = 1% ao mês.

Precisamos encontrar o valor $a_{72]\,1}$

Obs.: temos o valor do $(1,01)^{-72}$

$$a_{\,n]\,i} = \frac{1 - (1+i)^n}{i}$$

$$a_{\,72]\,1} = \frac{1 - (1+0,01)^{-72}}{0,01} = \frac{1 - (1,01)^{-72}}{0,01} = \frac{1 - 0,49}{0,01} = \frac{0,51}{0,01} = \frac{51}{1} = 51$$

$$P = \frac{Va}{a_{\,n]1}} = \frac{27.000}{a_{72]1}} = \frac{27.000}{51} = 529,41$$

Resposta: *letra B.*

----

6. **(CEF CESPE 2010)** Um computador é vendido em 8 prestações mensais, consecutivas e iguais a R$ 350,00. Os juros cobrados no financiamento desse computador correspondem a juros compostos mensais de 7% sobre o preço à vista. Nesse caso, considerando-se 0,582 como valor aproximado para $1,07^{-8}$, se a primeira prestação for paga um mês após a compra, o preço à vista do computador será igual a

(A) R$ 2.050,00.

(B) R$ 2.060,00.

(C) R$ 2.070,00.

(D) R$ 2.080,00.

(E) R$ 2.090,00.

Resolução:

Objetivo: encontrar o valor à vista de uma série de pagamentos.

P = 350, n = 8, i = 7% = 0,07 e $a_{\,8]7}$ = ?

1ª etapa: encontrar o valor de $a_{8]7}$

$$a_{\,n]\,i} = \frac{1 - (1+i)^n}{i}$$

$$a_{\,8]7} = \frac{1 - (1+0,07)^{-8}}{0,07}$$

$$a_{8]7} = \frac{1-(1+1,07)^{-8}}{0,07} = \frac{1-0,582}{0,07} = \frac{0,418}{0,07} = \frac{418}{70} = 5,97$$

2ª etapa: encontrar o valor à vista

Va = P . a $_{n]i}$

Va = P . a $_{8]7}$

Va = 350 . 5,97

Va = 2090

Resposta: letra E.

5.2.2 Caso 2: Renda antecipada

Conceito: o primeiro pagamento será feito no início do primeiro período (data zero), e o vencimento da última prestação, dar-se-á de "n - 1" prestações.

> ☑ **Dica:**
>
> O valor da entrada é igual ao valor das parcelas restantes.
>
> VA = P . a $_{n']i}$ + P
>
> **Obs.:** a $_{n']i}$ = a $_{n-1]+1}$

TREINAMENTO BÁSICO

7. **(TCM-RJ ESAF)** Uma compra foi paga com cinco cheques pré-datados no valor de R$ 5.000,00 cada, com vencimentos mensais e consecutivos, o primeiro na data da compra. Qual o valor da compra se a taxa de juros efetiva composta cobrada pelo financiamento é de 3% ao mês?

   (A) R$ 19.275,25
   (B) R$ 21.432,50
   (C) R$ 22.575,00
   (D) R$ 23.585,50
   (E) R$ 27.000,00

Resolução:

Cuidado, pois temos uma renda antecipada, ou seja, o primeiro pagamento será realizado no ato.

PARTE II – Cap. 5 – RENDAS

Va = ?

P = 5000

n = 5

i = 3%

☑ **Dica:**

$a_{4]3} = 3,7171$ (a banca ESAF fornece a tabela com os valores)

$Va = P \cdot a_{n-1]i} + P$

$Va = 5000\, a_{4]3} + 5000$

$Va = 5000 \cdot 3,7171 + 5000$

$Va = 18585,5 + 5000 = 23585,5$

Resposta: letra D.

5.2.2.1 Treinamento do concursando

8. **(FCC)** Paulo comprou um automóvel em 10 prestações mensais, iguais e consecutivas, no valor de R$ 4.400,00 cada uma, vencendo a primeira 1 mês após a data da compra. A agência de automóveis trabalha com uma taxa de juros compostos de 2% ao mês. Se Paulo propusesse à agência quitar a dívida em 15 prestações, vencendo também a primeira 1 mês após a data da compra, o valor da prestação seria (considere que, a uma taxa de 2% ao mês, para 10 períodos e 15 períodos, o fator de valor atual é, respectivamente, 1/0,11 e 1/0,08)

(A) R$ 3.140,00

(B) R$ 3.200,00

(C) R$ 3.360,00

(D) R$ 3.410,00

(E) R$ 3.600,00

----

9. **(FGV)** Uma empresa parcela a venda de seus produtos, que podem ser financiados em duas vezes, por meio de uma série uniforme de pagamentos postecipada. A taxa de juros efetiva cobrada é de 10% ao mês no regime de juros compostos e o cálculo das parcelas é feito considerando-se os meses com 30 dias. Se um indivíduo comprar um produto por R$ 1.000,00, o valor de cada prestação mensal será:

(A) R$ 525,68.

(B) R$ 545,34.
(C) R$ 568,24.
(D) R$ 576,19.
(E) R$ 605,00

5.3 CÁLCULO DO MONTANTE (CAPITALIZAÇÃO)

Capitalização é representada por depósitos sucessivos com o objetivo de construir um fundo de reserva.

$M = C \cdot S_{n]i}$, onde $S_{n]i}$ é encontrado na tabela de fator de acumulação de capitais (tabela 3 do anexo de tabelas financeiras).

C = valor do depósito

n: quantidade de depósitos.

i: taxa

  Dica:

Dica de cálculo sem a tabela.

$$S_{n]i} = \frac{(1+i)^n - 1}{i}$$

Comentários: algumas bancas não fornece a tabela, apenas o valor do $(1+i)^n$.

 Se ligue!

O valor do montante encontrado corresponde ao período correspondente ao do último depósito.

5.4 TREINAMENTO COMENTADO

Tabela da questão 10

Fator de Acumulação de Capital de uma Série de Pagamentos

s(n.i)	1%	2%	3%	4%	5%
1	1,00	1,00	1,00	1,00	1,00
2	2,01	20,02	2,03	2,04	2,05
3	3,03	3,06	3,09	3,12	3,15
4	4,06	4,12	4,18	4,25	4,31

PARTE II – Cap. 5 – RENDAS

s(n.i)	1%	2%	3%	4%	5%
5	5,10	5,20	5,31	5,42	5,53
6	6,15	6,31	6,47	6,63	6,80
7	7,21	7,43	7,66	7,90	8,14
8	8,29	8,58	8,89	9,21	9,55
9	9,37	9,75	10,16	10,58	11,03
10	10,46	10,95	11,46	12,01	12,58
11	11,57	12,17	12,81	13,49	14,21
12	12,68	13,41	14,19	15,03	15,92
13	13,81	14,68	15,62	16,63	17,71
14	14,95	15,97	17,09	18,29	19,60
15	16,10	17,29	18,60	20,02	21,58

10. **(BNDES CESGRANRIO 2010)** Uma aplicação consiste em 6 depósitos consecutivos, mensais e iguais no valor de R$ 300,00 (trezentos reais) cada um. Se a taxa de juros compostos utilizada é de 5% ao mês, o montante, em reais, um mês após o último dos 6 depósitos, é

(A) 2.040,00
(B) 2.142,00
(C) 2.240,00
(D) 2.304,00
(E) 2.442,00

Resolução:

C = 300 (valor depositado)

n = 6

i = 5%

$S_{6] 5}$ = 6,80 (valor da linha 6 e coluna 5)

$M = C . S_{n]i}$

$M = 300 \ S_{6] 5}$

$M = 300 . 6,8 = 2040$

O valor solicitado é um mês após o último depósito, por isso vamos capitalizar um período do montante encontrado. Não se esqueça de que o valor do montante corresponde ao valor acumulado até o sexto depósito, porém, a questão pediu o valor um mês após o último depósito.

C = 2040 (capital acumulado)

I = 5% = 5/100

T = 1

M = C (1 + i)^t

M = 2040 (1 + 0,05)^1

M = 2040 . (1,05)^1

M = 2040 . 1,05 = 2142

Resposta: *letra B.*

---

11. (CESGRANRIO CEF 2008) Um investimento consiste na realização de 12 depósitos mensais de R$ 100,00, sendo o primeiro deles feito um mês após o início da transação. O montante será resgatado um mês depois do último depósito. Se a taxa de remuneração do investimento é de 2% ao mês, no regime de juros compostos, o valor do resgate, em reais, será.

Obs.: $(1,02)^{12}$ = 1,268242 (valor retirado da tabela fornecida na prova)

(A) 1.200,00
(B) 1.224,00
(C) 1.241,21
(D) 1.368,03
(E) 2.128,81

Resolução:

 Dica:

A questão solicitou o montante um mês após o último depósito.

C = 100 (valor depositado)

n = 12

i = 2% (2/100 = 0,02)

Precisamos do valor da expressão $S_{12]\,2}$

$$S_{n]i} = \frac{(1+i)^n - 1}{i}$$

$$S_{12]\,2} = \frac{(1+0,02)^{12} - 1}{0,02} = \frac{(1,02)^{12} - 1}{0,02} = \frac{1,268242 - 1}{0,02} = \frac{0,268242}{0,02} = \frac{268242}{20000} = 13,4121$$

Agora, vamos encontrar o valor acumulado (M)

M = C . $S_{n]i}$

M = 100 . $S_{12]\,2}$

PARTE II - Cap. 5 - RENDAS

$M = 100 \cdot 13,4121 = 1341, 21$

Para finalizar a questão precisamos encontrar o valor para um mês depois.

C = 1341,21 (capital)

i = 2% = 2/100 = 0,02

t = 1

$M = C (1 + i)^t$

$M = 1341,21 (1 + 0,02)^1$

$M = 1341,21 (1,02)^1$

M = 1368,03

Resposta: letra D.

12. **(BB FCC 2006)** Um investidor realiza depósitos no início de cada mês, durante 8 meses, em um banco que remunera os depósitos de seus clientes a uma taxa de juros nominal de 24% ao ano, com capitalização mensal. Os valores dos 4 primeiros depósitos foram de R$ 1.000,00 cada um e dos 4 últimos R$ 1.250,00 cada um. No momento em que ele efetua o oitavo depósito, verifica que o montante que possui no banco é M, em reais.

Fator de Acumulação de Capital (taxa de juros compostos de 2% ao período)		
Número de períodos	**Pagamento único**	**Série de pagamentos iguais**
1	1,02	1,00
2	1,04	2,02
3	1,06	3,06
4	1,08	4,12
5	1,10	5,20
6	1,13	6,31
7	1,15	7,43
8	1,17	8,58
9	1,20	9,76

Utilizando os dados da tabela acima, tem-se, então, que

(A) 10.300 < M

(B) 10.100 < M <= 10.300

(C) 9.900 < M <= 10.100

(D) 9.700 < M <= 9.900

(E) 9.500 < M <= 9.700

Resolução:

Podemos formar duas séries, sendo uma de oito pagamentos de R$ 1.000,00 e outra de quatro pagamentos de R$ 250,00. Conforme a figura abaixo:

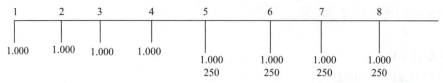

- 1ª etapa: renda 1

24% ao ano com capitalização mensal, logo, temos uma taxa nominal. 24/12 = 2% ao mês.

C = 1000, n = 8, i = 2%

$S_{8]2}$ = 8,58 (valor da linha 8 e coluna 2)

M = C . $S_{n]i}$

M = 1000 . $S_{8]2}$

M = 1000 . 8,58 = 8580

- 2ª etapa: renda 2

24% ao ano com capitalização mensal, logo, temos uma taxa nominal. 24/12 = 2% ao mês.

C = 250, n = 4, i = 2%

$S_{4]2}$ = 4,12 (valor da linha 4 e coluna 2)

M = C . $S_{n]i}$

M = 250 $S_{4]2}$

M = 250 . 4,12 = 1030

Resposta: letra E.

---

13. **(BB FCC 2006)** Uma pessoa deposita no início de cada mês R$ 5.000,00 em um banco que remunera os depósitos de seus clientes à taxa de juros nominal de 36% ao ano, com capitalização mensal. Após ter realizado o seu oitavo e último depósito decide que, após um mês, irá retirar mensalmente 5 parcelas iguais, esgotando totalmente seu crédito.

Dados referentes à taxa de juros compostos de 3% ao período para pagamentos iguais		
Períodos	Fator de Acumulação de Capital	Fator de Recuperação de Capital
4	4,18	0,27

Períodos	Fator de Acumulação de Capital	Fator de Recuperação de Capital
5	5,31	0,22
6	6,47	0,19
7	7,66	0,16
8	8,89	0,14

Utilizando os dados da tabela acima, o valor de cada parcela a ser retirada é igual a
(A) R$ 9.779,00
(B) R$ 8.445,00
(C) R$ 7.112,00
(D) R$ 6.223,00
(E) R$ 6.128,00

Resolução:

1ª etapa: calcular o montante gerado pela série de oito depósitos.

M = ?, P = 5.000 e $S_{8]3}$ = 8,89

Comentário: temos uma taxa nominal, por isso, a taxa utilizada é uma taxa de 3%.

$S_{n]i}$: fator de acumulação de capital

M = P . $S_{n]i}$

M = P . $S_{8]3}$

M = 5000 . 8,89 = 44450.

2ª etapa: calcular o valor da retirada.

 Cuidado:

A tabela fornecida é do fator de recuperação de capitais. Nesse caso, temos que utilizar a seguinte fórmula:

P = Va . FRC

Va: valor atual, P: parcela e FRC: fator de recuperação de capital.

O montante gerado na primeira série é o valor atual da segunda, pois teremos um valor acumulado e sobre esse valor é que iremos realizar as retiradas.

P = Va . FRC

P = 44450 . 0,22 = 9779.

Resposta: letra A.

14. (CEF CESPE 2010) Um servidor se aposentará daqui a 200 meses e pretende aplicar, durante esse período, uma mesma quantia mensal em uma instituição financeira que paga juros compostos mensais de 0,8%. Ele pretende obter, ao final desses 200 meses, um montante que lhe permita fazer retiradas mensais de R$ 784,00 durante os 25 anos seguintes à sua aposentadoria. Nessa situação, considerando 4,92 e 0,09 como valores aproximados para $1,008^{200}$ e $1,008^{-300}$, respectivamente, a quantia a ser aplicada mensalmente pelo servidor durante os 200 meses deverá ser igual a

(A) R$ 212,00.
(B) R$ 202,00.
(C) R$ 192,00.
(D) R$ 182,00.
(E) R$ 172,00.

Resolução:

Comentário: o montante acumulado, pela série de 200 meses, irá gerar um valor que permitirá uma retirada de R$ 784,00 durante 25 anos. O montante da série de 200 meses corresponderá ao valor atual da série de 300 meses, pois é sobre o valor acumulado que o pagamento será calculado.

1º cálculo: encontrar o valor atual da série de recebimentos de 25 anos (300 meses)

Va = ?, P = 784, i = 0,8% = 0,008 e $a_{300]0,8}$ =?

Precisamos encontrar o valor do fator $a_{300]0,8}$

$$a_{n]\,i} = \frac{1 - (1+i)^n}{i}$$

$$a_{n]i} = \frac{1 - (1+0,008)^{-300}}{0,008}$$

$$a_{n]\,i} = \frac{1 - (1,008)^{-300}}{0,008} = \frac{1 - 0,09}{0008} = \frac{0,91}{0,008} = \frac{910}{8} = 113,75$$

Agora, vamos encontrar o Valor Atual.

$Va = P \cdot a_{n]i}$

$Va = P \cdot a_{300]0.8}$

$Va = 784 \cdot 113,75 = 89.180$

• 2ª etapa: calcular a prestação da montante série de 200 meses

$M = 89180$, i = 0,8% = 0,008 e $S_{200]0,8}$ = ?

Precisamos calcular o valor do $S_{200]0,8}$

$$S_{n]i} = \frac{(1+i)^n - 1}{i}$$

$$S_{200]0,8} = \frac{(1,008)^{200} - 1}{0,008}$$

PARTE II – Cap. 5 – RENDAS

$$S_{200]0,8} = \frac{(1,008)^{200} - 1}{0,008} = \frac{4,92 - 1}{0,008} = \frac{3,92}{0,008} = 490$$

Agora, encontrar o valor da prestação.

$$P = \frac{M}{S_{200]8}}$$

$$P = \frac{89180}{490} = 182$$

Resposta: **letra D.**

5.5 RESUMO

5.5.1 Renda postecipada

O pagamento será efetuado no final do primeiro período e, portanto, o da última prestação, tendo a renda "n" prestações, ocorrerá ao fim de "n" períodos.

Com a tabela : $A = P \cdot a_{n]i}$

Onde: A = valor da atual e P = prestação ou anuidade

Sem a tabela: $a_{n]i} = \dfrac{(1+i)^n - 1}{(1+i)^n \cdot i}$

5.5.2 Renda antecipada

O primeiro pagamento será feito no início do primeiro período (data zero), e o vencimento da última prestação dar-se-á de "n-1" prestações.

Com a tabela: $VA = P \cdot a_{n']i}$, onde $a_{n']i} = a_{n-1]+1}$

Sem a tabela: $a_{n]i} = \dfrac{(1+i)^n - 1}{(1+i)^n \cdot i}$

5.5.3 Capitalização (valor futuro)

Capitalização é representada por depósitos sucessivos com o objetivo de construir um fundo de reserva.

Com a tabela: $M = C \cdot S_{n]i}$, onde $S_{n]i}$ é encontrado na tabela de capitalização.

Sem a tabela: $S_{n]i} = \dfrac{(1+i)^n - 1}{i}$

5.6 TREINAMENTO FINAL DO CAPÍTULO

15. (FCC) Uma programação de investimento consiste na realização de três depósitos consecutivos de valores iguais efetuados no início de cada ano. O resgate dos respectivos montantes será feito de uma só vez, três anos após a data do primeiro depósito. Considerando uma taxa de juros compostos de 10% ao ano, e sabendo-se que a soma dos montantes no ato do resgate foi igual a R$ 43.692,00, conclui-se que o valor de cada depósito é igual a

(A) R$ 10.000,00
(B) R$ 10.500,00
(C) R$ 11.000,00
(D) R$ 11.500,00
(E) R$ 12.000,00

16. (FCC) Um investidor deposita R$ 12.000,00 no início de cada ano em um banco que remunera os depósitos de seus clientes a uma taxa de juros compostos de 10% ao ano. Quando ele realizar o quarto depósito, tem-se que a soma dos montantes referentes aos depósitos realizados é igual a

(A) R$ 52.800,00.
(B) R$ 54.246,00.
(C) R$ 55.692,00.
(D) R$ 61.261,20.
(E) R$ 63.888,00.

(CESPE) Utilizando o BB Crédito Informática, um indivíduo financiou R$ 3.000,00 para a aquisição de um microcomputador e, de acordo com as condições estabelecidas no texto, deverá quitar o débito em 24 parcelas mensais e postecipadas de R$ 190,76.

Com base na situação hipotética acima e nas informações do texto, julgue o item abaixo.

17. Se o empréstimo tivesse sido feito em 12 parcelas mensais e postecipadas, mantidas as demais condições, o valor de cada parcela duplicaria.

18. (AOCP) Um funcionário de um banco deseja saber o valor atual de uma série de 12 prestações mensais, iguais e consecutivas, de R$ 150,00, capitalizadas a uma taxa de 5% ao mês. Utilizou a fórmula do valor presente e efetuou os cálculos corretamente, utilizando a aproximação $(1,05)^{12} = 1,80$. Assinale a alternativa que apresenta o valor atual, da série em questão, mais próximo do encontrado por esse funcionário.

(A) R$ 1.315,50

PARTE II – Cap. 5 – RENDAS

(B) R$ 1.333,50
(C) R$ 1.365,50
(D) R$ 1.383,50
(E) R$ 1.395,50

19. **(ESAF)** Pretende-se trocar uma série de oito pagamentos mensais iguais de R$ 1.000,00, vencendo o primeiro pagamento ao fim de um mês, por outra série equivalente de doze pagamentos iguais, vencendo o primeiro pagamento também ao fim de um mês. Calcule o valor mais próximo do pagamento da segunda série considerando a taxa de juros compostos de 2% ao mês (considere a 8]2 = 7,325481 e a 12]2= 10,5753441).

(A) R$ 750,00
(B) R$ 693,00
(C) R$ 647,00
(D) R$ 783,00
(E) R$ 716,00

20. **(FCC)** A tabela abaixo apresenta os valores dos Fatores de Recuperação de Capital (FRC) para a taxa de juros compostos de 2% ao período:

Número de períodos (n)	10	11	12	13
FRC	0,111	0,102	0,095	0,088

$$FRC = \frac{(1,02)^n \times 0,02}{(1,02)^n - 1}$$

O preço de venda de um equipamento é igual a R$ 100.000,00. Ele pode ser adquirido por uma das seguintes opções:

I. À vista, com 10% de desconto sobre o preço de venda.

II. Em 12 prestações mensais, iguais e consecutivas, com a primeira prestação sendo paga no ato da compra.

Utilizando o critério do desconto racional composto a uma taxa de juros compostos de 2% ao mês, tem-se que o valor de cada prestação da opção II que torna equivalentes, no ato da compra, os pagamentos efetuados pelas duas opções é, desprezando os centavos, igual a (dica: P = Va . FRC)

(A) R$ 9.500,00
(B) R$ 9.180,00
(C) R$ 8.550,00
(D) R$ 8.330,00
(E) R$ 8.150,00

GABARITO

1. C	2. D	3. B	4. B	5. B	6. E	7. D
8. B	9. D	10. B	11. D	12. E	13. A	14. D
15. E	16. C	17. Errado	18. B	19. B	20. D	

6

EMPRÉSTIMOS E AMORTIZAÇÃO

6.1 INTRODUÇÃO

De modo geral, os financiamentos podem ser feitos por curto, médio ou longo prazo. Na prática, os empréstimos de curto prazo vão até 1 ano; os de médio, até 3 anos e a partir daí são de longo prazo.

Noções:

Amortização (A): é a redução do saldo devedor.

Prestação (P): é a soma da amortização com os juros. $P = A + J$

Saldo devedor (Sd): é o estado da dívida, ou seja, em um determinado instante.

$$Sd_t = Sd(t-1) - a_t$$

Juros: (j): são sempre cobrados sobre o saldo devedor.

$$J_T = Sd(t-1) \cdot i$$

Agora, vamos estudar os tipos de sistema de amortização!

6.2 SISTEMA DE AMORTIZAÇÃO CONSTANTE (SAC)

As parcelas de amortização são constantes, as prestações diminuem com o tempo.

Fórmulas básicas:

Amortização $A = \dfrac{Sdo}{n}$

Sd: saldo devedor inicial e n: número de parcelas

O saldo devedor: $Sdt = (n-t)A$

n: total de parcelas, t: período desejado e A: amortização.

Os juros: $J_t = Sd(t-1) \cdot i$

Prestação: A + Jt (rendimento do período desejado)

Esse cálculo de financiamento apresenta as seguintes características:

1ª) A prestação diminui em cada pagamento.

2ª) O valor dos juros diminui em cada pagamento.

3ª) O valor da amortização é constante em cada pagamento.

6.2.1 Treinamento comentado

1. **(CEF CESGRANRIO 2008)** Um empréstimo de R$ 200,00 será pago em 4 prestações mensais, sendo a primeira delas paga 30 dias após o empréstimo, com juros de 10% ao mês, pelo Sistema de Amortização Constante (SAC). O valor, em reais, da terceira prestação será

   (A) 50,00
   (B) 55,00
   (C) 60,00
   (D) 65,00
   (E) 70,00

Resolução:

$P_3 = A + J_3$

 Dica:

$J_3 = Sd_2 \cdot i$

O rendimento é calculado sobre o saldo devedor do período anterior.

- 1ª etapa: calcular a amortização (A)

$A = Sd/n = \dfrac{200}{4} = 50$

- 2ª etapa: calcular o saldo devedor (Sd_2)

$Sd_t = (n - t) \cdot A$

$Sd_2 = (4 - 2)50$

$Sd_2 = 2 \cdot 50 = 100$

- 3ª etapa: calcular o rendimento do 3º período (J_3)

$J_t = Sd(t-1) \cdot i$

$J_3 = Sd_2 \cdot i$
$J_3 = 100 \cdot 10\%$
$J_3 = 100 \cdot \dfrac{10}{100} = \dfrac{1.000}{100} = 10$

• 4ª etapa: calcular a terceira prestação
P3 = A + J3
P3 = 50 + 10 = 60

Resposta: letra C.

---

2. **(BB FCC 2013)** Um empréstimo de R$ 800.000,00 deve ser devolvido em 5 prestações semestrais pelo Sistema de Amortizações Constantes (SAC) à taxa de 4% ao semestre. O quadro demonstrativo abaixo contém, em cada instante do tempo (semestre), informações sobre o saldo devedor (SD), a amortização (A), o juro (J) e a prestação (P) referentes a esse empréstimo. Observe que o quadro apresenta dois valores ilegíveis.

Semestre	SD (em R$)	A (em R$)	J (em R$)	P (em R$)
0	800.000,00	—	—	—
1	640.000,00	160.000,00	32.000,00	192.000,00
2	480.000,00	160.000,00	25.600,00	185.600,00
3	320.000,00	160.000,00	19.200,00	179.200,00
4	160.000,00	160.000,00	12.800,00	172.800,00
5	—	160.000,00	####	####

Se o quadro estivesse com todos os valores legíveis, o valor correto da prestação P, no último campo à direita, na linha correspondente ao semestre 5, da tabela, seria de
(A) 167.500,00.
(B) 166.400,00.
(C) 162.600,00.
(D) 168.100,00.
(E) 170.300,00.

Resolução:

A prestação é a soma da amortização com os juros do período.

 Dica:

Precisamos encontrar o rendimento (juros) do 5º período.

- 1ª etapa: J_5

$J_t = Sd (t-1) . i$

$J_5 = Sd_4 . i$

$J_5 = 160000 . 4\%$

$J_5 = 160000 . \dfrac{4}{100} = 1600 . 4 = 6400$

- 2ª etapa: P_5

$P_5 = A + J_5$

$P_5 = 160000 + 6400 = 166400.$

Resposta: letra B.

---

3. **(CEF CESGRANRIO 2008)** Considere um financiamento de R$ 100.000,00, sem entrada, a ser pago em 100 prestações mensais, pelo Sistema de Amortização Constante (SAC). Sabendo-se que a taxa de juros, no regime de juros compostos, é de 1% ao mês, a prestação inicial, se o prazo de pagamento for duplicado, será reduzida em

(A) 100%.

(B) 50%.

(C) 25%.

(D) 10%.

(E) 5%.

Resolução:

Caso 1: cálculo da prestação com base em 100 parcelas.

Comentário: o rendimento é calculado sobre o saldo devedor do período anterior. O rendimento da primeira prestação será calculado sobre o saldo devedor inicial, por isso, não iremos calcular o saldo devedor, pois o mesmo já foi informado.

- 1ª etapa: amortização

$A = \dfrac{sd}{n} = \dfrac{100000}{100} = 1000$

- 2ª etapa: rendimento do primeiro período.

$J_t = Sd_{(t-1)} . i$

$J_1 = Sd_0 . i$

$J_1 = 100000 . 1\%$

$J_1 = 100000 . \dfrac{1}{100} = 1000$

- 3ª etapa: prestação inicial

$P_1 = A + J_1$

PARTE II – **Cap. 6** – EMPRÉSTIMOS E AMORTIZAÇÃO

$P = 1000 + 1000 = 2000$

Caso 2: cálculo da prestação inicial com base em 200 parcelas (dobro da quantidade inicial de parcelas).

• 1ª etapa: amortização

$A = \dfrac{Sd}{n} = \dfrac{100000}{200} = 500$

• 2ª etapa: rendimento do primeiro período.

$J_t = Sd_{(t-1)} \cdot i$

$J_1 = Sd_0 \cdot i$

$J_1 = 100000 \cdot 1\%$

$J_1 = 100000 \cdot \dfrac{1}{100} = 1000$

• 3ª etapa: prestação inicial

$P_1 = A + J_1$

$P = 500 + 1000 = 1500$

Caso 1: $P = 2000$

Caso 2: $P = 1500$

Conclusão: temos uma redução de 500. Agora, que percentual 500 é em relação a 2.000?

Número	%
2000	100
500	x

$2000x = 500 \cdot 100$

$2000x = 50000$

$x = \dfrac{50000}{2000} = 25\%$

Resposta: letra C.

----

4. **(CEF CESPE 2010) Considerando que uma dívida no valor de R$ 12.000,00, contraída pelo sistema de amortização constante (SAC), tenha sido paga em 6 prestações mensais e que o valor dos juros pagos na 5ª prestação tenha sido igual a R$ 80,00, assinale a opção correta.**

(A) A taxa de juros cobrada nessa transação foi de 2% ao mês.

(B) Todas as prestações foram de mesmo valor.

(C) Após a 5ª amortização, o valor da dívida era de R$ 4.000,00.

(D) O valor dos juros pagos na 3ª prestação foi de R$ 200,00.

(E) A soma das 3ª e 6ª prestações foi igual a R$ 4.000,00.

Resolução:

Objetivo inicial: encontrar a taxa da operação.

Comentário: precisamos do valor da taxa para calcular a prestação ou rendimento de um determinado mês.

Temos as seguintes informações: Sd = 12.000, n = 6 e J_5 = 80.

$J_5 = Sd_4 \cdot i$

Precisamos encontrar o valor do Sd_4

1º cálculo: A

$$A = \frac{Sd}{n} = \frac{12000}{6} = 2000$$

2º cálculo: Sd_4

$Sd_t = (n - t) \cdot A$

$Sd_4 = (6 - 4) \cdot 2000$

$Sd_4 = 2 \cdot 2000 = 4000$

Agora, iremos calcular a expressão: $J_5 = Sd_4 \cdot i$

80 = 4000 . i

4000i = 80

$i = \dfrac{80}{4000}$ 0,02 (resultado na forma decimal)

0,02 . 100 = 2% ao mês.

Resposta: letra A.

-----

5. **(FCC 2012)** Uma pessoa fez um empréstimo no valor de R$ 120.000,00 para adquirir um imóvel. A dívida deverá ser liquidada por meio de 60 prestações mensais e consecutivas, vencendo a primeira prestação um mês após a data em que a pessoa fez o empréstimo. Considerando que se utilizou o Sistema de Amortização Constante (SAC) a uma taxa de 2% ao mês, obtém-se que o valor da 30ª prestação é igual a

    (A) R$ 3.160,00.
    (B) R$ 3.200,00.
    (C) R$ 3.240,00.
    (D) R$ 3.320,00.
    (E) R$ 3.360,00.

Resolução:

$P_{30} = A + J_{30}$

PARTE II – **Cap. 6** – EMPRÉSTIMOS E AMORTIZAÇÃO

☑ **Dica:**

$J_{30} = Sd_{29} \cdot i$

O rendimento é calculado sobre o saldo devedor do período anterior.

- 1ª etapa: calcular a amortização (A).

$A = Sd/n = \dfrac{12000}{60} = 2000$

- 2ª etapa: calcular o saldo devedor (Sd_{29}).

$Sd_t = (n - t) \cdot A$

$Sd_{29} = (60 - 29)2000$

$Sd_{29} = 31 \cdot 2000 = 62000$

- 3ª etapa: calcular o rendimento do 3º período (J_3)

$J_t = Sd (t - 1) \cdot i$

$J_{30} = Sd_{29} \cdot i$

$J_{30} = 62000 \cdot 2\%$

$J_3 = 62000 \cdot \dfrac{2}{100} = \dfrac{124000}{100} = 1240$

- 4ª etapa: calcular a terceira prestação

$P_{30} = A + J_{30}$

$P = 2000 + 1240 = 3240$

Resposta: letra C.

6.3 SISTEMA FRANCÊS (SF) OU TABELA PRICE

Sistema de prestações constantes: as prestações são iguais entre si de tal modo que uma paga os juros e a outra o principal. A dívida será quitada no pagamento da última prestação.

Fórmulas básicas:

Prestação: $\dfrac{VA}{an]i}$

Juros: $J_t = Sd (t - 1) \cdot i$

Amortização: $A_t = p - JT$

Esse cálculo de financiamento apresenta as seguintes características:

1ª) A prestação é constante em cada pagamento.

2ª) O valor dos juros diminui em cada pagamento.

3ª) O valor da amortização aumenta em cada pagamento.

6.3.1 Treinamento comentado

6. **(CEF CESPE 2010) Uma dívida no valor de R$ 10.000,00, contraída pelo sistema francês de amortização (tabela Price), com juros de 1,29% ao mês, será paga em 4 prestações mensais. Nesse caso, considerando-se 0,95 como valor aproximado de 1,0129^{-4}, cada prestação será igual a**

   (A) R$ 2.620,00.

   (B) R$ 2.610,00.

   (C) R$ 2.600,00.

   (D) R$ 2.590,00.

   (E) R$ 2.580,00.

Resolução:

Comentário: em toda questão sobre a prestação da tabela Price ou sistema francês de financiamento devemos utilizar a fórmula da prestação de uma renda antecipada.

Objetivo: encontrar o valor da prestação da série.

Va = ?, P = 784, i = 1,29% = 0,0129 e a $_{4]1,29}$ = ?

Precisamos encontrar o valor do fator a $_{4]1,29}$

$$a_{n]i} = \frac{1 - (1+i)^{-n}}{i}$$

$$a_{4]1,29} = \frac{1 - (1+0,0129)^{-4}}{0,0129}$$

$$a_{4]1,29} = \frac{1 - (1+0,0129)^{-4}}{0,0129} = \frac{1 - 0,95}{0,0129} = \frac{0,05}{0,0129} = 3,876$$

Agora, iremos encontrar o valor da prestação.

$$P = \frac{VA}{a_{4]1,29}} = \frac{10000}{3,876} = 2580 \text{ (valor aproximado)}$$

Resposta: letra E.

PARTE II – Cap. 6 – EMPRÉSTIMOS E AMORTIZAÇÃO

7. **(BB FCC 2010)** Um empréstimo no valor de R$ 80.000,00 deverá ser pago por meio de 5 prestações mensais, iguais e consecutivas, vencendo a primeira um mês após a data da concessão do empréstimo. Sabe-se que foi utilizado o Sistema Francês de Amortização (Tabela Price) com uma taxa de juros compostos de 3% ao mês, encontrando-se R$ 17.468,00 para o valor de cada prestação. Imediatamente após o pagamento da primeira prestação, se S representa o percentual do saldo devedor com relação ao valor do empréstimo, então

(A) 77% ≤ S < 78%
(B) 78% ≤ S < 79%
(C) 79% ≤ S < 80%
(D) 80% ≤ S < 81%
(E) 81% ≤ S < 82%

Resolução:

Objetivo: calcular o saldo devedor após o pagamento da primeira parcela.

Comentário: podemos calcular o saldo devedor do primeiro mês e depois abater do valor pago (prestação).

• 1ª etapa: saldo devedor daqui a um mês (sem considerar o pagamento da 1ª prestação).

C = 8000, i = 3% e t = 1

M = C(1 + i)t

M = 8000(1 + 0,03)^1

M = 80000 . 1,03 = 82400 (valor da dívida daqui a um mês)

• 2ª etapa: saldo devedor após o pagamento da primeira parcela

Sd = 82400 - 17468

Sd = 64932

 Cuidado:

O valor de referência é 80000 (valor inicial do saldo devedor).

Agora, que percentual 64932 é de 8000?

Número	%
8000	100
64932	x

80000x = 64932 . 100

$X = \dfrac{6493200}{80000} = 81,16\%$

Resposta: letra E.

(BB CESPE 2008) Para a venda de notebooks, uma loja de informática oferece vários planos de financiamento e, em todos eles, a taxa básica de juros é de 3% compostos ao mês. Nessa situação, julgue o seguinte item, considerando 1,2 como valor aproximando para $1,03^6$.

8. Se, na compra de um notebook, o financiamento for feito com base no sistema francês de amortização, em 6 prestações postecipadas, mensais, consecutivas e iguais a R$ 900,00, e a taxa de juros compostos cobrados nesse financiamento for de 3% ao mês, nesse caso, se a amortização no pagamento da 1ª prestação for igual a R$ 756,00, então a amortização no pagamento da 2ª prestação será superior a R$ 785,00.

Resolução:

Comentário: o crescimento da amortização no sistema francês é igual: $A_t = A_{t-1}(1 + i)$ (valor aproximado).

Lembre-se: na banca CESPE o objetivo é encontrar um parâmetro que permita julgar o item em certo ou errado.

$A_2 = A_1(1 + i)$

A2 = 756(1 + 0,03)

A2 = 756 . 1,03 = 778,68

Resposta: item errado.

Para a venda de notebooks, uma loja de informática oferece vários planos de financiamento e, em todos eles, a taxa básica de juros é de 3% compostos ao mês. Nessa situação, julgue os itens seguintes, considerando 1,2 como valor aproximando para $1,03^6$.

9. Caso um cliente escolha financiar a compra de um notebook em 12 prestações postecipadas, mensais, consecutivas e iguais a R$ 360,00, nesse caso, considerando 0,70 como valor aproximado para $1,03^{-12}$, é correto concluir que o preço do notebook, à vista, é inferior a R$ 3.800,00.

Resolução:

Comentário: em toda questão sobre a prestação da tabela Price ou sistema francês de financiamento devemos utilizar a fórmula da prestação de uma renda antecipada.

Objetivo: encontrar o valor atual da série de pagamentos.

Va = ?, P = 360, i = 3% = 0,03 e $a_{12]3}$ = ?

Precisamos encontrar o valor do fator $a_{12]3}$

Parte II – Cap. 6 – EMPRÉSTIMOS E AMORTIZAÇÃO

$$a_{n]i} = \frac{1 - \left(1+i\right)^{-n}}{i}$$

$$a_{12]3} = \frac{1 - \left(1+0,03\right)^{-12}}{0,03} = \frac{1 - \left(1,03\right)^{-12}}{0,03} = \frac{1 - 0,7}{0,03} = \frac{0,3}{0,03} = \frac{30}{1} = 10$$

Agora, iremos encontrar o valor atual da série.

Va = P . an]i

Va = 360 . $A_{12]3}$

Va = 360 . 10 = 3600

Resposta: *item certo.*

----

10. Um imóvel de 100 mil reais é financiado em 360 prestações mensais, a uma taxa de juros de 1% ao mês, pelo Sistema de Amortização Francês (Tabela Price), gerando uma prestação de R$ 1.028,61.

Reduzindo-se o prazo do financiamento para 240 prestações, o valor de cada prestação é, em reais, aproximadamente,

Dado: $(1,01)^{-120} = 0,3$

(A)   1.099,00

(B)   1.371,00

(C)   1.428,00

(D)   1.714,00

(E)   2.127,00

Resolução:

Valor atual = 100000

I = 1% = 0,01

T = 240 meses

Obs.: $(1,01)^{-240} = 0,3 . 0,3 = 0,09$

$$a_{n]1} = \frac{1 - \left(1+i\right)^{-t}}{i} = \frac{1 - 0,09}{0,01} = \frac{0,91}{0,01} = \frac{91}{1} = 91$$

P = Va/$a_{n]i}$ = 10000/91 = 1099

Resposta: *letra A.*

6.4 RESUMO

Amortização (A): é a redução do saldo devedor.

Prestação (P): é a soma da amortização com os juros. P = A + J

Saldo devedor (Sd): é o estado da dívida, ou seja, em um determinado instante.

$$Sd_t = Sd (t - 1) - a_t$$

Juros (j): são sempre cobrados sobre o saldo devedor.

$$J_T = Sd (t - 1) . i$$

Sistema de amortização constante (SAC)

As parcelas de amortização são constantes, as prestações diminuem com o tempo.

Fórmulas básicas:

$$Amortização \ a = \frac{Sdo}{n}$$

O saldo devedor: $Sdt = Sd (nt - t) . A$

Os Juros: $J_t = Sd (t -1) . i$

Prestação: a + jt

Sistema Price

P = Va/an]i

6.5 TREINAMENTO FINAL DO CAPÍTULO

11. **(SEFAZ PI FCC 2015) Uma pessoa contraiu uma dívida a ser paga pelo Sistema de Amortização Constante – SAC em 40 prestações mensais e consecutivas. Se a primeira prestação, que vence ao completar um mês da data do empréstimo, é de R$ 3.000,00 e a décima é igual a R$ 2.550,00, então a última prestação é de**

    (A)   R$ 1.150,00

    (B)   R$ 1.200,00

    (C)   R$ 1.000,00

    (D)   R$ 1.050,00

    (E)   R$ 1.100,00

12. **(SEFAZ PI 2015) O adquirente de um imóvel deverá quitar a respectiva dívida por meio de 60 prestações mensais e consecutivas, com a primeira prestação vencendo 1 mês após a data de aquisição do imóvel. Sabe-se**

Parte II – Cap. 6 – EMPRÉSTIMOS E AMORTIZAÇÃO

que foi adotado o sistema de amortização constante a uma taxa de 1,2% ao mês com o valor da décima prestação igual a R$ 4.030,00. O valor da vigésima prestação é igual a

(A) R$ 3.640,00

(B) R$ 3.670,00

(C) R$ 3.700,00

(D) R$ 3.730,00

(E) R$ 3.760,00

13. **(SEFAZ BA FUNCAB 2014)** Assinale a alternativa que contém o sistema de amortização utilizado no financiamento cujos valores estão representados na tabela a seguir.

Ano	Juros	Amortização	Prestação	Saldo
0				R$ 10.000
1	R$ 1.200	R$ 2.500	R$ 3.700	R$ 7.500
2	R$ 900	R$ 2.500	R$ 3.400	R$ 5.000
3	R$ 600	R$ 2.500	R$ 3.100	R$ 2.500
4	R$ 300	R$ 2.500	R$ 2.800	R$ 0
Total	R$ 3.000	R$ 10.000	R$ 13.000	————

(A) "PRICE"

(B) Sistema Americano

(C) "SAM"

(D) "SAC"

(E) "BULLET"

14. **(SEFAZ SP FCC 2013)** Uma dívida no valor de R$ 10.000,00 foi liquidada pelo Sistema de Amortização Constante (SAC) por meio de 50 prestações mensais consecutivas, vencendo a primeira delas um mês após a data do empréstimo. Se a taxa foi de 2% ao mês, é verdade que

(A) a cota de amortização paga na 5ª prestação foi de R$ 250,00.

(B) a cota de juro paga na 10ª prestação foi de R$ 164,00.

(C) o valor da 15ª prestação foi R$ 340,00.

(D) o saldo devedor após ser paga a 20ª prestação foi de R$ 6.200,00.

(E) a cota de juro paga na última prestação foi de R$ 5,00.

15. **(FCC 2012)** Um empréstimo foi obtido com taxas de juros simples de 18% a.a., para pagamento em 12 prestações mensais, consecutivas, vencendo a primeira 30 dias após a obtenção do empréstimo. Sabendo-se que foi

adotado, neste caso, o sistema de amortização constante (SAC) e que o valor principal do empréstimo era R$ 120.000,00, o valor da 8ª parcela foi

(A) R$ 9.750,00

(B) R$ 10.600,00

(C) R$ 10.750,00

(D) R$ 12.000,00

(E) R$ 11.250,00

16. **(FCC 2012)** Uma dívida, no valor de R$ 5.000,00, foi paga em 20 parcelas mensais, a primeira delas vencendo ao completar um mês da data do empréstimo. O sistema utilizado foi o SAC (Sistema de Amortização Constante), com taxa de 4% ao mês. Nessas condições, é verdade que

(A) a cota de juros da terceira prestação foi R$ 250,00.

(B) a cota de amortização da quinta prestação foi R$ 220,00.

(C) o valor da décima prestação foi R$ 350,00.

(D) o saldo devedor imediatamente após o pagamento da décima quinta parcela foi R$ 1.250,00.

(E) a cota de juros da última prestação foi R$ 15,00.

17. **(EXATUS 2015)** Janete fez um empréstimo de R$ 8.000,00 para ser pago em 5 parcelas mensais e consecutivas, à taxa de 5% a.m., pelo sistema de amortização constante (SAC). O valor da última parcela a ser paga por Janete é igual a:

(A) R$ 1.760,00.

(B) R$ 1.720,00.

(C) R$ 1.700,00.

(D) R$ 1.680,00.

(E) R$ 1.600,00.

18. **(FCC 2012)** Uma dívida, no valor de R$ 91.600,00, foi paga em 5 parcelas mensais, a primeira delas vencendo ao completar um mês da data do empréstimo. Sabe-se que foi utilizado o Sistema de Amortização Francês com taxa de 3% ao mês e que o fator de valor atual correspondente é 4,58. A cota de amortização da segunda prestação foi

(A) R$ 17.900,60.

(B) R$ 17.769,56.

(C) R$ 17.512,53.

(D) R$ 17.315,45.

(E) R$ 17.117,82.

PARTE II – Cap. 6 – EMPRÉSTIMOS E AMORTIZAÇÃO

577

19. **(FCC 2012)** No quadro abaixo tem-se o plano de amortização de uma dívida de R$ 4.800,00, pelo Sistema Francês, com taxa de 4% ao mês. Ela vai ser paga em 7 parcelas mensais consecutivas, vencendo a primeira delas ao completar um mês da data do empréstimo.

Data	Valor da prestação	Valor da cota de juros	Valor da cota de amortização	Saldo devedor
0				4.800,00
1	799,72	W	607,72	4.192,28
2	799,72	167,69	632,03	X
3	799,72	142,41	657,31	2.902,94
4	799,72	Y	Z	2.219,34
5	799,72	88,77	710,95	1.508,39
6	799,72	60,34	739,38	769,02
7	799,72	30,76	768,96	0,06

Na tabela, o saldo devedor não ficou zerado porque os cálculos foram feitos com valores aproximados, usando-se somente duas casas decimais. Nestas condições, é verdade que W + X + Z é igual a

(A) R$ 4.102,75

(B) R$ 4.435,85

(C) R$ 4.042,25

(D) R$ 4.324,95

(E) R$ 4.294,85

---

20. **(ESPP BANPARÁ)** Assinale a alternativa incorreta:

(A) O valor de juros, em cada período, no modelo PRICE de financiamento, vai diminuindo ao longo do tempo, enquanto que os valores das amortizações vão aumentando.

(B) O valor de juros, em cada período, no modelo SAC de financiamento, vai aumentando ao longo do tempo, enquanto que os valores das amortizações são constantes.

(C) O valor da prestação de um financiamento no sistema PRICE é dado pela soma entre o valor da amortização e o valor dos juros do período.

(D) Se o valor da amortização no sistema SAC de financiamento for igual a R$ 750,00 e o valor dos juros, num certo período, for igual a R$ 83,00, então o valor da prestação nesse período será de R$ 833,00.

(E) Se o valor da amortização no sistema PRICE de financiamento é igual a R$ 750,00 e o valor de juros, num certo período, for igual a R$ 83,00, então o valor da prestação nesse período será de R$ 833,00.

GABARITO

1. C	2. B	3. C	4. A	5. C	6. E	7. E	8. Errado
9. Certo	10. A	11. D	12. D	13. B	14. B	15. C	16. D
17. D	18. B	19. B	20. B				

Parte III
NOÇÕES DE ESTATÍSTICA

1

NOÇÕES DE ESTATÍSTICA

1.1 INTRODUÇÃO

A palavra estatística vem de status (Estado, em latim) e, na Antiguidade, referia--se às informações sobre terra, proprietários, uso de terra, empregados, animais etc., ou seja, o registro do número de habitantes e riquezas individuais, servindo aos interesses do Estado pelo alemão Gottfried Acchenwal, que definiu os objetos material e formal da estatística e, por essa razão, foi denominado o "pai da Estatística".

1.2 NOÇÃO DA FUNÇÃO ESTATÍSTICA

Estatística é um ramo da Matemática aplicada, uma metodologia, uma técnica científica adotada para trabalhar-se com dados, ou seja, com elementos de pesquisa. Esta metodologia, esse método, consiste em uma série de etapas, iniciando pela coleta das informações (dos dados), que depois passarão por uma organização e apresentação (chegamos daí, a uma fase complementar, na qual se dará a análise daqueles dados já organizados). Ora, esta análise dos dados coletados funcionará como um meio, pelo qual chegaremos a uma conclusão, no intuito de tomar uma decisão. Obs.: as palavras destacadas resumem o processo estatístico.

1.3 CONCEITOS BÁSICOS

1.3.1 População

Também é chamada de conjunto universo. É aquele conjunto de pessoas do qual desejamos extrair a informação, e cujos elementos têm, pelo menos, uma característica comum, a qual está inserida no contexto daquilo que desejamos analisar.

1.3.2 Amostra

É um subconjunto do espaço amostral e geralmente utilizado na realização de pesquisas estatísticas.

1.4 DADOS ESTATÍSTICOS

Podemos caracterizá-los quanto à sua **organização** ou quanto à sua **espécie** ou tipo característico.

1.4.1 Quanto à sua organização, podem ser classificados em

Dados estatísticos: $\begin{cases} Brutos \\ Rol \end{cases}$

1.4.2 Quanto à sua espécie ou tipo característico, podem ser classificados em

Dados estatísticos: $\begin{cases} Contínuos \\ Discretos \\ Nominais\ (Categóricos) \\ Por\ Posto \end{cases}$

Dados brutos: são dados estatísticos que não estão numericamente organizados.

Rol: é um conjunto de dados estatísticos organizados em ordem crescente ou decrescente de grandeza.

Dados contínuos: nesse tipo de dados existem variáveis que podem assumir qualquer valor no intervalo de valores. Normalmente, associamos a estes dados a características de **medidas**. Exemplos: altura, peso, comprimento etc.

Dados discretos: nesse tipo de dados existem variáveis que podem assumir determinados valores no intervalo de valores. Normalmente, associamos a estes dados a característica de **contagem**. Exemplos: números de livros, número de alunos de uma sala etc.

Dados nominais (ou categóricos): estes dados ocorrem quando são definidas "categorias" tais como sexo (masculino ou feminino), cor dos olhos (pretos, azuis etc.).

Dados por posto: são dados que, de um modo em geral, são sujeitos à avaliação de subjetivos ou desempenho em um conjunto de observações. Exemplos: concurso de modelos, concurso de cantor etc.

Parte III – Cap. 1 – NOÇÕES DE ESTATÍSTICA 583

1.5 VARIÁVEIS E ATRIBUTOS

Uma outra concepção que surge na análise dos dados estatísticos, levantados na observação de urn fenômeno, é separá-los em **variáveis ou atributos.**

Desta maneira, considera-se:

1.5.1 Variáveis

Quando os dados têm expressão quantitativa, estando, portanto, estreitamente relacionados com uma mensuração eu contagem. Podem ser **discretas** ou **contínuas**.

As variáveis discretas também são chamadas de individualizadas (contadas).

As variáveis contínuas apresentam-se dentro de intervalos de observação (medidas) do fenômeno.

1.5.2 Atributos

Quando os dados têm expressão qualitativa, não trazendo em si a ideia de mensuração. Podem, no entanto, utilizar valores numéricos que lhes são atribuídos para um trabalho estatístico. Ex.: sexo, cor dos olhos, religião, classes de funcionários, estado civil de uma pessoa etc.

Obs.: alguns autores relacionam os atributos com os dados nominais e por postos. Associando, assim, estes dados com as variáveis nominais. E variáveis por postos, citadas no estudo dos dados estatísticos.

2

ORGANIZAÇÃO DOS DADOS ESTATÍSTICOS

2.1 INTRODUÇÃO

Gráfico estatístico nada mais é do que uma outra forma de apresentação dos dados estatísticos. Tem como objetivo produzir, em quem analisa, uma forma direta e objetiva do fenômeno em estudo.

2.2 TIPOS DE GRÁFICOS ESTATÍSTICOS

2.2.1 Gráfico de colunas

É a representação de uma série estatística por meio de retângulo não contíguos, dispostos verticalmente. Os retângulos possuem a mesma base e as suas alturas são proporcionais aos respectivos dados.

Obs.: é usado para séries temporais, séries específicas ou séries geográficas.

Produção de Açúcar (1996-1999) 1

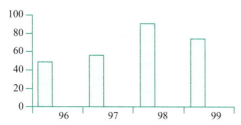

Obs.: existem, também, os gráficos de colunas para tabelas bidimensionais. Exemplo:

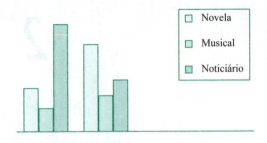

2.2.2 Gráfico em barras

É a representação de uma série estatística por meio de retângulos dispostos horizontalmente. Os retângulos possuem mesma altura e os seus comprimentos são proporcionais aos respectivos dados.

É normalmente utilizado em séries geográficas ou, também, na representação de séries específicas.

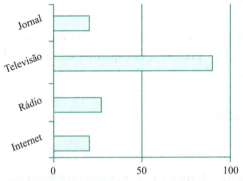

2.2.3 Gráfico em setores

É designado por meio de um círculo, onde cada classe é representada por setor circular, cujo ângulo é proporcional ao tamanho da amostra.

É utilizado quando se deseja mostrar as partes de um todo, ou seja, quando se deseja comparar proporções. Exemplo:

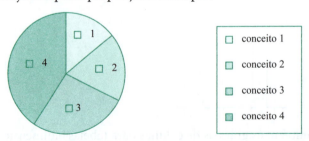

Obs.: as áreas dos setores são proporcionais aos dados da série, e obtidas por uma regra de três, na qual consideramos a área total da circunferência 100% correspondente a 360°.

2.2.4 Gráfico de linhas

É usado, sobretudo, na representação de séries temporais.

Ex.: estudando a população de um determinado país, obtêm-se os seguintes dados:

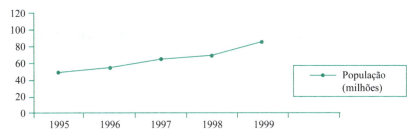

2.2.5 Gráfico de hastes ou bastões

Bastante utilizado para representar dados não agrupados em classes, o que normalmente ocorre com dados discretos. Neste caso, não há perda de informação, pois os valores da variável aparecem individualmente, como constam na amostra.

Obs.: o gráfico de hastes pode ser construído utilizando-se indistintamente as frequências absolutas ou as frequências relativas de um intervalo de classe.

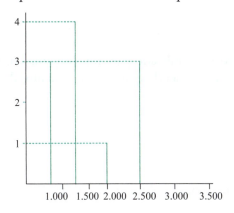

2.3 DISTRIBUIÇÃO DE FREQUÊNCIAS

Distribuição de frequências é o arranjo ou organização dos dados brutos em classes, juntamente com as suas respectivas frequências, ou seja, com o número de elementos do conjunto que está inserido em cada classe.

Representação de dados discretos.

I. DADOS BRUTOS

São aqueles que ainda não foram organizados.

Ex.: {0, 1, 2, 3, 4, 5, 6, 7, 5, 4, 7, 5, 8, 6, 8, 7, 9, 5, 4}.

II. ROL

É uma arrumação ordenada crescente ou decrescente dos dados brutos.

Ex.: {0, 1, 2, 3, 4, 4, 4, 4, 5, 5, 5, 5, 5, 6, 6, 7, 7, 7, 8, 9}.

Representação tabular dos dados discretos.

Notas (xi)	Frequências (fi)
0	1
1	1
2	1
3	1
4	4
5	5
6	2
7	3
8	1
9	1
TOTAL	20

 Se ligue!

A tabulação de dados é um processo utilizado para um conjunto com uma grande quantidade de elementos, sendo que alguns elementos devem se repetir.

2.4 FREQUÊNCIA

É o número de vezes que um determinado valor observado aparece na pesquisa.

2.4.1 Tipos de frequência

Frequência absoluta: é o número de vezes que um elemento aparece na amostra.

Frequência relativa: é a porcentagem de um valor da amostra, obtido através da divisão da frequência absoluta pelo total de elementos da amostra.

Tanto a frequência relativa quanto a absoluta podem ser simples ou acumuladas (crescente ou decrescente).

$$\text{Frequência} \begin{cases} \text{Absoluta} \begin{cases} \text{simples} \\ \text{acumulada} \begin{cases} \text{crescente} & (Fac) \\ \text{decrescente} & (Fad) \end{cases} \end{cases} \\ \text{Relativa} \begin{cases} \text{simples} \\ \text{acumulada} \begin{cases} \text{crescente} & (Fac) \\ \text{decrescente} & (Fadr) \end{cases} \end{cases} \end{cases}$$

Agora, vamos estudar como calcular as frequências.
• Caso 1: frequência absoluta (fi)
Exemplo: conjunto: {1, 1, 2, 2, 2, 3, 3, 3, 3, 3, 4, 4, 4, 4, 5, 5, 5, 5, 5, 6}.

Xi (elemento)	Fi (frequência)
1	2
2	3
3	5
4	4
5	5
6	1

• Caso 2: frequência relativa (fr)

$Fr = \dfrac{fi}{\sum fi}$

Xi (elemento)	Fi (frequência)	Fr
1	2	220 = 0,1
2	3	320 = 0,15
3	5	520 = 0,25
4	4	420 = 0,2
5	5	520 = 0,25
6	1	120 = 0,05
	Soma (fi) = 20	Soma = 1

Se ligue!

A soma dos elementos da frequência relativa deve ser igual a 1, representação em números decimais, ou 100%, representação em porcentagem.

• Caso 3: frequência absoluta acumulada (FAC)

Xi (elemento)	Fi (frequência)	Fac
1	2	2
2	3	3 + 2 = 5
3	5	5 + 5 = 10
4	4	4 + 10 = 14
5	5	5 + 14 = 19
6	1	1 + 19 = 20

☑ **Dica:**

1ª linha do Fac = 1ª linha do Fi.

A partir da 2ª linha, temos a seguinte relação: o elemento (xi) + Fac da linha anterior.

A última linha da Fac deve ser igual ao somatório de Fi.

• Caso 4: frequência absoluta acumulada (Fad)

Xi (elemento)	Fi (frequência)	Fad
1	2	2 + 18 = 20
2	3	3 + 15 = 18
3	5	5 + 10 = 15
4	4	4 + 6 = 10
5	5	5 + 1 = 6
6	1	1

☑ **Dica:**

A última linha do Fad = a última linha do Fi.

A partir da penúltima linha, temos a seguinte relação: o elemento (xi) + Fad da linha posterior.

A primeira linha da Fad deve ser igual ao somatório de Fi.

Obs.: o processo para frequências absolutas e frequências relativas acumuladas é o mesmo.

3

MEDIDAS DE TENDÊNCIA CENTRAL

3.1 MÉDIA ARITMÉTICA

3.1.1 Noção

A média é a mais importante das medidas de posição e saber calculá-la é essencial.

Obs.: quando a questão apenas pedir a média, está tratando de média aritmética.

Fórmulas:

Obs.: existem três fórmulas para calcular a média de um conjunto, que estão relacionadas à apresentação dos dados. Como nosso projeto é fornecer noções de Estatística, então iremos trabalhar com os dois primeiros casos apenas.

3.1.2 Média para rol

$$\left(\frac{\sum x_i}{n} \right)$$

Calcule a média do conjunto A = {1, 2, 3, 4, 5}.

$$\text{Média} = \frac{1 + 2 + 3 + 4 + 5}{5} = \frac{15}{5} = 3$$

3.1.3 Média para dados tabulados

$$x = \left(\frac{\sum x_i \cdot f_i}{n} \right)$$

Calcule a média do conjunto abaixo

Xi (elemento)	Fi (frequência)
1	2
2	3
3	5
4	2
5	3

$$\text{Média} = \frac{1.2 + 2.3 + 3.5 + 4.2 + 5.3}{15} = \frac{46}{15} = 3,06$$

 Se ligue!

O número de elementos (n) corresponde ao somatório da frequência.

3.1.4 Treinamento Comentado

A tabela abaixo apresenta a magnitude de alguns terremotos registrados no mundo, no século XXI.

Ano	Local	Magnitude
2008	Brasil	5,2
2009	Costa Rica	6,1
2010	Haiti	7,2
2005	Paquistão	7,6
2008	China	7,9
2007	Peru	8,0
2001	Peru	8,4
2010	Chile	8,8
2004	Oceano Índico	8,9

1. **(CESGRANRIO 2010)** A magnitude média dos terremotos ocorridos após 2006 foi
    (A) 7,2
    (B) 7,3
    (C) 7,4
    (D) 7,5
    (E) 7,6

Parte III – Cap. 3 – MEDIDAS DE TENDÊNCIA CENTRAL

Resolução:

Elementos (xi), após 2006, temos: 5,2 + 6,1 + 7,2 + 7,9 + 8,0 + 8,8

$$\text{Média} = \frac{5,2 + 6,1 + 7,2 + 7,9 + 8,0 + 8,8}{6} = \frac{43,2}{6} = 7,2$$

Resposta: letra A.

---

2. **(FCC 2011)** Palmira faz parte de um grupo de 10 funcionários do Banco do Brasil cuja média das idades é 30 anos. Se Palmira for excluída do grupo, a média das idades dos funcionários restantes passa a ser 27 anos. Assim sendo, a idade de Palmira, em anos, é:

   (A) 60.
   (B) 57.
   (C) 54.
   (D) 52.
   (E) 48.

Resolução:

1ª etapa: média com Palmira

n = 10 (quantidade de elementos)

$\bar{x} = 30$

Soma dos elementos = ?

$$\bar{x} = \left(\frac{\text{soma de elementos}}{\text{quantidade de elementos}} \right)$$

$$30 = \frac{\text{soma}}{10}$$

Soma = 30.10 = 300

2ª etapa: média sem Palmira

n = 9 (quantidade de elementos sem Palmira)

$\bar{x} = 27$

Soma dos elementos =?

$$\bar{x} = \left(\frac{\text{soma de elementos}}{\text{quantidade de elementos}} \right)$$

$$27 = \frac{\text{soma}}{9}$$

Soma = 27 . 9 = 243

MATEMÁTICA FACILITADA – *Bruno Villar*

Conclusão: a soma das idades com Palmira é igual a 300 e a soma sem Palmira é igual a 243, logo, podemos concluir que a idade de Palmira será a diferença das somas das idades.

Idade de Palmira = 300 - 243 = 57.

Resposta: letra B.

---

3. **(FCC)** Suponha que apenas um dentre 12 técnicos judiciários se aposenta e é substituído por um concursado que tem 24 anos de idade e, como consequência, a média das idades dos técnicos diminui em 3,5 anos. Assim sendo, a idade do técnico que se aposentou é um número:

    (A) divisível por 4.
    (B) múltiplo de 11.
    (C) menor que 65.
    (D) quadrado perfeito.
    (E) primo.

Resolução:

Resumo: temos 12 técnicos (quantidade elementos) e a diferença das médias, com a mudança dos técnicos, é igual a 3,5.

Para encontrarmos a reposta é necessário ter a seguinte noção:

A diferença das somas = diferença das médias x quantidade de elementos.

A diferença das somas = 3,5 . 12 = 42.

Obs.: a diferença das somas corresponde à diferença das idades desses dois técnicos. Logo, podemos montar a seguinte relação: velho – novo = 42 anos de diferença.

O mais novo tem 24 anos!

Velho – novo = 42

Velho – 24 = 42

Velho = 42 + 24 = 66

O número 66 é um múltiplo de 11, pois ele é divisível por 11.

Resposta: letra B.

---

4. **(TCDF)** Em uma empresa, o salário médio dos empregados é de R$ 500,00. Os salários médios pagos aos empregados dos sexos masculino e feminino são de R$ 520,00 e R$ 420,00, respectivamente. Então, nessa empresa,

    (A) o número de homens é o dobro do número de mulheres;

(B) o número de homens é o triplo do número de mulheres;
(C) o número de homens é o quádruplo do número de mulheres;
(D) o número de mulheres é o triplo do número de homens;
(E) o número de mulheres é o quádruplo do número de homens.

Resolução:

S médio (Sm) = 500

S médio dos homens (Smh) = 520

S médio das mulheres (Smf) = 420

 Dica:

(A diferença positiva entre o Smf e Sm) . número de homens = (A diferença entre Smh – Sm). número de mulheres.

Diferença positiva de Smf e Sm = 500 – 420 = 80

Diferença negativa de Smf e Sm =520 – 500 = 20

20 . h = 80 . f

20h = 80f

h = 80f/20 = 4f

Conclusão: o número de homens corresponde a 4 vezes o número de mulheres.

Resposta: letra C.

3.1.5 Treinamento do concursando

5. **(Auditor do Tesouro Municipal de Recife 2003 ESAF)** Em uma amostra, realizada para se obter informação sobre a distribuição salarial de homens e mulheres, encontrou-se que o salário médio vale R$ 1.200,00. O salário médio observado para os homens foi de R$ 1.300,00 e para as mulheres foi de R$ 1.100,00. Assinale a opção correta:
   (A) O número de homens é igual ao de mulheres.
   (B) O número de homens é o dobro do de mulheres.
   (C) O número de homens é o triplo do de mulheres.
   (D) O número de mulheres é o dobro do de homens.
   (E) O número de mulheres é o quádruplo do número de homens.

6. (CESGRANRIO)

Número de bolsas de mestrado e doutorado no país concedidas por agências federais
Período 1997 a 2004

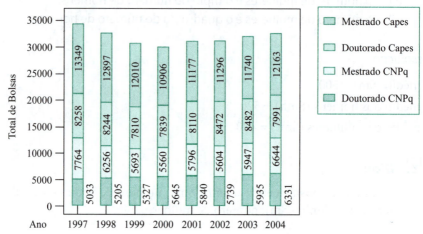

MEC/CAPES e MCT/CNPq, 2006

O número médio de bolsas de mestrado oferecidas, por ano, nesse período foi

(A) 5.631,8.
(B) 6.158,0.
(C) 8.150,7.
(D) 11.942,2.
(E) 18.100,2.

3.2 MODA

É a segunda medida de tendência central.

Moda é aquele elemento que mais aparece no conjunto, ou seja, o elemento de maior frequência.

3.2.1 Moda para rol

A moda para rol observa o(s) elemento(s) que possui(em) a maior frequência.
Exemplo: considere o conjunto A = {1, 2, 2, 3, 3, 3, 3, 5, 5, 5, 6, 6} Mo = 3
Obs.: o elemento de maior frequência é a moda.

 Cuidado:

Para não considerar como moda o valor das repetições.
O número 3 aparece 4 vezes, por isso a moda é o número 3.

PARTE III – Cap. 3 – MEDIDAS DE TENDÊNCIA CENTRAL

Resumo:

Conjunto amodal: não existe moda.

A = {1, 1, 2, 2, 3, 3}

Conjunto bimodal: possui duas modas.

A = {0, 1, 1, 2, 3, 3} Mo = 1 e 3.

3.3 MEDIANA

3.3.1 Introdução

A mediana de um conjunto de números, ordenados crescente ou decrescentemente em ordem de grandeza (isto é, em rol), será o termo que ocupa a posição central da distribuição de frequências, se o número de elementos for ímpar, ou a média aritmética dos dois valores centrais, se o número de elementos for par. Portanto, sua característica principal é dividir um conjunto ordenado de dados em dois grupos iguais: metade terá valores inferiores à mediana e a outra metade, valores superiores à mediana.

3.3.2 Cálculo para rol

Exemplo 1:

Seja uma distribuição com 50 valores observados:

4, 5, 5, 6, 6, 6, 6, 7, 7, 7, 7, 7, 7, 8, 8, 8, 8, 8, 8, 8, 8, 8, 9, 9, 9, 9, 9, 9, 10, 10, 10, 10, 10, 10, 10, 10, 11, 11, 12, 12, 13, 13, 14, 15, 15, 15, 16, 16, 18, 23.

Número de termos (n) = 50

n é par, logo, a mediana será a média aritmética entre o 25º termo (pois n/2 = 25) e o termo seguinte, o 26º termo. Como ambos têm o valor 9, este será a mediana.

25º termo = 9

26º termo = 9

Md = 9 + 92 = 182 = 9

2ª opção: para calcular a mediana em rol.

☑ *Dica:*

O processo é conhecido como técnica dos dedinhos, pois utilizamos os dedos para encontrar o termo central.

O processo começa pelos extremos até encontrar um número, se for um conjunto de número ímpar de elementos, ou dois números, se for um conjunto de número par de elementos.

4, 5, 5, 6, 6, 6, 6, 7, 7, 7, 7, 7, 7, 7, 8, 8, 8, 8, 8, 8, 8, 8, 8, 9, 9, 9, 9, 9, 9, 9, 10, 10, 10, 10, 10, 10, 10, 10, 11, 11, 12, 12, 13, 13, 14, 15, 15, 15, 16, 16, 18, 23.

$$Md = \frac{9 + 9}{2} = \frac{18}{2} = 9$$

Exemplo 2:

Considere outra distribuição com apenas 37 valores observados:

4, 5, 5, 6, 6, 6, 6, 7, 7, 7, 7, 7, 7, 8, 8, 8, 8, 8, **8**, 8, 8, 8, 9, 9, 9, 9, 9, 9, 10, 10, 10, 10, 10, 10, 10, 10, 11.

Número de termos (n) = 37n é ímpar

A mediana será o 19º termo, pois $\left(\frac{n+1}{2}\right)$ = 19 e terá o valor de 8.

Obs.: verifique que, antes e depois do 19º termo, teremos 18 termos.

3.4 QUADRO COMPARATIVO (*MÉDIA, MEDIANA E MODA*)

MEDIDAS DE POSIÇÃO	VANTAGENS	DESVANTAGENS
MÉDIA	Reflete cada valor observado na distribuição.	É influenciada por valores extremos.
MEDIANA	Menos sensível a valores extremos do que a média.	É difícil de determinar para grandes quantidades de dados.
MODA	Maior quantidade de valores concentrados em um ponto.	Não se presta à análise matemática.

3.5 TREINAMENTO COMENTADO

A tabela abaixo apresenta a magnitude de alguns terremotos registrados no mundo, no século XXI.

Ano	Local	Magnitude
2008	Brasil	5,2
2009	Costa Rica	6,1
2010	Haiti	7,2
2005	Paquistão	7,6
2008	China	7,9
2007	Peru	8,0
2001	Peru	8,4
2010	Chile	8,8
2004	Oceano Índico	8,9

PARTE III – Cap. 3 – MEDIDAS DE TENDÊNCIA CENTRAL

599

7. **(CESGRANRIO 2010)** A mediana dessa distribuição é

(A) 7,2
(B) 7,6
(C) 7,9
(D) 8,0
(E) 8,4

Resolução:

Obs.: observar se os dados estão organizados em ordem crescente.

5,2 - 6,1 - 7,2 - 7,6 - 7,9 - 8,0 - 8,4 - 8,8 - 8,9

Vamos pela técnica dos dedinhos, ok?

5̸,2̸ – 6̸,1̸ -7̸,2̸ – 7̸,6̸ – 7,9 – 8̸,0̸ – 8̸,4̸ – 8̸,8̸ – 8̸

Md = 7,9

Resposta: *letra C.*

8. **(CESGRANRIO 2008)** O rendimento, em óleo, de algumas espécies de oleaginosas com potencial para a produção de biodiesel é apresentado na tabela abaixo.

Espécie	Rendimento em óleo (t/ha)
Soja	0,60
Babaçu	0,80
Amendoim	0,80
Colza	0,90
Mamona	1,00
Girassol	1,50

A moda e a mediana do conjunto de dados dessa tabela são, respectivamente,

(A) 0,80 e 0,85
(B) 0,80 e 0,90
(C) 0,80 e 0,93
(D) 0,85 e 0,90
(E) 0,85 e 0,93

Resolução:

1ª etapa: calcular a moda.

A moda é o elemento mais fácil

Moda = 0,80 (elemento de maior frequência)

2ª etapa: calcular a mediana

0,60 - 0,80 - 0,80 - 0,90 - 1,00 - 1,50

$$\text{Mediana} = \frac{0,80 + 0,90}{2} = \frac{1,70}{2} = 0,85$$

Resposta: letra A.

---

9. **(CESGRANRIO)** A tabela abaixo apresenta o resultado de uma pesquisa sobre o preço de venda do etanol em 30 postos de abastecimento de São Paulo, em abril de 2011.

Preço (R$)	Frequência
2,18	9
2,20	6
2,28	3
2,31	7
2,36	5
Total	30

Os valores, em reais, da moda e da mediana dos preços pesquisados são, respectivamente,

(A) 2,18 e 2,24

(B) 2,18 e 2,28

(C) 2,24 e 2,28

(D) 2,28 e 2,18

(E) 2,36 e 2,26

Resolução:

Obs.: temos uma representação de dados tabulados.

• 1ª etapa: calcular a moda

Preço (R$)	Frequência
2,18	9
2,20	6

PARTE III – Cap. 3 – MEDIDAS DE TENDÊNCIA CENTRAL

Preço (R$)	Frequência
2,28	3
2,31	7
2,36	5
Total	30

A moda é igual a 2,18 (o número com maior frequência).
• 2ª etapa: calcular a mediana
Para calcular a mediana de dados tabulados é necessário montar a coluna do Fac:

Preço	Fi	Fac
2,18	9	9
2,20	6	6 + 9 = 15
2,28	3	3 + 15 = 18
2,31	7	7 + 18 = 25
2,36	5	5 + 25 = 30
	Soma = 30	

A quantidade de elementos é igual a 30 (número par).
1º elemento da mediana = n/2 = 30/2 = 15
Como encontrar o 15º termo?
A resposta é simples: através da seguinte pergunta: Qual é a primeira Fac maior ou igual a 15?
Resposta: 2ª linha, cujo elemento é o número 2,20 (xi).
2º elemento da mediana = (n/2 + 1) 15 + 1 = 16º
A resposta é simples: através da seguinte pergunta: Qual é a primeira Fac maior ou igual a 16?
Resposta: 3ª linha, cujo elemento é o número 2,28 (xi).

$$Md = \frac{2,20 + 2,28}{2} = \frac{4,48}{2} = 2,24$$

Resposta: letra A.

3.6 TREINAMENTO FINAL DO CAPÍTULO

10. **(FCC 2010)** Determinada carreira profissional, em um órgão público, apresenta 5 níveis de salários com uma distribuição demonstrada no quadro abaixo.

Salários R$)	1.500,00	2.000,00	2.500,00	3.000.00	3.500.00
Quantidade de Funcionários	10	15	25	20	5

Se, com relação aos salários desta carreira profissional, Me é a média aritmética, Md é a mediana e Mo é a moda correspondentes, tem-se que:

(A) Me = Mo = Md

(B) Me > Md e Mo > Md

(C) Me > Mo e Mo = Md

(D) Me < Md e Mo > Md

(E) Me < Mo e Md = Mo

11. **(FGV 2015)** A sequência a seguir mostra o número de gols marcados pelo funcionário Ronaldão nos nove últimos jogos disputados pelo time da empresa onde ele trabalha:

2, 3, 1, 3, 0, 2, 0, 3, 1.

Sobre a média, a mediana e a moda desses valores é verdade que:

(A) média < mediana < moda;

(B) média < moda < mediana;

(C) moda < média < mediana;

(D) mediana < moda < média;

(E) mediana < média < moda.

12. **(FGV 2015)** Marcos anotou o número de correspondências eletrônicas que ele recebeu diariamente, durante 13 dias. A tabela a seguir mostra os números anotados por ele:

3   4   18   16   15   16   22   5   2   20   16   15   17

A diferença entre a mediana e a média dos números anotados por Marcos é:

(A) 5.

(B) 4.

(C) 3.

(D) 2.

(E) 1.

GABARITO

1. A	2. B	3. B	4. C	5. A	6. E	7. C	8. A	9. A
10. E	11. A	12. C						

MEDIDAS DE DISPERSÃO

4.1 DESVIO MÉDIO ABSOLUTO (DM)

Também chamado de desvio médio, ou desvio absoluto.

É uma medida de dispersão que toma como referência para determinação dos desvios ("afastamento") o valor da média do conjunto.

Fórmulas:

4.1.1 Rol

$$DM = \frac{\sum xi - x}{n}$$

4.1.2 Dados tabulados

$$DM = \frac{\sum fi \cdot xi - x}{n}$$

Calcule o desvio médio do conjunto A = {1, 2, 3, 4, 5}

1º passo: calcular a média.

$$\text{Média} = \frac{1 + 2 + 3 + 4 + 5}{5} = \frac{15}{5} = 3$$

2º passo: calcular o desvio (di).

Xi	Di = xi − média
1	1 - 3 = 2
2	2 - 3 = 1

3	3 - 3 = 0
4	4 - 3 = 1
5	5 - 3 = 2
	Soma de Di = 6

3º passo: calcular o DM.

$$DM = \frac{\sum xi - x}{n} = 65 = 1,2$$

4.2 DESVIO PADRÃO

Definição: é a raiz quadrada da média aritmética dos quadrados dos desvios tomados em relação à média.

	POPULAÇÃO	AMOSTRA
ROL	$S = \sqrt{\dfrac{\sum\left(xi - \overline{x}\right)^2}{n}}$	$S = \sqrt{\dfrac{\sum\left(xi - \overline{x}\right)^2}{n-1}}$
DADOS TABULADOS	$S = \sqrt{\dfrac{\sum fi \cdot \left(xi - \overline{x}\right)^2}{n}}$	$S = \sqrt{\dfrac{\sum fi \cdot \left(xi - \overline{x}\right)^2}{n-1}}$

Calcule o desvio padrão do conjunto A = {1, 2, 3, 4, 5}

1º passo: calcular a média

$$\text{Média} = \frac{1 + 2 + 3 + 4 + 5}{5} = \frac{15}{5} = 3$$

2º passo: calcular o desvio (Di)

Xi	Di = xi – média
1	1 - 3 = 2
2	2 - 3 = 1
3	3 - 3 = 0
4	4 - 3 = 1
5	5 - 3 = 2

3º passo: calcular o desvio (Di²)

Xi	Di = xi – média	Di²
1	1 - 3 = 2	$2^2 = 4$
2	2 - 3 = 1	$1^2 = 1$

Xi	Di = xi − média	Di²
3	3 − 3 = 0	0² = 0
4	4 − 3 = 1	1² = 1
5	5 − 3 = 2	2² = 4
		Soma de Di² = 10

4º passo: calcular o desvio padrão (S)

$$S = \sqrt{\frac{\sum (xi - x)^{-2}}{n-1}} = \sqrt{\frac{10}{5}} = \sqrt{2}$$

Resultado = $\sqrt{2}$

4.3 VARIÂNCIA (VA OU S²)

É média aritmética dos quadrados dos desvios.
VARIÂNCIA:
ROL:

$$S^2 = \frac{\sum (xi - \overline{x})^2}{n} \text{ ou } S^2 = \frac{\sum (xi - \overline{x})^2}{n-1}$$

DADOS TABULADOS:

$$S^2 = \frac{\sum fi \cdot (xi - \overline{x})^2}{n} \text{ ou } S^2 = \frac{\sum (xi - \overline{x})^2}{n-1}$$

 Dica:

O cálculo da variância é semelhante ao do desvio padrão, porém, não utilizamos a raiz quadrada.

4.4 COEFICIENTE DE VARIAÇÃO OU DISPERSÃO RELATIVA

Noção: o coeficiente de variação é usado para expressar a variabilidade dos dados estatísticos excluindo a influência da ordem de grandeza da variável.

Fórmula:
CV = Desvio Padrão (S) Média

> **Se ligue!**
>
> For menor ou igual a 15% → baixa dispersão: dados homogêneos
> For entre 15 e 30% → média dispersão
> For maior que 30% → alta dispersão: dados heterogêneos

4.5 TREINAMENTO FINAL

1. **(CESGRANRIO2010)** No último mês, Alípio fez apenas 8 ligações de seu telefone celular, cujas durações, em minutos, estão apresentadas no rol abaixo.

   5 2 11 8 3 8 7 4

   O valor aproximado do desvio padrão desse conjunto de tempos, em minutos, é

   (A) 3,1
   (B) 2,8
   (C) 2,5
   (D) 2,2
   (E) 2,0

2. **(ESAF AFRFB 2009)** Considere a seguinte amostra aleatória das idades em anos completos dos alunos em um curso preparatório. Com relação a essa amostra, marque a única opção correta:

   29, 27, 25, 39, 29, 27, 41, 31, 25, 33, 27, 25, 25, 23, 27, 27, 32, 26, 24, 36, 32, 26, 28, 24, 28, 27, 24, 26, 30, 26, 35, 26, 28, 34, 29, 23, 28.

   (A) A média e a mediana das idades são iguais a 27.
   (B) A moda e a média das idades são iguais a 27.
   (C) A mediana das idades é 27 e a média é 26,08.
   (D) A média das idades é 27 e o desvio padrão é 1,074.
   (E) A moda e a mediana das idades são iguais a 27.

3. **(AFC)** Entre os funcionários de um órgão do governo, foi retirada uma amostra de dez indivíduos. Os números que representam as ausências ao trabalho registradas para cada um deles, no último ano, são: 0, 0, 0, 2, 2, 2, 4, 4, 6 e 10. Sendo assim, o valor do desvio padrão desta amostra é:

   (A) $\sqrt{3}$;
   (B) $\sqrt{9}$;

PARTE III – Cap. 4 – MEDIDAS DE DISPERSÃO   607

(C) $\sqrt{10}$;

(D) $\sqrt{30}$;

---

4. **(CESGRANRIO)** Em uma pesquisa de preços de determinado produto, foram obtidos os valores, em reais, de uma amostra aleatória colhida em 6 estabelecimentos que o comercializam.

Estabelecimento	Preço
P	5,00
Q	8,00
R	6,00
S	6,00
T	4,00
U	7,00

A variância dessa amostra é

(A) 1,50

(B) 1,75

(C) 2,00

(D) 2,25

(E) 2,50

---

5. **(FGV)** Os dados a seguir são as quantidades de empregados de cinco pequenas empresas: 6, 5, 8, 5, 6. A variância da quantidade de empregados dessas cinco empresas é igual a:

(A) 0,8

(B) 1,2

(C) 1,6

(D) 2,0

(E) 2,4

GABARITO

1. B	2. E	3. C	4. C	5. B

BIBLIOGRAFIA

ALENCAR FILHO, Edgard. *Iniciação à lógica matemática*. São Paulo: Nobel, 1995.

ARISTÓTELES. *Órganon*. Rio de Janeiro: Vozes.

KELLER, Vicente. *Aprendendo lógica*. Rio de Janeiro: Vozes, 2003.

LAGES, Elon L. *A matemática do ensino médio*. Rio de Janeiro: SBM, 1998. v. 2.

MORTARI, Cezar A. *Introdução à lógica*. São Paulo: UNESP, 2001.

Site consultado: <www.pciconcursos.com.br>.

ANEXOS

RESUMO DE FÓRMULAS FINANCEIRAS

Capitalização Simples (juros simples)

Quando os juros, nos vários períodos, são calculados sobre o valor do capital inicial, dizemos que a capitalização é feita no regime de juros simples.

Temos então que:

J = C. i. t

J = juros   C = capital   i = taxa   t = tempo

Cálculo do montante: M = C + J ou M = C(1 + it)

 Cuidado:

Não se esqueça de transformar a taxa quando usar essa fórmula.

JUROS COMPOSTOS

$M = C(1 + i)^t$

$J = C[(1 + i)^t - 1]$

ESTUDOS DAS TAXAS

Taxa equivalente

A taxa equivalente é a taxa que aplicada a um mesmo capital em um determinado intervalo de tempo produz o mesmo montante.

Obs.: em juros simples as taxas proporcionais são iguais à taxa equivalente.

Do menor para o maior: $Ieq = (1 + i)^T - 1$

Do menor para o maior: $Ieq = (1 + i)^{1/T} - 1$

Taxa efetiva

Quando o período da taxa coincide com o período da capitalização, a mesma é denominada efetiva. Caso o período da taxa seja diferente da taxa real, utilizamos a fórmula de taxa equivalente.

$Ier = (1 + i)^k - 1$

Taxa nominal

Quando o período da taxa não coincide com o período da capitalização, a taxa é dita nominal.

Ex.: 120% a.a., com capitalização mensal.

24% a.b., com capitalização mensal.

Em taxa nominal deve-se usar taxas proporcionais.

Relação entre taxas

I_a: taxa aparente é a taxa cobrada nas operações financeiras.

i_i: taxa inflacionária é a taxa da inflação do período da operação financeira.

i_r: taxa real é ganho real na operação, retirando as perdas com a inflação.

$(1 + i_a) = (1 + i_i)(1 + i_r)$

DESCONTO SIMPLES

Desconto comercial ou "por fora" simples

É o desconto cobrado sobre o valor nominal da dívida.

$D = N . i . t$

N = valor nominal = valor futuro = valor de um título = valor de letra

t = tempo de antecipação do pagamento

<u>**Cálculo do valor atual:**</u> $A = N - D$ ou $A = N (1 - i . t)$

A = valor atual = valor líquido = valor descontado

Desconto racional ou "por dentro"

É o desconto calculado sobre o valor atual da dívida.

Fórmulas:

$$D = A . i . t \text{ ou } D = \frac{N . i . t}{1 + i . t} \qquad \text{Valor atual racional: } A = \frac{N}{1 + i . t}$$

Relação entre o desconto comercial e desconto racional

$$Dc = D r (1 + i . t)$$

Taxa efetiva de desconto

Taxa efetiva de desconto é a taxa de juros que, aplicada sobre o valor descontado do título, produz montante igual ao seu valor nominal.

Se o desconto for racional simples a taxa de desconto já é efetiva.

Se o desconto for desconto comercial simples a taxa deve ser calculada a partir da seguinte fórmula:

$$Ief = \frac{ic}{1 - ic . t}$$

Ic = taxa de desconto comercial

DESCONTO COMPOSTO

Desconto racional composto ou " por dentro"

Fórmulas:

$$VA = \frac{N}{(1+i)^t} \qquad d = N - VA$$

Desconto comercial composto ou "por fora"

$$VA = N (1 - i)^t \qquad\qquad d = N - VA$$

RENDAS OU ANUIDADES

Renda postecipada:

O pagamento será efetuado no final do primeiro período e, portanto, o vencimento da última prestação, tendo a renda "n" prestações, ocorrerá ao fim de "n" períodos.

Com a tabela: $A = P .a_{\,n]\,i}$

Onde: A = valor da atual e P = prestação ou anuidade

Sem a tabela: $a_{\,n]\,i} = \dfrac{(1+i)^n - 1}{(1+i)^n . i}$

Renda antecipada:

O primeiro pagamento será feito no início do primeiro período (data zero), e o vencimento da última prestação, dar-se-á de "n-1" prestações.

Com a tabela: $VA = P \cdot a_{n']\,i}$ onde $a_{n']\,i} = a_{n-1]-1}$

Sem a tabela: $a\,n]\,i = \dfrac{(1+i)^n - 1}{(1+i)^n \cdot i}$

Capitalização (valor futuro)

Capitalização é representada por depósitos sucessivos com o objetivo de construir um fundo de reserva.

Com a tabela: $M = C \cdot S_{n]i}$ onde $S_{n]i}$ é encontrado na tabela de capitalização.

Sem a tabela: $S_{n]i} = \dfrac{(1+i)^n - 1}{i}$

A taxa interna de retorno (TIR) de um fluxo de caixa

A taxa interna de retorno é a taxa que torna o VPL do fluxo de caixa igual a zero, ou seja, é a taxa que faz com que o valor atual dos pagamentos se iguale ao valor atual dos recebimentos.

AMORTIZAÇÃO DE EMPRÉSTIMO E FINANCIAMENTO

De modo geral, os financiamentos podem ser feitos por curto, médio ou longo prazo. Na prática, os empréstimos de curto prazo vão até um ano; os de médio, até três anos e a partir daí são de longo prazo.

Observações:

Amortização (A): é a redução do saldo devedor.

Prestação (P): é a soma da amortização com os juros. $P = A + J$

Saldo devedor (Sd): é o estado da dívida, ou seja, em um determinado instante.

$$Sd_t = Sd\,(t-1) - a_t$$

Juros (j): são sempre cobrados sobre o saldo devedor.

$$J_T = Sd\,(t-1) \cdot i$$

ANEXOS

Sistema de amortização constante (SAC)

As parcelas de amortização são constantes, as prestações diminuem com o tempo.

Fórmulas básicas:

Amortização $a = \dfrac{Sdo}{n}$

O saldo devedor: $Sdt = Sd\,(nt - t)\,.\,A$

Os juros: $J_t = Sd\,(t - 1)\,.\,i$

Prestação: $a + jt$

www.grupogen.com.br

Cód.: 615426